高校科技创新支撑产业突破关键核心技术

郭菊娥　裴云龙　张　旭　著

教育部哲学社会科学研究后期资助重大项目（18JHQ014）

科学出版社
北　京

内 容 简 介

本书首先将关键核心技术分为前沿引领技术和关键共性技术并给出相互关系及发展趋势等；其次，将高校科技创新分为科学创新与技术创新并给出其主要表现形式等，澄清高校科技创新支撑产业突破关键核心技术的现状特征和障碍问题；接着，基于重组创新与社会网络理论，对校企合作支撑产业突破关键核心技术进行理论概念建模与实证检验结论分析；再次，采用创新生态系统视角，对高校技术成果产业化实现产业关键核心技术突破进行理论研究，并基于国内外高校科技创新实践案例进行国际比较研究；最后，提出高校支撑产业突破关键核心技术的创新资源与制度保障建议。本书不仅开展了严谨的理论研究和实证分析，而且在学术研究的基础上提出了具有可操作性的政策建议。

本书适合科技管理研究者、管理者和实践者等阅读与参考。

图书在版编目（CIP）数据

高校科技创新支撑产业突破关键核心技术 / 郭菊娥，裴云龙，张旭著. —北京：科学出版社，2021.12

ISBN 978-7-03-067094-6

Ⅰ. ①高… Ⅱ. ①郭… ②裴… ③张… Ⅲ. ①高等学校-高技术产业-研究-世界 Ⅳ. ①F279.16

中国版本图书馆 CIP 数据核字（2020）第 242571 号

责任编辑：郝 悦 / 责任校对：张亚丹

责任印制：张 伟 / 封面设计：无极书装

科学出版社 出版

北京东黄城根北街 16 号

邮政编码：100717

http://www.sciencep.com

北京虎彩文化传播有限公司 印刷

科学出版社发行 各地新华书店经销

*

2021年12月第 一 版 开本：720×1000 1/16

2021年12月第一次印刷 印张：13 1/4

字数：253 000

定价：146.00元

（如有印装质量问题，我社负责调换）

序

《中共中央关于制定国民经济和社会发展第十四个五年规划和二〇三五年远景目标的建议》提出，“把科技自立自强作为国家发展的战略支撑，面向世界科技前沿、面向经济主战场、面向国家重大需求、面向人民生命健康，深入实施科教兴国战略、人才强国战略、创新驱动发展战略，完善国家创新体系，加快建设科技强国”[①]。在百年不遇大国博弈的变局背景下，中国高校不仅要坚守立德树人的初心使命，攀登世界科技前沿基础研究高地，还要肩负起引领原创成果重大突破支撑产业突破关键核心技术的历史责任。我国基础研究经费主要来源于中央财政，导致研究经费不足，不利于科技成果有效转移转化，厘清产学合作科学研究对企业技术创新绩效的影响机制，对于促进企业提高基础研究投入，有很强的实际应用价值。

该书构建了产学科学知识转移对专利有效性的直接影响和基于技术知识构件重组的间接影响模型，发现了高校科学研究与产学合作发明分别对企业技术创新绩效的影响机制，揭示高校科研成果可以指导企业技术发明人更有效地进行技术知识构件重组，提高产业技术突破的概率和技术创新质量。基于知识基础观和动态能力理论，论证了产学科学合作与产学技术合作，分别对探索性科学知识学习过程和开发性科学知识学习过程的影响机制，提出并证实了企业在技术创新过程中有效关联和协调科学研究与技术开发的能力，对产学合作支撑产业突破关键核心技术具有显著的中介作用。澄清了高校科技创新支撑产业突破关键核心技术的路径与条件，发现大学科学家和企业科学家之间基于不同形式的社会交流形成科学知识转移路径。揭示了作为学术界与产业界跨界联系人的桥接科学家，不仅能够有效鉴别有潜在价值的科学知识，而且能显著改善产学科学知识转移网络的结构特征，提升高校科技创新支撑产业突破关键核心技术的效率。基于结构和认知视角，实证研究发现企业科学家跨越结构洞的网络位置对其科学研究水平与技术创新绩效之间关系没有显著影响，但企业科学家在个体中心网络中扮演的守门人（GATEKEEPER）角色可以显著提高其科学研究

① 中共中央关于制定国民经济和社会发展第十四个五年规划和二〇三五年远景目标的建议[EB/OL]. http://www.gov.cn/zhengce/2020-11/03/content_5556991.htm，2020-11-03.

水平对技术创新绩效的正向影响，说明产学研发合作网络的构成“内容”比网络的结构“表象”对高校科技创新支撑产业突破关键核心技术更重要等结论具有创新性。

新一轮科技革命和产业变革蓬勃兴起，国际竞争向基础研究前移，科学探索不断向宏观拓展、向微观深入，交叉融合汇聚不断加速，一些基本科学问题孕育重大突破，可望催生新的重大科学思想和科学理论，产生颠覆性技术。高校作为基础研究的主力军，要瞄准世界科技前沿，实现前瞻性基础研究引领原创成果重大突破。总体而言，该书是对高校科技创新支撑产业突破关键核心技术这一问题的系统梳理和深度凝练，具有丰富的理论基础和广泛的实践依据，是当前研究高校与产业协同创新不可多得的优秀论著。出于各种原因，该书还存在部分内容上的瑕疵，希望作者们再接再厉，在这一重要主题上开展长期的刻苦探索，积累丰富的成果，未来向同行研究者奉上更为重要的学术论著。

中国工程院院士

2021年6月

目　录

第一篇　高校科技创新支撑产业突破关键核心技术的现状与问题

第二篇　校企合作支撑产业突破关键核心技术的理论与实证分析

第三篇　高校技术成果转化实现产业关键核心技术突破的理论与案例研究

第一篇　高校科技创新支撑产业突破关键核心技术的现状与问题

第1章　高校科技创新的内涵、趋势与影响

当前，我国科技创新仍然处于跟踪、并跑、领跑并存的阶段。依据《中国科技论文统计结果2019》[1]，2008~2018年被引用次数处于世界前1%的高被引论文，中国发表30 755篇，占世界份额的20.0%，排在世界第2位，位次比上一年度上升一位；截至2019年9月，中国热点论文（近两年间发表的论文在最近两个月得到大量引用，且被引用次数进入本学科前1‰的论文）数为1 056篇，占世界热点论文总数的32.6%，排在世界第2位，位次比上一年度上升一位。

虽然我国的基础研究水平和影响力已居世界前列，但是我国高科技产业的世界影响力依然偏低。例如，在高性能逻辑芯片设计制造、工业操作系统、高性能航空发动机等核心技术领域，都存在被《瓦森纳协定》（Wassenaar Arrangement）“卡脖子”的问题。经济合作与发展组织（Organization for Economic Co-operation and Development，OECD）的统计数据显示[2]，2017年中国拥有的三方专利［三方专利是指向美国、日本及欧洲专利局都提出了申请并至少已在美国专利商标局（United States Patent and Trademark Office，USPTO）获得发明专利权的同一项发明专利］数量为4 152项，仅排在世界第4位。

通过以上对比可知，我国基础研究表现较为突出，但是整体来看企业高水平的核心技术创新能力较低。如何利用我国高校的基础研究能力优势，通过产学研深度融合发展，提升我国产业核心技术创新能力与国际竞争力一直是我国高校的使命和责任担当。

1.1　高校科技创新与关键核心技术

1.1.1　高校科技创新

1. 研究与试验发展

根据OECD的定义，R&D（research and development，研究与试验发展）指在科学技术领域，为增加知识总量，以及运用这些知识去创造新的应用进行的系统的创造性的活动，包括基础研究、应用研究、试验发展三类活

动。国际上通常采用R&D活动的规模和强度指标反映一国的科技实力和核心竞争力。

1）基础研究

根据OECD的定义，基础研究指为了获得关于现象和可观察事实的基本原理的新知识（揭示客观事物的本质、运动规律，获得新发现、新学说）而进行的实验性或理论性研究，它不以任何专门或特定的应用或使用为目的。其成果以科学论文和科学著作为主要形式，用来反映知识的原始创新能力。

2）应用研究

根据OECD的定义，应用研究指为获得新知识而进行的创造性研究，主要针对某一特定的目的或目标。应用研究是为了确定基础研究成果可能的用途，或是为达到预定的目标探索应采取的新方法（原理性）或新途径。其成果形式以科学论文、专著、原理性模型或发明专利为主，用来反映对基础研究成果应用途径的探索。

3）试验发展

根据OECD的定义，试验发展指利用从基础研究、应用研究和实际经验所获得的现有知识，为产生新的产品、材料和装置，建立新的工艺、系统和服务，以及对已产生和建立的上述各项做实质性的改进而进行的系统性工作。其成果形式主要是专利、专有技术、具有新产品基本特征的产品原型或具有新装置基本特征的原始样机等。在社会科学领域，试验发展是指把通过基础研究、应用研究获得的知识转变成可以实施的计划（包括为进行检验和评估实施示范项目）的过程。人文科学领域没有对应的试验发展活动。试验发展主要反映将科研成果转化为技术和产品的能力，是科技推动经济社会发展的物化成果。

2. 我国高校科技创新投入结构

依据《中国统计年鉴2019》[3]，2018年我国高校的R&D经费支出中基础研究占40.5%，应用研究占48.8%，试验发展占10.7%；高校R&D人员全时当量投入中基础研究占46%，应用研究占48%，试验发展占6%。2014~2018年我国高校R&D经费投入结构与人员投入结构分别如图1-1和图1-2所示，从中可以看出，我国高校主要从事知识生产的基础研究与应用研究，在试验发展方面涉及较少。

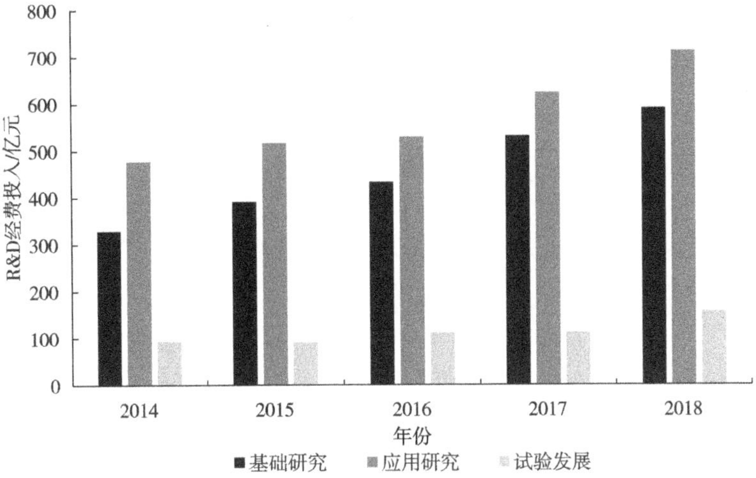

图 1-1　2014~2018 年我国高校 R&D 经费投入结构

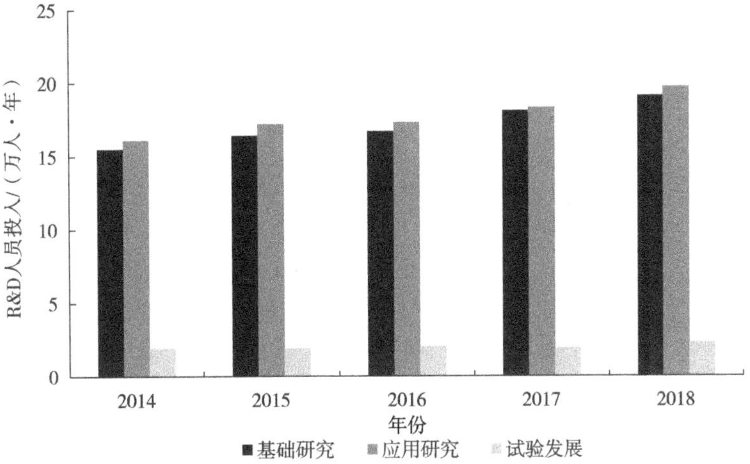

图 1-2　2014~2018 年我国高校 R&D 人员投入结构

3. 高校科技创新的载体

高校科技创新的载体包括众多创新基地，依据《国家科技创新基地优化整合方案》，整体可以分为三类：科学与工程研究类、技术创新与成果转化类、基础支撑与条件保障类。

1）科学与工程研究类科技创新基地

该类科技创新基地包括依托于高校的国家重点实验室和国家省市各级实验室，定位于瞄准国际前沿，聚焦国家战略目标，围绕重大科学前沿、重大科技任务和大科学工程，开展战略性、前沿性、前瞻性、基础性、综合性科技创新活动。

2）技术创新与成果转化类科技创新基地

该类科技创新基地包括依托于高校的国家工程技术研究中心、国家工程研究中心、国家工程实验室和国家临床医学研究中心等。其中，国家工程技术研究中心（科技部主管）现已纳入国家技术创新中心管理；国家工程研究中心与国家工程实验室［国家发展和改革委员会（简称国家发展改革委）主管］优化整合为国家工程研究中心序列。技术创新与成果转化类科技创新基地定位于面向经济社会发展和创新社会治理、建设平安中国等国家需求，开展共性关键技术和工程化技术研究，推动应用示范、成果转化及产业化，提升国家自主创新能力和科技进步水平。

3）基础支撑与条件保障类科技创新基地

该类科技创新基地包括依托于高校的科技资源共享服务平台与野外科学观测研究站，定位于为发现自然规律、获取长期野外定位观测研究数据等科学研究工作，提供公益性、共享性、开放性基础支撑和科技资源共享服务。

1.1.2　关键核心技术

关键核心技术是国之重器，我们认为关键核心技术可分为前沿引领技术和关键共性技术，前者是未来的关键核心技术，后者是现实的关键核心技术。

基于技术轨道理论，我国产业突破关键核心技术的战略选择有两种：前沿引领技术创新与关键共性技术创新（表1-1）。前沿引领技术创新属于前沿创新战略，是指基于前瞻性的基础研究开发出与传统截然不同的技术，如我国的量子通信技术。关键共性技术创新属于技术追赶战略，是沿着国外现有的技术路线进行追赶研发突破国外技术封锁，如我国江南计算技术研究所研发的申威Alpha处理器与华为海思研发的ARM处理器。

表 1-1　突破关键核心技术的两种战略

技术创新战略	内涵	功能定位
前沿引领技术创新	成功开发出具有前瞻性、先导性和探索性的重大技术，是未来高技术更新换代和新兴产业发展的重要基础	解决前沿关键核心技术的“有无”问题——未来的“卡脖子”问题
关键共性技术创新	成功开发出在多个领域、行业或区域能够广泛共享应用，对产业技术进步产生深度影响的技术	解决成熟关键核心技术的“有无”问题——现在的“卡脖子”问题

1. 前沿引领技术创新

前沿引领技术是在高技术领域中具有前瞻性、先导性和探索性的重大技术，是未来高技术更新换代和新兴产业发展的重要基础，是国家高技术创新能力的综合体现。新兴使能技术（emerging and enabling technology）具有宽广的应用潜力，为未来的商业应用提供重要的技术基础。例如，我国的量子通信技术，采用卫星发射量子信号，由地面接收的方式，能够实现距离645~1 200千米通信的绝对安全。前沿引领技术具有前瞻性、先导性和探索性。与前沿引领技术相对应的是主流成熟技术，它是指在行业中已经被广泛采用的标准化的主流技术。

2. 关键共性技术创新

《国家科技支撑计划管理暂行办法》将共性技术定义为"在产业领域、不同行业或不同区域能够广泛共享应用，对经济和社会发展产生普遍推动作用的技术"①。国内学者提出[4]，关键共性技术是指在不同领域、不同行业或不同区域能够广泛共享应用，对一个产业或者多个产业技术进步产生深度影响的技术。例如，全息快速定位烫印防伪标签技术，解决了行业内"防伪标识不防伪的问题"，通过保护知识产权推动多个行业的发展和进步，属于典型的行业关键共性技术。

关键共性技术具有通用性、"准公共产品"性和基础性。与关键共性技术相对应的概念是（关键）专有技术，是指各企业以共性技术为基础开发的各自独有的技术。

3. 两种技术创新在 R&D 创新链中的定位

如图1-3所示，"基础研究—应用研究—试验发展"代表了完整的R&D创新链，虽然前沿引领技术创新与关键共性技术创新均需要基础研究与应用研究的支持，但前沿引领技术创新对基础研究依赖性更强，而关键共性技术创新则对应用研究的依赖性更强。因此，高校在两类支撑产业关键核心技术突破中应该有不同的功能定位。

---

① 科学技术部、财政部关于印发《国家科技支撑计划管理暂行办法》的通知[EB/OL]. http://www.most.gov.cn/tztg/200610/t20061031_37714.htm，2006-07-31.

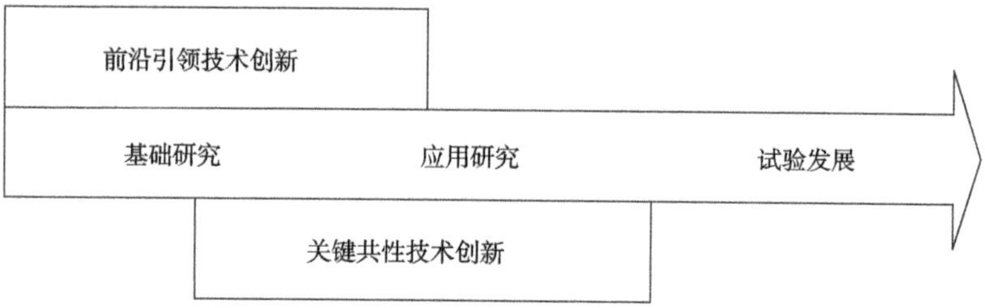

图 1-3　两类关键核心技术在 R&D 创新链中的定位

1.1.3　高校协同创新

1. 协同创新的内涵

根据国内外理论和协同创新实践来看，协同创新的内涵是协同和创新，协同即鼓励大学、企业、科研机构等不同主体之间实现优势互补和资源共享，围绕各自既定的目标，投入不同的要素，相互协调、合作或同步的联合作用和集体行为，通过技术创新和知识创造主体的网络创新模式，实现整个联盟利益的最大化，产生“1+1+1>3”的非线性效应。创新即以新思维、新发明、新描述为特征创造新的事物的概念化的过程。在协同创新的背景下，即实现人才、学科、科研的创新，培养高层次的创新人才，创建发展学科建设，大力推进科研创新能力和科研成果转化，通过引导过程创新和管理体制创新，结合企业组织实践和大学组织结构，借助互联网下的Web 2.0社会化媒体的发展，推动新的组织模式出现，产生世界领先的原创成果，攻克关键核心技术，跨越发展不同领域，实现创新型国家的愿景。我们认为协同创新是以知识增值为核心，基于同一的目标诉求，是企业、政府、科研机构、高校等为了实现重大科技创新而开展的大跨度整合的创新组织模式。高校在突破关键核心技术中的责任担当则是充分发挥基础研究优势，通过与产业技术创新的深度协同，促进我国产业突破关键核心技术。

协同创新体系之所以能作为发达国家创新系统的重要支撑，主要表现在体系内部的目标统一性、关系紧密性与信息共享性等几个方面，同时这些特征也是协同创新体系通过教育体系、政府、企业、市场之间协同互动，实现国际联系的关键所在。这三方面系统机制的有机实现，通过整体与部分等不同层面构成协同驱动的循环回路，实现创新互动机制。

2. 高校 2011 协同创新中心

2011协同创新中心是我国在“十二五”期间为提升高等学校创新能力

制定和实施的重大战略举措。高等学校围绕国家急需的战略性问题、科学技术尖端领域的前瞻性问题和涉及国计民生的重大公益性问题，集聚创新团队，形成创新氛围，巩固创新成果，培养创新人才；以协同创新模式为合作纽带。通过探索建立适应于不同需求、形式多样的协同创新模式，促进校校、校所、校企、校地及国际的深度融合。2011协同创新中心包括建立面向科学前沿、行业产业、区域发展及文化创新重大需求的四类协同创新模式。截至2014年底，共有38家协同创新中心，涉及多个产业，并有相关企业参与。

“2011计划”是通过协同创新平台，集聚和培养高层次创新人才，重视项目 —基地—人才的综合一体化建设。这个平台创新能力的发展需要的是各个方面人才的协同创新，我们既需要来自高校和科研机构的研究性人才、产业化人才，又需要来自企业实践中的具有杰出的项目管理能力的专业科研管理人才，具有丰富实践经验和技术积累的工程技术人才，能够促进技术产业化发展的技术推广人才等，以及协调协同主体之间资源共享、利益共享的管理人才。高校创新体系与产业创新战略的有效契合是创新驱动发展战略发挥作用的关键所在，而高校创新体系建构的研究多为定性，对产业创新效率定量分析、产业创新的运行机理及其与外部的合作机制等关注较少。从整体性视角对高校创新体系与产业创新战略的对接目标、对接路径、对接模式等方面的研究亟待进一步完善。

3. 高校协同创新支撑产业突破关键核心技术面临的挑战

1）高校学科壁垒制约多学科科技成果的综合集成

技术创新通常需要对现有技术进行高水平的系统集成，而集成创新的特点就在于对已经存在的科学与技术组件进行创造性的重组和集成，从而产生全新的科技成果。然而，目前高校条块分割的科研管理体制和以个人为中心的科研评价体系，导致各学科科技成果整合共享与交叉程度较低，难以打破学科壁垒，不利于通过集成创新开展技术创新。

2）高校与中小企业的深度互动机制不畅

目前虽然有支持高校科研人员离岗创业的政策，但是对高校科研人员兼职到中小企业开展科技创新活动，尚未建立有效的分类评价机制。我国中小企业资金和技术积累普遍不足，在目前的就业文化下很难吸纳高校优秀科技人才，因此很难达到技术创新的条件要求，这与美国“一流人才到中小企业”的局面形成鲜明对比。我国高校支撑中小企业技术创新发展的深度互动机制不畅，不利于科学家与企业家协同发挥技术创新主体作用。

3）高校缺乏市场敏感性，对技术创新发展的前瞻性预判不足

企业处于市场最前沿，对市场需求认知比较全面。高校则处于基础研究的前沿，对市场动态关注不够，因此缺乏市场敏感性，对技术创新发展的前瞻性科学预判不足，难以针对技术创新预先开展应用基础研究。

1.2 高校科技创新面临的新要求与新挑战

1.2.1 十九大对我国高校科技创新提出新要求

党的十九大对加快建设创新型国家做出重大部署，强调“创新是引领发展的第一动力，是建设现代化经济体系的战略支撑”，要求“深化科技体制改革，建立以企业为主体、市场为导向、产学研深度融合的技术创新体系，加强对中小企业创新的支持，促进科技成果转化”①。习近平在十九大报告中提出“要瞄准世界科技前沿，强化基础研究，实现前瞻性基础研究、引领性原创成果重大突破。加强应用基础研究，拓展实施国家重大科技项目，突出关键共性技术、前沿引领技术、现代工程技术、颠覆性技术创新，为建设科技强国、质量强国、航天强国、网络强国、交通强国、数字中国、智慧社会提供有力支撑”①。

十九大对产学合作提出了深度融合的新要求，在新时代要通过深化科技体制改革，使高校创新体系与产业创新战略有效对接，使高校的研发活动具有更明确的需求导向和产业化方向，使高校的科研成果对产业突破关键核心技术能够起到渗透和引领的作用，提高知识转化为价值的效率。

习近平要求“广大科技工作者要把论文写在祖国的大地上，把科技成果应用在实现现代化的伟大事业中”②，高校科技创新要服务经济社会发展主战场，要靠服务增进人民群众福祉的实效来检验。

1.2.2 大国博弈对中国产业突破关键核心技术提出新挑战

2016年3月，美国商务部对中兴通讯施行出口限制，禁止美国元器件

① 中国文明网.中国共产党第十九次全国代表大会报告[EB/OL].http://www.wenming.cn/specials/zxdj/19/bg/201710/t20171027_4467998_5.shtml?from=groupmessage#5-2.

② 习近平：科技工作者要把论文写在祖国的大地上[EB/OL]. https://news.qq.com/a/20160611/012885.htm，2016-06-11.

供应商向中兴通讯出口元器件、软件、设备等技术产品，原因是中兴通讯涉嫌违反美国对伊朗的出口管制政策。2017年3月，中兴通讯同意接受处罚，支付11.9亿美元的罚款。2018年4月，美国商务部发布公告称，美国政府在未来7年内禁止中兴通讯向美国企业购买敏感产品，理由是中兴通讯未能全面履行其承诺解雇4名高级雇员与处罚35名员工。

中美贸易战持续升级，中兴此次事件的漏洞正好成了美国政府针对中国企业、打击中国芯片产业的切入口。2018年6月7日，美国商务部部长罗斯接受采访时表示，美国政府与中兴通讯已经达成协议，只要后者再次缴纳10亿美元罚金，并改组董事会，即可解除相关禁令。6月19日，美国参议院以85：10的投票结果通过恢复中兴通讯销售禁令法案。2018年7月2日，美国商务部发布公告，暂时、部分解除对中兴通讯公司的出口禁售令。7月12日，《美国之音》报道，美国商务部表示，美国已经与中国中兴通讯签署协议，取消近三个月来禁止美国供应商与中兴通讯进行商业往来的禁令，中兴通讯将能够恢复运营，禁令将在中兴通讯向美国支付4亿美元保证金之后解除。

“中兴事件”凸显了我国信息与通信技术（information and communications technology，ICT）行业核心技术受制于人的局面。据《科技日报》2018年6月的系列报道，我国有35项“卡脖子”技术瓶颈亟待突破，包括光刻机、高端逻辑芯片、操作系统、航空发动机短舱、触觉传感器、真空蒸馏机、手机射频器件、iCLIP（individual nucleotide-resolution cross-linking and immunoprecipitation，单个核苷酸分辨率交联和免疫沉淀）技术、重型燃气轮机、激光雷达、适航标准、高端电容电阻、核心工业软件、ITO（indium tin oxide，氧化铟锡）靶材、核心算法、航空钢材、铣刀、高端轴承钢、高压柱塞泵、航空设计软件、光刻胶、高压共轨系统、透射式电镜、掘进机主轴承、微球、水下连接器、燃料电池关键材料、高端焊接电源、锂电池隔膜、医学影像设备元器件、超精密抛光工艺、环氧树脂、高强度不锈钢、数据库管理系统和扫描电镜。

中美之间的贸易摩擦和科技博弈一直在持续。“中兴事件”之后，双方又在高精尖技术领域对抗。2018年5月16日，美国商务部声明，将把华为及70个附属公司增列入出口管制的“实体清单”，禁止美企向华为出售相关技术和产品。

2018年7月13日，习近平在中央财经委员会第二次会议中指出“关键核心技术是国之重器，对推动我国经济高质量发展、保障国家安全都具有十分重要的意义，必须切实提高我国关键核心技术创新能力，把科技发展主动权牢牢掌握在自己手里，为我国发展提供有力科技保障”[5]。我国高校作为基础研究的生力军与国家创新体系的基石，在支撑产业突破关键核心技术方面责无旁贷。

1.3 高校科技创新对产业技术创新的影响

1.3.1 高校前瞻性基础研究引导产业前沿引领技术创新

部分进行前沿引领技术创新企业同时也在进行基础科学研究，很多学者关注企业科学研究的动机和结果。尽管科学研究成果会通过学术发表外溢，但医药行业、生物科技和IT产业及相关技术等领域的企业依然经常进行基础科学研究，因为在这些行业，实验室产生的科学创意可以很快被产业化[6]。Rosenberg认为科学研究可以使企业：①在技术开发方面占得先机；②监视竞争对手的研究；③更好地了解在哪些方面及如何进行应用研究；④评估应用研究的结果和启示；⑤保持与开放科学网络的有效联系[7]。Hicks认为企业的学术发表行为在组织间的知识联系中起到中介作用，因为它可以给企业带来声望，并且促进企业间科学技术方面的交流互动[8]。此外，发表高水平科学论文的企业研发人员，可以获得更多接触高质量外部知识资源的机会，而这种对外部知识的利用也是企业技术创新不可或缺的部分[9]。

由于基础科学研究具有高度的不确定性，而企业通常用于创新投入的资源是有限的，对于中国的企业而言更是如此[10]，它们很可能无法独立地进行科学研究。这时，企业需要寻求与大学和公共研究所等学术组织合作进行科学研究[11]。Cockburn和Henderson研究了美国医药行业，同样发现企业与学术组织合作发表文章能够显著促进其技术创新绩效的提升[12]。裴云龙等[13]对中国有机精细化学的研究发现，产学学术合作可以有效提高企业的创新绩效。通过科学研究合作，产业企业可以与科学共同体建立联系，甚至加入科学协会，从而更有效地吸收前沿科学知识作为技术创新的知识基础。由此可见，高校前瞻性的基础研究可以引导产业的前沿引领技术创新。

1.3.2 高校应用基础研究支撑产业关键共性技术创新

依据Stokes提出的R&D活动象限模型[14]（图1-4），所有的R&D活动都可以被分为四类，分别属于四个象限。横轴是应用导向，代表R&D追求实际应用的程度；纵轴是认知导向，代表R&D追求基本认识的程度。第一象限是以巴斯德的微生物研究为代表的既出于认识的目的又是由应用引起的基础研究，因而称之为“巴斯德象限”。其典型代表是法国微生物学家巴斯德，其对细菌的研究不仅发现了自然规律，而且对医学的进展做出重大贡献。第二象限代表由好奇心驱动的纯基础研究，它只受认知需求的引导，不受实际应用的引导。其典型代表是丹麦物理学家玻尔对原子结构的研究，因此称之为“玻尔象限”。第三象限——“皮特森象限”代表的是那种系统地探索特殊现象的研究，既不追求现象的本质解释，也不考虑其结果有什么实际应用。美国鸟类学家皮特森在北美洲进行的鸟类普查工作就属于这一象限。第四象限则是以美国发明家爱迪生名字命名的象限，代表那些由应用目标引起而又不寻求对某一科学领域现象的全面认识的纯应用研究。

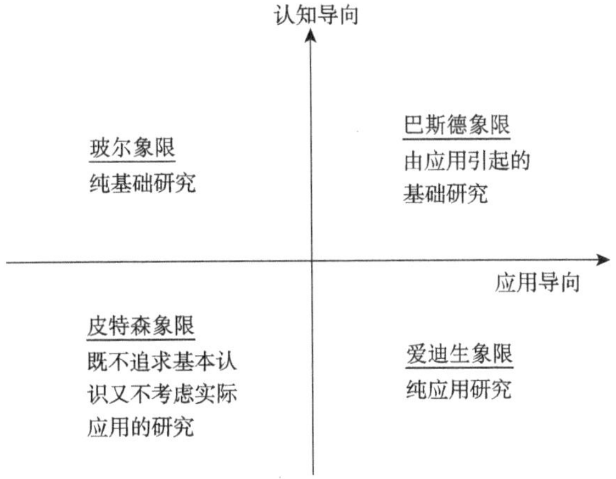

图 1-4　R&D 活动象限模型

“巴斯德象限”研究指的是既追求扩展认识的边界，又受到应用导向影响的基础研究，即由应用引起的基础研究，简称应用基础研究。应用基础研究能够像“地图”一样指导企业的技术搜索，不仅能帮助企业发现“弯道超车”的机会，还能提高产业突破关键共性技术的成功概率[15]。因此，产业突破关键共性技术根本途径在于应用基础研究，高校通过与企业合作开展应用基础研究则可以有效支撑产业突破关键共性技术。

1.3.3　高校技术成果转化实现突破关键核心技术

2018年7月13日，习近平在中央财经委员会第二次会议中指出，要充分发挥科学家和企业家的创新主体作用，形成关键核心技术攻坚体制[5]。

高校作为科学家的聚集地，不仅是基础研究的主要阵地，也从事大量的应用研究与试验发展研究。2018年我国高校R&D经费支出共1 457.88亿元，其中基础研究支出占40.5%，应用研究支出占48.8%，试验发展支出占

10.7%；2018年我国高校获得发明专利授权79 773项[3]。因此，高校技术成果转化对于突破产业关键核心技术也具有重要作用。

1.3.4 高校科技资源支持产业突破关键核心技术

国家重大科研基础设施和大型科研仪器（以下简称科研设施与仪器）是用于探索未知世界、发现自然规律、实现技术变革的复杂科学研究系统，是产业突破关键核心技术的条件基础和重要手段。高校是我国科技科研设施与仪器资源的集中地，2000年以后，在国家各类科技计划、科技重大专项及“211工程”“985工程”“双一流建设”等国家专项资金的大力资助下，高校的科研设施与仪器资源呈现井喷式增长，这些科技资源可以为产业突破关键核心技术提供强有力的资源支撑。

第 2 章　高校支撑产业突破关键核心技术的现状与问题分析

1996年7月，在美国的操纵下，以西方国家为主的33个国家在奥地利维也纳签署了《瓦森纳协定》，这是针对中国和其他发展中国家出口管制的指导性文件。美国等西方国家对华出口管制，极大妨碍了中国在半导体价值链生产中的产业升级，我国的航天和航空等高新技术产业发展同样面临限制。我国产业必须突破关键核心技术，才能实现“两个一百年”奋斗目标。

2.1　国家科技体制改革与高校科技成果转化政策演进

2.1.1　国家科技计划改革

我国有近40个部门管理近百个中央财政科技计划（专项、基金等）。科技创新计划在体系布局、管理体制、运行机制、总体绩效等方面存在问题，这些问题反映出科技宏观管理体制和政府部门的职能定位与科技创新和产业变革的趋势不相适应。为了更加聚焦国家目标，符合科技创新规律，高效配置科技资源，强化科技与经济的紧密结合，最大限度激发科研人员创新热情，国务院于2014年12月印发了《关于深化中央财政科技计划（专项、基金等）管理改革的方案》，对科技计划管理改革做出全面部署（表2-1、表2-2）。目前的973项目资金70%来源于国家财政拨款，牵头主体是高校或中国科学院。最近的国家经济工作会议强调产业创新，形成新的增长点。在这个背景下，倡导高校创新体系对接产业创新战略需要加大改革力度，改革高校考核机制，国家推行建立新的研发组织，从研发到产业化形成链条。

表 2-1 建立公开统一的国家科技管理新平台

新平台	重点工作
建立部际联席会议制度	建立由科技部牵头，财政部、国家发展改革委等相关部门参加的科技计划（专项、基金等）管理部际联席会议制度，制定议事规则，负责审议科技发展战略规划、科技计划（专项、基金等）的布局与设置、重点任务和指南、战略咨询与综合评审委员会的组成、专业机构的遴选择优等事项
依托专业机构管理项目	组建一批专业化项目管理机构。专业机构负责受理项目申请，组织项目评审、立项、过程管理和结题验收等
发挥战略咨询与综合评审委员会的作用	为联席会议提供决策参考，提供支撑。统一对科技发展战略规划和科技计划（专项、基金等）提供决策咨询，对项目评审提出指导意见，对特别重大的科技项目组织开展评审
建立统一的评估和监管机制	从任何渠道下去的，中央财政的，中央财政科技经费由科技部、财政部统一监管。监督和评估结果作为财政后续支持的重要依据，提高科技投入的绩效，多出成果和人才
建立动态调整机制	定期评估，非因科学研究正常原因实施效果不好的，或者已经完成历史使命的，就要及时调整或终止
完善国家科技管理信息系统	为科技计划（专项、基金等）宏观统筹和信息公开提供技术支撑，并主动向社会公开信息，接受公众监督

表 2-2 科技计划

五类计划	科技计划定位
国家自然科学基金	资助基础研究和科学前沿探索，支持人才和团队建设，增强源头创新能力
国家科技重大专项	聚焦国家重大战略产品和重大产业化目标，在设定时限内进行集成式协同攻关，解决国际科技竞争中“卡脖子”问题
国家重点研发计划	解决国民经济和社会发展各主要领域的重大、核心、关键科技的瓶颈问题
技术创新引导专项（基金）	通过风险补偿、后补助、创投引导等方式发挥财政资金的杠杆作用，运用市场机制引导和支持技术创新活动，促进科技成果转移转化和资本化、产业化
基地和人才专项	加强科研条件建设，促进科技资源开放共享，打造国家科技创新高地，支持创新人才和优秀团队的科研工作

建立公开统一的国家科技管理平台，是科技创新计划管理改革的亮点。各政府部门通过统一的科技管理平台，构建决策、咨询、执行、评价、监管等各环节职责清晰、协调衔接的新管理体系，具体内容包括联席会议制度（一个决策平台），专业机构、战略咨询与综合评审委员会、统一的评估和监管机制（三大运行支柱），国家科技管理信息系统（一套管理系统）。

整合形成五类科技计划体系既有各自的支持重点和各具特色的管理方式，又互为补充，通过统一的国家科技管理平台，建立跨计划协调机制和评估监管机制，确保五类科技计划形成整体，既聚焦重点，又避免交叉重复。

1. 国家自然科学基金

资助基础研究和科学前沿探索，支持人才和团队建设，增强源头创新能力。进一步完善管理，加大资助力度，向国家重点研究领域输送创新知识和人才团队；加强基金与其他类科技计划的有效对接。

2. 国家科技重大专项

聚焦国家重大战略产品和重大产业化目标，解决“卡脖子”问题。进一步改革创新组织推进机制和管理模式，突出重大战略产品和产业化目标，控制专项数量，与其他科技计划（专项、基金等）加强分工与衔接，避免重复投入。

3. 国家重点研发计划

针对事关国计民生的重大社会公益性研究，以及事关产业核心竞争力、整体自主创新能力和国家安全的重大科学技术问题，突破国民经济和社会发展主要领域的技术瓶颈。将科技部管理的“973”计划、“863”计划、国家科技支撑计划、国际科技合作与交流专项，国家发展改革委、工业和信息化部共同管理的产业技术研究与开发资金，农业部（现为农业农村部）、国家卫生健康委员会等13个部门管理的公益性行业科研专项等，整合形成一个国家重点研发计划。当前，从“科学”到“技术”到“市场”演进周期大为缩短、各研发阶段边界模糊，技术更新和成果转化更加快捷。为适应这一新技术革命和产业变革的特征，新设立的国家重点研发计划，着力改变现有科技计划按不同研发阶段设置和部署的做法，按照基础前沿、重大共性关键技术到应用示范进行全链条设计、一体化组织实施。该计划下，将根据国民经济与社会发展的重大需求和科技发展优先领域，凝练设立一批重点专项，瞄准国民经济和社会发展各主要领域的重大、核心、关键科技问题，组织产学研优势力量协同攻关，提出整体解决方案。

4. 技术创新引导专项（基金）

按照企业技术创新活动不同阶段的需求，对国家发展改革委、财政部管理的国家新兴产业创业投资引导基金，科技部管理的国家政策引导类计划、国家科技成果转化引导基金，财政部、科技部等四部委共同管理的中小企业发展专项资金中支持科技创新的部分，以及其他引导支持企业技术创新的专项资金（基金）进行分类整合。现阶段，我国企业的创新能力依然薄弱，尚未真正成为创新决策、研发投入、科研组织和成果应用的主体，政府应当充分发挥市场配置技术创新资源的决定性作用，通过技术创新引导专项（基金），采用天使投资、创业投资、风险补偿、后补助等引导性支持方式，激励企业加大自身科技投入，促进科技成果转移转化，不断提高企业技术创新能力。

5. 基地和人才专项

对科技部管理的国家（重点）实验室、国家工程技术研究中心、科技基础条件平台、创新人才推进计划，国家发展改革委管理的国家工程实验室、国家工程研究中心、国家认定企业技术中心等合理归并，进一步优化布局，按功能定位分类整合。加强相关人才计划的顶层设计和相互衔接。在此基础上调整相关财政专项资金。基地和人才是科研活动的重要保障，相关专项要支持科研基地建设和创新人才、优秀团队的科研活动，促进科技资源开放共享。

由此可见，科技计划管理的改革是把创新全链条的新兴业态都串联起来，为提高科技成果转化，实施创新驱动发展战略提供更好的服务支撑。

2.1.2　高校科技成果转化政策分析

1. 我国科技成果转化激励相关政策变迁

我国高校科技成果转化激励相关政策演化轨迹如图2-1所示。

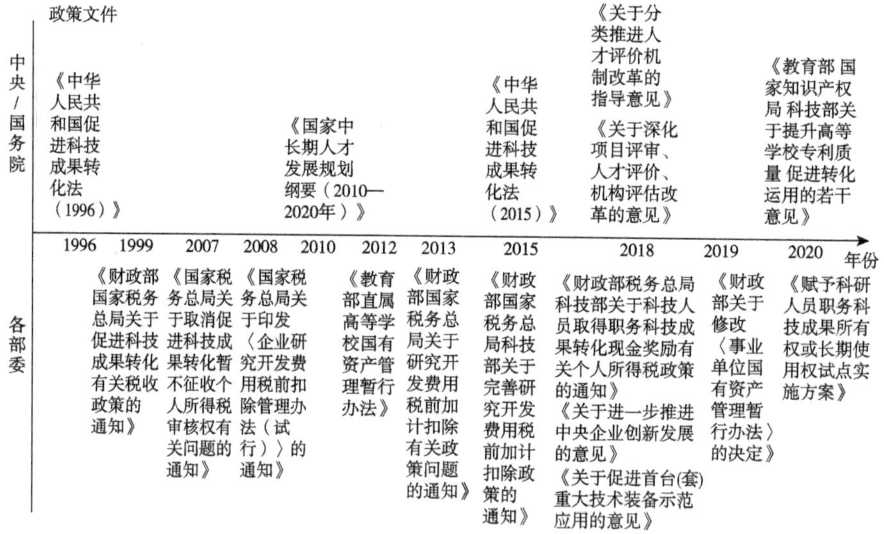

图 2-1　政策文件的演进过程

1978年我国开始实行改革开放，此时高校科技成果转化政策文件少，激励主体和方式单一，政策缺乏协调性。

第一部《中华人民共和国促进科技成果转化法》（以下简称《促进科技成果转化法》）于1996年10月1日起实施，这是一部与《中华人民共和国科学技术进步法》相配套的法律，它确定了中国的科技成果转化应遵循的原则，规定了促进科技成果转化的保障措施及技术权益的归属和分享。该法规定，在不损害国家和社会公共利益的条件下，科技成果转化活动可以自愿或依照合约进行，并享受利益，承担风险；科技成果转化中的知识产权受法律保护。其后，该法逐步规范，方式多元，中介机构也得到了认可，鼓励技术入股，在很大程度上激发了科技成果转化的热情，提高了科技成果转化的效率。

国务院制定了《国家中长期科学和技术发展规划纲要（2006—2020年）》，确定了指导方针、发展目标和总体部署，并规划了重点领域及其优先主题。政策扩散效果显著，促进了多主体协同创新。

2013~2018年在国家创新驱动发展战略下，《促进科技成果转化法》修订通过，形成了"三部曲"：2015年10月实施《促进科技成果转化法》修订稿；2016年2月实施《〈中华人民共和国促进科技成果转化法〉若干规定》；2016年4月通过《促进科技成果转移转化行动方案》。地方上，北京、湖北、南京等省市纷纷制定出台"京校十条""黄金十条""科技九条"等地方性科技成果转化政策；2016年8月，经国务院批准，财政部、科技部和国家知识产权局三部委联合推进中央级事业单位开展科技成果使用、处置和收益管理改革试点。总体来看，2012年以来，国家和地方层面的改革，都着力于按照权责一致、利益共享、激励与约束并重的原则，探索建立符合科技成果特点和转化规律的管理模式，为单位和科研人员创新创造松绑，让科技成果价值得到更好的实现。

《教育部 科技部关于加强高等学校科技成果转移转化工作的若干意见》（教技〔2016〕3号）提出简政放权鼓励科技成果转移转化。高校对其持有的科技成果，可以自主决定转让、许可或者作价投资，除涉及国家秘密、国家安全外，不需要审批或备案。

《教育部办公厅关于进一步推动高校落实科技成果转化政策相关事项的通知》（教技厅函〔2017〕139号）再次提到关于确定成果交易价格的相关意见。高校依法以协议定价、在技术交易市场挂牌交易、拍卖等方式确定科技成果交易价格。

《教育部 科技部关于加强高等学校科技成果转移转化工作的若干意

见》（教技〔2016〕3号）提出要完善有利于科技成果转移转化的人事管理制度。该意见也提出要支持学生创新创业、推进科研设施和仪器设备开放共享、建立科技成果转移转化年度报告制度和绩效评价机制。

《教育部 国家知识产权局 科技部关于提升高等学校专利质量促进转化运用的若干意见》（教科技〔2020〕1号）提出要完善知识产权管理体系，开展专利申请前评估，加强专业化机构和人才队伍建设，优化政策制度体系。

《赋予科研人员职务科技成果所有权或长期使用权试点实施方案》（国科发区〔2020〕128号）提出试点主要任务：赋予科研人员职务科技成果所有权或长期使用权，落实以增加知识价值为导向的分配政策，优化科技成果转化国有资产管理方式，强化科技成果转化全过程管理和服务，加强赋权科技成果转化的科技安全和科技伦理管理，建立尽职免责机制，充分发挥专业化技术转移机构的作用。

2. 美国科技成果转化相关法律

美国非常重视关于科技成果转化的法律法规建设，如表2-3所示。美国在1980年颁布了《史蒂文森–怀德勒技术创新法》，将“技术转移”确定为联邦政府的一项职责，以联邦实验室为规范客体，允许联邦实验室将技术转移给产业界；同时也制定了《拜杜法案》，该法案将联邦政府支持的科技研发项目形成的专利，授权项目承担单位所有。1986年，美国颁布了《拜杜法案》的补充法案——《联邦技术转移法》，该法案突出了对科技人员的分配激励，提出科技人员的技术权益不少于科技成果转化收益的15%。这些法律法规的颁布，使得科技成果转化有法可依，为科技成果转化提供了良好的政策与法律环境。此后，美国逐步建立了市场导向的技术创新激励机制，并且美国的研究型大学与国家实验室纷纷制定了科技成果转化收益的分配规则。

表 2-3 美国科技成果转化相关法律汇总表

年份	法律名称	法律内容
1980	《史蒂文森–怀德勒技术创新法》	将“技术转移”确定为联邦政府的一项职责，以联邦实验室为规范客体，允许联邦实验室将技术转移给产业界
1980	《拜杜法案》	设立了小企业创新研究计划，允许小企业、大学或者非营利机构获得发明的所有权
1982	《小企业创新发展法》	创设小企业创新发展研究计划（Small Business Innovation Research，SBIR），该计划要求联邦机构要为与其任务相关的小企业科研提供资金支持

续表

年份	法律名称	法律内容
1984	《国家合作研究法》	成立大学和企业的技术转移联盟，建立一个合理的机制来评估合作研究的反垄断影响，鼓励企业在通用领域共同合作研发
1984	《专利法》	对《拜杜法案》和《史蒂文森-怀德勒技术创新法》的部分条款进行修订
1986	《联邦技术转移法》	对《史蒂文森-怀德勒技术创新法》进行修订，允许联邦实验室通过合作开发协议（Cooperative Research and Development Agreement，CRADA）与外界合作
1987	《里根总统第12591号行政命令》	确保联邦实验室和政府机构通过转让技术支持大学和私营企业，强调政府对技术转让的承诺，并促进GOGO实验室在法律允许的范围内签署合作协议
1988	《综合贸易竞争法案》	强调公共机构与私营企业在充分利用成果和资源上的合作、技术转让与商业化
1989	《国家竞争力技术转让法》	对《联邦技术转移法》进行修订，扩展了CRADA模式的应用，对能源部的核武器实验室提出技术转让的任务
1991	《美国技术卓越法》	要求联邦实验室联盟在其提交国会、总统的年度报告中加入独立年度审计的内容，允许知识产权在CRADA的参与方之间进行交换
1992	《小企业创新发展法》	拓展现有的SBIR计划，增加了各个机构对SBIR投入的预算比例；建立了小企业技术转移计划，加强政府所有、委托经营的联邦实验室与大学、企业和非营利性组织等的R&D合作
1993	《国家合作研究与生产法》	放宽对合作生产的限制，使合作研究者使用共同获得技术生产经营
1995	《国家技术转移和促进法》	修改《史蒂文森-怀德勒技术创新法》，为CRADA下新产生技术的快速商业化提供激励措施，使CRADA项目对联邦实验室、科学家和私人企业更有吸引力
2000	《技术转移商业化法》	扩大了CRADA许可的权力，使这类协议对私有企业更有吸引力，并提高联邦技术的转化；建立联邦机构在技术转移活动中报告和监督的执行程序
2007	《美国竞争力法案》	加大R&D的投入，加强科学、技术、工程、基础数学的教育；进一步完善联邦政府的创新机制
2010	《美国竞争力再授权法案》	对《美国竞争法》进行修订，为科学、技术、工程、基础数学等的教育增加额外投资
2011	《美国发明法案》	将美国以往坚持的“先发明制”改为“先申请制”；对宽限期等制度进行了调整

2.2　中国产业“卡脖子”技术的现状特征

2.2.1　中国产业35项“卡脖子”技术

根据《科技日报》2018年6月的系列报道，我国产业存在以下35项“卡脖子”技术。

1. 光刻机

制造芯片的光刻机，其精度决定了芯片性能的上限。在国家“十二五”科技创新成就展上，中国生产的最好的光刻机，加工精度是90纳米。这相当于2004年上市的奔腾四CPU（central processing unit，中央处理器）的水准，而荷兰ASML（Advanced Semiconductor Material Lithography，阿斯麦）已经做到了5纳米。光刻机里有两个同步运动的工件台，一个载底片，一个载胶片。两者需始终同步，误差在2纳米以下。两个工作台由静到动，加速度跟导弹发射差不多。在工作时，相当于两架大飞机从起飞到降落，始终齐头并进，一架飞机上伸出一把刀，在另一架飞机的米粒上刻字，不能刻坏了。

2. 高端逻辑芯片

低端的光芯片和电芯片已实现国产，但高端芯片仍全部依赖进口。国外最先进芯片量产精度为5纳米，我国是14纳米，差距两代。据报道，在计算机系统、通用电子系统、通信设备和显示及视频系统中的多个领域，我国国产芯片的世界市场占有率几乎为0。

3. 操作系统

微软、苹果和谷歌三家美国公司垄断手机和个人电脑的操作系统。截至2019年8月，在中国的桌面操作系统市场领域，微软Windows的市场占有率为87.66%，苹果OSX的市场占有率为7.09%，合计为94.75%；在中国的移动操作系统市场领域，谷歌Android的市场占有率为75.98%，苹果iOS的市场占有率为22.88%，合计为98.86%。2018年5月16日，美国把华为列入出口管制的“实体清单”之后，华为的笔记本和手机立刻无法获得Windows和Android支持，直接导致华为手机的海外销量骤减。

4. 航空发动机短舱

飞机上安放发动机的舱室，俗称“房子”，是航空推进系统最重要的核心部件之一，其成本约占全部发动机的1/4。短舱需要将发动机包覆，减少飞行阻力；其进气道还要具有防冰、除冰的能力；飞行中，要保护发动机不受干扰正常工作；在地面，需要做到方便发动机的维护和维修，一旦短舱有损，飞行中可能会引起发动机严重事故。短舱越大技术难度越高。我国在这一重要领域尚属空白。查阅所有公开资料，我国尚无自主研制短舱的专门机构。

5. 触觉传感器

触觉传感器是工业机器人核心部件。精确、稳定的严苛要求，拦住了我国大部分企业向触觉传感器迈进的步伐，目前国内传感器企业大多从事气体、温度等类型传感器的生产。在一个有着100多家企业的行业中，几乎没有传感器制造商进行触觉传感器的生产。日本阵列式传感器能在10厘米×10厘米大小的基质中分布100个敏感元件，售价10万元，而国内产品多为一点式，一般100元一个。

6. 真空蒸镀机

真空蒸镀机是OLED（organic light-emitting diode，有机发光二极管）面板制程的“心脏”。日本Canon Tokki独占高端市场，掌握着该产业的咽喉。业界对它的年产量预测通常在几台到十几台之间。有钱也买不到，说的就是它。Canon Tokki能把有机发光材料蒸镀到基板上的误差控制在5微米内（1微米相当于头发直径的1%），没有其他公司的蒸镀机能达到这个精准度。目前我国还没有生产蒸镀机的企业，在这个领域我们没什么发言权。

7. 手机射频器件

一块手机的主板上，1/3的空间是射频电路。手机发展趋势是更轻薄，功耗更小，频段更多，带宽更大，这就向射频芯片提出了挑战。射频芯片将数字信号转化成电磁波，4G手机要支持十几个频段，信息带宽几十兆。2018年，射频芯片市场150亿美元；高端市场基本被Skyworks、Qorvo和博通三家垄断，高通也占一席之地。射频器件的另一个关键元件——滤波器，国内外差距更大。手机使用的高端滤波器，几十亿美元的市场，完全归属Qorvo等国外射频器件巨头。中国是世界上最大的手机生产国，但造不了高端的手机射频器件，其需要材料、工艺和设计经验的踏实积累。

8. iCLIP 技术

iCLIP是一种新兴的实验技术，是研发创新药的最关键的技术之一。它的发明，让人们抛弃精密的观测仪器，也能确定RNA（核糖核酸）和蛋白质在哪个位置“交汇”，甚至可以读出位点“密码”。iCLIP技术难，犹如万千人海中找一个人，要从几十亿个碱基对中找到一个或几个确定的结合点，精确度可想而知。国外研究团队已在此领域展开“技术竞赛”，研究论文以几个月为周期轮番上演，国内实验室却极少有成熟经验。

9. 重型燃气轮机

燃气轮机广泛应用于舰船、火车和大型电站。我国具备轻型燃机自主化能力；但重燃仍基本依赖引进。国际上大的重燃厂家，主要是美国GE、日本三菱、德国西门子、意大利安萨尔多四家。与中国合作都附带苛刻条件：设计技术不转让，核心的热端部件制造技术也不转让，仅以许可证方式许可本土制造非核心部件。没有自主化能力，意味着我国能源安全的重要一环仍然受制于人，存在被“卡脖子”的风险。

10. 激光雷达

激光雷达是个传感器，自带光源，主动发出激光，感知周围环境，像蝙蝠通过超声波定位一样。它是自动驾驶汽车的必备组件，决定着自动驾驶行业的进化水平。但在该领域，国货几乎没有话语权。目前能上路的自动驾驶汽车中，凡涉及激光雷达者，使用的几乎都是美国Velodyne的产品，其激光雷达产品是行业标配，占八成以上市场份额。

11. 适航标准

一款航空发动机要想获取一张放飞证，必须经过一套非常严格的“适航”标准体系验证，涵盖设计、制造、验证和管理。但目前在国际上，以美国联邦航空管理局（Federal Aviation Administration，FAA）和欧洲航空安全局（European Aviation Safety Agency，EASA）的适航审定影响力最大，认可度最高。尽管在规章要求层面，中国与FAA基本一致，但国产航空发动机型号匮乏，缺乏实际工程实践经验，使我国适航规章缺少相应的技术支撑。实际型号的适航验证工作，成为被卡在别国空域之外的关隘。

12. 高端电容电阻

电容和电阻是电子工业的黄金配角。中国是最大的基础电子元件市场，一年消耗的电阻和电容数以万亿个，但最好的消费级电容和电阻来自日本。电容市场一年200多亿美元，电阻也有百亿美元量级。高端的电容电阻，最重要的是同一个批次应该尽量一致。日本这方面做得最好，国内企业差距大。国内企业的产品多属于中低端，在工艺、材料、质量管控上相对薄弱。

13. 核心工业软件

中国的核心工业软件领域，基本还是“无人区”。工业软件缺位，为智能制造带来了麻烦。工业系统复杂到一定程度，就需要以计算机辅助的工业软件来替代人脑计算。例如，芯片设计生产"必备神器"EDA（electronic design automation，电子设计自动化）工业软件，国产EDA与美国主流EDA工具相比较，设计原理上并无差异，但软件性能却存在不小差距，主要表现在对先进技术和工艺支持不足，与国外先进EDA工具之间存在"代差"方面。国外EDA三大巨头公司Cadence、Synopsys及Mentor，占据了全球该行业每年总收入的70%。发展自主工业操作系统+自主工业软件体系，刻不容缓。

14. ITO靶材

ITO靶材不仅用于制作液晶显示器、平板显示器、等离子显示器、触摸屏、电子纸、有机发光二极管，还用于制作太阳能电池和抗静电镀膜、EMI（electromagnetic interference，电磁干扰）屏蔽的透明传导镀膜等，在全球拥有广泛的市场。ITO膜的厚度因功能需求而不同，一般在30纳米至200纳米。在尺寸的问题上，国内ITO靶材企业一直鲜有突破，而后端的平板显示制造企业也要仰人鼻息。烧结大尺寸ITO靶材，需要有大型的烧结炉。国外可以做宽1 200毫米、长近3 000毫米的单块靶材，国内只能制造不超过800毫米宽的。产出效率方面，日式装备月产量可达30吨至50吨，我国年产量只有30吨——而进口一台设备要花1 000万元，这对国内小企业来说无异于天价。每年我国ITO靶材消耗量超过1 000吨，一半左右靠进口，用于生产高端产品。

15. 核心算法

中国已经连续五年成为世界第一大机器人应用市场，但高端机器人仍然依赖于进口。由于没有掌握核心算法，国产工业机器人稳定性、故障率、易用性等关键指标远不如工业机器人"四大家族"——发那科（日本）、ABB（瑞士）、安川（日本）、库卡（德国）的产品。核心算法差距过大，导致国产机器人稳定性不佳，故障率居高不下。算法的差距不只体现在核心控制器上，更拖慢了伺服系统响应的速度。机器人每完成一个动作，需要核心控制器、伺服驱动器和伺服电机协同作战。对于单台伺服系统，国产机器人动态与静态精度都很高，但高端机器人一般同时有六台以上伺服系统，用传统的控制方法难以取得好的控制效果。

16. 航空钢材

无论起飞还是降落，起落架都是支撑飞机的唯一部件，尤其是在飞机降落阶段，其承载的载荷不仅仅来自机身重量，还有飞机垂直方向的巨大冲力。因此，起落架的材料强度必须十分优异，只能依靠特种钢材才行。目前使用范围最广的是美国的300M钢，该材料采用真空热处理技术，避免了渗氢，零件表面光亮，无氧化脱碳、增碳和晶界氧化等缺陷，提高了表面质量。国内用于制作起落架的国产超强度钢材有时会出现点状缺陷、硫化物夹杂、粗晶、内部裂纹、热处理渗氢等问题，这些问题都与冶炼过程中纯净度不够有关系。我国在高纯度熔炼技术方面与美国还有较大差距，存在很大提升空间。

17. 铣刀

随着近年来我国高铁的迅猛建设，钢轨养护问题也愈加让业内专家忧心。若养护不到位，不仅折损生命周期，还存在高风险隐患。我国自主创新研发的双动力电驱铣磨维护机器人装备——被称为钢轨“急救车”的铣磨车可为钢轨“保驾护航”。但铣磨车最核心部件铣刀仍需从国外进口。铣刀的材料是一种超硬合金材料。其中的金属成分我们已然了解，但就是不知人家是怎么配比、合成的，如同琢磨某种中药的祖传秘方，各种药材比例是多少，都不甚明了。

18. 高端轴承钢

作为机械设备中不可或缺的核心零部件，轴承支撑机械旋转体，降低其摩擦系数，并保证其回转精度。无论飞机、汽车、高铁，还是高精密机床、仪器仪表，都需要轴承。这就对其精度、性能、寿命和可靠性提出了高要求。我国的制轴工艺已经接近世界顶尖水平，但材质——也就是高端轴承用钢几乎全部依赖进口。高端轴承用钢的研发、制造与销售基本上被世界轴承巨头美国铁姆肯、瑞典SKF所垄断。前几年，它们分别在山东烟台、济南建立基地，采购中国的低端材质，运用它们的核心技术做成高端轴承，以十倍的价格卖向中国市场。炼钢过程中加入稀土，就能使原本优质的钢变得更加“坚强”。但怎么加，这是世界轴承巨头们的核心秘密。

19. 高压柱塞泵

液压系统是装备制造业的关键部件之一，一切工程领域，凡是有机械设备的场合，都离不开液压系统。高压柱塞泵是高端液压装备的核心元件，被称作液压系统的“心脏”。中国液压工业的规模在2017年已经成为世界第二，但产业大而不强，尤其是额定压力35兆帕以上的高压柱塞泵，90%以上依赖进口。国内生产的液压柱塞泵与外国品牌相比，在技术先进性、工作可靠性、使用寿命、变量机构控制功能和动静态性能指标上都有较大差距，基本相当于国外20世纪90年代初的水平。

20. 航空设计软件

自20世纪80年代后，世界航空业就迈入数字化设计的新阶段，现在已经达到离开软件就无法设计的高度依赖程度。设计一架飞机至少需要十几种专业软件，全是欧美国家产品。国内设计单位不仅要投入巨资购买软件，而且头戴钢圈，一旦被念“紧箍咒”，整个航空产业将陷入瘫痪。据媒体报道，设计歼-10飞机时，主起落架主承力结构的整个金属部件是委托国外制造的。但造完之后，起落架的收放出现问题，有5毫米的误差，只好重新订货制造。仅仅这一点点的误差，导致歼-10首飞推迟了八九个月。没有全数字化的软件支撑，任何一点细微的误差，都可能成为制造业的梦魇。

21. 光刻胶

我国虽然已成为世界半导体生产大国，但面板产业整体产业链仍较为落后。目前，LCD（liquid crystal display，液晶显示器）用光刻胶几乎全部依赖进口，核心技术至今被TOK、JSR、住友化学、信越化学等日本企业所垄断。就拿在国际上具有一定竞争实力的京东方来说，目前已建立17个面板显示生产基地，其中有16个已经投产。但京东方用于高端面板的光刻胶，仍然由国外企业提供。光刻胶主要成分有高分子树脂、色浆、单体、感光引发剂、溶剂及添加剂，开发所涉及的技术难题众多，需从低聚物结构设计和筛选、合成工艺的确定和优化、活性单体的筛选和控制、色浆细度控制和稳定、产品配方设计和优化、产品生产工艺优化和稳定、最终使用条件匹配和宽容度调整等方面进行调整。因此，要自主研发生产，技术难度非常之高。

22. 高压共轨系统

电控柴油高压共轨系统相当于柴油发动机的“心脏”和“大脑”，其品质的好坏，严重影响发动机的使用。柴油机产业是推动一个国家经济增长、社会运行的重要装备基础。中国是全球柴油发动机的主要市场和生产国家，而在国内的电控柴油机高压共轨系统市场，德国、美国和日本等企业占据了绝大份额。和国外先进公司的产品相比，国产高压共轨系统在性能、功能、质量及一致性上还存在一定的差距，成本上的优势也不明显。

23. 透射式电镜

冷冻电镜可以拍摄微观结构高清3D“彩照”，是生命科学研究的利器，透射式电镜的生产能力是冷冻电镜制造能力的基础之一。目前世界上生产透射电镜的厂商只有三家，分别是日本电子、日立、FEI，国内没有一家企业生产透射式电镜。匹配冷冻电镜使用的工具都需要原装，零件坏了找不到人修理，只能等待零件邮寄到货后进行更换。对于中国的冷冻电镜使用者们来说，这样的体验可能还要持续不短的时间。

24. 掘进机主轴承

主轴承，有全断面隧道掘进机的“心脏”之称，承担着掘进机运转过程的主要载荷，是刀盘驱动系统的关键部件，工作所处状况十分恶劣。与直径仅有几百毫米的传统滚动轴承相比，掘进机主轴承直径一般为几米，是结构最复杂的一种轴承，制造需要上百道工序。就掘进机整机制造能力而言，国产掘进机已接近世界最先进水平，但最关键的主轴承全部依赖进口。德国的罗特艾德、IMO、FAG和瑞典的SKF占据主要市场。

25. 微球

微球，直径是头发粗细的三十分之一。手机屏幕里，每平方毫米要用一百个微球，撑起了两块玻璃面板，相当于骨架，在两块玻璃面板的缝隙里，再灌进液晶。少了它，液晶屏幕将无法生产。没有微球，芯片生产、食品安全检测、疾病诊断、生物制药、环境监测……许多行业都会陷入窘境。仅微电子领域，中国每年就要进口价值几百亿元的微球。2017年中国（不含港澳台地区）的液晶面板出货量达到全球的33%，产业规模约千亿美元，位居全球第一。但这面板中的关键材料——间隔物微球，以及导电金球，全世界只有日本一两家公司可以提供。这些材料也像芯片一样，被人卡住了脖子。

26. 水下连接器

除了船舶、遥感卫星，海底观测网已成为第三种海洋观测平台——通过它，人类可以深入水下观测和认识海洋。如果将各类缆系观测平台比作胳膊、腿，水下连接器就好比关节，对海底观测网系统的建设、运行和维护有着不可替代的作用。目前我国水下连接器市场基本被外国垄断。一旦该连接器成为禁运品，整个海底观测网的建设和运行将被迫中断。

27. 燃料电池关键材料

国外的燃料电池车已实现量产，但我国车用燃料电池还处在技术验证阶段。我国车用燃料电池的现状是几乎无部件生产商，无车用电堆生产公司，只有极少量商业运行燃料电池车。多项关键材料，决定着燃料电池的寿命和性能。这些材料我国并非完全没有，有些实验室成果甚至已达到国际水平。但是，没有批量生产线，燃料电池产业链依然梗阻。关键材料长期依赖国外，一旦遭遇禁售，我国的燃料电池产业便没有了基础支撑。

28. 高端焊接电源

我国是海洋大国，拥有300多万平方千米海域，正在大力发展高端海洋资源开发和海洋维权装备。海里的设备一旦出现开裂等故障，需要用有工业制造“缝纫机”之称的焊接装备修补。深海焊接的实现靠水下机器人。虽然我国是全球最大的焊接电源制造基地，年产能已超1 000万台（套），但高端焊接电源基本上仍被国外垄断。我国水下机器人焊接技术一直难以提升，原因是高端焊接电源技术受制于人。国外焊接电源全数字化控制技术已相对成熟，国内的仍以模拟控制技术为主。

29. 锂电池隔膜

作为新能源车的“心脏”，国产锂电池目前“跳”得还不够稳。电池四大核心材料中，正负极材料、电解液都已实现了国产化，唯独隔膜仍是短板。高端隔膜技术具有相当高的门槛，不仅要投入巨额的资金，还需要有强大的研发和生产团队、纯熟的工艺技术和高水平的生产线。目前高端隔膜依然大量依赖进口。

30. 医学影像设备元器件

目前国产医学影像设备的大部分元器件依赖进口，至少要花10年、20年才能达到别人的现有水平。在传统医学成像（CT、磁共振等）上，中国最早的专利比美国平均晚20年。在专利数量上，美国是我国的10倍。这意味着整个产业已经完全掌握在国外企业的手里，所有的知识产权、所有的原创成果、所有的科研积累都在国外，中国只占很少的一部分。

31. 超精密抛光工艺

超精密抛光工艺在现代制造业中有多重要，其应用的领域能够直接说明问题：集成电路制造、医疗器械、汽车配件、数码配件、精密模具、航空航天。“它是技术灵魂”。美日牢牢把握了全球市场的主动权，其材料构成和制作工艺一直是个谜。换言之，购买和使用它们的产品，并不代表可以仿制甚至复制它们的产品。

32. 环氧树脂

碳纤维质量能比金属铝轻，但强度却高于钢铁，还具有耐高温、耐腐蚀、耐疲劳、抗蠕变等特性，其中一个关键的复合辅材就是环氧树脂。但目前国内生产的高端碳纤维，所使用的环氧树脂全部都是进口的。目前，我国已能生产T800等较高端的碳纤维，但日本东丽掌握这一技术的时间是20世纪90年代。相比于碳纤维，我国高端环氧树脂产业落后于国际的情况更为严重。

33. 高强度不锈钢

用于火箭发动机的钢材需具备多种特性，其中高强度是必须满足的重要指标。然而，不锈钢的强度和防锈性能，却是鱼和熊掌般难以兼得的矛盾体。火箭发动机材料如果严重生锈，将带来很大影响。完全依靠材料自身实现高强度和防锈性能兼备，这是世界性难题。现在，我国航天材料大多用的是国外二十世纪六七十年代用的材料，发达国家在生产过程中会严格控制杂质含量，如果纯度不达标，便重新回炉，但国内厂家往往缺乏这种严谨的态度。

34. 数据库管理系统

目前全世界最流行的两种数据库管理系统是Oracle和MySQL，都是甲骨文公司旗下的产品。竞争者还有IBM公司及微软公司的产品等。甲骨文、IBM、微软和Teradata几家美国公司，占了大部分市场份额。数据库管理系统国货也有市场份额，但只是个零头，其稳定性、性能都无法让市场信服，银行、电信、电力等要求极端稳妥的企业，不会考虑国货。

35. 扫描电镜

扫描电镜，一种高端的电子光学仪器，它被广泛地应用于材料、生物、医学、冶金、化学和半导体等各个研究领域和工业部门，被称为“微观相机”。目前我国科研与工业部门所用的扫描电镜严重依赖进口，每年我国花费超过1亿美元采购的几百台扫描电镜，主要产自美国、日本、德国和捷克等国，国产扫描电镜只占5%~10%。

2.2.2 “卡脖子”技术的产业分布

我们分析了我国35项“卡脖子”技术的产业分布（表2-4），发现分布最多的产业是ICT产业和高端装备制造业，其次是航空航天产业和人工智能产业，最后是生物医学产业、新能源产业和新材料产业。

表 2-4 我国各产业 35 项“卡脖子”技术分析

产业领域	“卡脖子”技术
ICT 产业	光刻机、高端逻辑芯片、操作系统、真空蒸镀机、手机射频器件、高端电容电阻、核心工业软件、ITO 靶材、微球、数据库管理系统
航空航天产业	航空发动机短舱、适航标准、航空设计软件
人工智能产业	触觉传感器、激光雷达、核心算法
生物医学产业	iCLIP 技术、医学影像设备元器件
高端装备制造业	重型燃气轮机、铣刀、高端轴承钢、高压柱塞泵、高压共轨系统、透射式电镜、掘进机主轴承、水下连接器、高端焊接电源、超精密抛光工艺、扫描电镜、航空钢材、高强度不锈钢
新能源产业	燃料电池关键材料、锂电池隔膜
新材料产业	环氧树脂、光刻胶

2.3 高校科技创新支撑产业突破关键核心技术的问题分析

2.3.1 高校支撑产业技术突破的专家访谈

关于高校支撑产业技术突破的主体定位，我们访谈了一些科技管理专家和学者。西安交通大学管理学院院长冯耕中教授强调了该研究首先应该梳理高校创新体系与产业创新系统两个研究对象的内涵，才能进一步明确两个研究对象的战略融合关系。因此目前的研究思路要更偏向高校在融合过程中的定位，如何利用创新的主体与力量，通过企业在人才培养方面融合社会，及时把最新的技术发展引入课堂。西安交通大学创新港办公室主任贾玉健指出目前高校创新体系尚未建立，原因在于高校自身定位不清，目前高校可以商业化的方面包括品牌、教育与科技服务。科技服务方面，西安交通大学做得不好，其原因首先在于过于强调SCI（Science Citation Index，科学引文索引）论文，忽视应用研究，没有打通基础研究到应用研究的链条，仅靠呼吁无法改变目前应用研究人才与团队缺乏的状态。目前可以建立应用研究平台。陕西省科技厅孙科厅长分析了目前973项目资金70%来源于国家财政拨款，牵头主体都是高校或中国科学院，但目前成果转化效果不好，目前陕西高校科研成果转化率不到10%。如何通过产业创新联盟，整合创新资源，是深层次方面进行融合的关键。可以利用利益机制，有效激励高校教师发明从职务发明向有形资产的管理转化。

西安交通大学孙海鹰教授提出对于“高校的创新体系怎么和产业创新战略进行融合？”产业一体化的提法是错误的，从知识创新到产业创新是一个转移过程。对于行业，基础研究与应用研究进行融合，对于高校人才培养，而强化产业创新人才能力。创新是企业运用知识创造经济效益与社会效益的过程，是运用现代知识和知识的再创造。但是企业创新的知识和我们学到的知识差别很大。技术转移过程是把高校的科研成果转移到企业，企业基于此进行再创造。

中国工程院汪应洛院士指出这个项目框架比较有特点，但内容还需要完善，高校的主要任务是知识创新，发现和挖掘新知识，然后传授给学生。我国高校发现的新知识太少，对企业知识了解太少，更何谈对国外知识的了解。我国应大力发展知识服务业，鼓励发展知识猎头公司，培养一批挖掘新知识并寻找与知识需要者进行对接的人才，不仅能够创造新的就业机会，而且能够有效完成高校创新体系与产业创新战略的融合。

西安交通大学科研院贾毅华副院长强调项目研究应注意政府在高校创新体系对接产业创新战略过程中所发挥的角色，以及高校教师考评体制改革与高校科研成果转化之间的关系。陕西恒通智能机器有限公司王永信总经理指出在技术创新的价值链中，基础理论研究应该由高校来承担，而工程化、中试环节、产业化与技术推广则应该由产业发挥主体作用。高校科技服务的定位应该遵循基础研究/应用研究、行业选择、企业选择与问题选择这样的顺序。高校的科研问题应该来自市场调研、刚性需求创造两个方面。

西安交通大学管理学院原长弘教授指出高校创新体系融合产业创新战略的保障体系应该包括机制体制的持续创新、政府与市场的协同与对接人才培养等方面。高校创新体系与产业创新战略的融合，具体来讲，还应包括项目对接与绩效考核对接。大学的目标是创造价值，包括知识创造、人才培养与技术研发三个方面，高校的科研成功只有一部分可以融合产业创新战略，从一个优秀学科到一个优秀团队，再到产业化成功，需要很长一段时间。

2.3.2 高校协同创新的现状与问题分析

截至2014年底，全国共有38家协同创新中心，涉及多个产业，并有相关企业参与。本书对第一批2011协同创新中心进行了实际调研。

1. 高校协同创新实践的问题提取

熊彼特指出技术创新是企业家整合资源要素的行为，创新是企业运用知识创造经济效益与社会效益的过程。技术转移过程是把高校的科研成果转移到企业，企业基于此进行再创造。“十二五”期间高校在产学研用合作中取得了显著的成绩，但高校与企业的合作动力不足，合作效率和效益面临不少问题。

（1）产学研用各方的定位和应发挥的作用不明确。在产学研用密切结合的过程中，用户是技术创新的重要参与者和利益相关者。过去产学研结合侧重于鼓励卖方主导的创新；而产学研用新形式的提出，让买方参与进来，更有利于实现以市场为导向的技术创新。在产学研用各方中，政府应起引导、支持和推动作用，但也存在领导和指导作用发挥过多的问题，有“越位”的情况，应该从发挥领导、指导作用向引导作用过渡；企业是核心，起主体作用，但不少大企业在与高校合作中更多地想发挥“主宰”的作用，忽视了高校的应有地位和利益需求；高校是创新的源泉，但一些高校热衷于产品生产过程，想要从项目“设计、研制、生产”一竿子插到底，不仅忽视了高校本应在基础研究和原始创新方面发挥的作用，也在一定程度上侵占了企业的利益。

（2）高校与企业合作的利益分配和协调机制还未建立。大学与企业合作的目标之一就是各个参与主体及相关各方在合作过程中实现自身利益的满足和扩大化。因此，无论是企业，还是大学，各方合作的目标之一在于利益的获得。在实际运行中虽然强调了“共同投入、利益共享、风险共担”的合作原则，但大学和企业为了自身获取更多的利益，难免出现难以协调的矛盾，特别是在合作研究和开发当中，各方的贡献往往也难以准确衡量，往往到了有可能获得成果、申报奖项的时候，就开始出现问题，影响合作的进一步发展，严重时甚至由于矛盾不能化解而使大学与企业合作失败。

（3）科研成果合理评价机制尚未建立。从高校的角度来看，虽然政府和教育部门大力推动产学研用合作，但在对高校的评价指标上却缺少这一项，往往强调论文和原始创新多于产学研用合作，这在国家重点学科评审的指标体系中表现得尤为明显（产学研用合作成果为“零指标”）。过于强调SCI论文，忽视应用研究，没有打通基础研究到应用研究的链条，仅靠呼吁无法改变目前应用研究人才与团队缺乏的现状。在这样的大环境下，高校对教师的评价机制也有欠缺，缺乏鼓励教师和研究人员从事应用研究为生产服务、为企业服务的机制，加重了应用研究成果脱离实际生产应用这一现象。从企业的角度看，国家的评价标准主要体现在经济增长速度上，导致部分企业的创新意识薄弱，眼光短浅，不愿意投资开发新产品和新技术，希望依赖高校直接产出能够马上商业化的技术甚至是产品，这样的要求于高校的实际情况而言是不现实的。

（4）政策不匹配严重制约科技成果转化。现有国有资产管理的有关政策，将技术类无形资产与有形资产实行同一标准，其实它们是有着本质区别的：根据《关于促进科技成果转化的若干规定》将技术成果投资所获股权应以不低于20%的比例奖励给技术完成人，且经单位职工代表大会通过，奖励比例可高于50%。但现有国有资产管理的有关政策与该政策不统一，国有资产监督管理部门对该政策不予执行。在实践中，科技成果投资所获股权必须以较高比例奖励给技术完成人，才能有利于技术类无形资产价值的实现，才能激发科技人员创新的活力。此外，国有资产评估项目核准与备案制度不适合技术类无形资产，因为科技成果并没有确定的价值，在实际操作中，科技成果的价值由合作各方谈判而定，一般是先确定注册资本及科技成果所占的比例，再推算出科技成果的作价。如果科技成果转化失败，其所形成的股权资产就会变成零资产，对其股权资产的核销，目前没有可操作的办法。

（5）高校有市场应用价值的创新成果严重不足。虽然近年来高校发表的科技论文数量增加很快，经鉴定的科技成果不断增多，专利的申请量也逐年增加，但是高校大量的科技成果未用于生产，即使是应用型研究成果也基本上不具备开发应用的前景，研究成果与工业生产应用的差距太大。目前，我国的科技成果转化率在25%左右，真正实现产业化的不足5%，与发达国家80%的转化率差距甚远。总体来看，技术导向的科技成果比较多，市场导向的科技成果比较少；模仿、跟踪的成果比较多，原始性创新的成果比较少；“短、平、快”的成果比较多，但是反映长期科学积累的成果比较少。

2. 高校创新与产业对接的战略思考

我国高校是相对封闭的作用系统，有很多应用研究都是理论性较强而缺乏实践能力，相对市场占有能力较低。从高校自身来看，高校想与市场对接，首先需要明确对于外界的定位，这是形成高校内部力量集聚并作用于产品和产业上的主要导向，也是形成产业创新联盟并整合创新资源的重要基础。高校在产业对接创新体系中必须定位明确，克服对接壁垒，进行机制创新。

（1）高校系统和产业升级的职能契合，能有力推动对接路径建立。从知识创新到产业创新是一个转移过程。高校的主要职能是将基础研究与应用研究进行融合，而有些基础研究是不能产业化的。企业创新是运用现代知识和知识的再创造，企业创新的知识和高校的知识体系差别很大。如何进行职能契合是实现对接的关键。例如，企业创新如何实现知识运用指导生产过程，高校的任务在基础研究和原理研究，企业不懂国外的技术原理与标准，这需要高校来研究其基本原理。

（2）对接过程中间职能的实现与建设，需要充分发掘市场机制。高校科技与产业的关系就是人才培养与技术转移，知识服务业是介于发明主体、应用主体与市场主体之间的一个结合体，研发服务业就是产业研究院，就是一个研发服务到技术转移的组织路径。要实现对接过程中市场的商业化，需要在参与主体中有力扩充实体职能，如仿照中国台湾产业等，充分实现高校的科研成果转移的商业化过程。

2.3.3　高校科技成果转化的特征与瓶颈分析

1. 高校科技成果转化特征提取

根据《中国科技统计年鉴2019》，2005~2018年我国高校发明专利申请和授权结构变化如图2-2所示，其中所占比例为发明专利占所有专利的比重。由图2-2可知，这一比重呈下降趋势，2015年以后下降放缓。我国发明专利的申请和授权量虽然保持着一定的增长速度，但占专利申请和授权的比重下降的状况多年来没有得到根本性改变，这反映出我国高校发明专利在社会主体的影响力在下降，而企业发明专利的比重逐渐提高，未来高校科技成果产出的能力仍有较大的增长空间。

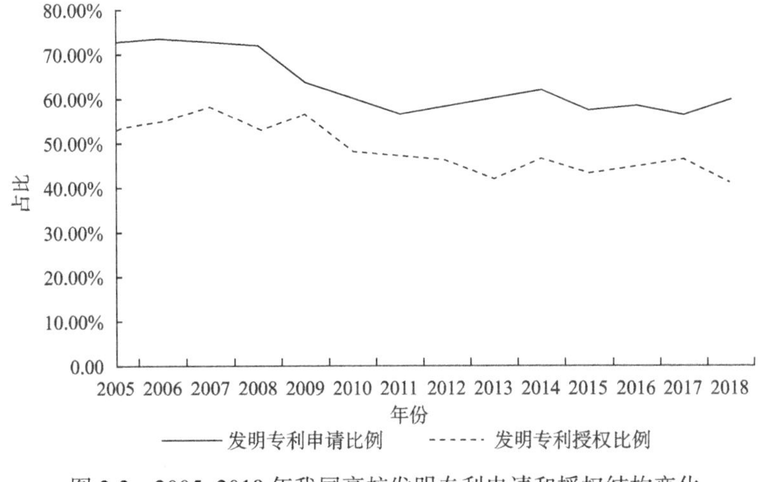

图 2-2　2005~2018 年我国高校发明专利申请和授权结构变化

根据《中国科技统计年鉴2010—2019》，我国高校专利所有权转让及许可收入如图2-3所示。从图2-3中可以看出，我国在2017年以前高校专利所有权转让及许可收入呈增长趋势，2018年有所下降；我国高校专利所有权转让及许可数与形成国家或行业标准数如图2-4所示，可以看出二者均呈上升趋势。

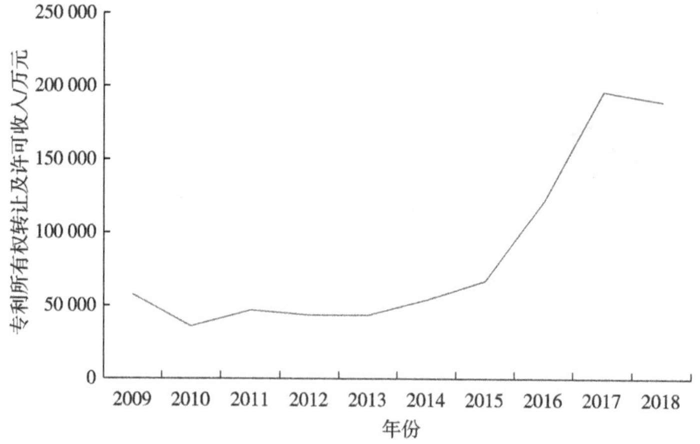

图 2-3　2009~2018 年我国高校专利所有权转让及许可收入

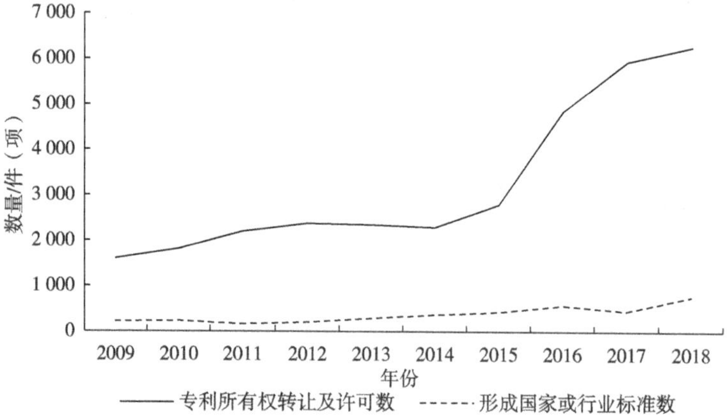

图 2-4　2009~2018 年我国高校专利所有权转让及许可数与形成国家或行业标准数

由本节统计结果可知，我国高校的科技成果产出及转化水平仍有很大的进步空间。高校论文的影响力仍旧较低，同时高校专利的受理授权占比近几年都在逐渐降低，创新的主力往往来自企业，高校技术转移交易合同的数量和金额占比近几年没有实质性的提升。

2. 高校科技成果转化瓶颈分析

虽然新兴科技的发展，基础研究—应用研究—试验发展的周期大为缩短，科学与技术的边界日趋模糊。在新时代要求下，我国高校的科研产出与国家发展的要求相比还远远不够，突出表现为科技成果转移转化效率不高等（表2-5）。

表 2-5　全国高校专利授权与转化情况（2009~2018 年）

年份	2009	2010	2011	2012	2013	2014	2015	2016	2017	2018
授权数	25 570	37 490	53 055	74 550	84 930	85 006	127 329	149 524	169 679	193 027
转让/许可数	1 602	1 810	2 203	2 380	2 344	2 293	2 786	4 839	5 942	6 265
转化率	6.27%	4.83%	4.15%	3.19%	2.76%	2.70%	2.19%	3.24%	3.50%	3.25%

从高校专利授权数量看，2009年以来中国科技研发投入快速增加，2015年专利授权数超过10万个，但2015年全国高校专利转让或许可数仅为2 786个。科技资源配置不合理，利用效率低，大量的科研成果不能转化为应用技术，反映出高校与产业对接问题，需要进一步扫清高校创新体系与产业创新战略对接的路径障碍，为促进科技与产业高度融合发展提供决策依据。

1）高校考核机制阻碍对接的问题调研

调查显示，80%的高校科研人员认为有必要调整目前高校人员科研能力考核机制，12%的高校科研人员认为目前的高校人员科研能力考核机制还需要完善，仅8%的科研人员对目前的高校人员科研能力考核机制基本满意。对于考核机制需要调整的原因，其中53%的科研人员认为引入市场机制的科研成果转化机制，有助于实现产业技术知识的有效流动与知识更新；25%的科研人员认为目前的考核机制对于科研人员基于产业实践层面的技术创新能力有一定的束缚作用；11%的科研人员认为对于绩效考核应引入科技成果成功转化的利益分配机制；11%的科研人员认为，加强基础学科建设有利于强化高校职能，促进对接。

2）高校产业化职能阻碍对接的问题调研

调查显示，90%的高校认为高校应具有科研成果转化的中介机构具备的职能。其中42%体现在学校科技成果的遴选与经费支持上，15%体现在高校市场环境的维护与企业需求整理上，26%体现在高校产业战略联盟的建设与合作关系强化上，17%体现在对于策划、撰写项目商业计划书的辅助与科技成果市场化的综合管理上；同时调查结果表明84%的高校认为高校需要优化院系学科专业与企业合作的各类计划项目体系，其中包括科技项目的跟踪和管理、高校科技网的管理、分配机制与激励政策的制定与实施。同时68.5%的高校人员认为人才培养需要有机结合企业需求的市场导向作用，其中包括知识应用能力培训、实习机会提供、校企人才固定输送渠道网络维护。

3）高校技术市场化阻碍对接的问题调研

调查显示，认为高校具有技术市场体系建设的高校科研人员占比52%，35%的高校科研人员认为高校产业技术市场路径建设较为欠缺，13%的高校科研人员认为基本没有高校科研技术市场化路径建设；34%的科研人员认为加强横向科技项目管理与企业科技合作项目有利于增强高校科研技术的市场化，认为通过学校科技项目的商业评估与高校科技成果的企业遴选能够加强商业化的科研人员占比分别为21%和29%，16%的科研人员认为项目跟踪管理和技术优势建立具有高校技术化的长效推动效应。

4）高校与产业对接的路径方式调研

调查显示，重点实验室、工程技术中心、学科优势平台、大学科技园、高校技术成果转化中心都是高校通过导向作用与产业发展对接的主要载体。其中23%的科研人员工作于重点实验室，19%来自工程技术中心，21%来自学科优势平台，5%与大学科技园有合作关系，11%来自高校技术成果转化中心，其他21%的科研人员在院系。各高校的产业对接建设平台建设和发展现状也存在较大差距，同时对于技术科研人力资本的吸收能力有较大的提升空间。

第二篇　校企合作支撑产业突破关键核心技术的理论与实证分析

第 3 章 高校科技创新支撑产业突破关键核心技术的有效性

高校科技创新可以分为科学创新和技术创新。科学创新是指通过基础研究产生的科学理论创新，主要表现形式为发表学术论文；技术创新是指通过应用研究和试验发展产生的技术成果，主要表现形式为发明专利与商业秘密等。本章将分别分析高校科学创新与技术创新对产业突破关键核心技术的影响。

3.1 高校科学创新支撑产业突破关键核心技术的有效性

高校科学创新影响产业技术创新的根本原因在于二者之间发生了知识转移，专利对科学文献的引用表明发明者在技术创新的过程中运用到或者说至少意识到了其引用的科学文献中的知识，因此很多学者采用这种方法来测度科学知识从科学界向产业界的转移[15~18]。需要指出的是，这种方法主要关注的是科学研究对技术创新的影响，科学研究一般指大学和公共研究所从事的研究，其成果主要是论文。遵循已有的研究惯例，本节也基于专利对科学文献的引用来分析基础研究对技术创新的影响。

3.1.1 高校科学创新支撑产业核心技术突破的概念模型

1. 基础研究与技术创新的相互作用：基于专利科学引文的研究

Meyer对美国纳米技术领域的专利进行了案例研究，认为纳米专利对科学论文的引用应该被理解为一种科学与技术之间多层面高度复杂的相互作用[17]。Narin等对当代美国专利的科学引文进行了大规模的、系统的计量分析，发现美国技术与科学的知识联系程度在六年内（1987~1993年）增加了两倍，结果表明公共科学知识在技术创新中起着重要的作用[16]。Fleming和Sorenson通过研究USPTO在1990年5月至6月批准的16 822项美国专利，发现专利对科学论文的引用有利于增加专利的被引频次，尤其是在技术知识高度组合的领域[15]。Sorenson和Fleming提出，引用科学文献的专利会比那些没有引用的专利得到更多的被引频次，其原因在于科学文献加速了知识的扩散，因此可以促进技术创新[19]。裴云龙等对世界知识产权组织国家的一个纳米科技专利样本进行了分析，结果显示，在纳米技术领域，专利对科学论文的引用提升了专利有效性[20]，即专利的被引频次，代表了技术创新的质量和影响力[21,22]。赵志耘博士和雷孝平博士同样从专利引文的角度分析了我国生物科技领域的USPTO专利数据，发现在该领域技术创新对基础研究的依赖比较高，并且有不断加强的趋势，此外，还通过描述性统计发现美国是我国生物科技专利最主要的基础知识来源国家[23]。

通过文献综述可以看出，首先现有研究主要关注科学研究对技术创新的直接影响，但对其影响机制和路径缺乏深入和系统的实证研究。此外，大多现有的研究是基于发达国家的实证数据，认为基础研究对技术创新的直接影响是线性的，这些结论并不一定适用于中国等发展中国家的实际国情。

2. 技术新颖性的产生

如前所述，为了更清楚地说明科学研究是如何影响技术创新的质量的，本章来探讨技术开发的具体过程——技术新颖性的形成机制。重组搜索（recombinatory search）理论将创新看作一个技术搜索的过程[24]，该过程涉及对现有知识元素的创造性重组[15]或者重新配置知识元素之间的关系[25]。很多学者认为技术知识构件（components）的重组是技术新颖性的终极来源[26,27]，这里的构件指的是构成技术发明的基本知识元素。例如，蒸汽船可以被看作木船和蒸汽机的组合，汽车可以被看作马车和蒸汽机的组合。技术知识构件并非指蒸汽机、木船和马车这些具体的硬件，但是技术知识构件组成发明的方式就像木船和蒸汽机组成蒸汽船一样。熊彼特发现技术创新是把技术知识构件进行创造性的重新组合[28]，而Nelson和Winter同样认为科学和艺术中的创新大多是对现有的概念或者实物进行很大程度的重组[29]。Basalla认为某些技术分支可以通过融合而产生一种新的技术，这种新技术又可以与现有的其他技术分支融合再产生新技术[30]。总之，一项新发明可以被看作对现有技术知识构件或构件集的一种创造性的重组[24~26,28,31]，或者是引入新的技术知识构件形成更有效的组合。

3. 研究模型

基于上述观点——技术创新是一个不断重组技术知识构件的过程，本节认为技术知识构件的增加（不断引入新的构件）会促使技术新颖性的提升，增加技术突破的机会，进而提高专利有效性。然而，当引入的构件越来越多时，可能的组合也呈几何级增长，搜索有效组合的复杂性随之提高，这时就需要科学研究的指导，因此产业专利对高校基础研究的引用和关注对技术知识构件与专利有效性的关系具有调节作用。

本节从重组搜索理论的视角来分析高校科学研究对技术新颖性形成的影响，进而检验科学研究对技术知识构件与技术创新质量关系的调节效应。

基于以上的分析，本节在整合相关文献的基础上，提出了如图3-1所示的概念模型，并采用来自中国七个高新技术行业的3 145份USPTO专利样本数据对理论分析进行实证检验，目的在于丰富中国技术创新管理的理论基础，并提供相关的科技管理实践启示。接下来，本章将逐一论述技术知识构件、两类科学文献引用和专利有效性之间的联系。

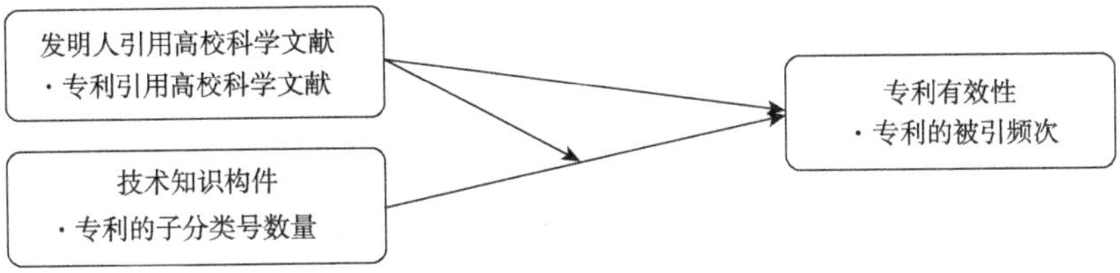

图 3-1 高校科学创新对产业突破关键核心技术的影响效应模型

3.1.2 高校科学创新支撑产业核心技术突破的理论分析

1. 技术知识构件对专利有效性的影响

发明者在进行技术开发的过程中，对现有可得的技术知识构件进行各种组合，以寻求最佳的创新结果，技术和认知方面的因素都表明技术知识构件数量与发明绩效之间的正向关系。首先，从技术层面来讲，如果现有构件的所有可能组合都无法达到期望的效果，那么发明者就需要增加构件的数量，引入新的构件以突破现有的技术局限[24]。其次，从认知层面来看，当发明者仅仅使用有限几个技术知识构件时，他很容易陷入固有的思维模式，这对专利有效性是不利的。当多个领域的思想或者技术在进行学科交叉时，就有可能激发出新的联系或者突破[27,32]，这种交叉不仅使发明者从全新的角度考虑如何解决问题，而且使创新的知识基础更为雄厚，大大增加了技术突破的概率。当技术知识构件重组取得成功，并形成专利（新技术）时，该专利相对于技术知识构件较少的专利，具有更好的知识基础和更强的创新性，所以会对相关技术领域产生更深远的影响，其有效性也越高。因此，本书认为专利涉及的技术知识构件越多，其有效性越高。

2. 专利引用高校科学论文对技术创新质量的直接影响

近年来，不仅工业生产开始流程再造，而且知识的生产也开始流程再造。科学和技术的联系日益紧密，越来越多的专利直接引用科学论文从而产生技术创新，而在新兴技术领域，科学家甚至在发表学术论文的同时将科研成果申请专利。这些现象说明，学术界与产业界之间的知识流动越来越频繁，基础研究对技术创新具有直接的影响。

基础研究与技术创新之间并不是简单的线性关系，而是一种高度复杂的非线性关系。特别是对于发展中国家而言，只有通过一定基础研究积累，才能激发科学研究与技术创新之间的良性互动关系。发展中国家在技术发展的初期阶段，从短期来看（在经济资源有限的情况下）对基础研究的投入导致了应用研究投入的减少，这对技术创新产出是不利的；但是从长期来看，当其基础研究达到一定的积累之后，国家的基础研究能力和吸收能力都得到了长足的发展，就会对技术创新产生显著的促进作用[33]。

同理，当发明人对高校发表科学文献关注和引用较少时，一方面，因为学习基础研究成果并不会立即获益[33]，初步学习的效果也较差；另一方面，其学习和理解国内科学文献会消耗其原本有限的时间和精力，使其对技术开发的精力投入减少，这对专利有效性是不利的。然而，如果发明人一直很少关注高校的科学研究，那么我国的基础研究和技术创新之间的良性互动关系将很难出现。

当发明人越来越多地学习和引用我国高校的科学研究进展，并且以高校科学研究成果作为技术创新的知识基础时，他们对基础研究成果的理解也越来越深刻。根据样本统计，发明人越多学习和引用高校科学文献，说明其与高校科研人员之间的交流互动越频繁，其前沿科学知识储备和知识结构异质性得到了增强，吸收能力也随之提高[34]。此时，发明人不仅能更敏锐地辨别出基础研究中对技术创新具有重要价值的知识，而且由于自身知识结构异质性的提高，可以更好地把握基础研究和应用研究之间的协同演化关系，在技术创新的过程中更有效地运用那些实用性科学知识[35]，而引用高校科学文献对专利有效性的影响也由负向转为正向。因此本书提出发明人对高校科学文献的引用与专利有效性呈U形关系。

3. 专利引用高校科学研究的调节效应

当发明人进行技术知识构件重组时，如果仅仅依靠随机的试错法，那么寻找有效组合的过程就变得非常复杂[24]，而基础研究则可以为其提供类似地图的指导作用[15]。因此，发明人对技术基础研究成果的关注和引用对技术知识构件与技术创新质量之间的关系具有调节效应。

如前所述，大部分引用高校科学文献的专利发明人都与高校科研人员有着密切的社会联系和较小的地理距离。这表明，发明人与高校科研人员的互动，可能采用紧密甚至是面对面的方式，在这种近距离的非正式的联系中，技术开发人员能够与高校科研人员建立信任关系，不仅能够更深入地了解技术开发过程中各种现象的背景知识和科学原理，而且能够获得隐性知识，尤其是那些关于如何在技术知识构件重组过程中运用学术信息的前沿知识。这种隐性知识是指高度情景化的诀窍知识（know-how knowledge）[6,36]，代表一种对特定技术知识构件重组规律的把握和本质的认识。与高校科研人员的互动有利于技术开发者获得这种诀窍知识，进而对特定技术知识构件的重组产生新的认识，并改进原来的随机搜索方式，更容易直接找到可能更有效的组合路径，同时避免那些无效的组合[15]。发明人对高校科学文献的引用越频繁，发明人与高校科研人员的互动也越紧密，也就能获得越多的规律原理和诀窍知识。此时，发明人使用一定数量的技术知识构件可以实现更有效的组合，达到更高的专利有效性。因此本书提出发明人对高校科学文献的引用加强了技术知识构件与专利有效性之间的正向关系。

3.1.3 高校科学创新支撑产业核心技术突破的检验结论

1. 样本数据、变量测量和回归方法

本章采用从USPTO专利数据库下载的中国七个高新技术产业（生物医药、半导体、消费电子产品、电脑和办公设备、电信通信、燃料电池和光学与激光技术）于1976~2010年申请的发明专利数据。

1）变量测量

专利有效性是指依据法律，每一个专利都必须引用与其技术相似的先有专利。研究结果表明一项专利的被引频次与其技术重要性、社会效益和经济效益高度相关[3,21]，其代表了技术创新的质量，因此可以用专利被引频次来衡量专利的有效性。通过搜索USPTO专利数据库可以得到截至2011年

12月31日所有样本专利的被引频次。

技术知识构件遵循Fleming和Sorenson的研究，本章用专利子类的数量来衡量该变量[24]。USPTO和中国国家知识产权局一样会为每一项专利分配多个子类，并且随着技术的发展，USPTO还会更新专利的子类。这种可追溯的过程使得对技术知识构件的衡量具有时间的一致性。专利的子类反映了技术发明的基本构件，虽然发明者在技术开发的过程中并非直接把子类进行组合，但是专利的子类数可以间接地反映发明者不断重组技术知识构件的过程[24]。Fleming和Sorenson还基于其开发电子器件的经验，举例说明专利子类可以代表技术发明的基本构成元素（basic building blocks）[24]，该研究成果产生了广泛的影响。因此，本章采用专利子类数来衡量技术知识构件数量是有效的。

高校科学文献引文是指发明人在一项专利中引用我国高校所发表的科学文献的频次，包括对高校发表的学术期刊论文（包括SCI论文）、科学书籍和学术会议论文的引用，衡量了发明人在发明该专利时受高校科学文献的影响程度[15]。样本专利共引用1 110篇高校发表的科学文献。

此外，本章还加入了一些控制变量。专利发明人数用来衡量对一项专利的资源投入。类数指专利所属的类的数量，一些专利是很多技术领域交叉综合的结果，其属于多个类。一项专利的技术领域跨度越大，则其被引用的可能性也越大，因此本章用类数来控制专利的技术分类跨度[15]。USPTO专利引文指的是发明人在专利中引用USPTO专利的频次，用来指示发明人从先有专利中获得的技术知识[37]。非科学出版物引文是发明人在专利中引用非科学出版物的频次，包括对技术报告、数据库搜索报告和专利摘要的引用[20]。专利年龄越长，专利被引用的概率越大，本章用专利申请年份至2011年的年数作为专利的年龄，来控制专利年龄对其被引频次的影响[35]。产业专利平均被引频次，是一个产业变量，指每个高新产业内专利的平均被引频次，因为在有的产业专利被引比较频繁，而在另外一些产业专利被引比较少，因此本章用产业专利平均被引频次来控制产业层面的差异。

2）描述性统计信息和模型回归方法

表3-1是样本的描述性统计信息，为确保变量数据服从正态分布，本章将类数、技术知识构件和发明人数取了以10为底的对数；表3-2则是各变量之间的相关系数表，可以看出表中各变量的相关系数较小。

因变量专利有效性为非负整数，采用一般的线性回归会产生无效和有偏的系数，计数模型则可以避免这类问题[38]。由表3-1可以看出，专利有效性的标准差大于均值，呈超离散分布，而且通过初步的样本数据分析发现因变量专利有效性的零值较多（超过50%），因此本章采用零膨胀负二项回归（zero-inflated negative binomial regression）模型来检验理论分析结论[38]。此外，因为产业专利平均被引频次属于产业层面的数据，所以本章采用了跨层面模型来控制产业层面的效应。

表 3-1　描述性统计信息（一）

变量	样本数	均值	标准差	最小值	最大值
1.专利有效性	3 145	0.984	3.679	0	88
2.技术知识构件（lg）	3 145	0.481	0.635	0	2.996
3.高校科学文献引文	3 145	0.350	2.105	0	69
4.发明人数（lg）	3 145	0.835	0.637	0	2.996
5.类数（lg）	3 145	0.192	0.370	0	1.792
6.USPTO 专利引文	3 145	8.370	8.626	0	102
7.非科学出版物引文	3 145	1.257	5.160	0	132
8.专利年龄（lg）	3 145	1.620	0.492	0	2.639
9.产业专利平均被引频次	3 145	0.986	0.117	0.882	1.196

表 3-2　相关系数表（一）

变量	1	2	3	4	5	6	7	8
1.专利有效性	1							
2.技术知识构件（lg）	0.216	1						
3.高校科学文献引文	−0.011	0.063	1					
4.发明人数（lg）	−0.007	0.082	0.038	1				
5.类数（lg）	0.103	0.663	0.108	0.088	1			
6.USPTO 专利引文	0.049	−0.011	0.040	−0.024	−0.001	1		
7.非科学出版物引文	−0.028	0.029	0.454	−0.023	0.075	0.262	1	
8.专利年龄（lg）	0.292	0.329	0.040	0.076	0.180	−0.019	0.003	1
9.产业专利平均被引频次	0.031	0.132	−0.021	0.087	−0.023	−0.012	−0.102	−0.043

2. 实证结果

为了避免潜在的多重共线性问题，本章对涉及交互作用和平方项的因素全部进行了中心化处理[39]，然后使用嵌套模型对理论分析进行逐层回归，具体检验结果见表3-3。

表 3-3　主效应的零膨胀负二项回归分析结果

变量	模型 1	模型 2	模型 3	模型 4
控制变量				
发明人数（lg）	-0.236^{***}	-0.190^{**}	-0.193^{**}	-0.199^{**}
	（−0.071）	（−0.069）	（−0.069）	（−0.069）
类数（lg）	0.713^{***}	-0.275^{+}	-0.268^{+}	-0.279^{+}
	（−0.112）	（−0.144）	（−0.144）	（−0.144）

续表

变量	模型 1	模型 2	模型 3	模型 4
控制变量				
USPTO 专利引文	0.024***	0.026***	0.030***	0.031***
	(−0.005)	(−0.005)	(−0.005)	(−0.005)
非科学出版物引文	−0.037***	−0.037***	−0.054***	−0.054***
	(−0.01)	(−0.01)	(−0.012)	(−0.014)
产业专利平均被引频次	1.217**	−0.553	−0.612	−0.594
	(−0.371)	(−0.389)	(−0.389)	(−0.39)
主效应				
技术知识构件(lg)		0.867***	0.881***	0.893***
		(−0.083)	(−0.083)	(−0.083)
高校科学文献引文			−0.098+	−0.216**
			(−0.05)	(−0.074)
高校科学文献引文平方			0.005*	0.008*
			(−0.003)	(−0.003)
调节效应				
技术知识构件(lg)×高校科学文献引文				0.042**
				(−0.016)
膨胀因子				
专利年龄(lg)	−3.857***	−3.744***	−3.716***	−3.738***
	(−0.255)	(−0.263)	(−0.259)	(−0.260)
常数	6.346***	6.075***	6.023***	6.047***
	(−0.388)	(−0.395)	(−0.391)	(−0.393)
Log-likelihood	−3 301	−3 242	−3 239	−3 234
Wald χ^2	90.490***	207.700***	214.800***	223.100***

+ $p < 0.10$，* $p < 0.05$，** $p < 0.01$，*** $p < 0.001$

注：( ) 内为标准误差；N=3 145

模型1是一个仅包含控制变量的基础模型，从中可以看出专利引用非科学出版物对其有效性具有显著的负面作用。此外，膨胀因子专利年龄的系数负向显著，说明专利年龄越大，因变量专利有效性为零的可能越小。模型2表明，专利的技术知识构件数对专利有效性具有非常显著的正向影响（β=0.867，p<0.001），技术知识构件增加一倍，专利有效性增加exp(0.867×lg(2))%，即1.298%。模型3表明高校科学文献引文平方项与专利有效性之间是U形关系（$\beta = 0.005$，$p < 0.05$），并且在加入交互项后（模型4），高校科学文献引文平方项的系数依然显著（β=0.008，p<0.05）。模型4表明专利对高校科学文献的引用正向调节技术知识构件与专利有效性关系

（$\beta = 0.042$，$p < 0.01$）。

从统计分析结果可以看出，相对于基本模型，自变量较大程度上解释了专利被引用的概率（Wald χ^2从90.490升至223.100，并且均显著）。

3. 讨论与结论

针对产业技术创新如何从高校基础科学研究中获益的问题，本节基于专利对科学文献的引用，检验了高校基础研究成果对我国高新技术行业技术创新质量的直接影响，此外还从技术新颖性的形成机制角度，分析了发明人引用高校发表科学文献对技术知识构件与专利有效性关系的调节效应。基于七个高新技术行业3 145个USPTO专利样本，对理论分析进行了实证检验，扩展了对基础研究与技术创新互动及其相关问题的理解和把握。从统计结果来看，技术知识构件对专利有效性自始至终（模型1~4）都具有非常显著的正向影响，这说明构件重组是技术新颖性的终极来源，与Fleming和Sorenson的研究结果一致[24]。

发明人对高校基础研究成果的引用与专利有效性呈U形关系，不仅挑战了现有研究关于专利科学引文与专利有效性线性相关的结论[15,19]，而且有力地回应了Bernardes和Albuquerque关于发展中国家基础研究与技术创新之间非线性关系的观点[33]。这说明虽然中国学者的科学研究与西方发达国家的科学研究相比水平较低，专利发明人学习和引用中国学者科学文献的初始效果也较差，但是只要企业研发人员与中国学者之间产生充分的交流和互动，其学习和引用国内科学研究成果仍然会对技术创新质量产生积极的影响。该研究结果很好地解释了目前我国产学之间交流不足所导致的基础研究与技术创新缺乏良性互动和协同发展的现状。当发明人在大量学习和引用高校基础研究成果时，通常可以与高校基础研究人员进行密切的甚至是面对面的个人交流和研发合作进而建立信任关系，不仅可以获得较前沿的具有实用价值的隐性科学知识，促进专利有效性的提升，而且可以获取有关技术知识构件重组的诀窍知识，正向影响技术知识构件与专利有效性之间的关系。

3.2　高校技术创新支撑产业突破关键核心技术的有效性

从我国高校2012~2016年的R&D投入结构可以看出，高校对试验发展的投入比例很低（10%），因此高校很少独立开展技术创新活动，通常与产业界合作进行技术创新，因此本节主要研究产学技术合作对产业突破关键核心技术的影响。

3.2.1 高校技术创新影响产业技术突破的概念模型

高校技术创新的典型形式就是与产业共同进行技术发明，因此本书用高校与企业合作申请专利数来衡量产学技术合作强度，用企业申请的专利数来衡量企业产业技术突破，进而提出图3-2所示的研究模型，以回答高校与企业之间的技术合作是否能给产业技术突破提供足够的支撑。

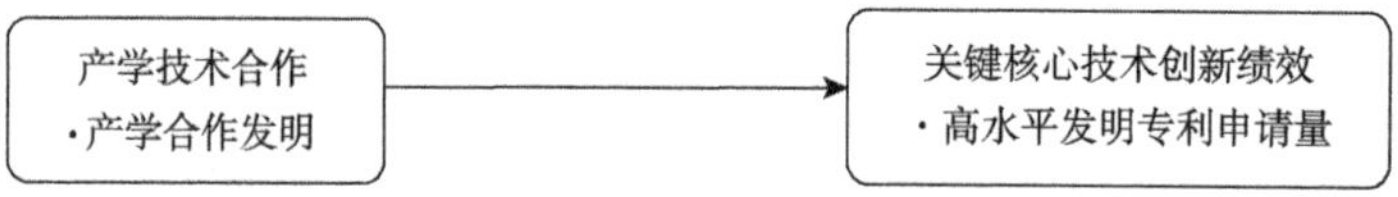

图 3-2 高校技术创新对产业突破关键核心技术的影响

3.2.2 高校技术创新影响产业技术突破的理论分析

企业也经常与高校进行技术合作以获取互补性的知识，如有关“问题解决”和商业化过程的科学知识[40]。产学技术合作的典型形式就是共同进行技术发明。这种共同发明关系可以使企业和大学优势互补——企业对市场需求和技术过程有着更深的理解，而大学则可以提供基础指导和基于科学原理的问题解决方案[41]。为了克服其科学原型理解能力的不足，企业积极寻求与大学科学家建立合作关系，在合作过程中大学科学家可以为企业提供对项目可行性的判断、科学信息的具体位置、有关问题解决替代方案的建议，甚至有时可以直接帮助解决新技术开发中的具体问题[42,43]。此外，产学技术合作可以被看作企业的一种开发性科学知识学习过程，有助于企业将外部的科学知识和新方法应用到下游的技术活动中[17,40,44]，从而促进企业转化和开发知识的能力，即现实的吸收能力（realized absorptive capacities）[40,45]。因此，产学技术合作能够使企业在技术开发的过程中有效地应用科学知识，不仅可以促进新技术的产生，而且可以降低改进现有技术的成本。由此，本书提出产学技术合作与企业创新绩效呈正相关关系。

3.2.3 高校技术创新影响产业技术突破的检验结论

研究与开发活动通常是在组织水平上进行的，创新产出也应该在组织层面来考察。有机精细化学是化学科学中很小的一个领域，研究人员之间的密切合作通常是在单个组织内，因此本节选择企业为分析单位。本节选择中国有机精细化学行业105家企业作为研究样本，并且遵循现有的研究方法[35,46]，采用样本企业的国家知识产权局专利申请数据（2000~2009年）和SCI论文数据（1995~2008年）来进行实证分析。

1. 变量的衡量

1）技术创新绩效

现有研究表明专利是衡量企业研发产出的有效指标[41,47]，因此本节用观测时间段内企业申请专利的数量来衡量其技术创新绩效。该变量取值为非负整数。

2）产学技术合作

企业与大学之间合作申请专利数可以衡量样本企业产学技术合作的强度[41]。和产学共同发表论文一样，大学和企业共同申请的专利数量可以反映二者之间有效技术合作的强度。5.1%的样本专利属于大学-企业合作发明专利。

3）企业论文平均被引频次

该变量为企业所有SCI论文在发表后五年内的被引频次之和除以企业论文总数，它不仅代表了企业的科学研究能力[35]，还反映了企业科学知识储备的质量。

4）企业研发经验

企业研发经验用企业在观测时间段内第一项专利申请的年份至2009年之间的年数来衡量，拥有更长时间研发经验的公司往往能申请更多专利。

5）企业规模

企业规模对企业创新产出有明显的影响，在同一行业内，更大的企业往往拥有更大的R&D部门，会申请更多的专利，因此企业所有专利发明人的总数量经常被用来衡量企业规模[41]。

单个专利的发明人数量反映了分配给该项目的人力资源规模[35]，因此企业在观测期内总的专利发明人数也反映了企业在该领域内的研发投入强度。

表3-4给出了所有变量的描述性统计信息，因为产学技术合作、企业研发经验和企业规模均呈偏态分布，所以我们将其取以10为底的对数（对于有0值的变量，将其所有样本值加1后再取对数，以避免对0值取对数）。表 3-5则是模型变量的相关系数表，从中可以看出模型变量之间并没有高度相关。

表 3-4 描述性统计信息（二）

变量	样本数	均值	标准差	最小值	最大值
1.技术创新绩效	105	44.552	85.084	10	723
2.产学技术合作（lg）	105	1.679	1.077	0	4.625
3.企业论文平均被引频次	105	4.366	6.222	0	44.200
4.企业研发经验 （lg）	105	1.941	0.377	0.693	2.303
5.企业规模（lg）	105	3.806	0.878	0.693	6.895

表 3-5 相关系数表（二）

变量	1	2	3	4
1.技术创新绩效	1			
2.产学技术合作（lg）	0.330	1		
3.企业论文平均被引频次	−0.011	0.045	1	
4.企业研发经验（lg）	0.281	0.156	0.067	1
5.企业规模（lg）	0.592	0.394	0.035	0.406

2. 实证结果

因变量专利申请量为非负整数，采用一般的线性回归会产生无效和有偏的系数，计数模型则可以避免这类问题[38]。由表3-4可以看出，专利产出的标准差大于均值，呈超离散分布，因此本节采用负二项回归模型来进行多元回归分析。

负二项回归的结果见表3-6，模型1仅包括控制变量，是基础模型，可以看出在有机精细化学行业，规模更大和研发经验更长的企业专利产出更多。模型2在模型1的基础上增加了产学技术合作，检验了产学技术合作对技术创新绩效的直接影响。结果显示，产学技术合作对企业技术创新绩效具有显著的正向影响（$\beta = 0.112$，$p < 0.05$）。

表 3-6 负二项回归结果

变量	模型 1 技术创新绩效	模型 2 技术创新绩效
控制变量		
企业论文平均被引频次	−0.010	−0.013
	（0.010）	（0.009）
企业研发经验（lg）	0.536**	0.470**
	（0.173）	（0.164）

续表

变量	模型 1 技术创新绩效	模型 2 技术创新绩效
控制变量		
企业规模（lg）	0.717***	0.492***
	（0.062）	（0.082）
自变量		
产学技术合作（lg）		0.112*
		（0.065）
常数	−0.332	0.169
	（0.314）	（0.327）
Log-likelihood	−435.953	−427.927
Wald χ^2	137.62***	153.68***

* $p < 0.05$，** $p < 0.01$，*** $p < 0.001$

注：( ) 内为标准误差；$N = 105$

3. 讨论与结论

针对产业技术创新如何从高校应用研究中获益的问题，本节基于产学合作专利申请数据，检验了高校应用研究成果对我国产业技术创新质量的直接影响。基于中国有机精细化学行业105家企业样本，对理论分析进行了实证检验，统计结果显示，产学合作发明对企业高水平发明专利申请具有非常显著的正向影响（表3-6中模型2），这说明高校应用研究对产业高水平技术创新具有显著的促进作用。

本节的研究具有显著的理论与现实意义。在产学知识互动过程中，企业可以通过实验室的合作研发以及团队应用性学习，克服科学与技术相互冲突的演化逻辑，有效将前沿科学知识整合进技术开发过程中，进而改进创新绩效。总而言之，企业虽然是技术创新主体，但其与高校之间的正式的应用研究合作对于产业突破关键核心技术依然是不可或缺的。因此，产业龙头企业要以产业关键核心技术需求为导向，积极与高校建立创新联合体，打好关键核心技术协同攻关战。

第4章 高校科技创新支撑产业突破关键核心技术的路径与条件

4.1 高校科技创新支撑产业突破关键核心技术的条件分析

现有文献研究影响产学研合作开展协同创新的因素可以分为四类：个体特征、组织特征、网络特征和环境因素。

4.1.1 个体与组织层面的边界条件

1. 个体层面

一些学者研究科学家特征在组织科学知识转移过程中的角色。Zucker和Darby对那些与明星科学家（star scientists，发表很多顶级论文的权威科学家）合作发表的企业和没有与之合作的企业进行了对比分析，发现与明星科学家的学术合作对企业的技术成功具有重要的正向影响[48]。Baba等通过研究日本光触媒行业的产学研合作，发现最有效的合作都是由企业中的“核心科学家”（那些参与过论文发表并且发明过较多专利的企业研发人员）所推动的[49]。Gittelman和Kogut的研究结果显示，在生物技术等高科技领域，科学研究的演化取决于该研究是否解答重要的和有争议的科学问题或是否做出理论贡献，但是技术创新的演化则受技术机会（technological opportunity）和市场需求的共同影响，二者之间存在相互冲突的演化逻辑[35]。那些能够跨越科学和技术边界的桥接科学家（bridging scientists，是指既能发表高水平论文又能发明高质量专利的科学家）可以更有效地把握这种冲突（相对于仅仅在学术界或者产业界进行研究的科学家），进而开发出更有影响力的技术。

Baba等研究了日本光触媒行业产学合作对企业创新绩效的影响[41]，通过对专利和论文数据的回归分析发现，与“巴斯德科学家”（既申请很多专利又发表很多高水平论文的大学科学家）的合作对企业的R&D产出起着重要的决定作用，而与“明星科学家”和“爱迪生科学家”（仅有发明专利的科学家）的合作对企业R&D产出没有显著影响。

Guan和Wang的实证结果显示，中国纳米科技领域的学术型发明人普遍比其没有专利的同事的科学研究绩效更高[50]，大多高水平的科研成果都是由学术型发明人完成的，这说明专利导向的研究可以产生更好的结果。Murray对美国软骨组织工程学领域申请专利最多的两位科学家的专利和论文进行了文献计量学分析，发现科学共同体和技术共同体是两个截然不同的网络，通过调查访谈后发现两个网络通过科学家的创业、专利许可和咨询顾问等活动相互联系起来[51]。Furukawa和Goto研究了日本医药行业的代表性企业，发现那些发表过很多高水平论文的企业科学家（core scientists），并不比同事申请更多的专利，但是他们却能使其合作者申请更多专利[46]，因此，这些核心科学家在企业吸收外部知识的过程中起着关键的作用，他们是高科技企业创新的驱动者。

企业科学家的社会关系对于科学组织和技术组织之间的知识流动也具有重要的影响。Murray在另一篇文章中指出，企业科学家的社会资本可以使企业嵌入科学网络，从而促进企业与科学组织之间的互动[52]。科学家的职业经历则决定了其社会资本，在科学网络和科学家带给企业的潜在嵌入性之间起着中介作用。Casper和Murray研究了分别位于英国剑桥和德国慕尼黑的两个生物科技产业集群，运用社会网络方法分析了两个集群中科学家职业隶属网络的异同，发现这两个网络中虽然科学家的流动频度不同，但是两个网络均主要通过科学家的社会关系互动形成，并且具有相似的绩效[53]。现有研究关注的影响组织科学知识转移的组织特征主要包括组织规模、年龄、分权程度、知识基础和吸收能力。

2. 组织层面

有学者发现组织规模对科学知识转移具有显著的正向影响[54]。关于组织年龄对科学知识转移的影响，Frost等认为更年轻的组织具有更好的学习能力优势[55]。现有研究普遍认为分权程度可以增加知识交流渠道[56]，增加组织的自由度和知识分享的意愿[57]，因此对组织知识转移具有促进作用。Asheim和Coenen提出组织的知识基础可以分为两类：解析型知识基础（analytical knowledge base）和综合型知识基础（synthetic knowledge base）[58]。Baba等指出当企业知识基础为解析型时，组织知识转移的方向主要是从大学和公共研究所到企业，而当企业的知识基础为综合型时，组织知识转移的方向主要是从企业到大学和公共研究所[41]。现有研究还发现吸收能力不仅可以促进组织间的知识转移[59]，还可以促进组织内部各部门间的知识转移[60]。

4.1.2 网络与环境层面的边界条件

影响科学知识转移的网络特征主要涉及社会关系中的资源，包括很多方面的社会因素，如社会关系、信任和价值观系统等[61]，它可以分为三个维度：结构维度、关系维度和认知维度。首先，结构维度主要涉及网络节点之间的连接模式和结构[62]。外部关系可以使企业接近可能有用的知识，而增加知识转移的可能性，因此外部关系的数量促进了组织知识转移[63]。关系数量增加了企业的外部知识获取，而中心化的网络位置（network position）则决定了这些知识是否能被有效地使用[64]。其次，关系维度则指的是关系和嵌入其中的资本的性质[60]，主要涉及关系强度（tie strength）。关系强度反映了合作伙伴之间的关系紧密程度，随着两个节点间互动交流的频率增加而增加，因此更高的关系强度会引起更多的知识转移[63,65]。最后，认知维度指的是能够提供共同远景、价值观和知识多元性的关系资源，可以促进对共同目标和社会系统中行为规范的理解[61,66]。共同的价值观系统可以促进相互理解，并提供一个关键的联系机制以帮助不同的行为主体整合知识，因此有助于组织知识转移[64]。知识多元性（knowledge diversity）则反映了网络成员间知识的认知距离和异质性，网络的知识多元性越高，越有利于网络成员间的知识交流和转移[67]。

原始性创新的关键取决于知识在创新系统内的无障碍流动和有效整合。知识基础观认为，知识只有通过应用才能产生收益。从知识获取到知识应用需要社会整合机制，如果将企业与大学和公共研究看作社会网络中的行为主体，不仅可以直观描述产业界与学术界之间的知识转移轨迹，而且可以探讨企业的社会资本对企业科学研究与原始性创新绩效关系的影响。现有基于社会网络视角的相关研究主要关注企业在R&D合作网络中的网络位置和关系强度对其科学研究成果转化的影响[68,69]，却很少关注企业的网络构成（network composition）对其从科学研究中获益的影响[67]。

大多现有研究更多地关注宏观的经济环境、科学知识存量和行业背景等因素对组织科学知识转移的影响。Bernardes等研究了120个国家的USPTO专利和SCI论文数据[33]，把所有的国家分为三类：科学研究水平很低，并且对技术创新没有影响的国家；科学研究水平较高，并且对技术创新具有单向影响的国家；科学研究和技术创新相互促进的国家。他们发现只有一国SCI论文人均产出达到或超过临界值时，才能从第二类国家变为第三类国家，并且这个临界值随着时代的发展会越来越高。Chaves和Moro基于专利和论文数据，运用购买力平价的方法，实证研究了一国的人均收入对人均SCI论文产出和专利产出的影响，发现经济发展水平对科学研究与技术创新之间的协同作用有正向影响[70]。Narin采用美国专利NPR（National Public Radio，美国国家公共电台）数据，发现各行业专利的科学强度（scientific intensity）非常悬殊，这说明不同行业的技术创新对科学研究的依赖程度不同[16]。

4.1.3　边界条件研究的特征提取

现有高校科技创新支撑产业突破关键核心技术的边界条件研究存在两方面的局限性。

（1）现有研究主要关注企业如何从高校里获取科学知识，却忽视其如何在技术创新的过程中有效运用所获得的科学知识[13]。企业仅仅拥有科学知识资源是远远不够的，只有对科学知识进行有效的整合和应用才能保证科学知识资源的有效发挥。科学知识和技术知识遵循不同的演化逻辑，优秀的科学研究取决于其能否对解答重要的和有争议的科学问题做出贡献，而先进的技术创新则取决于其功效能否领先于其他技术并且有效满足市场需求，因此优秀的科学研究并非一定能带来成功的技术创新。基于动态能力理论，本章认为企业承载能力决定其从科学研究中获益的程度。

（2）国内外已有学者从网络的视角来分析高校和企业之间的科学知识转移，然而大多都是利用科学家R&D合作网络来描述科学知识的流动，对科学家R&D合作网络如何影响产学知识转移绩效关注不足。网络位置有时仅代表了R&D合作网络的结构，却无法反映网络的内容[67]，因此在研究产学之间基于R&D合作网络的知识转移时，应该同时考虑网络位置和网络构成对知识转移绩效的影响。

总体而言，现有文献中关于企业内部承载能力和外部R&D合作网络如何影响产学协同创新的实证研究很少，因此本书将从这两个方面分析高校科技创新支撑产业突破关键核心技术的路径条件。

4.2 企业承载高校科技创新成果突破关键核心技术的能力机制

4.2.1 企业承载能力中介效应模型构建

基于知识基础观[71]和动态能力理论[72~74]，本书认为企业承载能力——企业在技术创新的过程中有效关联和协调科学研究与技术开发的能力，对于企业合理地配置科学知识与技术需求至关重要[75]。因此，本节提出了一个研究模型（图4-1），假设企业的承载能力在两种产学合作与创新绩效之间起中介作用，以回答企业的承载能力如何影响其与大学之间的知识互动过程。

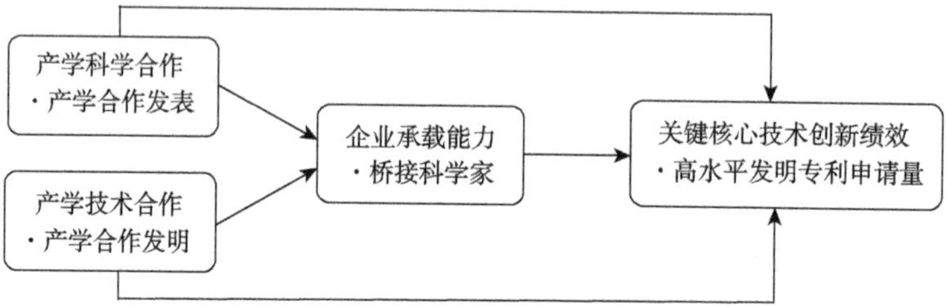

图 4-1 企业承载能力的中介作用

在该模型中产学科学合作是指高校与企业之间的发表论文，产学技术合作是指高校与企业合作发明专利，关键核心技术创新绩效是指企业高水平专利的申请量，企业承载能力则用企业的桥接科学家既擅长科学研究又精通技术开发的科学家）占其所有研发人员的比例来衡量。

一般而言，企业承载能力有很多形式，如将新的科学思路融合到技术活动中，修改现有的科学原型以适应技术实践的需要，或者预测未来的技术发展方向。拥有承载能力的企业可以将科学系统中的具体规则“翻译”到技术系统中，并且使科学系统和技术系统两种不同的运行规则相互兼容[75]。因此，企业承载能力可以使企业更好地理解科学系统，将其产出作为创新投入，降低企业与大学之间的知识转移障碍。由此可见，企业承载能力可以使企业将科学研究有机整合到技术开发过程中去，其作用远远超过传统科学技术中介机构如技术转移办公室的作用。

4.2.2　企业承载能力路径机理分析

1. 高校与企业合作科技创新对企业突破关键核心技术的影响

尽管科学研究具有知识外溢效应，越来越多的企业仍然参与到科学研究来，以期从全球的开放科学共同体中获取最前沿的科学知识[76]。企业的论文发表活动可以为其建立与其他组织相互交流和联系所必需的学术声誉[8]。科学研究可以为企业带来先发优势，帮助其更好地了解如何进行及在哪儿进行应用研究，还可以使其嵌入国际科学网络，监测竞争对手的研究[7]。

由于科学研究的高度不确定性和企业内部资源的有限性，企业越来越重视与大学中的科学研究建立关系[77]，甚至加入学会等学术组织以保持与学术界的知识联系。企业与大学之间的科学合作，通常以合作发表科学论文的形式表现出来[47,78]，这不仅为企业带来了外部知识，而且降低了其自身的R&D成本[40,79]。首先，这些共同发表活动扩大了企业与开放科学界的“连通性”（connectedness），对企业的创新绩效非常有利[12]。企业可以通过其大学的知识联系获取背景知识及对科学原理更深刻的理解，为其技术搜索行为提供类似地图作用的科学指导[15,80]，增加其取得技术突破的概率。

其次，因为将最新科学发现进行显性编码的工具总是发展很慢，所以新的科学知识通常都是隐性的。产学科学合作，如合作发表活动，通常涉及长期或短期的个人交流和共同的研究经历，这能够使企业研发人员与学术科学家建立信任关系，从而获得那些最前沿的隐性科学知识。因此，与大学的科学合作可以作为企业技术创新的潜在投入，它对创新绩效具有促进作用。

最后，产学科学合作作为一种探索性科学知识学习过程，有助于企业理解实验现象和提高对技术机会的敏感性[17,40,44]，从而促进培养企业知识获取和吸收的能力，即潜在的吸收能力（potential absorptive capacities）[40,45]。因此，本章认为产学科学合作驱动互补的科学知识从科学共同体流向企业，使企业的知识基础多元化，为其技术创新过程提供知识源泉，提升了企业的R&D生产力和创新产出。因此本书认为产学科学合作与企业关键核心技术创新绩效呈正相关关系。

产学技术合作促进企业关键核心技术创新绩效的理论分析已在2.2.2节完成，因此这里不再赘述。

2. 企业承载能力的中介作用

1）企业承载能力对产学科学合作与企业关键核心技术创新绩效关系的中介作用

尽管企业能够从学术界获得重要的科学知识，但是如果企业无法有效转化这些知识，会在很大程度上限制科学知识在创新过程中的有效应用。企业需要协调科学研究和技术开发两个截然不同的知识创造活动。企业承载能力则可以帮助企业调和科学与技术之间相互冲突的演化逻辑，平衡科学声誉和技术商业化之间的关系[35]。这种能力对于需要处理科学与技术之间复杂关系的科学导向型企业来说具有非常重要的意义[17,81]。如果企业承载能力较低，那么就只能将与大学合作产生的科学研究成果作为建立学术声誉的基础，无法将其转化为实际的技术创新产出，这会导致企业降低对科学研究的投入，技术创新活动也无法得到足够的知识基础支撑，从而陷入一种恶性循环。

本书用企业桥接科学家的比例来反映企业的承载能力水平。桥接科学家不仅是科学共同体和技术共同体之间的守门人，而且还是科学知识与技术知识的整合者[35]。本章认为这种由桥接科学家所代表的企业承载能力，对于产学知识转移及创新过程中的知识应用非常重要，它为创新活动提供了雄厚并且可用的知识基础支持，因此对企业创新绩效具有正向影响。

尽管如此，因为企业用于创新投入的资源是有限的，对于那些新兴经济体中的企业而言更是如此[10]，他们很可能无法独立地进行科学研究和培养桥接科学家。这时，企业需要外部的帮助，如与大学合作，只有通过理论假设和试验过程之间复杂的知识互动才能实现科学知识与技术知识的整合[82]。因此，本章认为产学科学合作可以提高企业的承载能力。

具体而言，如前所述，产学科学合作活动可以使企业研发人员与大学科学家建立良好的个人关系[78]，在合作中提升企业研发人员的科学研究能力，帮助企业以较低的成本培养其自身的桥接科学家。通过团队合作进行科学研究，企业研发人员可以近距离地看到最新的科学研究是如何做的，理解前沿的科学概念，与大学科学家建立“共同语言”[47]。然后，企业研发人员将合作的科学研究经验与其自身的技术开发经验结合起来，可以更从容地应对卓越的科学研究与先进的技术开发之间的复杂关系[83]。当企业研发人员整体的承载能力提高时，企业的承载能力随之提高。总之，产学科学合作可以培养企业的承载能力，后者又可以增强企业的技术创新绩效，因此本书提出企业承载能力在产学科学合作与企业创新绩效之间起着中介作用。

2）企业承载能力对产学技术合作与企业关键核心技术创新绩效关系的中介作用

如前所述，产学技术合作，通常如共同发明活动，是企业另外一种获取科学知识的方式。这种在技术开发过程中的合作关系一方面，可以增进企业研发人员与大学科学家的关系，为前者提供更多增强科学研究能力的机会，进而培养桥接科学家；另一方面，还可以为企业整合科学研究和技术开发提供设计原型和基于科学原理的问题解决建议。此外，产学技术合作通常涉及在试验室的共同研究活动和频繁的面对面交流，这可以为企业研发人员带来高度情景化的关于如何在技术开发过程中有效运用学术信息的诀窍知识[41]。因此，企业与大学的技术合作可以提高企业承载能力，如上所述，企业承载能力又可以改进其创新产出，因此企业承载能力在产学技术合作与企业创新绩效之间起着中介作用。

4.2.3　企业承载能力路径实证检验结论

1. 变量衡量

1）关键核心技术创新绩效

前人的研究表明专利可以有效衡量企业的研发产出[41,47]。遵循研究惯例，本章以观测时间段内企业申请专利的数量作为其关键核心技术创新绩效的衡量指标。该变量取值为非负整数。

2）产学科学合作

企业与大学之间的共同发表行为可以被看作二者之间的知识联系，本章用企业研发人员和大学科学家之间合作发表的论文数来衡量样本企业产学科学合作的强度[12]。在这里，本章将大学和企业共同发表的论文看作二者之间有效科学合作的指标，而非产学科学合作产出。在本章的企业论文样本中，共有1 000篇论文的作者中包含来自大学和公共研究所中的研究人员，占全部企业论文的84%。

3）产学技术合作

本章用企业与大学之间合作申请专利数来代表样本企业产学技术合作的强度[41]。和产学共同发表论文一样，本章将大学和企业共同申请的专利数看作二者之间有效技术合作的指标，而非产学技术合作产出。5.1%的样本专利是属于大学–企业合作发明专利的。

4）企业承载能力

桥接科学家的相对数量可以衡量企业在多大程度上能把基础研究转化为技术发明[35]，因此本章用企业水平桥接科学家占其所有发明人的比例来衡量企业承载能力。本章用企业桥接科学家数量除以其所有发明人数量来计算该变量，它为0~1之间的连续变量。从所有样本企业的专利和论文数据中，本章共识别出了305个桥接科学家。

5）控制变量

企业论文平均被引频次代表了企业的科学研究能力[35]，其计算方法为企业所有SCI论文在发表后5年内的被引频次之和除以企业论文总数，论文平均被引频次反映企业科学知识储备的质量。研发经验用企业在观测时间段内第一项专利申请的年份至2009年之间的年数，拥有更长研发经历的公司往往会申请更多的专利。企业规模用企业所有专利发明人的总数量来衡量[41]。项目研发投入经常与分配给该项目的人力资源密切相关，这可以从专利文档中发明人的数量反映出来[35]，因此企业专利总的发明人数也反映了企业在该领域内的研发投入。

表4-1给出了所有变量的描述性统计信息，因为产学科学合作、产学技术合作、企业研发经验和企业规模均呈偏态分布，所以我们将其取以10为底的对数（对于有0值的变量，将其所有样本值加1后再取对数，以避免对0值取对数）。表4-2则是模型变量的相关系数表，从中可以看出所有模型变量之间并没有高度相关。

表 4-1　描述性统计信息（一）

变量	样本数	均值	标准差	最小值	最大值
1.关键核心技术创新绩效	105	44.552	85.084	10	723
2.产学科学合作（lg）	105	0.664	0.907	0	3.136
3.产学技术合作（lg）	105	1.679	1.077	0	4.625
4.企业承载能力	105	0.046	0.083	0	0.556
5.企业论文平均被引频次	105	4.366	6.222	0	44.200
6.企业研发经验 （lg）	105	1.941	0.377	0.693	2.303
7.企业规模（lg）	105	3.806	0.878	0.693	6.895

表 4-2　相关系数表（一）

变量	1	2	3	4	5	6
1.关键核心技术创新绩效	1					
2.产学科学合作（lg）	0.486	1				

续表

变量	1	2	3	4	5	6
3.产学技术合作（lg）	0.330	0.187	1			
4.企业承载能力	0.090	0.419	−0.106	1		
5.企业论文平均被引频次	−0.011	0.039	0.045	0.069	1	
6.企业研发经验（lg）	0.281	0.348	0.156	−0.048	0.067	1
7.企业规模（lg）	0.592	0.612	0.394	−0.06	0.035	0.406

2. 实证结果

负二项回归的结果见表4-3，模型1仅包括控制变量，是基础模型，可以看出在有机精细化学行业，规模更大和研发经验更长的企业专利产出更多。对产学合作对技术创新绩效直接作用的检验主要在模型2，在模型1的基础上产学科学合作和技术合作都被加进来了。结果显示，产学科学合作与技术创新之间的关系为正向显著（$\beta=0.241$，$p<0.001$），产学合作加倍会引起企业的技术创新绩效增加exp (0.241×lg2)%，即1.18%。这与Cockburn和Henderson的关于美国生物医药企业与大学科学家合作发表提升其创新绩效的研究结果一致[12]。模型2还显示产学技术合作对企业技术创新绩效具有微弱的正向影响（$\beta=0.112$，$p<0.10$）。

表 4-3　负二项回归结果

变量	模型 1 创新绩效	模型 2 创新绩效	模型 3 知识承载能力	模型 4 创新绩效
控制变量				
企业论文平均被引频次	−0.010	−0.013	0.023	−0.014
	（0.010）	（0.009）	（0.074）	（0.008）
企业研发经验（lg）	0.536^{**}	0.470^{**}	−0.636	0.513^{**}
	（0.173）	（0.164）	（1.237）	（0.162）
企业规模（lg）	0.717^{***}	0.492^{***}	−0.782	0.550^{***}
	（0.062）	（0.082）	（0.637）	（0.088）
自变量				
产学科学合作（lg）		0.241^{***}	1.132^{*}	0.158^{*}
		（0.062）	（0.532）	（0.076）
产学技术合作（lg）		0.112^{+}	−0.125	0.117^{+}
		（0.065）	（0.595）	（0.064）

续表

变量	模型 1 创新绩效	模型 2 创新绩效	模型 3 知识承载能力	模型 4 创新绩效
中介变量				
企业承载能力				1.414^{+}
				（0.800）
常数	−0.332	0.169	−1.295	−0.071
	（0.314）	（0.327）	（2.424）	（0.347）
Log-likelihood	−435.953	−427.927	−15.139	−426.298
Wald χ^2	137.62^{***}	153.68^{***}	5.08	156.93^{***}

+p<0.10，*p <0.05，**p<0.01，***p<0.001

注：( ) 内为标准误差；N=105

本章用三步回归方法来检验中介效应[84]。模型3表明产学科学合作的确促进了企业知识整合能力的提升，而对比模型2和模型4可以看出，加入知识整合能力后，产学科学合作对企业技术创新绩效的影响从较高的水平（β = 0.241，p<0.001）降到了较低的水平（β=0.158，p<0.05）。因此，企业承载能力部分中介了产学科学合作与技术创新绩效之间的关系。模型3还显示产学技术合作对企业承载能力没有显著影响，因此，企业承载能力对产学技术合作与企业关键核心技术创新绩效没有显著的中介效应。

3. 实践启示

既然研究结果显示桥接科学家对于产学合作研究如此重要，那么本章的实践启示也是很明显的。首先，位于科学导向型产业的企业如果想接近和获取前沿的科学知识，应该寻求与大学和研究所进行广泛的合作。其次，对于那些无力与声誉卓著的明星科学家建立联系的企业而言，更可行的一个方法就是通过产学合作培养自己的桥接科学家，增强企业承载能力。从外部招募桥接科学家也许是另一种方法，但是新来者比企业内部的桥接科学家需要更长的时间才能与企业其他同事建立良好的合作关系，显然内部培养桥接科学家是一种更有效地提升企业承载能力的途径。再次，考虑到桥接科学家的重要作用，他们不应该与其他企业研发人员隔离起来，相反企业要鼓励桥接科学家与其他同事在日常工作中广泛地交流合作，以促进产学知识转移和原始性技术创新绩效。最后，对于具有雄厚R&D资源的企业，根本的解决办法是加强独立的科学研究能力，这样才能更好地从学术界获取前沿的科学知识，进而促进原始性创新绩效。

4.3　高校科技创新支撑产业突破关键核心技术的研发合作网络

4.3.1　高校科技创新合作网络的构建与关键节点角色定位

1. 高校科技创新合作网络的构建

高校科技创新合作网络形成过程示意图见图4-2，从中可以清楚地看出桥接科学家（author-inventor，AI）如何将论文作者（author，A）合作发表网络和专利发明人（inventor，I）合作发明网络连接起来组成高校科技创新合作网络。具体步骤如下：①根据科学家之间的R&D合作关系（合作发明和合作发表）将企业合作发表邻接矩阵和合作发明邻接矩阵合并（暂时不考虑重复的科学家）。②将合并后的邻接矩阵通过行合并和列合并去掉姓名重复的科学家，进而得到科学家R&D合作邻接矩阵。③将科学家R&D合作邻接矩阵输入Ucinet 6.0，利用其NETDRAW绘图功能可以得到高校科技创新合作网络。

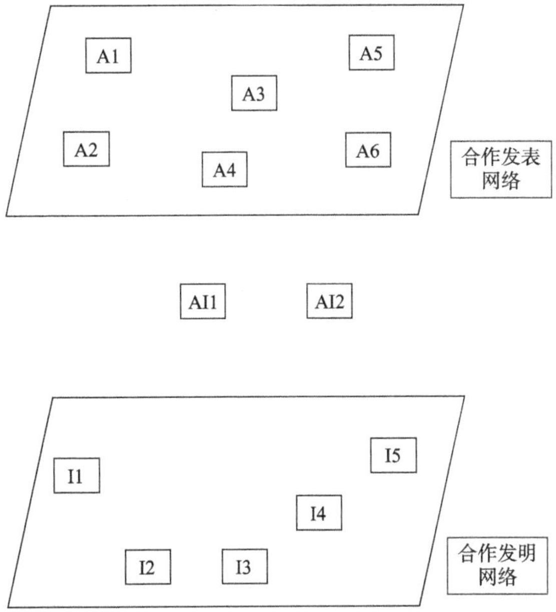

图 4-2　高校科技创新合作网络形成过程示意图

高校科技创新合作网络及桥接科学家在其中的实际分布见图4-3（浅色大三角节点代表桥接科学家，深色三角代表专利发明人，深色圆形代表SCI论文作者），从中可以直观看出，64位桥接科学家在整个网络中的分布比较分散（大部分桥接科学家之间并没有直接联系），从而可以起到联系网络各个成分的作用。

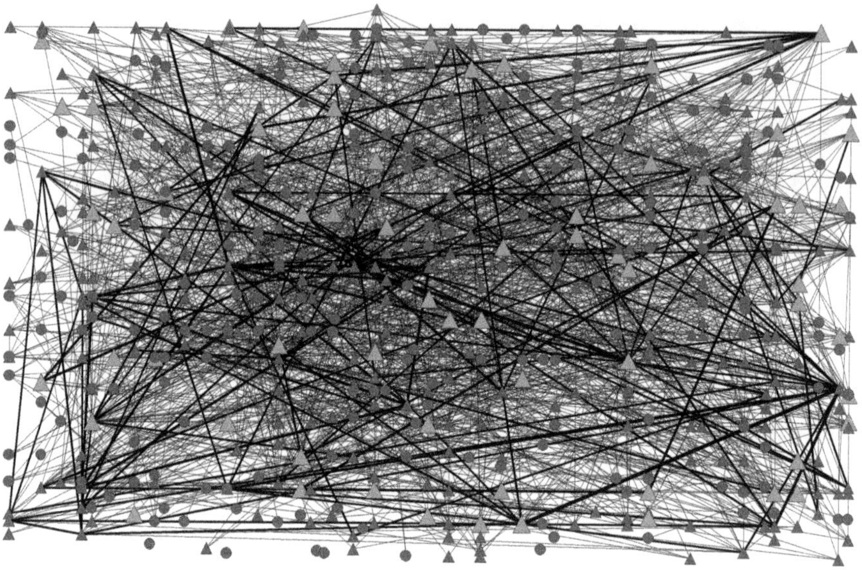

图 4-3　高校科技创新合作网络及桥接科学家的分布

2. 桥接科学家节点的重要作用

网络节点分析的结果显示，桥接科学家拥有异质性的社会关系，在产学科学知识转移过程中起着跨界联系人的角色。桥接科学家既发表科学论文，又申请技术专利，在学术界和产业界都具有广泛的合作研究关系，因此常常成为连接科学网络和技术网络之间的中枢节点，起着沟通不同成分团体的作用，为大学与企业之间成功的科研合作牵线搭桥[85]。此外，桥接科学家的跨界联系人角色使得他们拥有信息优势，可以更敏锐地识别那些真正具有商业价值的科学知识[35]，从而为企业起到信息“过滤器”的作用。从这些网络的网络结构对比分析可以看出，这些桥接科学家节点起着沟通不同成分团体的作用。如果这些桥接科学家“缺失”，则会影响整个网络的结构和网络节点间知识转移的平均距离，使得节点间缺乏较短的连接路径，由此会引起以下三个严重后果。

第一，科学知识资源的大量闲置。由于科学知识转移网络的集散点（hub）功能缺失，大量科学知识不能扩散到可以展现其价值并得到充分利用的地方，而是在一个较小的局部网络（合作发表网络）中累积，成为一部分网络节点的冗余资源。这样的网络结构与知识路径分布会出现知识存量较大而产生的效用较小现象。

第二，使知识流动通道发生阻滞，降低网络在知识传播方面的整体效能。在密集的网络中，知识拥有者之间基于错综复杂的关系所形成的直接连接和间接接触的路径往往会相互重叠。但是由于缺乏建立连通渠道的中间节点，科学知识会过多地经由距离较长的间接渠道流动。间接路径的比率过高，占用了相当的路径资源，有可能造成直接连接路径的信息阻塞，从而引致知识流动渠道的有效使用率下降。当这种低效或无效使用达到一定的临界值时，整个网络的信息传播效能将发生骤降[86]。

第三，企业研发人员面对浩如烟海的科学知识，将无法有效识别哪些科学知识是真正有用的，降低了产学科学知识转移的效率。因此，要充分利用网络中纵横交错的科学知识流动路径，就必须识别并重视起到重要沟通作用的桥接科学家节点，进而通过这些节点形成更为有效的知识流动路径。

4.3.2　高校科技创新合作网络的边界条件理论依据分析

1. 模型提出

尽管专利发明人可以通过R&D网络与论文发表者建立联系，并获得科学知识，但是他们很可能难以在技术创新的过程中有效运用这些科学知识。科学研究与技术创新具有相互冲突的演化逻辑，科学的发展取决于研究是否能对重要的科学问题做出理论贡献，而技术的发展则受市场需求和技术机会的共同影响[35]。因此企业研发人员是否能熟练把握基础科学与技术创新之间的复杂关系，并有效转化基础科学知识对其技术创新绩效具有重要的意义[17,81]。

如前所述，现有研究主要通过社会网络分析方法关注科学家在R&D合作网络中的网络位置对其转移科学知识的影响[68,69,87]，却很少关注其在R&D合作网络中的网络构成对其转化科学知识绩效的影响。基于此，本章基于社会网络的结构视角和认知视角，在整合相关文献的基础上提出以下研究模型（图4-4）。

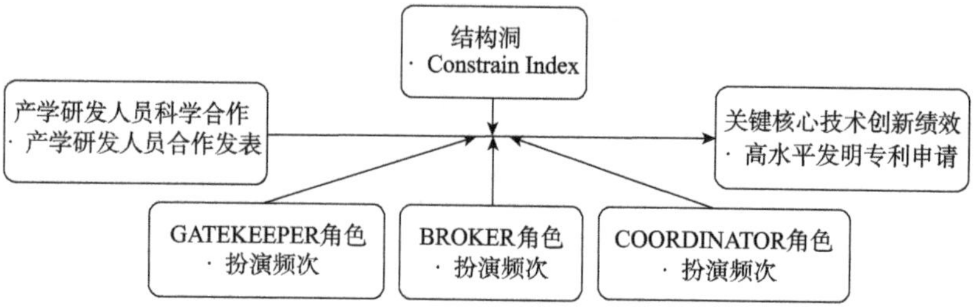

图 4-4 高校科技创新合作网络对企业技术创新的影响

模型中，产学研发人员科学合作代表企业研发人员与高校研发人员合作发表科学论文，关键核心技术创新绩效是指企业研发人员申请的高水平发明专利数量。结构洞代表了企业研发人员在高校R&D合作网络中的网络位置。GATEKEEPER角色、BROKER角色和COORDINATOR角色则指企业研发人员在其个体中心网中发挥的不同作用（图4-5），代表了企业研发人员不同的网络构成。网络构成指的是网络成员的不同种类的固有特征和资源要素[88]，最近的研究指出创新网络研究过于集中于网络位置分析，而忽略了网络成员特征的异质性[67]对中心节点技术创新行为的影响。

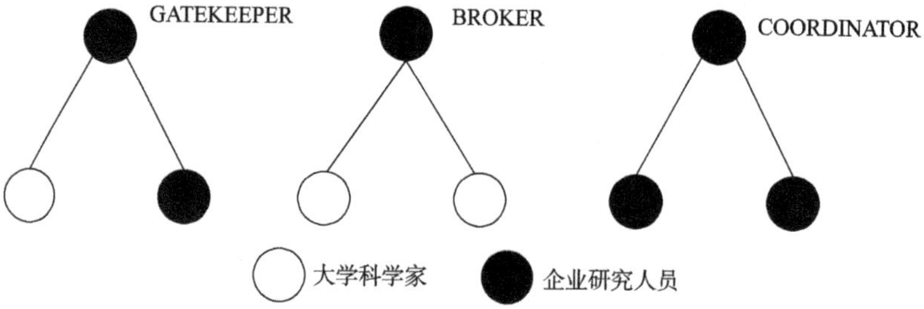

图 4-5 企业研发人员在高校科技创新合作网络中的中间人角色

2. 理论分析

1）产学研发人员合作发表对关键核心技术创新绩效的影响

尽管科学研究具有溢出效应，但是很多企业仍然鼓励其研究人员与高校进行合作科学研究[76]。首先，企业研发人员从事基础科学研究有助于其更深刻地了解技术现象的背景知识和科学原理，不仅可以更好地了解在哪儿和如何进行应用研究，评估应用研究的结果[7]，而且可以运用科学原理对其技术搜索进行科学引导，从而提高技术搜索成功的概率，促进技术创新绩效[15,80]。其次，企业研发人员通过科学研究发表学术论文建立良好的声誉，可以与企业外部高水平的科学家相互交流和建立合作关系。在紧密的相互联系中企业研发人员不仅可以获得最前沿的科学知识，建立先发优势[47,89]，而且可以通过外部联系监测竞争对手的研究。最后，进行科学研究可以提高企业研发人员的探索性学习能力（explorative learning capabilities），进而提高其吸收能力，尤其是潜在的吸收能力（potential absorptive capacities），有助于其获取和理解新知识[40,45]，增加技术创新的知识基础。总之，本章认为从事科学研究可以使企业研发人员的知识基础多元化，为技术创新提供原动力，提升创新绩效。因此，本书提出企业研发人员与高校的合作科学研究与其关键核心技术创新绩效呈正相关关系。

2）企业研发人员网络位置对其科学知识应用的影响

社会资本被视为个体嵌入在某些社会网络中而获得的一种优势[90~92]。作为社会资本的一种，结构洞是一种存在于两个相互隔离的群体之间的网络结构。跨越结构洞的节点具有视野优势，并且作为网络枢纽可以控制信息流动[93]。

企业研发人员与不同的团队合作，从而产生结构洞。首先，通过跨越结构洞的位置，这些科学家可以接触到多元化的知识，拥有更广的知识宽度。技术创新需要创造性地搜寻和组合不同的知识[94]，因此跨越更多结构洞的科学家通过整合不同的知识，可以更容易处理基础科学与技术创新之间的复杂关系，从而在科学研究水平一定的情况下，拥有更高的创造性。相反，那些缺乏结构洞网络的科学家将处于知识同质化水平较高的网络中，在面临科学知识和技术知识之间相互冲突的演化逻辑时，知识同质化劣势很可能导致无效的技术方案和较低的创造性[35]。其次，通过跨越结构洞的位置，这些科学家可以控制科学知识的流动，从而获得更多的非冗余信息，可以更有效地识别那些真正有价值的科学知识[93]，更容易将科学知识转化为新颖和可行的技术思路，加强了其科学研究对其技术创新绩效的影响。最后，这些跨越结构洞的科学家与各种各样的团队都有合作，并对这些团队中的科学家的个人特点都比较了解，同时与他们也具有良好的个人关系[95]，更容易将各个团队中优秀的具有互补知识的人员组合起来，形成新的团队进行紧密合作，因此能更有效地将其自身的科学研究成果转化为技术创新绩效。综上所述，本书提出企业研发人员跨越的结构洞越多，其合作科学研究水平与关键核心技术创新绩效之间的正向关系越强。

3）企业研发人员网络构成对其科学知识应用的影响

在知识转移网络中，不仅网络位置对节点的技术创新有影响，而且网络构成也对节点的技术创新有影响[67]。构成R&D合作网络的节点在知识结构和资源要素等方面是不同的，这种节点个体特征的差异反映了不同的网络构成[88]。在企业研发人员的个体中心网中，不同的网络构成会对其转化科学研究成果的绩效产生不同的影响。如前所述，企业研发人员在其个体中心网中扮演不同的中间人角色，反映了其不同的网络构成。

在科学导向型行业，一个普遍的观点是大学科学家通过与企业研发人员进行合作为企业提供基础科学知识，然后对企业的技术创新产生影响。然而，企业研发人员在商业化基础研究成果的过程中需要考虑的是如何将科学研究可能提供的各种基础功能和产品的技术需求有效联系起来[41]。为了完成这个过程，企业研发人员一方面需要与大学科学家进行科学合作，获取最前沿的科学信息，这样才能深刻了解各种可能的技术发展方向和技术机会，从而对科学研究提供的各种基础功能有更全面的认识。另一方面，企业研发人员还需要与企业同事（即其他企业研发人员）进行密切的技术合作，才能获悉市场产品和技术开发对基础研究的具体需求。当企业研发人员对科学研究成果的基础功能和技术开发的具体需求都很了解时，才能通过与大学科学家和企业同事之间的持续的咨询和反馈等知识互动活动，将科学知识有效应用到技术创新的过程中，实现科学研究成果到技术创新绩效的转化[35]。当企业研发人员在个体中心网络中扮演很多GATEKEEPER角色时，其与大学科学家和企业同事均有频繁的密切合作，此时企业研发人员既拥有很强的科学知识背景，又拥有雄厚的技术知识基础，因此可以将一定水平的科学研究成果转化为更高的技术创新绩效。由此，本书提出企业研发人员在其个体中心网中扮演GATEKEEPER角色越多，其科学研究水平与技术创新绩效之间的正向关系越强。

当企业研发人员在个体中心网中扮演很多BROKER角色时，其与大学科学家之间的合作较多，但是与企业同事的合作较少。此时，企业研发人员虽然对科学研究成果的认识很深入、全面，然而对技术开发的功能需求了解相对较少，无法为科学研究成果找到最合适的应用领域，也无法将一定水平的科学研究转化为更高的技术创新绩效。因此，本书提出企业研发人员在其个体中心网中扮演BROKER角色的频次对其科学研究水平与技术创新绩效之间的关系没有影响。

企业研发人员在个体中心网络中扮演很多COORDINATOR角色时，其与企业同事的合作较多，但是缺乏与大学科学家的合作。此时，企业研发人员虽然具有很强的技术知识基础，然而对科学研究所可能提供的各种基础功能认识相对不足，无法为技术开发过程中的难题找到有效的科学解决方案，自然也无法实现科学研究与技术创新之间更有效的转化。因此，本书提出企业研发人员在其个体中心网中扮演COORDINATOR角色的频次对其科学研究水平与技术创新绩效之间的关系没有影响。

4.3.3　高校科技创新合作网络的边界条件实证检验结论

本节基于多层面视角采用阶层线性模型（hierarchical linear model，HLM）进行实证研究，基于代表性企业SIPI公司的352位企业研发人员的专利与论文数据进行实证分析。

1. 变量衡量

1）关键核心技术创新绩效

尽管使用专利数测度创新绩效有一定的缺陷（如某些行业的企业创新产出并不一定以专利的形式出现，而直接以新产品的形式打入市场）[96]，但大多数文献还是采用专利数作为创新绩效的衡量标准[94,97]。专利的创新性和应用价值经过了受理部门的仔细审查和认证，专利产出越多，意味着企业研发人员的技术创新绩效越高，因此本章采用企业研发人员在观测时间段内的发明专利申请量来测度其关键核心技术创新绩效。

2）产学研发人员科学合作

按照现有的研究惯例[35,47]，本章采用企业研发人员在观测时间段内与大学科学家合作发表的SCI论文数据来反映产学研发人员科学合作。考虑到论文的质量不同，本章用论文发表后五年内的被引频次来衡量企业研发人员的科学研究水平[46]。因为科学论文的发表时间一般比其投稿时间至少晚一到两年，而专利的申请时间即其"投稿"时间，所以本章分别将在同一时间段内（2000~2009年）发表的论文（其投稿时间，即科学研究的完成时间大约为1998~2007年）和申请的专利（其技术开发的完成时间为2000~2009年）作为回归模型的自变量和因变量，以考虑因变量专利申请量的滞后效应。

3）结构洞

本章用限制指数[92]来衡量企业研发人员所跨越的结构洞的数量多少。该指标的计算公式已经在前面章节列出，可以用Ucinet 6.0计算出来[98]。该指标的值越低，则说明企业研发人员的个体中心网中存在的结构洞越多。

4）GATEKEEPER角色

该变量指的是企业研发人员在其个体中心网中扮演GATEKEEPER角色的频次占其所有三种中间人角色扮演频次总和的比例，反映了企业研发人员合作伙伴中既有很多大学科学家又有很多企业研发人员时的网络构成[85]。

5）BROKER角色

该变量指的是企业研发人员在其个体中心网中扮演BROKER角色的

频次占其所有三种中间人角色扮演频次总和的比例，反映了企业研发人员合作伙伴大多为大学科学家时的网络构成[85]。

6）COORDINATOR角色

该变量指的是企业研发人员在其个体中心网中扮演COORDINATOR角色的频次占其所有三种中间人角色扮演频次总和的比例，反映了企业研发人员合作伙伴大多为企业研发人员时的网络构成[85]。

7）控制变量

合作发明人数量指的是与企业研发人员有合作发明经历的科学家的数量，数量越多，说明该企业研发人员的研发团队越大，其专利申请通常也越多[41]。主成分成员是指企业研发人员是否镶嵌在R&D合作网络的主成分上，这决定了其网络身份地位及所能获得资源的多少，因此会影响其技术创新绩效[99]。为了控制这个方面的效应，本章建立了一个虚拟变量，0代表该企业研发人员没有位于R&D合作网络的主成分上，1则代表相反的情况。为了测度性别如何影响企业研发人员的创新绩效，本章也建立了一个性别虚拟变量，0代表女性，1代表男性。

2. 描述性统计信息和模型回归方法

表4-4是描述性统计信息，为了保证自变量服从正态分布，本章将产学研发人员科学合作取了以10为底的对数。因变量关键核心技术创新绩效为非负整数，均值为3.281，标准差为4.600，呈超离散分布。因此，本章采用负二项回归模型来进行实证分析，以避免一般的多元线性回归（ordinary least square，OLS）所产生的无效和有偏系数[38]。表4-5列出了模型中各个变量的相关系数。

表 4-4　描述性统计信息（二）

变量	数量	均值	标准差	最小值	最大值
1.关键核心技术创新绩效	352	3.281	4.600	1	40
2.产学研发人员科学合作（lg）	352	0.184	0.574	0	3.466
3.结构洞	352	0.751	0.353	0.097	1.837
4.GATEKEEPER 角色	352	0.030	0.156	0	1
5.BROKER 角色	352	0.059	0.225	0	1
6.COORDINATOR 角色	352	0.348	0.470	0	1
7.合作发明人数量	352	6.898	6.262	1	49
8.主成分成员	352	0.622	0.486	0	1
9.性别	352	0.739	0.440	0	1

表 4-5 相关系数表（二）

变量	1	2	3	4	5	6	7	8
1.关键核心技术创新绩效	1							
2.产学研发人员科学合作（lg）	0.353	1						
3.结构洞	−0.385	−0.151	1					
4.GATEKEEPER 角色	−0.017	−0.022	−0.184	1				
5.BROKER 角色	−0.102	0.082	0.061	−0.001	1			
6.COORDINATOR 角色	0.531	0.186	−0.547	−0.101	−0.162	1		
7.合作发明人数量	0.649	0.282	−0.707	−0.005	−0.067	0.568	1	
8.主成分成员	0.058	0.044	−0.173	0.091	0.021	0.037	0.196	1
9.性别	0.062	0.009	−0.044	−0.047	−0.054	0.045	0.080	0.030

3. 实证分析结论

表4-6中模型1是仅包含控制变量的基础模型，从中可以看出合作发明人数量对企业研发人员的技术创新绩效具有显著的促进作用，是否为主成分成员和性别则对因变量没有显著影响。从模型3明显可以看出企业研发人员的科学合作研究水平与其技术创新绩效显著正相关，但是在模型11—12（表4-7）中该自变量并不显著，说明实证结果缺乏稳健性。从模型4中交互项的系数可以看出，企业研发人员跨越结构洞的数量对其科学合作水平和技术创新绩效的关系没有显著的调节效应，并且在随后的模型12（表4-7）里结构洞与科学合作研究水平的交互项也不显著，说明结构洞网络位置的调节效应并不显著。从模型6中交互项的系数（β=1.004，p<0.1）可以看出当企业研发人员在其个体中心网扮演GATEKEEPER角色越多时，其科学合作研究水平对技术创新绩效的正向影响越强。

表 4-6 负二项回归分析结果

变量	模型 1	模型 2	模型 3	模型 4	模型 5	模型 6
控制变量						
合作发明人数量	0.087^{***}	0.080^{***}	0.068^{***}	0.068^{***}	0.080^{***}	0.080^{***}
	（0.007）	（0.007）	（0.009）	（0.010）	（0.007）	（0.007）
主成分成员	−0.033	−0.053	−0.061	−0.062	−0.055	−0.057
	（0.094）	（0.093）	（0.093）	（0.093）	（0.093）	（0.093）
性别	−0.011	0.009	0.011	0.011	0.009	−0.005
	（0.103）	（0.102）	（0.102）	（0.102）	（0.102）	（0.102）
主效应						
产学研发人员科学合作		0.271^{***}	0.270^{***}	0.274^{**}	0.271^{***}	0.272^{***}
		（0.073）	（0.072）	（0.090）	（0.073）	（0.072）

续表

变量	模型 1	模型 2	模型 3	模型 4	模型 5	模型 6
主效应						
结构洞			-0.319^{+}	−0.317		
			（0.192）	（0.193）		
GATEKEEPER 角色					0.047	−0.025
					（0.289）	（0.301）
调节效应						
产学研发人员科学合作×结构洞				0.018		
				（0.242）		
产学研发人员科学合作×GATEKEEPER 角色						1.004^{+}
						（0.543）
常数	0.426^{***}	0.413^{***}	0.729^{***}	0.727^{***}	0.412^{***}	0.421^{***}
	（0.114）	（0.112）	（0.219）	（0.220）	（0.113）	（0.112）
Log-likelihood	−719.800	−712.800	−711.400	−711.400	−712.800	−710.800
Wald χ^2	184.800^{***}	198.900^{***}	201.600^{***}	201.600^{***}	198.900^{***}	202.800^{***}

$+p<0.10$，$*p<0.05$，$**p<0.01$，$***p<0.001$

注：( ) 内为标准误差；N=352

从表4-7模型8的交互项系数（β=−0.422，p=0.226）可以看出，企业研发人员扮演BROKER角色的频次对其科学合作研究水平和技术创新绩效的关系没有显著影响。模型10也说明，企业研发人员扮演COORDINATOR角色的频次对其科学合作研究水平和技术创新绩效的关系没有显著的调节效应（β=0.102，p=0.500）。模型11包含了主效应和所有网络构成相关的变量，而模型12则是包含了所有变量的全模型。

表 4-7　负二项回归分析结果

变量	模型 7	模型 8	模型 9	模型 10	模型 11	模型 12
控制变量						
合作发明人数量	0.078^{***}	0.078^{***}	-0.040^{***}	0.039^{***}	0.039^{***}	0.053^{***}
	（0.007）	（0.007）	（0.006）	（0.006）	（0.006）	（0.008）
主成分成员	−0.047	−0.046	0.005	0.008	−0.009	−0.004
	（0.092）	（0.092）	（0.085）	（0.085）	（0.084）	（0.085）
性别	−0.005	−0.003	0.010	0.014	−0.000	−0.008
	（0.102）	（0.102）	（0.094）	（0.094）	（0.094）	（0.093）
主效应						
产学研发人员科学合作	0.284^{***}	0.283^{***}	0.215^{***}	0.173^{+}	0.143	0.132
	（0.073）	（0.073）	（0.061）	（0.089）	（0.101）	（0.102）

续表

变量	模型 7	模型 8	模型 9	模型 10	模型 11	模型 12
主效应						
结构洞						0.537**
						(0.197)
GATEKEEPER 角色					0.415	0.669*
					(0.276)	(0.291)
BROKER 角色	−0.643**	−0.565*			−0.154	−0.140
	(0.245)	(0.249)			(0.237)	(0.236)
COORDINATOR 角色			1.057***	1.061***	1.080***	1.216***
			(0.098)	(0.098)	(0.101)	(0.114)
调节效应						
产学研发人员科学合作×结构洞						0.197
						(0.274)
产学研发人员科学合作×GATEKEEPER 角色					1.132*	1.218*
					(0.472)	(0.488)
产学研发人员科学合作×BROKER 角色		−0.422			−0.177	−0.048
		(0.348)			(0.364)	(0.382)
产学研发人员科学合作×COORDINATOR 角色				0.102	0.172	0.305
				(0.151)	(0.183)	(0.250)
常数	0.461***	0.462***	0.189+	0.190+	0.199+	−0.356
	(0.113)	(0.113)	(0.106)	(0.106)	(0.108)	(0.232)
Log-likelihood	−709.100	−708.300	−661.100	−660.800	−655.100	−651.400
Wald χ^2	206.200***	207.700***	302.300***	302.800***	314.300***	321.700***

+p <0.10，*p<0.05，**p<0.01，***p<0.001

注：( ) 内为标准误差；N=352

总的来看，相对于基本模型，五个自变量较大程度上解释了企业研发人员申请专利的概率（Wald χ^2从184.800升至321.700）。

4. 研究启示

对比分析实证研究结果，可以看出即使企业研发人员处于中间人的网络枢纽位置,但是如果与其两端相连的科学家的知识结构没有显著的差异,那么该企业研发人员依然无法从其中间人位置获益,这说明网络的构成“内容”比网络的结构“表象”对企业研发人员的科学知识应用更重要，这有重要的实践启示。

首先，基于桥接科学家起着跨界联系人角色和改进产学科学知识转移网络结构的重要作用，企业应该积极培养桥接科学家以扩大与科学界的联系，并能够辨别有价值的科学知识。

其次，本章的研究结果表明企业研发人员的科学研究并不一定能为其带来较高的技术创新绩效，而是取决于其是否能将科学研究成果有效转化为创新产出。企业在鼓励企业研发人员进行基础科学研究时，不能仅考虑科学知识的获取，更重要的是要考虑科学知识如何在技术创新中有效应用的问题。

最后，企业研发人员跨越结构洞网络对其转化科学研究成果能力没有显著影响，只有当其扮演GATEKEEPER角色较多时，才能帮助其有效提高转化科学研究成果的绩效。这说明，企业在解决科学知识应用问题时，不仅要鼓励企业研发人员与大学科学家进行科学合作，还要鼓励其与企业同事进行广泛技术合作，在与各种科学家建立紧密关系的基础上，通过持续的科学探讨和技术交流才能有效解决科学研究商业化过程中的内在障碍。

第三篇　高校技术成果转化实现产业关键核心技术突破的理论与案例研究

第 5 章　高校科技成果转化实现产业关键核心技术突破研究

5.1　市场导向的高校技术成果转化实现产业关键核心技术突破的生态系统

5.1.1　市场导向的高校科技成果转化生态系统构建

人类社会与生物系统的可比拟性，使得“生态”这一术语被纳入社会研究当中，尤其对隶属于经济系统的和谐发展产生了重大意义。对于经济活动而言，生态视角是构建一种可良性循环的经济社会系统，处在这个系统的任何经济活动，都能够达到和谐、平衡和最优化的结果。科技成果转化生态环境作为一种创新生态系统（innovation ecosystem），与自然生态环境的特征非常相似，成果转化生态主体间既有竞争又有合作，存在一种类似“生物链”的特征。科技成果转化生态环境是借助生物学的概念和现象来阐释科技成果转化的客观规律。高校科技成果转化的全景图如图5-1所示。

科技成果转化的本质是知识转化为价值，因此高校科技成果转化生态系统可以分为知识创新和商业创新两个阶段。高校科技成果转化生态系统两阶段的活动目标、生态主体、主体联系如表5-1所示。

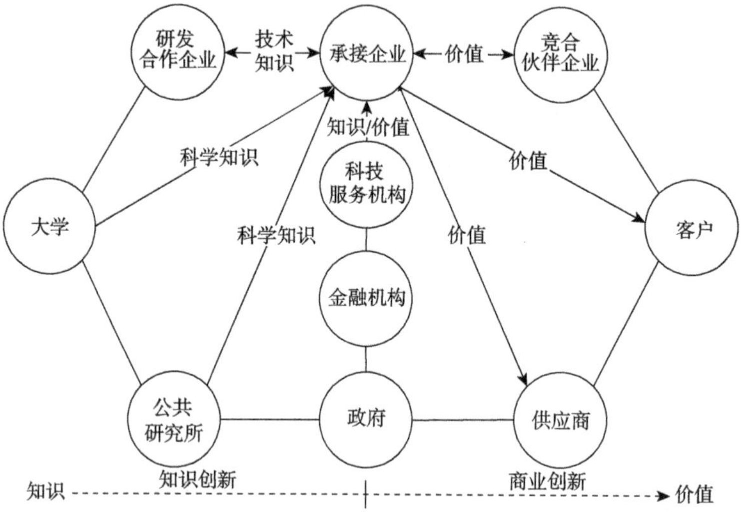

图 5-1　高校科技成果转化生态系统全景图

表 5-1　两阶段高校科技成果转化生态系统

阶段	活动目标	生态主体	主体联系
知识创新阶段	生产知识	承接企业、研发合作企业、大学、公共研究所、金融机构、科技服务机构、政府等	知识网络
商业创新阶段	创造价值	承接企业、竞合伙伴企业、供应商、客户、金融机构、科技服务机构、政府等	价值网络

5.1.2　市场导向的科技成果转化生态主体的角色识别

1. 科技成果转化全链条多元生态主体的职能特征

三螺旋理论指出，高校、产业和政府是科技成果转化的三大主体，这三个主体除履行传统的知识创造、财富生产和政策协调职能外，各部门之间的互动还衍生出一系列新的职能，最终孕育了以知识为基础的创新型社会。在创新活动中密切合作、相互作用，形成了动态的三螺旋关系。在上述演化过程中，三个主体在保持自身独立身份的基础上，一方面各自开始表现出另外两个主体的一些能力，另一方面衍生出一系列“混合型组织”，如大学科技园区、孵化器、研发中心、高科技衍生公司等，在生态学视角下，这些主体构成了市场导向的科技成果转化的主体多元化形态，进而共同组成了市场导向的科技成果转化的生态环境，以推动知识的生产、转化、应用、产业化及升级。

在市场导向的科技成果转化生态环境中，每一种生态主体都承担着不同的角色与职能。澄清生态主体的角色定位与职能边界是研究整个生态环境的基础。成果转化是由多元生态主体共同参与的多环节多链条过程，因此从过程视角出发，能够更好地厘清生态主体的角色定位和职能边界。根据前期研究过程的积累，本书认为科技成果转化活动的全链条过程大致包含四个阶段：种子期、导入期、成长期和成熟期，多元生态主体在每一个阶段表现出不同的价值创造活动，这些活动是生态主体角色定位和职能边界的具体表现。

1）种子期

种子期是一项科技项目成果的发明、发现或者探索阶段。政府部门、高校院所、企业是参与科技项目成果转化种子期的主要生态主体，主要价值创造活动是重大科技项目的立项与成果研发。

政府部门是重大科技项目的主要支持方，其角色是布局（国家层面）和引导（省部级层面）重大科技项目的研究方向，它发挥职能的主要工具是政策与研究项目，相应的职能边界是政策和研究立项所能影响的参与者及所能调整的科学研究活动。例如，科技部每年会提供重大科技项目活动的立项指南和支持资金，为重大科技项目立项、招标研发团队构建良好的资金支持和制度环境。

高校院所则以院系为单位，以市场当前或者未来需求为引导，以开发适合市场需求的技术和产品为目标，提出或者承接重大科技项目，搭建技术研发的团队并开展科学研究活动，因此其角色定位是科技项目成果的主体研究方与未来成果的供给方，其职能边界是科学研究的一系列组织、协调、管理和控制活动。

近年来，企业也逐渐参与到科技项目成果的种子期，与高校院所一同承担重大科技项目的攻关。由于科技创新研究能力的缺乏，企业在种子期的参与是为高校院所提供工程化的配套和研究方案落地实施的论证，企业在种子期的角色定位是科技项目成果的协同研究方与未来成果的优先落地方，其职能边界是辅助成果研究和探索的一系列支撑、辅助和论证活动。

2）导入期

导入期是科技成果的技术或者产品完成样品、小试和中试的阶段。高校院所、高校院所科技成果管理部门，企业及多种混合型组织是该阶段的主要参与主体，主要价值创造活动是重大科技项目成果的突破与前期规模化。

高校院所的项目研发团队在已有科技项目成果的基础上进行从样品到小试再到中试的放大测试，不断完善研发技术的准确性和稳定性，进一步明确科技项目成果产品化的可能性。高校院所科技成果管理部门负责科技项目成果向外部转移转化，确保转移转化过程合法合规，避免国有资产流失等问题。产业中一部分企业（如科技公司）作为科技项目成果转化的需求主体，为科技项目成果从样品到产品提供市场知识和所需要的部分资金；另一部分企业（如金融机构）作为科技项目成果转化的投资主体，为缺少资本的转化企业提供资金支撑；还有一部分企业（如科技服务企业）作为科技项目成果转化的服务主体，为其他参与主体提供各项专业知识和技术服务。混合型组织是科技成果转化活动衍生出的一类特殊组织，通常由政府、高校和产业之中两者甚至三者共建，但又独立存在，是不同主体之间沟通合作的重要桥梁。

3）成长期

成长期是科技成果的产品完成批量生产，技术完成与市场需求全面对接的阶段。高校院所和产业中的各类企业是该阶段主要的生态主体，其主要的价值创造活动是重大科技项目成果的产品化并投向市场。

高校院所的重大科技项目成果研发团队根据承接企业提出的产品或者市场需求，进一步调整和完善科技项目成果的相关技术参数，推进批量化过程，完成产品化步骤。承接科技创新成果的企业利用自身的市场资源实现新产品的批量化生产并将产品投入市场成为商品。产业中的各种中介服务企业和金融机构继续向科技成果转化承接企业提供资源、资本和管理模式的支持，帮助承接企业进行市场推广和快速发展。

4）成熟期

成熟期是科技成果的产品和技术不仅能够发挥市场作用，而且产生了新的衍生产品和技术服务。科技成果转化的承接企业或者衍生企业是该阶段的主要参与主体，其主要的价值创造活动是科技项目成果在市场中不断释放效能并产生经济效益，促进产业成长、转型或形成新的产业。

承接企业通过市场化运营，一方面使产品获得较好的市场反响，为企业赢得较高的利润；另一方面利用技术显著提升企业相关产品的品质或服务质量，增强企业的核心竞争能力。

2. 基于制度逻辑的科技成果转化生态主体的互动内涵

制度逻辑是指社会层面的规则、文化和信仰能够塑造行为主体的认知和行为，认为要想理解个体和组织行为，就必须基于他们所处的制度情境来进行分析。制度逻辑强调制度的多元性，制度情境中通常同时有多种制度逻辑，多种制度逻辑长期并存共同影响组织行为，导致组织行为差异化和多样化。在自然生态系统中，生物行为由本能驱动。市场导向的科技成果转化生态环境中，主体行为受其制度逻辑影响。以高校、政府和产业三个基本主体为例，三者行为模式遵循不同的制度逻辑。其中高校遵循学术逻辑，政府遵循行政逻辑，产业遵循市场逻辑，不同的制度逻辑导致这三者在科技成果转化过程中追求不同合法性。高校追求科学合法性，其重点关注成果的科学价值，如技术领先、应用范围广等。产业追求市场合法性，其重点关注成果的商业价值，如成果是某个可能获得的商业机会的核心技术。政府追求政治合法性，其重点关注成果的社会价值，如成果转化有助于政府规划的产业布局等。因此，三方在围绕科技项目成果转化展开行动的过程，也是三方合法性碰撞的过程。当合法性产生冲突时，主体间互动会产生障碍和壁垒。换言之，科技成果的顺利转化通常需要建立在同时满足三方合法性追求的基础之上。在实践中，主体通常通过三种方式达到合法性的平衡。

1）缩减自身合法性边界满足其他主体的合法性需求

当一方的合法性追求与另一方产生冲突时，双方因冲突无法展开交互，即产生所谓制度障碍。此时需要主体通过调整自身制度逻辑解决冲突。以政府和高校之间的互动为例，高校科技项目成果多属于国有资产，政府资源配置制度逻辑下科技项目成果的处置权、收益权、使用权归政府所有，而拥有科技项目成果“三权”的合法性是高校进行科技成果转化的前提，导致长期内高校无法展开转化活动。政府通过出台相应法律法规，缩减自身合法性边界，将科技项目成果“三权”让渡给高校，以满足高校对科技成果“三权”合法性的追求，进而打通高校开展成果转化活动的制度障碍。

2）延伸自身合法性边界与其他主体产生合法性交集

合法性追求是主体开展某项行动的重要驱动因素，同时满足各方合法性追求是一项活动中主体间进行合作的基础。当缺乏这一基础时，主体间的合作需要主体延伸自身合法性边界和其他主体产生交集。以高校和产业间的合作为例，高校学术评价制度逻辑下对科学合法性的单一追求导致科技项目成果拥有高技术价值但缺乏市场化基础，无法满足产业市场制度逻辑下对科技成果转化市场合法性的追求，因此产业不愿为成果转化买单。高校通过将科技项目成果市场合法性追求纳入到学术评价制度逻辑之中，不仅催生出具有高度市场合法性的成果，同时提升高校院系学术研究过程对产业知识的需求，为高校和产业之间的合作提供了合法性基础。

3）以第三方主体为桥梁满足多元主体的合法性追求

基于制度对主体行为的深刻影响，主体不可能无限制地调整自身制度逻辑，当主体无法通过缩减或延伸自身合法性边界满足不同主体间对合法性追求的共同需要时，需要同时具备双方合法性追求的第三方主体作为桥梁。例如，政府行政制度逻辑下对校办企业的制度约束让高校无法直接进入市场参与市场活动，因此高校通过组建拥有独立法人资格的资产管理公司或控股公司进入市场。又如，企业自建的科技项目成果交易平台难以满足高校对交易平台高度声誉合法性的追求，而政府自建平台因缺乏市场合法性追求运作效率较低，企业和政府共建的混成平台组织则可以同时满足声誉合法性和市场合法性追求。

5.1.3 市场导向的科技成果转化生态主体的互动机理

尽管高校和研究院所都是研发主体，在重大科技项目成果转化生态环境中具有相似的生态位，但由于两者在组织架构和行为模式上存在差异，这里以高校为主进行分析。市场导向的重大科技项目成果转化生态主体的网络具有多元多层级特征。首先，科技成果转化是多元主体参与的价值活动，其次，科技成果转化的多元参与主体之间呈现出层级特征。

1. 重大科技项目成果转化生态主体的多元多层级结构

重大科技项目成果转化生态主体的多元多层级结构如图5-2所示。

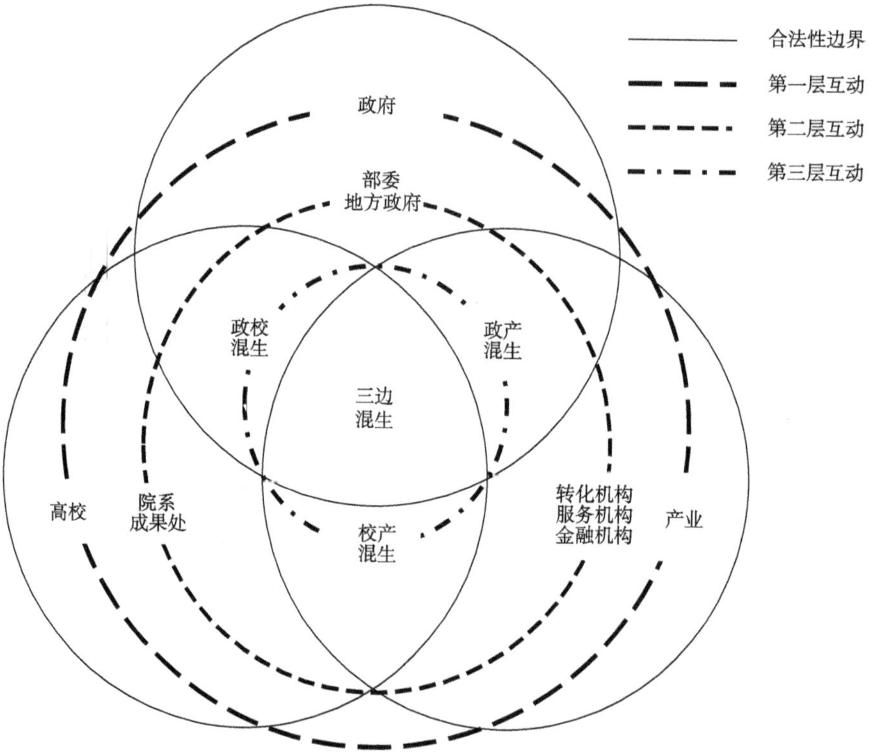

图 5-2 重大科技项目成果转化生态主体的多元多层级结构

1）第一层级的生态基本主体及其互动关系

第一层级的生态基本主体由高校、政府和产业三者构成，其互动关系呈现出三螺旋结构。三者受不同制度逻辑影响，在各自合法性边界范围内参与创新过程并相互作用。尽管高校、政府和产业是科技成果转化活动必备主体，但三者之间互动关系并不紧密。由于政府在国家宏观政策制定和市场制度规范层面的特性，政府和高校、政府和产业之间一直存在强关系，但高校和产业之间属于弱关系，因此彼此之间缺乏信任。此外也由于弱关系的存在，不同主体之间的知识异质性较大，无法进行深入长期的合作，多体现为成果转移，即大多数为一次性买断的技术转让，缺少联合开发和持续研发型的成果转化。这种高校和产业之间的弱关系导致科技成果转化断裂带的产生。尽管产业对创新技术有明确需求，但供需双方存在信息和信任壁垒，增加了产业以高校为渠道外源创新的风险，抑制了科技成果转化活动。加之不同主体间合法性追求存在冲突，造成了高校科技成果转化存在体制机制障碍。例如，在政府将科技成果“三权”下放给高校之前，政府对国有资产“三权”合法性的追求和科技成果转化过程中高校对科技成果“三权”合法性，特别是其中处置权合法性的需求冲突，导致高校身为成果的研发者却无法自行处置成果的尴尬局面。又如，高校对科技成果技术先进性和理论先进性的追求和产业对科技成果成本和经济效益的追求冲突，难以达成一致。

2）第二层级的生态承载主体及其互动关系

对于第一层级中出现的矛盾和冲突，三个主体通过自组织的形式在各自边界内成立专门的组织机构，扩展自身合法性边界，对科技成果转化环节进行分解细化并展开互动，形成了第二层级的生态承载主体，包括高校院系和科技成果管理部门（如成果处），政府各部委和各级地方政府部门，产业中的转化企业、服务企业及金融机构等，初步形成了科技成果转化的多元生态主体。这一层级的主体互动关系主要呈现出简单的线性单向结构特征，围绕科技成果转化的价值链单项传递价值，即财政部门提供科研资金，科教部门进行科研项目立项审批，高校院系进行成果研发，高校成果管理部门将成果转移给转化企业，服务机构和金融机构向转化企业提供专业服务和资金支撑。在这一层级中，各主体行为的依据依然受单一制度逻辑影响，无法突破制度边界，但在自身制度边界下对合法性边界进行延伸。换言之，虽然无法解决自身“不能做什么”的问题，但在“能做什么”的问题上有所延伸，并在实践层面尝试突破科技成果转化过程中的体制机制障碍。例如，院系以横向课题形式与其签订“四技”合同服务的企业；又如，早期的校办企业，等等。

3）第三层级的生态衍生主体及其互动关系

随着第一层级和第二层级内部及层级间互动的不断深化，衍生出第三层级的主体。这一层级主体是由其他层级主体两者或多者联合共建形成的混成组织,如政府和高校或院系共建的事业单位型研究院(含自治和拨款)，高校和企业共建实验室，高校衍生出的百分百持股的具有独立法人资格的资产经营公司，高校资产经营公司和企业共同持股的高校科技园开发建设公司，多方混合持股的大学科技园公司、政府背景的金融投资机构、国有性质企事业单位等。第三层级的出现使科技成果转化生态主体间的互动关系由链状线性结构转变为多层级网络结构，主体间的互动方式变得更加多样化。因此，第三层级是科技成果转化生态环境中主体种群最多的区域，也是主体间互动最密集的区域。混成组织行为受多重制度逻辑影响，一方面，突破了单一制度逻辑下主体制度边界，另一方面，成为不同制度边界主体之间沟通的桥梁，弥补了科技成果转化的断裂带。例如，高校受其制度规范影响不能在产业边界内直接创办企业或对市场企业进行投资，但可以在混成区域内建立高校资产管理公司，以资产公司名义在市场边界内创办或参股企业。又如，国家大学科技园同时对接政府、高校和产业，从科研到产业化的科技成果全链条活动都可以在科技园内完成，极大提高了科技成果转化的效率。

2. 重大科技项目成果转化生态主体互动过程

重大科技项目成果转化网络中主体的互动关系的核心是科技项目成果，各主体围绕科技项目成果转化不同阶段的需求展开互动。从市场的角度出发可将科技项目成果分为两类：一类是拥有较高技术成熟度的产品或技术方案，可以快速转化为最终产品或服务投入市场；另一类是技术成熟度较低的实验样品，需要经过小试、中试等环节才能形成稳定的产品投入市场。在科研环节围绕两种不同类型科技项目成果的主体互动并无明显差异，主要为政府财政拨款支持，院系立项展开研究。造成两种成果类型差异的主要原因在于不同的研究导向和学科差异。但两者在转化路径上差异较大，本节将围绕这两种类型项目成果的转化过程对重大科技项目成果转化网络中主体的互动过程进行分析。

1）高成熟度类技术成果转化过程的生态主体互动

技术成熟度高的成果由于和市场接近，可快速转移转化进入市场，主体间互动复杂程度较低，总体包括两个阶段。首先是成果所有权的转移。

高校院系的科技项目成果多为职务发明，属于国有资产，国家将科技项目成果“三权”下放高校后，高校成果管理部门成为科技项目成果向外转移转化的核心节点。企业和高校成果管理部门的对接通常包括直接对接或通过技术交易平台进行，其中技术交易平台多为政府和产业联合共建，属于企业化运作的事业单位。当高校和企业明确交易意向后，若为现金转移则高校成果管理部门直接代高校和企业进行交易并按高校政策规定分配收益；若为技术入股方式转化，由于高校不能直接入股企业，需要通过高校资产管理公司代高校持股方式入股转化企业。其次是转化企业的孵化与成长。由于“新进入者缺陷”存在，新创企业成活率较低，尽管科技成果转化活动催生出的新创科技企业有很大的市场潜力，但这些新创企业通常缺乏资金和市场知识，依赖外部资源。因此出现了科技服务企业，它除了向转化企业提供传统的法律、财务、新创企业孵化等专业服务及风险资本，还提供与成果转化相关的专利申报、补贴申报等特殊服务。

2）低成熟度类技术成果转化过程的生态主体互动

技术成熟度低的成果由于缺少明确的市场化方向和技术稳定性，难以直接进入市场，需要经过小试、中试等一系列环节提高产品技术成熟度达到进入市场的标准。小试、中试环节不确定程度高，风险大，主体间交互过程更加复杂。这一过程具有三个方面特征。其一是政府引导多主体参与。高不确定性带来的高风险一方面让很多对技术有需求的企业望而却步，另一方面降低了投资机构对处在小试、中试阶段的成果的投资意愿。由于单一主体难以独自承担风险，这一类型的成果转化过程需要多主体共同参与，但多主体间存在信任问题难以形成有效合力，需要高声誉主体牵头。政府在声誉度方面的天然优势及对区域经济发展的刚性需求促使其在多主体合作中扮演引导者的角色，具体表现为向其他主体提供政策、平台和资本支持。其中在政策方面通过出台相应激励政策文件引导主体积极参与，并为高风险成果提供保险（如首台套政策）；在平台方面通过与其他主体联合共建平台提高平台信誉度降低主体参与风险（如地方研究院）；在资本方面通过设立引导基金撬动社会资本解决小试、中试环节的资金问题。其二是需要高校全程深度参与。低技术成熟度成果由于距离市场化仍有较远距离，在转化过程中需要持续研发。高校院系相对其他主体一方面拥有较高的研发实力，另一方面作为成果的直接研发团队更加了解技术的性能和存在的缺陷，是成果后续研发工作的最佳承担主体。因此，在这一类成果转化过程中高校研究团队往往在全链条中深度参与。例如，研究团队和企业签订协议为企业提供该成果后续相关研发工作的协作模式，研究者自己创办企业完成成果转化的自主模式，以及老师负责研究、学生负责创业的师徒模式，等等。其三是整个过程以市场需求为导向。低技术成熟度的成果缺乏明确的市场化路径，其最终呈现出的产品或服务形态一方面取决于技术性能和适用的领域，另一方面取决于企业在价值链中的定位。例如，微波技术最早是为雷达研发，但在民用领域转化成为微波炉。即使明确了技术的应用产业，转化者仍然可以立足不同价值链环节，选择成为技术设备的供应商、产品生产商或者技术服务商等。这一选择的本质是转化企业以市场需求为导向进行市场细分和定位以明确自己的价值主张。

5.1.4 市场导向的科技成果转化生态主体的网络结构

1. 市场导向的重大科技项目成果转化的供给侧价值活动重塑

科技成果转化的供给侧是高校，其科研活动产出是科技成果转化的“种子”。受科研和学术评价体系影响，一方面，高校的科研活动主要关注成果理论价值，对市场价值关注不足，导致成果和市场需求存在错位；另一方面，高校发展和研究人员晋升主要依靠论文发表，缺乏成果转化动力。另外，由于科研经费主要来自政府财政拨款，科研立项“追热点”“重复建设”现象普遍，学术资源分配不均且缺少长期持续的深入性研究，导致“小成果遍地开花，大成果难得一见”。

以市场导向重塑供给侧价值活动意味着将高校科研活动与市场需求相结合。首先，通过科研评价体系重塑发挥科学研究对产业发展的引领作用。科学研究，特别是应用型研究要立足市场需求，以市场价值作为科研价值的重要评判标准之一。脱离了市场需求的研究是无根之水，难以对实践活动产生指导作用，最终造成大量研究成果被束之高阁。在创新驱动经济发展的大背景下，创新的质量直接决定了经济发展的质量，因此，要鼓励研究者从市场需求出发，做“接地气”的科研，关注研究的社会价值而非片面追求成果的理论价值。其次，通过人才培养体系重塑为产业提供创新型人才。人才培养是高校的基本职能之一，但长期以来高校人才培养注重学历教育，对实践教育认识不足，导致市场上创新型技术人才储备不足。人才是创新活动的重要支撑要素，高校要将产业需求纳入到人才培养计划之中，细化人才培养类型，加强专业型、技术型人才的培养，为产业发展提供人才保障。最后，通过高校组织架构重塑服务地方社会发展。服务社会也是当代高校重要职能之一，高校应当脱离象牙塔身份，积极融入区域社会发展之中，不仅要解决事关国家发展的重大科学研究问题，也要关注区域社会发展的重大民生问题。通过和当地政府联合共建研究院等形式，针对区域经济社会发展的痛点、难点展开研究。

2. 市场导向的重大科技项目成果转化的需求侧价值活动重塑

企业是经济活动的参与主体，是创新活动的承载主体，是科技成果转化的需求侧。改革开放40多年来中国经济发展有了质的飞跃，但如今也面临着诸多挑战，如传统制造业大而不强，市场创新以“模仿式创新”“追赶式创新”为主，缺乏自主创新，等等。中国经济转型需要落到企业的转型，这意味着要加强企业创新能力，特别是自主创新能力的培养。首先，要提高企业对创新重要性的认知度。作为创新活动的载体，如果企业自身对创新活动重要性认知不足，则创新活动难以展开。目前部分企业急功近利思想较重，在科技成果转化中更倾向投资可以快速变现的“短平快”项目，且对研发投入不足，导致一些有重大潜力的科技成果无人问津。其次，要提高企业创新能力。技术研发实力不足也是企业难以承接重大科技项目成果转化的重要制约因素。外国专家普遍认为，高、中、低科技人才的合理比例应该为1∶3∶6，但我国仅为1∶5∶12，而中小企业中的高级技术人才更加匮乏。就企业而言，要与高校、科研机构或其他企业以技术支持、资源共享、联合培养人才等方式提高合作，切实提高企业自主创新能力。最后，要提高产业需求对科研的促进和反哺。产学研结合是未来的发展趋势，科技成果转化不仅要做到以研增产，还需要做到以产养研，以产促研。企业要把市场知识和市场需求传递给高校研究人员，推动技术的不断迭代。

3. 市场导向的重大科技项目成果转化的中间环节价值活动重塑

科技服务业是以技术和知识向社会提供服务的产业，也是科技成果转化连接供需双方的重要中间环节。尽管随着国家对科技成果转化的重视，科技服务业得到了快速发展，但与解决科技创新不平衡不充分、经济社会高质量发展对科技服务的需求相比，当前科技服务业仍然存在规模较小、结构欠优、业务定位不明确、服务内容单一、核心竞争力不强等问题，各类科技服务企业同质化较为严重，缺乏特色业务。首先，要拓宽服务广度，提供多元化服务。目前科技服务业主要以信息平台、法律咨询、财务管理和政策咨询等基础服务为主。科技服务在科技成果转化中的作用越来越重要，要求科技服务业运用现代科技知识、现代技术和分析研究方法，以及经验、信息等要素向供需双方提供更丰富的智力服务，包括科学研究、专业技术服务、技术推广、科技信息交流、科技培训、技术咨询、技术服务、技术市场、知识产权服务、科技评估和科技鉴证等活动。其次，要加强服务深度提供专业化服务。目前科技服务企业普遍缺乏专业人才，导致它在科技成果转化过程中参与的深度不足。科技服务业中高端人才短缺，尤其是高级咨询师、专利代理人、科技评估等专业技术人才严重不足，既熟悉科技，又懂经济、会管理的复合型人才严重缺乏，无法满足和支撑科技服务业发展。同时，科技服务业中高级人才培训机构少，培养专门人才的能力不足，产业部门与教育培训部门人才供需互动机制、科技服务人才认定评价机制尚未形成。

5.2 高校技术成果转化突破产业关键核心技术的模式研究

一般认为，科技成果指人们在科学技术活动中依靠观察试验和辩证思维活动所产生的公认为先进、成熟和适用的知识产品，这种产品应获得实践检验及社会承认，并具有一定的创造性、先进性和实用性。科技成果是科学与技术的统一体，包括“科学成果”和“技术成果”两个部分。科技成果转化就是在市场经济条件下把潜在的技术成果及时转化为实用技术，将它应用到企业中去并物化为现实产品，使其进入生产和流通领域，实现商品化、产业化过程，国际上一般称之为“科学技术的商业化”、“技术转移”和“技术创新”。换言之，科技成果转化过程即技术成果商业化过程，其实质是技术驱动的创新实践活动。高等院校作为发明专利的主力军，每年贡献大量专利发明，从源头为创新实践提供了支撑。但相比企业自主研发的科技成果，高校科技成果具有特殊性。

其一，高校是独立于市场边界之外的主体，其主要职能是培养专门人才、发展科学知识及为社会服务。探索导向的科研体制及以学术贡献为主要标准的职称评定体制在客观上鼓励高校科研人员偏重学术问题而非市场问题。由于技术研究本身具有探索性和阶段性特征，其成果应用于产品开发时受研究的成熟程度和相关工艺技术制约，存在技术不确定性。同时，一项技术成果的市场价值不仅仅取决于其技术价值，还取决于顾客对其产品的期望值，高技术含量的产品不意味着高市场价值，还受到成本、价格、销售渠道、竞争品、售后等一系列市场因素影响。但由于市场边界的存在，科研人员难以及时掌握市场信息，多数研究成果不具备清晰的商业化路径，即使在应用型科技成果中，也存在技术成熟度较低，转化较为困难的现实问题。

其二，高校科技成果多数属于职务发明，成果所有权归属高校，属于国有资产，在转化过程中涉及国有资产管理问题。尽管修订后的《中华人民共和国促进科技成果转化法》在法律层面有所突破，将科技成果的处置权、使用权及收益权下放到各单位，但是在实际操作中，由于市场的不确定性，科技成果作为国有资产并不一定能“保值增值”，存在“国有资产流失”风险，甚至科研人员有可能被扣上“贪污国家财产”的帽子，导致前途尽毁，让部分科研人员望而却步。

其三，高校科技成果转化链条长，涉及多元参与主体，需要平衡各主体利益诉求。完整的科技成果转化链条具有阶段性特征，从科技成果到产业化要经过种子期、导入期、成长期和成熟期四个阶段。就成果到商品的转化而言，要经历技术、样品、小试、中试、产品、商品等具体过程。其过程需要多元主体参与其中，包括政府、高校、企业、金融机构、科技中介服务机构等。不同主体利益诉求不同，如政府关注区域经济技术水平发展，高校关注以产促研，企业关注客户需求，金融机构关注资本回报，科技中介服务机构关注促成交易等。在科技成果转化过程中，需要平衡各方利益诉求，以保证转化活动顺利实施。

因此，以高校为主体研究科技成果转化，需要区分不同成果研发导向、不同成果产权归属及不同参与主体情况下的不同转化模式，进而澄清高校科技成果转化的路径。基于此，本章节从高校自主产权科技成果转化、校地共有产权科技成果转化及校企共有产权科技成果转化三个维度，对不同成果类型及不同合作主体参与下的高校科技成果转化模式展开研究和分析。

5.2.1 高校自主产权科技成果转化模式

高校自主产权科技成果转化模式指被转化的成果来自高校自主研发项目，其（初始）产权归属于高校所有，并通过多种渠道进行科技成果转化活动，具体包括以下三类。

1. 技术专利许可转让模式

许可转让模式即通过专利许可或专利转让形式将成果的使用权或产权通过一定渠道向市场主体转移，由市场主体进行具体转化活动。在许可与转让两种方式中，许可是一个可持续的过程，高校将专利的使用权以许可形式授权给市场主体，并在许可周期内获得一定的收益，常以年为单位，但是收益会因为运营的情况发生变化，并且需要有专人持续跟踪。转让则属于将专利产权出让给市场主体并一次性获得大额收益，转让完毕则代表交易结束，出让人与受让人不再有任何关系，出让人的收益不会因为受让人对该知识产权的运营而减少或增加。

尽管高校每年产出大量科技成果，但是大部分都被束之高阁，未能创造出应有的社会经济价值。一方面，高校并非市场主体，不直接参与市场活动，不了解市场需求，企业虽然有需求但不清楚高校有哪些可供转化的科技成果。因此，打通高校供给和市场需求之间的信息壁垒对促进科技成果转化至关重要，这就要求高校知识产权管理部门和各类市场性质或政府性质的科技成果交易平台充分发挥信息平台角色，充分促进高校和企业双方的供需对接。另一方面，高校科研考核和晋升考评机制客观上导致科研人员重科研轻转化，加之高校科技成果的国资性质导致转化过程面临国资处置权、使用权和收益权的问题，且市场的不确定性可能造成国资流失风险。高校科研人员长期面临转化成功不仅没好处，还可能被“扣帽子”的问题，缺乏转化动力。近些年国家出台了相应政策文件，将科技成果的处置权、使用权、收益权下放到各单位，各高校又出台相应科技成果转化管理制度，将自身收益权按百分比形式奖励给研发团队，激发了科研人员的转化动力。

科技成果许可转让模式通常涉及四大主体：成果研发团队、高校知识产权管理部门、成果受让方及信息平台。具体流程为：高校知识产权管理部门首先对已有的科技成果及正在开发且未来可能取得科技成果的研究项目进行技术成熟性、产业化可行性、涉密性等评估，筛选出可用于技术许可转让的技术成果。之后借助技术转移服务中心、知识产权服务中介等机构，将内部评估出的可进行技术转移的技术成果向市场公开寻求合作，并最终与技术需求方（一般为企业）达成市场化交易意向，拟定交易合同，完成交易。为避免私下交易而导致国有资产流失，交易过程需要通过技术转移服务中心平台及高校官网向公众公示，公示内容包括交易涉及内容、交易价格、股权分配，甚至人员支持和未来收益分红等。在公示过程中，若有异议人对公示的具体交易项目提出异议，则技术转移服务中心向交易双方反馈异议人提出的异议理由，并指定评估机构介入，对交易情况进行评估。根据评估报告结果与此次技术交易价格，技术转移服务中心判定是否符合市场情况，符合则交易继续进行，否则宣布此次交易不予准许。其中信息平台在这一模式中发挥了重要的信息对接作用，高校知识产权管理部门则对许可转让过程的规范性、合理性起到重要的支持作用，特别是对防范国有资产流失起到重要风险把控和监督管理作用。

以许可转让模式进行成果转化是最常见，也是最直接的转化模式，其实质是高校通过自身或外部信息平台渠道实现技术供给方和需求方的对接和交易，将技术的使用权或产权转移到企业手中，由市场主体按照市场需求进行转化活动。该模式优点在于企业可以按照自身需求挑选所急缺的技术成果，弥补企业内部资源不足或技术资源的结构性缺陷，并利用市场经验和资金优势加快新产品、新技术、新工艺的开发，加速企业的技术创兴。高校可以专注于科研工作，不需要耗费过多的精力参与成果的具体商业化过程，并将出让专利的收益再次投入到科研项目中以及对科研人员进行奖励，从而促进自身科研水平的快速发展。该模式缺点在于高校与企业的互动融合程度较低，由于市场边界的存在，不利于高校对企业技术需求进行有针对性的研发。企业一方面需要面对来自不同高校的数以万计的专利，信息成本较高。另一方面，由于科技成果到商品过程中可能涉及二次研发情况，该模式对企业自身研发能力和转化实力要求较高，同时企业也无法分享创新过程的信息，不利于企业培养自己的研发人员。

2. 创办或入股企业转化模式

创办或入股企业转化模式即依托科技成果创办新企业或入股经济实体，高校和科研人员以技术入股，由新创企业承担转化活动。该模式下通常由科研人员依托某一科技成果独自或者与其他经济实体，特别是外部投资主体和技术需求主体，共同创办股份制公司。高校作为成果的所有方以技术入股，并由高校下设科技成果转移转化独立法人机构代为持有公司股份。新创公司承担从科技成果到商品的开发活动并作为市场主体参与市场竞争，高校依照持股比例分享经营利润。

模式机理分析：不同于企业自身主导的针对具体市场问题的技术研发，高校科技成果多来源于政府或高校支持的科研课题，以学术或科研贡献为主要出发点。因此，一些成熟度较低，尚未经过中试等环节的高校科技成果商业化路径不明确，需要进行二次研发才能成为最终产品。这类科技成果转化周期较长，不确定性高，缺乏研发实力的企业难以直接进行转化，需要熟悉成果的科研人员持续跟进。但长期以来，高校科研人员不允许在外创办企业或兼职，导致有意向进行科技成果转化的科研人员难以真正投身其中。另外，公司注册资本实缴制要求企业注册资本必须以现金形式实缴，对以技术等无形资产入股，特别是以重大科技成果技术入股过程中的股权分配问题造成一定障碍，难以保障技术持有者和公司利益。近些年，国家和高校政策对科研人员兼职的放宽及注册资本认缴制的实施为高校科研人员通过创办或入股企业进行科技成果转化提供了制度保障，促进了这一转化模式的发展。

创办或入股企业转化模式的主要参与主体包括成果研发者及其团队、高校知识产权管理部门、高校资产经营公司、外部企业、金融机构或投资者等。具体流程为：首先持有技术成果的研发者及其团队即技术持有团队确定转化意向，选择依托技术成果独自或联合其他公司创办新公司或以技术入股现有公司。之后技术持有团队和高校知识产权部门与合作企业进行交易谈判确定成果估值及入股比例，涉及重大成果或难以达成共识时通常需借助第三方评估机构对成果进行评估。当交易达成协议后，由高校将科技成果产权变更给新创公司或现有公司，并由高校资产经营公司代高校持有高校股份，技术持有团队股权部分由高校按科技成果转化规章制度进行转让。在交易完成后，高校资产经营公司通常不参与公司运营，仅作为股东身份享受公司收益分成，公司日常经营及后续成果转化工作由技术持有团队和公司进行。在这一模式下，投资主体（如金融公司或投资企业及个人）具有重要的促进作用。国际上科技成果转化研发、中试及产业化三个阶段所需资金比例大约为1：10：100，而我国实际情况约为1：0.1：100，很多科技成果因缺乏资金进行中试环节难以实现产业化。因此，外部资金支持，特别是金融机构携资金和渠道入驻新创企业，有助于推动成果快速完成商品化环节，实现经济效益。

科研人员创业在美国十分普遍，光是在旧金山湾区，这样的创业公司就数以千计。随着近年来国内创业环境的改善，科研人员创业的现象在中国也日益增多。特别是近年来很多高校不再禁止员工在企业兼职，国务院也于2015年印发《关于进一步做好新形势下就业创业工作的意见》，鼓励高校、科研院所等事业单位专业技术人员在职创业、离岗创业，在三年内，可以保留人事关系。这些改变为很多高校科研人员松开了“紧箍咒”。清华大学、复旦大学等理工科水平较高的高校，早已衍生出了许多科技创业公司。整体而言，鼓励科研人员创业能够为科技成果转化提供直接的推动力。做出原创技术的科研人员通过自主创业来推动科研成果转化，拥有明显的优势：这些科研人员最熟悉成果的优势和适用范围，对科研成果也最有感情，这些客观和主观的条件都有利于后续技术开发。但科研人员长期待在实验室，不了解市场、不熟悉经营，同时也缺乏资金优势。特别是有些科研人员认为凭借技术可以包打天下，并不认为管理科技企业是一门专门的技能，单纯依赖科研人员创办公司难以有效推动技术成果快速落地。因此，与其他市场主体合作，特别是与拥有市场渠道的企业及投资机构合作，可以有效避免这些问题。

3. 创建转化平台模式

创建转化平台模式即高校建立孵化器及科技园区等转化平台，为师生提供转化所需的各项配套设施和技术人才服务，利用平台促进科技成果转化活动。大学孵化器和大学科技园作为转化平台中的成员，从名称和实际内涵上都体现了大学和科技产业之间紧密的纽带关系。这类科技成果转化平台一般依托于大学而组建，获取技术、人才的成本及研发成本和研发风险相对于企业而言较低，能够有效实现企业与大学的资源对接。平台既依托于大学，又与园内被孵化企业联系紧密，成为两者的关联平台。一方面为高校从事研发工作的师生与科研人员提供技术创新的市场需求信息，一方面通过孵化企业实现科技成果转化。

模式机理分析：大学科技园是高校科技成果转化模式的高级形态，最早出现于美国，即1951年成立的斯坦福研究院，在其推动下众多高技术企业与斯坦福大学一起构成了美国最重要的电子工业基地——硅谷。日本从20世纪60年代后开始实施筑波科学城计划，法国于60年代末70年代初开始建设索菲亚·安蒂波利斯科学城，英国于70年代中期成立了剑桥科技园。我国1988年创办了全国第一家大学科技园——东北大学科技园。在我国，大学科技园一般以研究型大学或大学群为依托，把大学的人才、技术、信息、实验设备等科研资源优势和社会资源优势相结合，为技术创新和科技成功转化提供服务。

大学科技园脱离了单个项目“单打独斗”的模式，致力于资源的充分整合，发挥高校优势，打造产业集群形成规模优势。因此，当地政府和市场各类主体的积极参与对科技园的建设和发展具有重要支撑和促进作用，形成产、学、研、金、政一体化机制。政府从制度层面为科技园提供政策保障和组织支撑；高校为园区内企业和孵化项目提供技术、人才和设备等必要资源；风险投资为园区内产业提供资金支持；专业评估机构对入驻孵化器的项目进行评估和筛选，保证项目质量，降低风险因素；各类中介服务机构为企业提供科技成果转化过程中的各类专业服务，为企业生存创造良好环境，减少企业投入，降低创业风险；科技创新企业则作为科技成果转化的重要载体，完成技术成果的商业化过程，并将产品推向市场，最终实现社会经济效益。

高校科技园区集研发人才、研发场地、实验设备于一体，在服务本校师生的同时，有利于吸引社会资金、企业及各类人才聚集到园区内，同时，以科技园为平台，将高校的科技成果与社会优质资源紧密结合，促进科技成果的产业化、集群化。高校科技园是高校科技成果转化的高级形态，这一形式帮助高校高效地配置和利用自身及外部创新资源，同时对高校自身以产促研，培养卓越人才提供多元化的实现途径。高校科技园不仅是推动科技成果转化的重要实现方式，更是对高校自身功能的不断延伸和拓展。

5.2.2 校地共有产权科技成果转化模式

校地共有产权科技成果转化模式指政府在科技成果诞生及转化的过程中扮演主导角色，科技成果初始产权属于校地共有（或已明确成果转化通过政府渠道），具体包括以下三种模式：政府购买高校公共科研服务模式、政府组织高校攻关科技项目模式和校地共建研究院为企业服务模式。

1. 政府购买高校公共科研服务模式

政府购买高校公共科研服务模式即政府借助高校的科技成果来提升其承担的公共服务的服务质量和财政资金的使用效率，从而实现科技成果的转化落地。这一模式的特点在于高校的科技成果已经初步形成，或者关键技术已经突破，政府基于为公众提供公共科研服务的需求，通过招标等市场化方式选择最符合要求的高校科研团队，通过签订具体的服务协议，明确科研服务的完成要求和双方的责任和义务。科研团队在原有科技成果或关键技术的基础上，结合政府的个性化需求完成科研服务的要求。

政府购买公共科研服务是科研管理体制改革的重要内容。通过政府购买，高校科技成果找到了应用的场景并顺利地实现转化落地，政府通过高校科技成果的应用提升了公共服务的质量和财政资金的使用效率。这一模式适用于商业性不是很强的，但公益性较强的科技成果，且应用的过程需简单易行，不需要经过小试、中试等长期的转化过程。政府购买公共科研服务是建立在市场经济体制下的，以为公众服务为根本目的，强调政府科研计划及其管理的宗旨是为公众提供所需的科研服务，实现公共利益。因此科研投入具有方向性和准确性，注重科研产出及科研成果的转换、利用，真正实现科研为公众服务的目的；政府购买公共科研服务是基于市场经济条件下竞争性项目的科技资源配置方式，政府通过层层筛选，择优确定成本最低、资质最高、信誉最好、效率最高的服务承接者，进而降低财政成本，提高科研质量；传统科研计划项目管理中普遍存在重申报、轻研究的特点，对科研项目的监督、评估及验收比较宽松，很难保障科研质量。政府购买公共科研服务则投资慎重，通过建立严格的评估、审核、监督、验收标准及程序保证科研绩效；政府购买公共科研服务注重现代契约精神，倡导购买双方合意和平等，更多使用合同等方式明确约定科研项目申请、科技成果归属、资金使用、项目完成时间、评估验收标准、纠纷解决方式等问题，双方责任明确、程序简单明了。

2. 政府组织高校攻关科技项目模式

政府组织高校攻关科技项目模式指政府充分调研当前各个行业存在的重大共性问题，总结提炼研究的总体目标、研究方向和考核指标，通过鼓励符合资质的高校积极申报，汇聚相关领域的优势创新团队，攻关科技项目，通过规划后续的应用推广，使科技成果能够顺利转化和应用。

这一模式的特点在于这些科技项目的研究方向带有政府主导的色彩，且大多为重大前沿技术，高校科研团队前期未有或很少有相关的研究积累，通常技术还需要有相关的企业通过概念性验证加以推广应用。以原863计划、973计划和国家科技支撑计划以及2015年整合成立的国家重点研发计划为代表的典型政府组织攻关的科技项目，以基础前沿及重大共性关键技术研究开发与产业化应用示范为重点，瞄准综合性、跨行业、跨地区的重大科技问题，组织产学研优势力量协同攻关，突破技术瓶颈障碍，提升产业竞争力。

政府组织高校攻关科技项目模式是我国乃至全世界政府解决重大前沿技术和产业共性技术等重大科技项目时普遍采用的模式。例如，英国的科技成果转化采用典型的政府主导模式。政府不仅制订科研计划和奖励政策，还通过行政职能主管部门归口管理相关科研项目与科技成果转化运用。重大科技项目因为规模大、投入资金多、参与研究的科研人员多，需要政府来统筹规划和合理安排。目前国家科技支撑计划和大部分应用性的国家重点研发计划都对项目成果的应用及考核提出了具体的要求，由此科技项目中产生的科技成果也顺利实现转化和应用。

3. 校地共建研究院为企业服务模式

校地共建研究院为企业服务模式是指地方政府与高校通过打造（产业）研究院这一创新高地，有效地聚集高校的创新要素，如人才、技术、信息等，从而为地方企业技术突破服务，实现高校的科技成果顺利转化和应用。

模式机理分析：校地共建研究院是以合同或协议契约为保障而形成的校地优势互补、利益共享和风险共担的一种组织机构。校地研究院是推动高校发展，促进高校科技与经济结合的新方式，也是提高企业自主创新能力，建设国家创新体系的重要手段。校地研究院具有综合性、开放性和整合性的特点，通过对具有巨大经济潜力的产业前沿、共性技术的研发，整合政府、高校、科研院所与企业的创新资源，由政府主导、依托高校自身的科技和人才优势，通过校地共建研究院这个载体，使校地双方由简单的优势互补走向双赢，既推进产业结构升级和区域经济发展，又能实现人才培养与社会需求的有效对接。

从发达国家的发展经验看，校地合作共建研究院有十分悠久的历史，这种技术创新模式具有强大的生命力和广阔的发展前景，也成为很多国家和地区的重要发展战略之一。这一模式的成果运作必须要建立在政府与高校共同努力和配合的基础上，高校内部需建立和完善有助于校地共建研究院形成和发展的制度与机制，优化的高校外部环境对研究院的发展也特别重要，尤其是政府要充分发挥自身的资源整合优势，为校地共建研究院创造积极有利的条件。

校地共建研究院作为高校工程化研究基地和高校技术转移机构，应充分发挥地方政府的区位优势，通过技术创新、高科技企业孵化和高端专业化人才培养，为地方区域经济的可持续发展提供科学与技术支撑。要深入地方与企业，掌握企业对于创新技术的需求，推进科技成果产业化，积极融入地方区域科技创新体系，促进区域协同发展，在地方全面科技创新改革建设中发挥积极作用，把校地共建研究院打造成地方高新技术企业服务基地和科技成果研发转化基地。

5.2.3 校企共有产权科技成果转化模式

校企共有产权科技成果转化模式指企业与高校共同研发科技成果，科技成果初始产权属于校企共有，通常科技成果进入企业生产应用。具体包括以下两种模式：校企联合攻关项目模式和校企共建研发平台模式。

1. 校企联合攻关项目模式

校企联合攻关项目模式是指高校与企业共同致力于解决和处理与技术创新有关问题并且以课题形式呈现出来进行研究，研究取得的科技成果将投入企业生产应用。这种模式是当前普遍的校企合作研究方式，企业在经营生产过程中遇到技术难题，向高校寻求技术服务，高校与企业组成临时的科研团队进行某一具体的课题研发，双发按照合同约定，分别提供优势资源，并根据双方投入资源的多少和在研发中做出贡献的大小确定收益分配，在课题项目完成后，此团队自动解散。这种短期的攻关项目模式对提升高校学科水平和企业技术能力的作用有限。

在实际运行过程中，联合攻关模式研究目标集中，针对某一特定的研究课题，针对性强、效率高。然而由于临时组建的团队的合作研究任务单一，联合攻关这种模式很难形成长久的合作积极性。在课题结束后，临时组建的团队就会自动分离，这样就会影响甚至妨碍后期工作的继续开展。因此当合作取得一定的进展，双方都有意愿继续以联合的形式发展，校企联合攻关也在向平台化或基地化发展，通过长期深度协作，实现共赢。

2. 校企共建研发平台模式

校企共建研发平台模式是指高校和企业以共同承担国家课题、合作技术研发、共建研发实体为主要合作创新模式，建立长期稳定的科研合作平台，有效地促进科技成果转化和应用。校企联合研发的模式没有形成固定的合作实体，本质上是一种松散型的合作。校企共建研发平台是企业和高校建立的一种稳定的研发关系，通常由企业提供科研项目或双方联合申请国家科技项目，高校与企业依据优势互补的原则投入创新资源，解决企业的实际技术问题，并在服务该企业的同时向其他企业辐射。

校企共建研发平台模式是校企合作服务地方经济最有效的途径和方式，这种模式越来越被地方政府认可，多地还制定相关政策来推动校企构建研发平台。它能长期有效地促进知识、信息科研成果的挖掘、传递、沟通、融合。该模式通过建设研发平台，以市场为导向，以产业为纽带，推动产学研向深度发展。企业通过平台向高校披露最新行业发展趋势和技术需求，而高校依托自身的学科和人才优势帮助企业研发或进行技术论证。高校在研究中将具有发展前景的科研成果投入生产试运行，同时根据企业反馈的情况，进行改善最终走向产业化。通过研发平台建设，形成了教学、科研和产业之间“一体化”的良好局面，科研成果得以不断向产业转化，产业成果又为科研课题申报提供了方向。

5.3　高校科技成果转化突破产业关键核心技术的动力保障研究

生态主体参与重大科技项目成果转化的动力是整个成果转化生态环

境良性发展的基础。科技成果转化最为关键的动力就在供给侧的高校和需求侧的企业上，而动力保障的根源在于政府制定的制度环境。在重大科技项目成果转化系统中，高校/研究所及其内部的科技人员是科技成果的主要供给方；企业通过购买科技成果或者获得授权使用科技成果，将科技成果转化为现实生产力，以满足市场需求并实现其经济效益，因此企业是重大科技项目成果的主要应用方。有效的动力保障制度能够使利益各方公平合理地享受知识产权带来的利益，在均衡政府、高校、企业的同时，可以激励科研人员把重视知识产权与重视自身利益结合起来，研发出更多高质量的技术成果，这就意味着既要保证科研人员的收益，又要满足企业发展的需要，还要满足促进科技水平和社会经济发展的总目标。

“三螺旋结构”理论很好地解决了在技术成果转化中高校、企业和政府的分工和功能定位问题。在多元多层级的生态主体网络中，生态主体间除了价值活动的联系，在整个生态环境的背后还隐藏着一套基于制度产生的联系网络，体现着生态环境运作的制度逻辑。中央/国务院制定总体性的政策指导各部委的工作，各部委再依据各自的职能制定细分的政策。在科技成果转化的工作中，各部委通过成果管理的制度规定了高校科技成果转化的规则，通过项目管理的制度指导科研人员进行科技项目的申报、研究、评奖到最后的成果转化等，通过制定补贴或税收优惠等政策鼓励企业接收科技成果。高校也通过内部的详细制度给予参与转化的科研人员激励，或者对其行为进行一定的约束。成果转化的核心是企业与科研人员的合作，除了以转让的形式合作外，企业还可以在科技项目立项时就参与其中，或者以和高校共建研究室的形式产生企业需要的科技成果。

5.3.1 政府主体提供的动力保障

科技成果转化的工作涉及多个主体，其中，政府这一大的主体生态圈中就涵盖了多个部门，如科技部、教育部、财政部、国家知识产权局、国家税务总局和各地方政府等。在科技成果转化的各个方面和各个阶段中，每个部门都需要制定相应的政策文件去实现和规范各自的职能。关于科技成果管理制度的政策决定了科技成果转化链条是否畅通，关于税收制度的政策提高了科技成果转化的效率，关于人才制度的政策为科技成果转化提供了进一步发展的动力。

1. 科技成果转化管理制度的优化

中央部委制定的科技成果管理制度一直是影响科技成果转化效率的重要因素，在近几年经历了从鼓励到制约再到放开的过程。例如，2012年，教育部出台了《教育部直属高等学校国有资产管理暂行办法》，在这份文件出来之后，由于对备案和审批的要求严格复杂，同时难以澄清无形资产定价问题以及担心追责国有资产流失问题，各地高校科技成果转化的数量和金额都呈现了收缩的态势。直到2015年，新修订的《中华人民共和国促进科技成果转化法》出台，政府将科技成果收益权、处置权充分下放，高校科技成果转化工作的局面才重新打开。2019年，财政部颁布了《财政部关于修改〈事业单位国有资产管理暂行办法〉的决定》，决定指出，国家设立的研究开发机构、高等院校对其持有的科技成果，可以自主决定转让、许可或者作价投资，不需报主管部门、财政部门审批或者备案，同时也可自主决定是否进行评估。我们调研到的几所高校均表示这份文件极大地解放了高校参与科技成果转化工作的积极性。他们表示，政府应该在大方向上有所把控，在细节上则充分放权，给予高校更高的自由度，让高校敢做、愿做、积极去做，这样才能使科技成果转化的生态环境焕发勃勃生机。

2. 成果转化收益税收制度的优化

国家对于科技成果转化的税收工作的整体修改方向类似“简政放权”。1999年发布的《财政部 国家税务总局关于促进科技成果转化有关税收政策的通知》（财税字〔1999〕45号）是首次出台的关于科技成果转化的税收政策，其中具体规定了在转化过程中的各项收益所得的税收政策。之后2007年出台的《国家税务总局关于取消促进科技成果转化暂不征收个人所得税审核权有关问题的通知》（国税函〔2007〕833号）规定，科研机构、高等学校转化职务科技成果以股份或出资比例等股权形式给予个人奖励，经主管税务机关审核后，暂不征收个人所得税。此项审核权自2007年8月1日起停止执行。《财政部 税务总局 科技部关于科技人员取得职务科技成果转化现金奖励有关个人所得税政策的通知》（财税〔2018〕58号）规定从职务科技成果转化收入中给予科技人员的现金奖励，可减按50%计入科技人员当月“工资、薪金所得”，依法缴纳个人所得税。由此可见，相关税收政策，目的在于提高科技成果转化中的税收优惠政策，鼓励成果转化推进，同时简化审批审核的手续和流程，提高转化效率。

3. 成果转化相关人才培养制度的优化

在地方经济的发展经验和差异体现中，国家认识到了人才引进对于地方经济发展的重要性，科技成果转化工作则对人才的水平提出了更高的要求。浙江大学技术转移中心的负责人具体指出，国家处于快速发展阶段所以需要大量创新，然而条件并不成熟，目前在亚洲，日本的高校创新能力强，是因为它们已经完成了人才和技术的积累。浙江大学创新技术院的负责人则表示，投资方之所以愿意投资一个进行科技成果转化的公司，主要看重的是背后的科研团队的潜力而不纯粹是成果本身。

一个地区创新能力的发展，关键在于人才的引进和产业的配套。其中，人才引进是科技创新的基础，有了科技创新的成果，结合配套的产业，才能形成良好的科技成果转化生态环境。2010年，国务院印发了《国家中长期人才发展规划纲要（2010—2020年）》，指出当前和今后一个时期，我国人才发展的指导方针是：服务发展、人才优先、以用为本、创新机制、高端引领、整体开发①。政府若要引进人才，就需要重点关注人才的需求：一是生活上的需求，包括落户、教育医疗环境等；二是经济上的需求，对于优秀的人才，应该给予其充分的经济回报；三是价值实现上的需求，在基本的生活需求都能得到保障后，人会追求个人价值的实现，要真正满足人才内心的价值需求，让他们产生归属感与成就感，才能保证人才不会流失。2018年，国务院相继出台了《关于分类推进人才评价机制改革的指导意见》和《关于深化项目评审、人才评价、机构评估改革的意见》，进一步为人才的价值实现需求提供了制度保障。

在人才引进方面，苏州市政府制定了一系列的制度，人才的重要性也在苏州市得到了良好的体现。苏州市科技局一位处长称，由于改革开放红利，以及处于长江南岸，地理条件好，交通便利人口密集等优势，苏州市靠产业转移发展经济，成为招商引资天堂。苏州市的强势产业以传统工业为主，多为车间型企业，处于产业链中下游。从产业布局来说，传统工业的创新能力低，但是由于苏州的经济发展迅速，工业基础和配套环境好，加上政府重视引进人才，苏州起到了人才集聚和吸引投资多的作用，一个显著的例子是在生物医药领域，由于苏州市一直坚持大力引进人才，经过了十年的长期积淀，在这个过程中成长起了一批企业，对苏州市的科技成果转化生态环境和当地经济的进一步发展起到了重要的推动作用。

---

① 国家中长期人才发展规划纲要（2010—2020 年）发布[EB/OL]. http://www.gov.cn/jrzg/2010-06/06/content_1621777.htm，2010-06-06.

5.3.2　高校院所内部的动力保障制度

在高校系统中，科研人员及科研团队产出了数量众多、种类丰富的科技成果，这些成果若要对外转化，一般需要通过高校设立的相关成果转化部门进行。因此，在面向高校的科技成果转化工作中，首要的是保障科研人员参与科技成果转化工作的动力，这个动力涉及高校科技成果转化各方面的体制机制。一是对于科研人员的直接激励，包括经济激励和科研激励。二是成果转化相关部门的服务能力，专业化的服务能够提供更高的转化效率并且降低科研人员承担的风险，进一步增强科研人员委托转化的意愿。三是现有机制体制下对科研人员参与科技成果转化工作的约束，约束越少或者机制体制越清晰，就越能激发科研人员的积极性。四是成果的质量，成果应该分为有市场价值和无市场价值,无市场价值的成果没有必要转化，也就不存在转化难问题，有市场价值的成果才能转化获得收益，成为高校与科研人员进一步转化的动力。

1. 成果转化收益的激励制度

高校制定的具体经济激励措施是推动高校老师进行科技成果转化的重要动力。自《中华人民共和国促进科技成果转化法》（2015年修订）出台以后，除了各地方政府响应中央号召，制定或修订了地方的科技成果转化政策外，各高校也纷纷制定了相应的《知识产权管理办法》《科技成果转化管理办法》《科技成果评估处置和利益分配管理办法》等文件。出于各地区经济、文化等因素的差异，以及各高校对科技成果转化工作的认识及过往的经验的区别，各高校结合自身情况规定了成果转化收益的奖励比例。其中，最常见的是以清华大学、浙江大学、武汉大学、中南大学等为代表的收益分配比例，即不管是现金收益还是股权收益，一律是科研团队占70%，学校和学院各占15%的分配方式。湖南大学则将比例设定为80%、10%和10%，意在给科研人员更强的激励，促进科研人员参与科技成果转化。美国由于科技与经济实力和社会文化等各方面因素与我国的差异，在分配比例上呈现出较为不同的形式。美国的高校更偏向均衡的分配方式，在高校技术转移机构广泛使用利益分配“三三三制”原则，即发明者、发明者所在院系和发明者所在学校分别获得专利使用费净收入的三分之一，这种分配原则更大地调动了学校和院系参与科技成果转化工作的积极性。

科技成果转化收益的处置也存在着现金形式个税较高，股权形式国资手续复杂的问题。例如，中南大学科研部的一位负责人表示，如果是现金转化的形式，提取现金收益时需要交大额的个人所得税。对此，中南大学采取了较为灵活的解决方案，即签订合同以后，70%的收益给课题组，对于现金的处置问题可以由课题组自行决定：①可以全部拿现金，但个人所得税比较高，所以很多教授不愿意拿走（一位院士的一个项目315万元，一次性提走，最后拿到手上的不到总收益金额的40%）；②也可以全部做科研经费，但是报销麻烦；③也可以部分现金拿走、部分留作科研经费。一个比较好的改善是，在2018年5月，《财政部 税务总局 科技部关于科技人员取得职务科技成果转化现金奖励有关个人所得税政策的通知》发布，其中说明了依法批准设立的非营利性研究开发机构和高等学校，从职务科技成果转化收入中给予科技人员的现金奖励，可减按50%计入科技人员当月“工资、薪金所得”，依法缴纳个人所得税，以此提高科技人员科技创新成果所得。不过可惜的是，在我们访谈的时间点，还有很多地方政府或高校没有形成具体落实的文件，因此对于减税的实际效果，暂且无法准确评判。如果是作价入股的形式，初创企业可能要经过多轮融资，刚开始的投资可能比较少。技术越来越成熟以后，可能要引入一些战略投资，企业的资产、价值都会发生变化，学校这一部分股权作为国资管理需要进行很多手续，十分麻烦。所以很多企业不希望学校持股，尤其是在准备上市的阶段。学校若在上市前退出则会损失大量利益，相关负责人会担心被追责而不敢退出。

2. 成果转化评价的激励制度

科研激励是在经济激励不起作用时重要的动力补充保障。在经济激励方面，各高校基本呈现以70%为基础，向上浮动的模式。然而，部分高校老师参与科技成果转化的热情仍然不高，其中最大的一个问题就是经济激励具有边界递减效应，即当老师的收入能充分满足他的生活需求时，经济激励对他而言激励效果就不太明显。因此，高校下一步应该关注老师的个人价值实现。西安交通大学某学院的院长表示，有很多实力强的老师，自身的收入本就不低，他们觉得现有的收入完全可以满足他们的生活，做科技成果转化的风险太大而且还要分散做科研的精力，因此觉得没必要也不愿意去做。但武汉大学的一位教授则持相反的看法，在被问及到做科技成果转化是否会影响平时的科研工作时，他表示这个肯定是有影响的，文章、纵向课题申请等方面肯定会下降，但他认为，如果他的研究成果能够变成产品在市场上被广泛应用，他对社会、对世界的影响力反而更大，社会上对他的评价可能还会更高。在这一点上，山东大学做了一个尝试：对教授分类考核，即在之前教学型教授、科研型教授和教学科研型教授的基础上，新增了产业型教授。这种职称文件是一个指挥棒，让这些老师意识到做科技成果转化也是可以评教授、受重视的。

3. 成果转化部门的专业水平

高校科技成果转化相关部门的专业性是造成高校科技成果转化效果差异的主要原因。自科技成果转化的相关概念出现以来到现在，各高校的科技成果转化相关规定及管理办法等制度都已经基本形成。总体而言，高校的科研部或新设立的科技成果转化中心、技术转移中心或成果与知识产权管理办公室等机构承担了高校科技成果对外转化的主要功能，除了必需的行政功能以外，这类部门对科技成果转化最大的促进作用体现在其所能提供的科技成果转化服务的专业性，这也是造成不同高校科技成果转化效果差异的一个重要原因，如清华大学成果与知识产权管理办公室就提供了非常完善的服务，清华大学的科技成果转化工作也成了各高校的标杆。在清华大学，发明人需要进行科技成果转化，成果与知识产权管理办公室的工作人员会对技术进行分析，制定转化策略。接下来，成果与知识产权管理办公室将寻找技术需求方，推广技术。找到合作方后，通过许可、转让或作价入股的方式实现科技成果转化。如果发明人有意向，成果与知识产权管理办公室也可协助发明人进行自主创业，实现成果转化。

4. 参与成果转化的兼职激励

高校老师兼职的问题一直是影响老师参与科技成果转化的一个敏感问题。尽管教育部在2017年就发布了《中共教育部党组关于加快直属高校高层次人才发展的指导意见》,提出了教学科研人员可以在学校同意的前提下，按规范的制度和程序到科研机构、企业兼职，然而各高校对于具体细则的落实进度也有较大差异。武汉大学的老师表示学校对老师兼职还没有相关的规定，采取睁一只眼闭一只眼的态度，既没有明面上的支持但也没有反对。以清华大学的《清华大学关于教师校外兼职活动的若干规定（试行）》和湖南大学的《湖南大学关于教职工校外兼职的若干规定（暂行）》为代表的一些高校出台的规定，则说明了高校老师兼职管理的流程、工作时间的要求和取酬的一些问题等，将在校老师的兼职问题公开化、透明化处理，这对于高校老师一直担心的兼职取酬问题是一个非常重要的突破。

5. 科技成果专利的评价制度

正确地看待专利的意义是促进专利成为科技成果转化动力的重要保障。在之前一段时间，高校的专利数量成为评估高校实力的一个标准，部分高校对老师的考核要求也加入了对专利数量的考核。这就导致了很多没有任何实际价值的注水专利的形成，这对于科技成果转化工作是十分不利的。中南大学科研部的负责人表示，很多老师写专利是为了评职称、拿绩效，还有一部分企业利用一些没有价值的专利去申请高新企业的牌子，达到免税的目的，争取一些政策上的资金，依靠政府的补贴存活。实际上有价值的成果远远少于明面上的专利数量。令人欣慰的是，一些高校已经认识到了这个问题，不再以专利数量为奖励和评职称的标准，而是侧重于专利的质量，而老师若想凭借专利获得经济收益，就要进行科技成果转化，从而形成科技成果转化的良好生态。

5.3.3 面向产业主体的动力保障制度

企业可以在科技成果转化的不同阶段参与科技成果转化的工作。无论是新创企业还是已有企业和高校合作的，最常见的参与方式有两种：一是在产品化试验阶段接收实验室成果，依靠企业的资金和科研人员的能力完成产品化试验，将科技成果转化为产品后让其进入市场；二是企业直接购买已经经过产品化试验的成果进行产品试验，此时的成果已经基本具备产品的属性，企业的主要任务是将其应用到市场中，并与科研人员逐步改良产品，使其更加适应市场的真实需求。这两个阶段的特点是：企业获得的是已经产生的成果，而获得成果的企业可以是现有企业进行购买，或者将成果作价入股新创企业两种形式。企业还可以在立项阶段就参与到科技成果转化的工作中来，这就要求企业必须是现有的企业，并且具备一定的实力，以参与科技项目立项或者与高校共建实验室的方式，在立项之初就引导成果按照企业的需要进行研究。

1. 产业参与立项阶段的动力保障

出于对科技成果转化的市场导向的需求，国家开始重视企业在重大科技项目立项阶段参与的意义，政策已经提出鼓励和支持中央企业参与国家重大科技项目，关于民营企业参与项目的政策还没出台。2018年，科技部和国务院国有资产监督管理委员会印发了《关于进一步推进中央企业创新发展的意见》的通知，提出在集中度较高、中央企业具有明显优势的产业领域，将中央企业的重大创新需求纳入相关科技计划项目指南，支持中央企业牵头承担国家科技重大专项、重点研发计划重点专项和“科技创新2030-重大项目”，结合项目特点，可按照“一企一策”原则制定管理、投入和知识产权分享机制，优化管理流程，提高实施效率，一体化推进基础研究、共性技术研发、应用示范和成果转化。下一步的政策重点是鼓励支持民营企业参与国家重大科技任务。在2019年1月召开的第十二届中国产学研合作创新大会上，科技部部长王志刚表示，科技部将加快构建以企业为主体、市场为导向、产学研深度融合的技术创新体系，进一步优化创新创业生态，为民营企业营造公平竞争的创新环境和市场环境。同时，支持民营企业加大科技投入，充分利用好各类政策工具，采取前期资金投入、后期补助等方式，对民营企业前沿技术研发给予扶持，鼓励有能力的民营企业探索前沿无人区。完善科技金融体系，强化对民营科技企业创新创业成长阶段的资金支持，缓解高成长性企业可能面临的融资难、融资贵的问题。总之，要充分发挥民营企业机制体制灵活、市场敏感度高等特点，推动高校和科研院所成果在民营企业转移转化，加快形成具有市场竞争力的产品。

2. 产业参与中试阶段的动力保障

以利益为导向的企业会自主地追求具有充分市场潜力的科技成果，拒绝没有市场价值的，或者市场价值尚未被发掘的科技成果。在科技成果转化涉及的多元参与主体中，企业作为科技成果的需求方，其本身就依附在市场规则的大环境下，它们天然地拥有追求利益的动力，若一个科技成果被认为市场潜力是巨大的，企业会主动寻求合作，而若企业认为该科技成果的转化成本风险大于其预测的收益时，企业往往不愿意接收该科技成果。在产品化试验阶段，成果往往以实验室技术的形态存在，成果能否成功产品化，产品化后的市场价值都具有很大的不确定性。在这个阶段，企业接收成果需要面临巨大的风险。

国家为了补偿企业在产业化试验阶段承担的风险，多次出台研究费用的税前加计扣除政策，政策的演进呈现出逐步扩大可税前加计扣除费用的范围和对费用种类说明更详细的趋势，体现了国家支持力度的加大和对该工作的进一步规范。2008年，《国家税务总局关于印发〈企业研究开发费用税前扣除管理办法（试行）〉的通知》，提出了企业从事《国家重点支持的高新技术领域》和国家发展改革委等部门公布的《当前优先发展的高技术产业化重点领域指南（2007年度）》规定项目的研究开发活动，其在一个纳税年度中实际发生的下列费用支出，允许在计算应纳税所得额时按照规定实行加计扣除。2013年，《财政部 国家税务总局关于研究开发费用税前加计扣除有关政策问题的通知》指出企业从事研发活动发生的五险一金费用、研发活动费用、测试费用、鉴定费用等支出，可纳入税前加计扣除的研究开发费用范围。2015年，《财政部 国家税务总局 科技部关于完善研究开发费用税前加计扣除政策的通知》指出，企业开展研发活动中实际发生的研发费用，未形成无形资产计入当期损益的，在按规定据实扣除的基础上，按照本年度实际发生额的50%，从本年度应纳税所得额中扣除；形成无形资产的，按照无形资产成本的150%在税前摊销[①]。

3. 产业参与试验阶段的动力保障

产品试验阶段成果的市场价值已经得到了初步的发掘，然而，新产品的价值是否足以替代已被成熟应用多年的旧产品，是企业面临的下一个困境。因此，在这个阶段，我们需要关注的是当一个科技成果形成的新产品的价值未得到充分体现时，如何促使企业有动力去使用新产品，从而参与到科技成果转化的工作中来。

武汉大学自强创业班的一位教授指出，在当前的市场环境下，高新技术的创业和一般的创业有很大的区别，区别在于市场的教育度问题。现在追热可能容易赚到快钱，但真正的要去做一个事情，解决制造行业的问题实际上是一个困难而又漫长的过程，因为市场对新的产品不熟悉、不了解，就不愿意放弃已有的成熟的产品冒着风险去尝试新的产品，那么科技成果在这种情况下的转化是一个很漫长的过程。对于这类产品的转化，市场上也没有一个很好的扶持办法。湖南大学科技成果转化中心的负责人给出了一个很好的例子。湖南大学陈政清院士的团队发明了电涡流阻尼器减震技术，该技术在发明出来时，是领先于当时市场的新技术。当时市场广泛应用的是德国油压阻尼减震技术，对于业主单位来说应用新技术风险很大，很多企业宁愿花更多的成本使用旧的成熟的技术，也不愿冒险使用据说成本更低、效果更好，但未经过市场验证的新技术。为了让该技术打开市场，中心和团队商量，决定以20万元的较低价格授权给一家做减震的公司，用来给上海中心大厦做减震。结果在新技术使用之后不久，上海经历了13级台风，而上海中心大厦很好地经受住了台风的考验。经过了这样的事件，电涡流阻尼器减震技术才慢慢打开了市场。

国家发展改革委于2018年4月出台了《关于促进首台（套）重大技术装备示范应用的意见》。意见指出，对从事重大技术装备研发制造的企业，按现行税收政策规定享受企业所得税税前加计扣除优惠，经认定为高新技术企业的，减按15%税率征收企业所得税。企业购置首台（套）产品，符合现行税收政策条件的，按规定享受税收抵免、固定资产加速折旧等税收

① 财政部 国家税务总局 科技部关于完善研究开发费用税前加计扣除政策的通知[EB/OL]. http://www.gov.cn/zhengce/2016-05/24/content_5076365.htm，2015-11-03.

优惠政策[①]。对于首台（套）产品的风险问题，增强保险“稳定器”作用，即：①继续实施首台（套）保险补偿政策。积极营造良好的政策环境和社会氛围，吸引更多企业参与。②优化首台（套）保险运行机制。完善能进能出的动态调整机制。优化事故责任鉴定流程，建立健全理赔快速通道，积累有关保险数据，不断优化保险方案，提供优质服务。③鼓励地方和保险机构积极探索。鼓励有条件的地方结合产业基础、行业特点自主研究制定保险补偿政策，并做好与国家首台（套）保险补偿政策的区分和衔接；鼓励保险机构根据市场需求，在中央和地方首台（套）保险补偿政策之外，创新险种、扩大承保范围。然而，在我们访谈的时间点，有些地方政府没有形成具体落实的文件，有些即使形成了文件，在文件出台后也未有重大技术装备科技成果转化的案例，因此对于该政策的实际效果，暂且无法准确评判。

① 国家发展改革委网站. 关于促进首台（套）重大技术装备示范应用的意见[EB/OL]. http://www.gov.cn/xinwen/2018-04/17/content_5283207.htm，2018-04-17.

第 6 章　高校科技创新支撑产业突破关键核心技术的实现路径

6.1　高校科技创新支撑产业突破关键核心技术的战略定位

6.1.1　高校科技创新支撑产业突破关键核心技术的指导思想

高校创新体系支撑产业创新战略的指导思想是：综合集成、系统规划、全景设计和逐步实现，具体全景设计如图6-1所示。

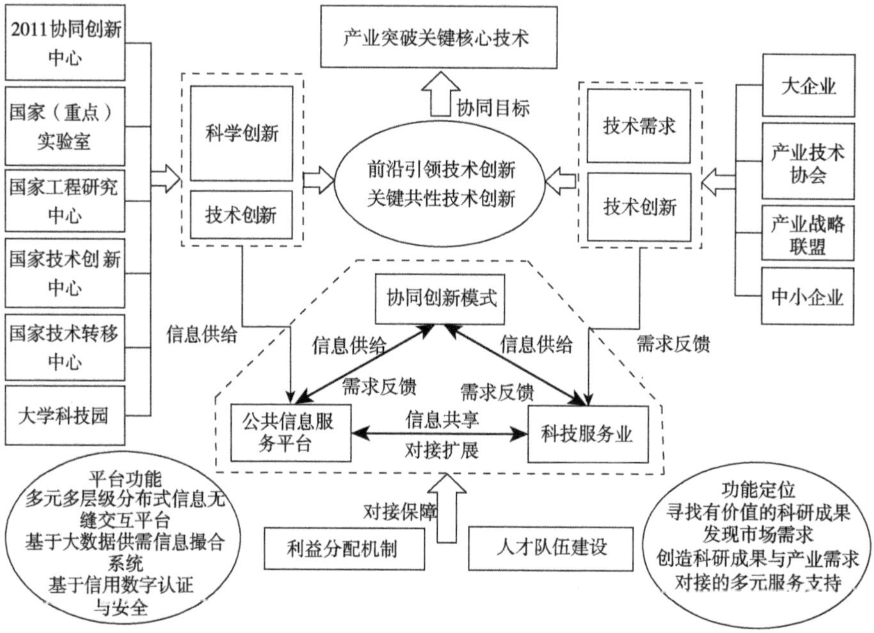

图 6-1　高校科技创新支撑产业突破关键核心技术的全景图

综合集成是在提取高校创新体系和产业创新战略的关键要素主体，各主体的核心任务，对接系统的目标诉求和保障措施，以及对接路径和模式的基础上，综合性集成化地辨析对接过程。高校创新体系的关键要素主体包括2011协同创新中心、国家工程研究中心、国家技术创新中心，国家（重点）实验室，国家技术转移中心及大学科技园等。产业创新战略的关键主导机构包括大企业、产业技术协会、产业战略联盟、中小企业等。高校创新体系的核心任务是创新性研究，包含基础研究、应用基础研究和应用技术研究三个方面。产业创新战略的核心任务是提出战略性需求，包含共性关键技术开发、装备开发和产品开发三个方面。对接系统的目标是实现战略性新兴产业的发展与传统产业转型和升级。对接的保障措施则包含人才队伍建设和利益分配机制。对接路径和模式则分为协同创新模式、公共信息服务平台和科技服务业。

系统规划是在明确高校创新体系和产业创新战略关键要素的基础上，系统性、全局性地规划对接关系。协同创新模式、公共信息服务平台和科技服务业之间具有相互促进的关系。高校创新体系与产业创新战略通过上述三条路径实现不同领域不同角度的对接协作。

全景设计是全景化辨析高校创新关键主体与产业创新战略执行主体通过不同路径的对接关系。高校创新主体与产业创新主体能够通过不同的协同创新模式开展实体层面的对接，目标是研究产业共性科学问题，攻克关键技术难题、解决工程实现问题及推广成熟应用技术。公共信息平台是保障高校与产业科技信息供给和创新需求反馈的技术基础。该平台通过多元多层级分布式信息建立无缝交互平台，基于大数据、云计算构建高校与产业的供需信息撮合系统，并通过信用数字认证建立安全体系。科技服务业则是以市场力量打通对接双方的组合拳，即寻找有价值的科研成果，及时发现市场需求、创造科研成果与产业需求对接的多元服务支持。

逐步实现是指上述对接模式和路径的操作具有循序渐进的特征，需要以局部为起点，以简单平台为首要任务，通过逐步实现对接的各项功能最终实现整个对接系统的全面化、系统性有效运作。

6.1.2　高校科技创新支撑产业突破关键核心技术的发展目标

高校创新体系对接产业创新战略发展的总体目标是通过实现高校与产业的创新体系“无缝”对接，系统优化和整合我国高校的创新资源，不断提升产业及企业的研发与创造能力，为最终实现我国创新驱动发展的宏观战略提供驱动力。

以指导思想和总体目标为基础，高校创新体系与产业创新战略的对接可被分解为以下三个阶段的分布式目标。

通过逐步优化升级协同创新中心的功能，实现高校创新体系与产业创新战略的初步对接。2011协同创新中心是我国在“十二五”期间为提升高等学校创新能力制定和实施的重大战略举措。在《中华人民共和国国民经济和社会发展第十三个五年规划纲要》中，通过逐步优化和升级协同创新中心的功能，鼓励更多拥有研发能力的企业加入协同创新中心的科技队伍，及时提出产业共性关键技术问题，实现高校创新体系与产业创新机构实体层面的初步对接。

建立健全对接高校创新体系与产业创新战略的网络平台，实现信息沟通的同步对接。在“十二五”期间，全国已经建立了若干有关高校创新体系与产业创新需求的网络平台。在《中华人民共和国国民经济和社会发展第十三个五年规划纲要》中，通过建立更多的局部平台，从整体上健全高校创新体系与产业创新战略的互联网协作通道，使高校科技创新资源能够及时被产业机构发现并应用，使产业发展过程中的科学技术工程问题能够及时反馈至高校的创新研究体系中，在总体上实现信息沟通的同步化对接。

鼓励更多的科技服务中介机构和创客团队等中间组织的发展，实现高校科研力量与产业创新需求的无缝对接。科技服务中介机构能够帮助高校进一步完善科技成果，并在中试生产和市场营销等工作基础上，使创新技术“迈”向市场。产业可通过科技服务中介机构整合与提取产业技术需求，并以市场化方式向高校创新体系发出“邀请”，在更广泛的范围内整合高校创新资源实现产业发展。创客团队的发展壮大能够激活促进高校创新力量与产业创新需求融合的微观动力，活化整个对接过程。

6.2 高校科技创新支撑产业突破关键核心技术的重点任务

6.2.1 高校科技创新对产业突破关键核心技术的人才支撑

创新战略驱动效应主要分为三个层次：一是整合研发基础、创新人才和研发资金等创新资源；二是通过创新活动，将知识积累、基础研究、创新人才和研发资金等创新资源转化为阶段性创新成果；三是将概念创新、管理创新和技术创新等阶段性创新融合转化为最终的创新成果。由此可见，通过高校创新体系与产业创新系统的有效对接，能够建立具有联动特征的校企合作机制。校企合作的联动机制形成的路径主要表现在增强校企合作的信息化建设、建立校企合作的第三方服务平台、校企合作机制的自组织运行、强化激励和约束机制。

对于高校来说，其首要目的是人才培养，不仅仅是培养学术型研究生，也包括具有国际视角的研究型人才，那么在计划实施中如何更好地将人才培养的体系融入进去也是一个十分突出的问题。因此只有通过实施研究生培养体制改革、科研管理体制改革、学部制改革、教师岗位分类管理改革等为人才培养提出新的思路和方式，为实现协同创新科技创新和成果转化奠定良好基础。

创新型人才的培养是一个复杂的系统工程（图6-2），近年来诸多高等学校对创新型人才的培养模式进行了多方位的探索改革与有益尝试，在此过程中亦初步形成了一些关于创新型人才成长规律与培养取向的基本认识。从宏观政策的层面看，应该说时至今日我国已经完成了创新人才培养的政策转向。但是由于我国创新型人才培养目标的提出及其教育实践历程尚短，加之人才培养这一问题本身是一个涉及多因素的复杂系统，在探索进程中难免会遇到意想不到的障碍因素以及一些不相适应的具体问题。

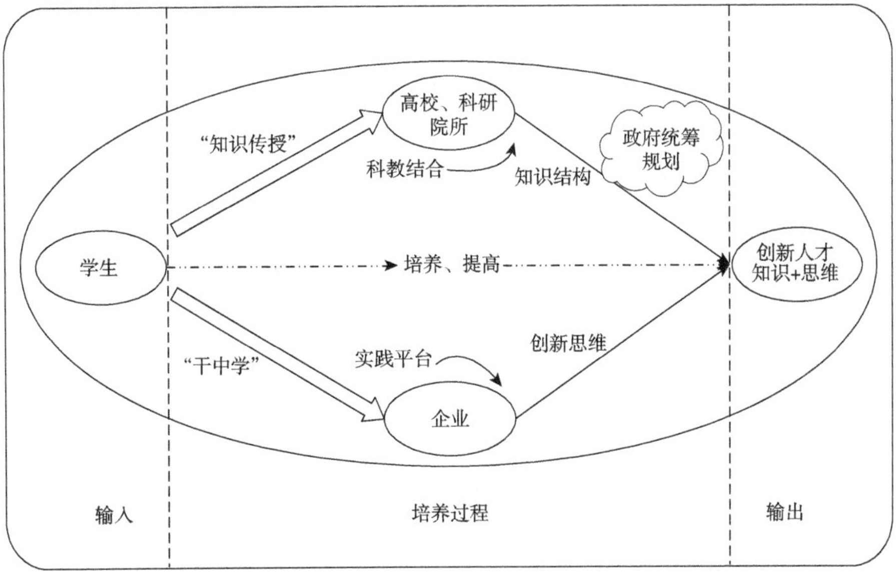

图 6-2　高校创新型人才培养过程

第一，传统文化中一些消极成分的隐性阻力。客观审视中国传统文化，会发现其在蕴含崇尚伦理道德、注重人文理性、强调和谐观念及倡导忧患意识等思想精髓的同时，也存在着过分强调传统的经学沉积、重群体而轻个体的价值导向、求同和从众的思维方式等消极成分。在此影响下所培养出来的受教育者往往是迷信权威、怯于冒险、缺乏个性和没有棱角的“共同体”。

第二，先期人才培养模式的惯性作用之影响。旧模式向新模式的转变通常不可能一蹴而就，往往需要经历一个过渡期或转型期。正是在这样的过渡期内或转型期内，先期模式的很多要素依然会发挥其固有的作用甚至是排斥某些变化，模式惯性便会由此而生。

第三，创新型科技人才的培养存在认识误区。比较常见的误区之一是将智力因素作为判定创新型人才的主要标准，片面地认为创新型人才就是高智商的人才，由此而导致在实践中将开发智力作为培养创新型人才的主要手段而在某种程度上忽略了非智力因素的培养的“主智主义”倾向。但有关研究却认为，一项创新活动要取得成功，智商因素可能占到20%~30%，而情商因素则要占到70%~80%。

第四，创新型科技人才培养的某些协同条件建设相对滞后。创新型人才的培养既需要人才培养模式本身的优化设计，同时也需要加强人才培养模式之外但却与之实施密切相关的管理制度、师资队伍、文化环境等一系列协同条件的配套建设，只有这样创新教育理念所主张的系统性思想才能得以落实，保证人才培养模式得以高效运作，并充分发挥其在学生创新素质培育过程中的积极影响力。

第五，创新型人才培养环境中充斥着教育功利化现象。其中最为突出的问题之一就是在高等教育中过分强调人才培养的职业化导向：诸多高等学校争相开办所谓的“热门专业”，热衷于培养企业急需的“紧俏人才”以图提高学生的就业率而逐步丧失自身的特色与优势等。

6.2.2 高校科技创新对产业突破关键核心技术的实体支撑

高校科技创新实体支撑产业突破关键核心技术的实现路径如图6-3所示。

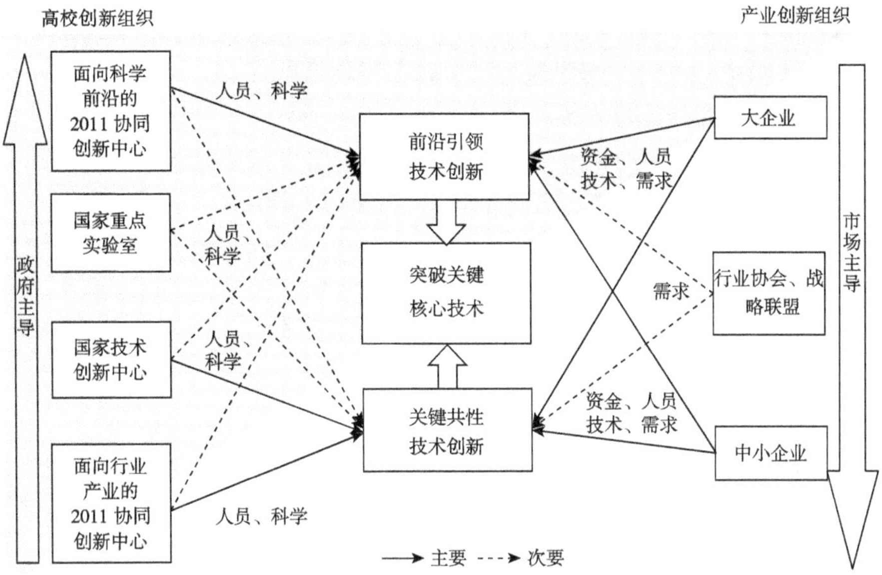

图 6-3　高校科技创新实体支撑产业突破关键核心技术的实现路径

左上阴影部分代表政府主导逻辑，右下非阴影部分代表市场主导逻辑

1. 前沿引领技术突破

1）国家重点实验室

国家重点实验室的定位是面向前沿科学、基础科学、工程科学等，开展基础研究、应用基础研究等，推动学科发展，促进技术进步，发挥原始创新能力的引领带动作用。因此，高校国家重点实验室必须作为前沿引领技术创新的承载主体，实现其职能定位。

2015年，中国科学技术大学合肥微尺度物质科学国家实验室潘建伟、陆朝阳等完成的科研成果“多自由度量子隐形传态”，当选英国国际顶级期刊《物理世界》评选的物理学领域“年度突破”。中国科学技术大学潘建伟院士领衔的“多光子纠缠及干涉度量”项目获得2015年国家自然科学奖一等奖。2016年，我国在世界上率先发射了量子通信试验卫星，实现了1 200千米的超远距离量子通信。量子通信作为绝对安全的通信技术，是典型的前沿引领技术，目前我国在该领域研究处于国际领先水平。

2）面向科学前沿的2011协同创新中心

2012年，教育部发布“2011计划”实施方案，其中面向科学前沿的协同创新中心，以自然科学为主体，以世界一流为目标，通过高校与高校、科研院所及国际知名学术机构的强强联合，成为代表我国本领域科学研究和人才培养水平与能力的学术高地，因此面向科学前沿的2011协同创新中心依据其职能定位也应该作为前沿引领技术创新的载体。

目前存在的问题是我国与美国相比还缺乏世界一流的国家实验室。美国麻省理工学院的林肯实验室，由美国联邦资助成立，拥有超过1 700名科研人员，每年的科研经费达数亿美元，是美国大学第一个大规模、跨学科、多功能的技术研究开发实验室。我国不仅要建设世界一流大学，还需要建设世界一流的实验室。

2. 关键共性技术突破

1）国家技术创新中心

依据《国家科技创新基地优化整合方案》，国家工程技术研究中心优化调整为国家技术创新中心，定位于面向影响国家长远发展稳定的行业和产业需求，开展重大共性关键技术和产品研发、成果转化及应用示范。依据国家科技创新基地的宏观布局和功能定位，高校国家技术创新中心（国家工程技术研究中心）必须作为支撑共性关键技术创新的承载主体，实现其职能定位。

华中师范大学国家防伪工程技术研究中心（现已纳入国家技术创新中心序列）研发的全息快速定位烫印技术，属于典型的行业关键共性技术，率先打破国外封锁和垄断，填补国内空白，解决了行业内“防伪标识不防伪的问题”，极大地推动了行业的发展和进步。

2）面向行业产业的2011协同创新中心

面向行业产业的2011协同创新中心是以培育战略新兴产业和改造传统产业为重点，通过高校与高校、科研院所，特别是与大型骨干企业的强强联合，成为支撑我国行业产业发展的核心共性技术研发和转移的重要基地，因此面向行业产业的2011协同创新中心依据其职能定位也应该作为关键核心技术创新的载体。

目前存在的问题是部分高校国家技术创新中心（国家工程技术研究中心）存在“一套人马，多个牌子”的情形，不仅影响开放合作与人员流动，而且不利于对基地科研人员的分类评价。

6.2.3 高校科技创新对产业突破关键核心技术的平台支撑

高校科技创新支撑产业突破关键核心技术的信息平台应该包括五个层次：第一层为科学决策，包含信息发布系统、信息撮配系统、评价管理系统和决策支持管理系统，即发布高校和产业的科学与技术信息，按照一定的规则关系匹配高校与产业的供给和需求，对高校与产业的合作开展市场化的评价，并为教育部和产业相关主管部门提供决策支持。第二层是智能分析，包括多维数据融合和数据挖掘分析。高校创新体系和产业创新组织包含多个实体和个人，信息来源广泛，内容丰富，因此需要采用多维数据融合的方式收集更多为对接服务的信息。为支持第一层的功能，对收集信息开展深度的数据挖掘分析是必不可少的环节。第三层是数据源集成管理，包括科技宝智能管理平台数据仓库、实时数据库和关系数据库等三个数据源。第四层是传输层，包括以数据压缩、数据加密、消息队列和断点续传为核心的数据传输技术，以广域网、卫星、5G、LAN和WLAN为要素的远程传输网络。两者协作共同支持数据以统一格式进入第三层的三类数据库。第五层是数据层，在数据服务总线的支持下，包含高校信息录入系统、企业需求信息录入系统、平台管理系统和从业人员培训管理系统。该信息平台的构建能够更好地体现对接过程中平台管理的构想，将高校和产业碎片化的断点信息通过网络汇集成能够凸显出产业特征的科学问题和技术难关，为更好地配置创新资源提供及时有效的决策支持信息。

图6-4更为详细地展示了高校科技创新支撑产业突破关键核心技术的信息平台的结构和功能。按照自左向右的顺序，信息来源系统包含高校科技信息成果录入系统、产业技术创新战略联盟需求录入系统和企业技术需求录入系统。三个系统可以收集不同类别和不同领域内的对接信息，根据科技宝的传输和数据源集成管理，进入数据仓库，为专家规则库提供数据支持。信息平台的在线专家将运用数据挖掘和多维分析，提供产业需求与科技信息匹配度的评价，并为对接工作提供一对一的专家在线支持和多对多或多对一的群体决策支持。对接效果和专家评价共同形成高校和产业的需求智能诊断,进而形成格式化的专家规则库和可以自定义的专家规则库，为后续对接提供更好的服务支持。支撑上述平台功能的保障包含两个方面，分别为对接过程中的利益分配机制和人才队伍建设。

图6-5是高校科技创新支撑产业突破关键核心技术信息平台的应用业务流程，同样按照由左至右的顺序，信息平台将采集的数据信息进行统一管理，包含企业各类需求数据、网络设备采集数据、各类应用成果数据和高校各类基础研究数据。这些数据共同形成科技宝的实时数据库和整理后的数据仓库。这些数据不仅是信息平台撮合匹配的基础，同时也为参与对接的高校和产业提供数据服务。数据流进入内部系统后，将外部数据和在

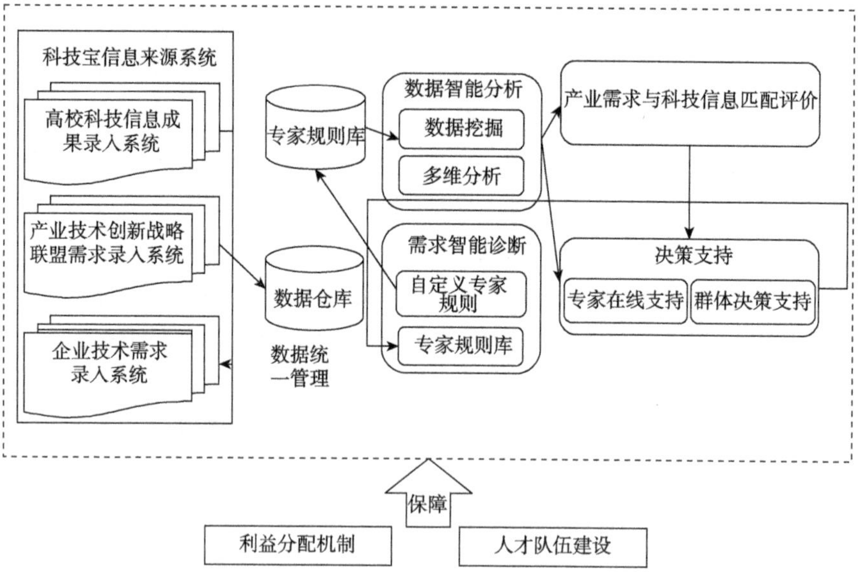

图 6-4 信息平台结构说明

线专家的经验知识相整合实现分析撮配功能，并以数据、曲线、文档和结构化数据体呈现数据分析成果，为最终的对接决策系统提供分析和诊断支持。信息平台业务的数据服务至少包含七个方面，分别为数据源集成管理、数据挖掘分析系统、多维分析撮配系统、设备可靠性管理、信息安全报警防范系统、决策评价系统和信息综合发布系统。

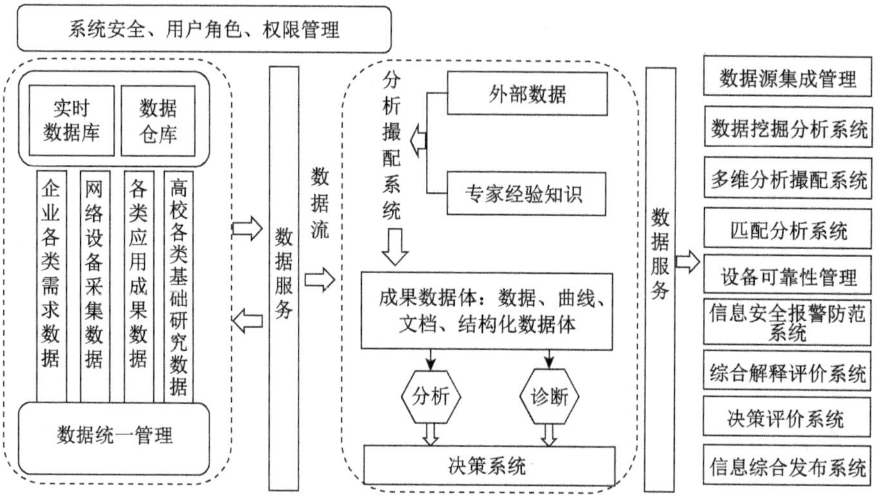

图 6-5 信息平台的应用业务流程介绍

尤其需要强调的是为了保护整体的系统安全，需要根据高校和产业组织不同用户的角色建立不同级别的权限管理。例如，构建信息平台的国家主管部门拥有最高的管理权限，可以处理信息平台系统内任何环节的信息问题，高校创新组织拥有一定级别的信息浏览和决策权限，以了解产业相关企业的技术需求，并根据专家的撮配分析做出是否参与对接的决策。产业创新组织和企业等拥有一定级别的实时信息浏览和录入功能，可以获知某一产业内最新的科学研究成果和技术突破现状，并可以将自身的技术需求快速及时地录入信息平台系统。为保障国家安全，凡是有关国家重点领域内的核心技术只在科技宝中体现基本信息，具体对接过程可由高校创新组织和产业创新组织在线下完成合作。

6.3　高校科技创新与产业关键核心技术突破的对接平台与路径

6.3.1　高校科技创新支撑产业突破关键核心技术的网络平台

高校科技创新支撑产业突破关键核心技术的依据：在组织角度，高校创新体系与产业创新战略的对接形成网络化结构，组织网络化特征及其治理是实现对接管理的保障；在技术角度，互联网的应用为高校科技创新支撑产业突破关键核心技术提供了实现平台。

1. 高校协同体网络治理与产业突破关键核心技术的关系

网络组织是随着知识经济、网络社会的兴起而不断兴盛的一种新的组织形式，是一种有别于传统层级组织（企业）和市场的新的组织形态。网络组织虽是近年来研究的热点，但目前这一概念并没有形成统一的权威性定义。网络组织通过组织之间利用资源的差异性，依靠分工与协作实现资源互补，经过长期协同，逐渐形成了趋向稳定的组织，这种组织主要有以下特征。

网络组织成员的合作性，即网络组织的各个企业在整个网络中形成一个价值链，在这个价值链中，每个企业都要有所贡献，这是企业间相互选择的前提。网络最终目标的实现只有在这些企业的合作下才能做到，所以网络中的各企业只有相互合作或互相协作，才能使网络的整体效益大于各独立组成部分总和的效应，才能真正实现网络组织的增效性和协同效应。

网络组织结构的复杂性，即网络组织成员协同过程中会出现过程、路径及结果的不确定性，且网络组织所具有的静态和动态的复杂结构，以及边界的模糊性和动态变化性均是网络组织复杂性的体现。

网络组织成员的广泛分布性，即网络组织以资源互补为基础对组织成员进行选择和协作,与企业自组织不同的是其边界具有可渗透性和模糊性。网络组织以网络技术、信息技术和计算机技术为依托，对网络组织成员的技术、专用性资产、渠道进行协作，使得网络组织运作可以超越组织成员边界、时间和空间的界限。

网络组织成员的目标趋同性，即共同的目标是任何组织赖以存在的基石和开展活动的动力，网络组织也不例外。趋同的目标是网络组织运作的向导，在共同的集体目标引导下，安排实现战略所必需的资源，协调各合作伙伴的协同行为。

网络组织成员具有自开放性，即网络组织在其运作过程中，往往处在十分复杂的动态的环境变化中，企业经营者必须不断地根据环境的变化做出适应性调整，所以网络组织应该具有开放性，能通过自我学习、自我管理和自我适应建立起一种适应动态变化的学习能力。

创新网络组织是指主导知识创造的高校主体在创新生态链的构建中，通过信息流、知识流和产业网络，促进纵向各环节相关主体的合作和横向各相关要素的结合，促进相互学习交流和相互配套共赢，从而使各个单体优势和各个要素集成形成整体创新优势的过程。创新生态链的各要素之间、各利益相关实体之间、各相关机构之间，以及它们与环境之间不断产生相互作用，共同形成一个功能齐全、合理有序的创新生态系统。网络组织促进形成链接人与人、人与社会的社会生态，技术与其他技术的技术生态，技术与非技术要素、产业与相关产业的产业生态，各创新主体、创新要素之间的创新生态系统。创新驱动的能力首先取决于本地创新资源的多少和质量，或者本地已经或能够吸纳多少高质量的创新资源，还取决于这些创新主体的合作程度，这些资源之间的链接、配置、互动程度，如技术生态、产品生态、产业生态的形成，产学研合作平台、市场服务平台的建立，等等。

高校创新体系与产业创新战略的对接网络是主体和主体之间关系构成的非对等且互惠性的网络集合，会因为知识互补、目标一致和主体合作方式的差异在路径延伸、协同节点和主体关系等层面形成不同的空间结构。

从网络结构的角度分析协同创新体的作用机制，更符合协同创新网络自增益循环的生态特征，以差异化格局的自组织协同机制为前提，分析不同组织结构中创新激励的扩散路径。

企业2.0理论框架强调通过更多主体参与，以推进研发技术与应用的“人性化”。通过不同种类的“社区”和“标签”清晰化系统内部的知识分类，技术加工与成果转化由参与者共同完成，从而充分挖掘知识的隐藏属性与价值，实现更深层次的知识共享。同时，系统内寻找知识的过程也由于预先审查标签和快速主题专家变得更简单。通过项目最佳研发团队人力资本配比，结合任务即时性访问和知识相关性整合，提高研发效率，实现整个组织的创意交换、平等协作和创新激励。基于该理论框架，结合世界著名协同创新体案例，对实践特征进行提取，目前协同创新的代表性作用结构主要有环形结构、星形结构和树形结构三种（表6-1）。

表 6-1　协同创新体组织结构的类型与特点

组织结构图	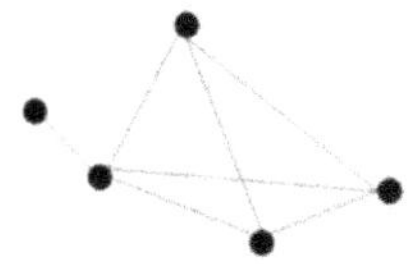	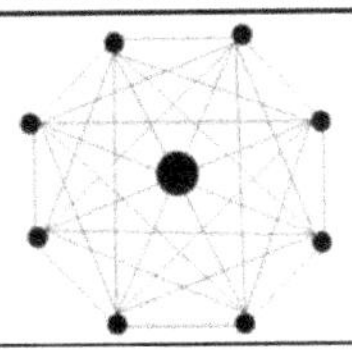	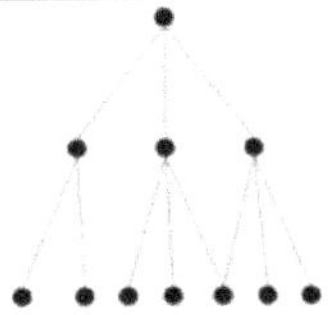
主体关系	主体地位平等	主体地位平等	存在核心主体与从属关系
结构特点	无盟主独立系统结构	无盟主联盟式结构	纵向发散式结构
结构类型	环形结构	星形结构	树形结构
作用优势	属于同质性主体协同，目标导向明确，作用形式灵活	具有多领域、多功能异质性补充功能，合作路径多元	核心主体从属关系明确，系统纵向协调活度较大

环形结构的主要特征是协同创新体由基本职能并行的多个子部门构成，各个子部门在协同创新体中仅具有承担不同领域研究任务的差异性，在协同创新体中的权重基本相同，呈环形网络状分布。该组织结构中的各个子部门，因为研究任务的需要可自由组合，能够较为容易地建立跨领域协同互动的合作机制。同时，由于子部门之间相对并行的作用特点，对于协同路径间的干涉较少，对于协同创新体作用边界的扩充也易于实现。因此具有组织灵活、协同互动多元、网络路径发散等优势，在作用路径上表现为网状特点。

星形结构的主要特征是协同创新体由核心职能部门与从属关系的多个子部门构成。整个协同创新体的宏观结构是以核心部门为中心，向子部门发散式建立协同创新路径形成的组织模式。核心部门在协同创新体中往往行使中央管控或战略发展方向把握等职能，各子部门从不同领域对科研技术等进行深入研究，子部门之间的协同互动由核心中央部门统一协调组织。这一结构特征具有管理统一性强，协同互动路径多元化明显，各子部门相对独立但又通过核心部门进行协同互动等方面的作用优势，在作用路径上表现为多元共线性特点。

树形结构的主要特征是协同创新体通过职能划分分为次级与亚次级作用路径，主体部门会因为子部门在协同创新过程中的驱动作用，呈现出分支发散状。分支部门和主干部门的职能实现是以主体部门为中介平台实现协同互动的。该组织结构特点是具有较好的稳固性，且较为符合层级管理的一般逻辑思维。从宏观结构上看，树状结构的协同组织管理结构也具有职能划分清晰，上下层协同互动程度较充分等优势，在作用路径上表现为线性特点。

结合企业2.0的理论框架，协同创新体各参与体间存在着相互影响而又相互合作的关系，借助外部指令或自发激励能够对各个子系统进行协调，实现各个子系统之间的协作，进而形成协同驱动效应。通过制度体系，能够在集成区域子系统作用特点的基础上，利用一体化发展目标挖掘科学研究与技术转化的共性需求，形成制度系统的有序化、规则化和集成化。由此，协同创新制度体系的建立可以定义为结合协同创新体子系统作用机制和特点，通过目标一致性、激励多元性、资源共享性、优势集成性的指令体系，形成外发或自发意愿实现相互协作、制度标准推进，进而整体有机配合的动态过程。在协同的基础上进行制度创新，可以使区域内各种资源通过复杂的非线性的相互作用，产生单个利益主体或单个系统所无法达到的驱动效应。制度体系的作用特征在世界著名的协同创新中心体作用发挥过程中体现得尤为明显。

2. 高校科技创新支撑产业核心技术突破的互联网平台

众多学者认为互联网是人类另一项可以与蒸汽机相提并论的伟大发明。“这是怎样的一张网呢？每一个交汇点都是平等的，每一个交汇点到达另一个交汇点，有着一张网为所有的连接提供了无限途径。于是，每一个点都是重要的，而每一个点都是不重要的；这是怎样的一张网呢？伴随节点的增多，网络的扩张，每一个新加入的都会让已有的节点和网络的能量得到相应的扩张，所有的你都让我变得更强，所有的我都让你变得更加有效；这是怎样的一张网呢？在人类信息交流的世界里，处于特权地位的中心被解构了，每一个普通的个人与每一个恢宏的机构划时代地拥有了平等的地位”。中央电视台2套经济频道推出的《互联网时代》纪录片以诗一样的语言诠释了互联网的特征：开放性、协同性和共享性。互联网在技术方面为高校创新体系对接产业创新战略提供了以下可行性依据。

互联网的开放性使得高校创新体系和产业创新战略能够在更广泛的范围内开展对接工作。高校创新体系包含众多创新机构和主体，分布在全国的各个地区，各自具有不同的专业领域和技术背景。宏观层面的产业创新战略更是囊括了多个领域和行业，落实创新战略的机构不仅包含各种研究机构，而且包含数量极为庞大的企业研究主体。高校创新体系对接产业创新战略的第一步是搭建沟通渠道。互联网所具有的开放性特征在理论层面为不同的高校与产业创新主体之间实现直接沟通提供了基础保障。

互联网的协同性使得高校创新体系与产业创新机构能够实现全方位系统性的即时有效交流和协作，为双方明确对方需求和目标提供了技术基础。高校创新体系与产业创新战略的对接需要高校与产业在创新方面的密切协作，如共同实现对某项关键技术的研发，共同促成某项科学技术发展为成熟的市场产品，以及共同规划某一产业未来发展的创新性目标等。互联网的协作性能使高校与产业跨越时间和空间的限制，在创新工作的每一个具体环节开展深度协作。

互联网的共享性使得高校创新体系与产业创新机构能够共享影响对接效率与效果的关键资源和核心平台，搭建两者无缝对接的桥梁。高校创新体系与产业创新战略的对接必定会产生一系列双方共享的创新资源和协作平台。这些资源和平台不仅是影响对接效率和效果的基础，更是进一步推进对接系统化和全面性的开端。互联网云端技术的不断发展与成熟，使关键创新资源可以通过云存储实现无障碍共享，使核心协作平台可以通过云桌面实现不受时空限制的操作。总之，以强化共享为特征的互联网技术将为高校创新体系与产业创新战略的无缝对接创造良好的技术基础。

6.3.2 高校科技创新与产业关键核心技术突破的对接路径

本书调查主要面向高校科技管理部门和高校科研人员，相关实验室负责人，从事科研辅助性质工作的研究生等。调研主要采用问卷调查的形式开展，调查范围来自具有学科优势和技术市场转化能力的高校与科研院所。样本点覆盖隶属于省级、教育部、研究所三个系统，具有一定的代表性。

实体融合是高校创新体系与产业创新战略较为活跃的方式。调查显示，实体融合的主要载体为协同创新中心、大学科技园、高校科技创新团队。但实体对接过程中，大学科技园和高校创新团队资源分散、组织封闭的问题较为突出。93%的高校认为，当前实体对接方式中协同创新中心是较好的载体。

平台融合方式的潜能还未被激活，大部分平台主要以信息发布和项目申报功能为主。调查显示，当前60%的高校对科技部信息发布平台、教育部科技司信息发布平台、国家自然科学基金委信息发布平台、国家社会科学信息发布平台、教育部人文社科信息发布平台、中国博士后信息发布平台、国家留学基金委信息发布平台，以及省科技厅信息发布平台有所了解并经常使用，除此之外的平台使用较少，甚至不知。高校一致认为，在平台对接方式上，应该打通当前的各类信息发布和项目申报平台，应建立一个统一的且功能更全面的“公共信息服务平台”来提供服务。

市场融合方式主要包括科技中介服务机构、知识服务业，其中知识服务业是一种基于科技中介服务机构发展起来的新业态。87%的高校认为，在知识产权归属、专利交易等科技政策更为灵活的情况下，知识服务业的作用将更加突显。

综合三种对接方式调研，发现高校创新体系与产业创新战略融合的载体/平台的必要程度是：协同创新中心为93%，公共信息服务平台为100%，知识服务业为87%。根据调查，高校与产业融合发展的三个核心层面功能主要有以下方面（图6-6）。

公共信息服务平台功能：通过构建多元化主体互动合作的公共信息智能化服务平台，形成多元多层级分布式信息无缝交互平台，实现信息与服务路径对接的有效协同；同时利用大数据、云计算等理论指导与信息技术，在高校专业优势集成与产业资源整合的供需信息撮合系统，形成有效资源和优势聚集的功能实现主体；同时结合信用数字认证技术，有效保障信息服务平台的安全性与操作性。

协同创新中心功能：是实现高校资源整合与产业生产对接的关键组成部分，通过各个部分的职能匹配构建有效的对接路径与网络，主要表现在通过研究共性科学问题为产业发展提供充分的理论依据和技术导向，通过攻克关键技术难题促进产业技术升级和实际应用技术的深度优化，通过解决工程实现问题强化高校资源和成果的转化能力与应用能力，利用产业市场需求激励与人才培养对接应用技术的有效推广和人力资源储备。

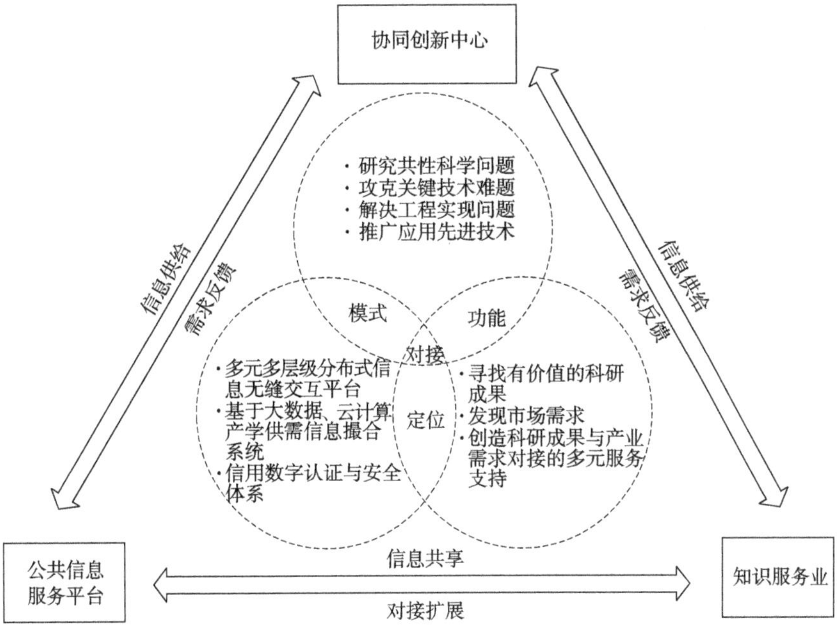

图 6-6 对接路径主要职能内容

知识服务业功能：以知识为单元的服务储备体系能够建立有效价值科研成果与产业技术需求的搜索热点，并在双向对接路径形成和实现的过程中发现市场需求层次（优化已有需求结构，挖掘潜在需求激励，导向技术需求发展，强化市场吸收能力），从而在创造科研成果与产业需求对接的多元服务支持下形成支持网络。

第 7 章　高校科技创新支撑产业突破关键核心技术的案例分析与组织模式

产业融合是基于多元动态组合结构，技术开发和市场占有过程体现了R&D合作和产业内企业间的分工协作、优势互补。针对高校创新体系的研究，国外多从国家创新系统或区域创新系统层面探讨高校在其中的实践作用。

7.1　高校科技创新支撑产业突破关键核心技术典型案例分析

7.1.1　国际案例

1. 斯坦福大学的 PageRank 算法

PageRank，网页排名，又称佩奇排名，是一种根据网页之间相互的超链接计算的技术，而作为网页排名的要素之一，以谷歌（Google）公司创办人Larry Page之姓来命名。谷歌用它来体现网页的相关性和重要性，在搜索引擎优化操作中它是经常被用来评估网页优化的成效因素之一。谷歌的创始人Larry Page和Sergey Brin于1996年在斯坦福大学读研究生时发明了这项技术，因此该技术专利最开始属于斯坦福所有。

Larry Page和Sergey Brin起初四处寻找买家，希望将这项技术卖给当时的互联网巨头，如Yahoo!、Excite、Infoseek，然而这些公司当时对搜索并没有很大的兴趣，并没有买下这两位大学生的技术。当时两个人很失望，因此于1997年注册了Google商标准备商业化这项搜索技术，1998年8月Andy Bechtolsheim（Sun Microsystems的联合创始人之一）向Larry Page和Sergey Brin投资10万美元作为公司的启动资金，1998年9月Google公司成立。当时两位大学生并没有多少现金，因此只好拿出大约9%的谷歌股份作为斯坦福转让该专利给Google的股权收益。随后在1998年结束之前又收到了三位主要天使投资人的注资：亚马逊创始人Jeff Bezos、斯坦福大学计算机科学系教授David Cheriton和企业家Ram Shriram。

1999年初，Larry Page和Sergey Brin去见了当时的互联网巨头Excite的CEO George Bell，提出以100万美元将Google出售给Excite，George Bell拒绝了；随后Larry Page和Sergey Brin把价格降低到75万美元，依然被George Bell拒绝了。几个月后，1999年6月Google获得一笔2 500万美元的注资，来自风险投资公司Kleiner Perkins Caufield & Byers和Sequoia Capital。2004年谷歌在纳斯达克上市，斯坦福大学卖出股票获得3.365亿美元，如果斯坦福大学一直持有这些股票，其目前的价值将超过720亿美元。

分析PageRank的案例可以看出，高校的前瞻性基础研究可以产生前沿技术，进而创造出一个新的产业（搜索引擎），并产生了世界上最大的搜索公司Google。崇尚创新的金融环境与发达的风险投资市场是高校科技创新支撑产业突破关键核心技术的必备条件。

2. 哈佛大学的转基因“哈佛鼠”

“哈佛鼠（Harvard mouse）”是20世纪80年代由哈佛大学里德（Philip Leder）教授和斯图尔特（Timothy Stewart）教授所带研究团队研发出来的一种特别的小鼠，这种小鼠经过基因改造，天生就高度易感乳腺癌，因此很适合作为动物实验的研究工具，可协助研究人员了解药物对于肿瘤细胞的作用机制，对于肿瘤治疗的研究具有重要意义。

哈佛大学研发出“哈佛鼠”后，随即在主要国家提出了相关的专利申请。全球实验室每年进行试验需要老鼠2 500万只，而非常适合用于癌症研究的“哈佛鼠”，将给哈佛大学带来巨大的财富。1988年4月12日，哈佛大学俗称“哈佛鼠”的基因工程小鼠获得了美国的专利，成了世界上首个哺乳动物专利。1992年5月，它又取得了欧洲专利。

时至今日，“哈佛鼠”已经广泛用于食品、化妆品、药品、生物制品、工业产品和医学及生命科学等的安全性、毒性和效力等方面的实验和检验，这代表了哈佛大学前瞻性基础研究为世界生物、医药等产业做出了巨大贡献。该案例说明在生物医学领域，高校科技成果转化的路径相对较短。

3. 东京大学的二氧化钛光触媒技术

Akira Fujishima与其导师Kenichi Honda于1972年发现二氧化钛在阳光下可以将水分解为氢气和氧气（Honda-Fujishima效应），因此在20世纪80年代石油危机中Fujishima研究用二氧化钛制氢，但是后来发现二氧化钛只有在紫外线照射下才能有强氧化性，因此用二氧化碳作为催化器制氢效率很低。

1989年出现了转折点，东京大学Kazuhito Hashimoto博士在洗手间看到发黄的洗手池，然后想到二氧化钛作为平面涂层具有除菌能力，然后Hashimoto与TOTO公司进行合作研究以寻求二氧化碳在洁具行业的商业化，后来不仅开发出了具有自净能力的瓷砖（主要用于室外），而且在与TOTO公司合作研究的过程中Hashimoto发现二氧化钛还具有超亲水性，进而开发出防雾后视镜。

由于室内没有紫外线，二氧化钛在室内的光催化作用较弱。为了拓展二氧化钛在室内的应用，Hashimoto教授于2007年由日本NEDO（New Energy and Industrial Technology Development Organization，新能源产业技术综合开发机构）资助研究如何使二氧化钛在可见光照射下具有强氧化性，发现铁离子或者铜离子和二氧化钛共同作为催化剂时，可以在可见光照射情况下实现强氧化性，该结果发现后在一年内完成了应用开发，在三年内完成了产品的开发。

基于光触媒技术，1998年TOTO公司推出了海洁特专利的光触媒技术，该材料具有自洁和清除空气中污染物的功能，它易于清洁，可以消除臭味和防止细菌滋生，促进TOTO的高速发展。在20世纪90年代日本经济衰退时，光触媒技术不仅促进了TOTO的发展，而且培育了日本整个光触媒产业，全世界超过50%的光触媒专利都由日本人所拥有。日本学者Kishi于2003年出版了《当光触媒拯救日本时》，可见光触媒技术对日本经济发展的重要作用。从该案例可以看出，在新材料领域，高校科技成果转化只有坚持市场导向，持续迭代创新，才能提升转化成功率。

4. 帝国理工学院科技成果转化案例

帝国理工学院创新创业生态的建立主要发生在20世纪80年代末90年代初这一时期，而最具里程碑式的转折点发生在21世纪初，校长理查德·塞克斯在其任期2001~2008年推行了一系列大刀阔斧的改革，包括在商学院内部成立专门的创新创业组（系），人事制度改革，尤其是对学校的组织架构和运营进行了全方位的调整，向创业型大学转型，转型始终以研究为重中之重，即对创新创业的研究大力投入。

1）技术转移机构

帝国理工学院的创新创业生态系统之所以能够行之有效，在于其独特的制度安排，从制度基础上避免了两套逻辑体系和动力机制的潜在冲突。帝国创新（Imperial Innovations）成立于1986 年，这也是英国高校之中最早的技术转移办公室之一。

帝国创新是帝国理工创新创业生态系统中最重要的组成部分，然而却是独立于大学的实体。帝国创新为帝国理工学院的技术转化而专门成立，成立初期是学校内部的一个部门，之后独立出来，其属性改变为独立于大学的第三方服务机构。2006年帝国创新在伦敦证券交易所的另类投资市场上市，从股票市场募集了三亿英镑资金投入创新技术商业化的运作。

帝国创新主要承担两方面的职能：一是技术转移，二是风险投资。这与传统的高校与科研机构的技术转移中心有很大区别。一般意义上的技术转移办公室的主要目标是保护所在机构的知识产权和专利，并评估定价，实现技术成果的市场交易。帝国创新作为一个全方位的创新服务公司，不仅提供专利商业化的服务，同时承担新企业孵化及风险投资的职能。后者面向帝国理工之外更广泛的高校和科研机构群体。同时承担“投资方”和“技术转移办公室”双重角色，使帝国创新区别于传统高校中常见的技术转移办公室，使得它能够开展从项目发现、评估，到投资、孵化的一条龙服务。

帝国创新技术转移办公室的服务对象仅面向帝国理工学院内部的教师和学生。技术转移服务的定位是作为发明人的商业合作伙伴，帮助技术的拥有者评估项目的商业潜力，并提供相关支持。技术转移办公室通过将目标和流程制度化来保证高效。例如，曾经制定了一个30天目标，即在30天之内必须做出是否将一个科研成果进行商业转化的决定，大大缩短了评估和决策的时间。对于决定转化的项目，大致有两种转化路径：一是技术转移许可，这方面没有一个固定的模式，每年帝国创新签发几十份技术转移许可证。二是成立新公司。对于后一类项目帝国创新提供种子资金支持、帮助组建团队，进行全方位的介入。

承担技术转移和风险投资双重职能的帝国创新作为一个从大学中分离出来的独立机构、上市公司，采取完全商业化的运作，这是非常大胆的制度安排。该校在风险投资方面的卓越成绩也归功于帝国创新作为一个经济独立的实体高度专业化的运营。

2）咨询服务机构

咨询顾问业务也是将高校创新成果市场化的一个重要渠道。帝国理工学院的另一与众不同的制度创新举措在于将通常分散的、以教员个人为主体进行的顾问咨询业务集中起来。“帝国咨询”是帝国理工学院的全资附属企业，成立于1990年，作为大学的全资附属机构来支持教师和研究人员的咨询活动，在帝国理工学院创新创业生态系统中的地位日益突出，成为联结科研人员与企业界的重要纽带。与国际上大多数国家一样，英国大学的科研人员拥有向校外实体提供顾问咨询的自主性，其咨询活动并不需要通过学校来进行。大多数高校中，通过学校的渠道进行的顾问咨询业务大致只占到教员外部咨询活动的一小部分。然而帝国理工学院在这方面采取了非常积极、主动的方式，以高度中心化的方式整合全校的咨询资源。“帝国咨询”自成立以来成为联系外部市场需求与教员顾问咨询服务供给的重要中介平台。通过“帝国咨询”提供的咨询服务占到了学校教员咨询服务总量的半数以上，而“帝国咨询”也创造了每年超过数千万英镑的效益，成为帝国理工学院一个非常重要的收入来源。

3）孵化器

创业孵化的功能主要由“帝国孵化器”（imperialincubator）承担。帝国孵化器成立于2006年，是帝国创新的分支机构，为创业团队在校园内提供了数十个实验室和办公场所。位于伦敦西区的帝国理工学院于2016年建成的新校区对于帝国理工学院创新创业教育系统的发展具有里程碑式的意义。新校区的建筑成本达到了一亿五千万英镑，旨在推动以前沿研究带动的创新，以及在此基础上的创新驱动型的创业。新校区将容纳多个交叉学科的研究中心及孵化场所。

4）风险投资机构

而较之创业孵化，帝国理工学院还采取了更市场化的资源配置，主要体现在其创投（风险投资）职能，向有潜力的创业项目直接进行股权投资。帝国理工学院在风险投资方面的成果在英国和欧洲都遥遥领先于同类高校。以2015年为例，帝国理工学院的投资估值超过三亿英镑，远超剑桥大学与牛津大学。

与相对简单的技术转移职能不同（只面向帝国理工学院内部的科研成果），帝国创新的风险投资服务面向更广泛的群体，主要包括英国其他高校在新技术和医疗健康领域的项目。从本质上讲帝国创新的风险投资业务与社会上一般性的风险投资机构并没有很大不同，主要的区别是其项目来源多为高校和科研院所，同时比一般的风险投资机构更着眼于长期回报。

5）“双创”教育

2003年帝国理工大学在其商学院中设立专门的创新创业组（系），将创新与创业领域作为商学院最重点的学科之一加以推进。这在当时是非常有前瞻性的举措，目前它在该领域的研究享誉世界，而帝国理工学院的创新创业系被认为是推动帝国理工学院创业教育的重要力量。类似的情况也存在于同样在创新创业领域走在国际前列的美国斯坦福大学和麻省理工学院。这两所学校也拥有国际领先的创新创业科研能力，其商学院汇集了国际一流的创新创业主流学者与教员，其主导的创新创业研究对这个领域的教学与实践起到了不可替代的引领作用。根植于创新创业研究的教育使得帝国理工学院培养的人才对创新创业活动的本质和规律能够有深刻的把握。

帝国理工学院在创业课程设置方面本着“少而精”的原则，并没有冗长的课程名单，而是通过各院系协同及与其他高校的合作，达到教学资源的有效运用。除了规范化的课程设置，帝国理工学院还设立了一系列以实践为导向的教育项目。例如，“帝国创造实验室”是帝国理工学院创新创业教育系统中一个非常有创造性的举措，作为一个开放型的教育中心，采用多种形式的创业教育和指导项目。通过完备的课程体系和以实践为导向的教育项目，帝国理工学院成功地培养了一批创业人才，提升了学生的创业意识和创业技能，令相当一部分学生将创业规划为未来职业发展的一种。

7.1.2　国内案例

1. 西安交通大学煤炭超临界水气化制氢发电多联产技术

传统燃煤、煤气化锅炉及其发电技术均采用“一把火烧煤”的形式，总能效和煤电转化率低、污染严重、耗水量大，脱硫、脱氮、消除粉尘及二氧化碳代价高昂。

西安交通大学动力工程多相流国家重点实验室郭烈锦教授带领的团队在国家杰出青年科学基金、国家自然科学基金重大项目和创新群体项目，国家“973”计划、“863”计划等系列项目的持续支持下，历经20年科技攻关，研发出“煤炭超临界水气化制氢发电多联产”系列技术，俗称“超临界水蒸煤”，成功使煤炭化学能直接高效转化为氢能，从源头上根除了硫化物、氮化物等气体污染物及PM2.5等粉尘颗粒物的生成和排放，实现了煤炭能源的高效、洁净、无污染转化和利用。

该技术具有运行费用低、投资回报率高等优势，具有完全自主知识产权，是一项变革性技术，也是能够根除煤炭利用所生成的雾霾形成源的有效技术。该技术目前已经全面完成原理性创新、实验室规律性试验研究和部分中试实验。项目相关研究成果曾获国家自然科学二等奖、陕西省科学技术奖一等奖等系列科技奖励，国际超临界流体杂志将该技术作为最具价值和前景的原创性技术专文向全球推介。中国工程热物理学会组织相关领域专家对该项目进行了工程示范方案可行性论证，一致认为：该技术的工程示范方案总体上具有高能效、清洁、低污染、低耗水、节能减排等特点，技术是可行的，经济性是合理的。

为深化产学研合作，推动科技成果转移转化，中核全联投资基金管理（北京）有限公司、香港日富投资有限公司和西安北奇能源科技发展有限公司共同发起成立混合所有制的技术产业化投资公司——陕西中核交大超洁能源技术有限公司，推动该项技术产业化。西安交大将该技术成果知识产权及相关技术作价1.5亿元转让给产业化投资公司。

2. 山东理工大学无氟氯聚氨酯发泡剂（CFA8）技术

2002年，山东理工大学化学院教师毕玉遂了解到泡沫材料行业的发泡剂环保难题，另辟蹊径打算研发化学发泡剂。2008年，初步的实验想法形成，在这期间，出于保密的需求，也受申请相关经费流程的客观制约，研究靠工资和朋友的资助进行。2008年毕玉遂的儿子中止留学，与父亲一起开始实验。为了保守秘密，合成发泡剂实验只有他们父子二人参与，在中试阶段也严格保密分段进行。

2010年第一个样品在实验室研制成功，经朋友介绍，某跨国公司表示感兴趣，希望能检测样品。2011年，样品依次通过华东理工大学和德国某跨国公司的检测。跨国公司表达了合作的意愿，但是此时产品没有得到专利保护，贸然合作可能会泄露核心技术，于是与外商的合作就此终止。2013年，实验室被盗，庆幸的是发泡剂技术没有泄露，毕玉遂给办公室装上防盗门，购置了保险柜，但是专利保护必须提上日程了。

2016年2月，此时新上任的校长王学真分管科技，他知道这个项目以后，以学校的名义立即向国务院有关领导写了报告。仅仅几天之后，国务院领导即做出了批示。毕玉遂的项目引起了国家的高度重视，国家发展改革委、科技部、环境保护部（现为生态环境部）、国家知识产权局等组织专家先后对项目进行了调研。2016年5月9日，国家知识产权局派出的专家工作组进驻学校，帮助山东理工大学进行专利的布局、撰写与申请工作。2016年12月，这一类新物质CFA8（chemical foaming agent 8）其中的四个发泡剂分子获得美国化学会确认并完成CAS(chemical abstracts service)号注册。2017年，由2件核心专利、3件PCT（patent cooperation treaty，专利合作协定）国际专利，42个外围专利组成的专利网布局完成。2016年10月，一位北京老板开始联系毕玉遂，商量转化的事情。接下来的谈判，学校以一位副校长带领，由财务处、法务处、资产处、科技处组成，力争谈出好价钱。

经过几轮交锋，2017年3月，毕教授团队研发的专利技术以20年独占许可（美国和加拿大除外）授予了补天新材料技术有限公司，总价5亿元，创造了迄今为止全国高校专利授权的最高纪录。

2018年8月，补天公司年产10万吨聚氨酯化学发泡剂项目开工奠基，毕玉遂作为发明人参加了奠基典礼，挥锹铲土，见证了一项实验室成果的成功落地。该项目已于2020年底建成投产。

3. 清华大学激光雷达技术

探维科技于2017年8月组建，2018年1月成立公司。创始团队主要由来自清华大学精仪系的博士和硕士研究生组成，它拥有多年激光测量领域的技术研发经验，早在2008年即开始了激光雷达方向的研发，是国内顶级的激光雷达团队之一。从2016年开始，随着人工智能和自动驾驶概念的兴起，激光雷达作为自动驾驶车辆必备的核心传感器，吸引了广泛的社会关注，成为传统汽车行业和新兴智能制造领域的热门话题。探维科技凭借十多年积累的科研成果和技术开发经验，对车载激光雷达应用场景进行了深度研究，提出了新一代的固态扫描激光雷达技术方案。目前已完成亿元估值的天使轮融资，即将推出硬件级图像融合固态激光雷达产品。解决目前车载激光雷达结构复杂、价格昂贵、难以量产、不符车规等多个痛点和难题。

从2017年8月至今探维已经发展成近20人的团队，是国内最早拥有固态技术和图像融合技术的初创公司。创始人团队参与了2008年国家自然科学基金“星载测绘激光雷达项目”的设计与开发，2013年完成制作了第一代固态激光雷达原理样机，并实现了点云和图像硬件级融合的激光雷达系统设计方案，在激光雷达领域有超过十年的技术积淀，2017年，车载激光雷达项目启动。2018年，公司推出了国内首款车载固态激光雷达样品，公司凭借独立知识产权的系统方案，显著降低了激光雷达系统的装调难度，同时不依赖昂贵的进口处理芯片，较好地解决了目前激光雷达产品成本高、稳定性差、装配复杂等问题，给未来车载激光雷达的国产化和批量生产提供了可能性。

2018年3月探维科技获得华控基石基金的认可，完成天使轮融资。探维科技此轮顺利融资，标志着得到了科技部引导基金、“科技成果转化国家队”的认可，也承载了中国高端精密仪器设备行业崛起的希望。2018年4月，探维科技获得第三届清华三创大赛总决赛天使组一等奖。这更加坚定了探维科技走独立自主研发的信念——从最复杂的光机电整体系统做起：包括光学系统架构、光学镜片设计、接收系统结构框架、回波信号处理系统、激光点云数据处理和算法等，全部自主研发，做一家真正能担负起民族激光雷达传感器领域大旗的高科技企业。

4. 西安交通大学风电设备监测故障诊断相关技术

西安交通大学陈雪峰团队研发的大型设备的状态监测与故障诊断技术目前已广泛应用于石油、化工、发电、冶金等行业。据统计，运用该技术后，事故率可以减少75%，维修费用降低25%~50%，状态监测与故障诊断技术的投资获利比高达1：17。鉴于该技术带来的诸多益处，国外大多数关键设备均采用强制监测的办法，改变了传统的设备维修方式，使设备管理进入了以状态监测为基础的预知维修的时代。随着“风力发电机组振动状态监测导则”的出台，风机状态监测与故障诊断系统的市场需求将会剧增。但针对风力发电这一新型装备制造业，目前尚缺乏有效的在线振动监测诊断系统。

该系统的采集处理模块内置单片机，自动实现测速、跟踪滤波、放大及信号转化等工作；采用多CPU技术，确保对振动数据的准确采集；多通道同步采集技术，确保各通道数据的一致性；固态存储系统，确保数据安全存储。软件系统界面友好，包含研究积累建立的振动报警标准、传统的时频域分析、包络解调分析、先进的小波信号处理模块、远程诊断中心等功能，开发专门适用于风电机组监测的新方法。

该系统基于先进的状态监测和故障诊断理论，充分考虑风力发电机组传动链中各部件的结构、变速运行工况及高低温等恶劣使用环境，采用稳定可靠的数据采集系统和先进的故障诊断技术，对故障发生的具体部位准确地判断定位，从而实现对风力发电机组传动链等运行状态的实时监测、故障预警和诊断，从而大大降低风力发电机组的维修成本。目前国内成熟的风电装备诊断系统不多见，本项目市场前景好。

5. 华南理工脑机接口技术

2017年，科大讯飞（002230）与华南理工大学方面开展合作，联合该校脑机接口与脑信息处理中心成立了“华南理工大学·科大讯飞脑机协同混合智能技术及应用联合实验室”。李远清是联合实验室合作方——华南理工大学脑机接口与脑信息处理中心的主任。该联合实验室主要“开展脑机接口与脑信息处理技术、脑机交互与语音交互融合、混合智能等技术研发工作，及成果的产业化”。

2019年2月25日晚间，科大讯飞的全资子公司讯飞云创与科大讯飞副总裁胡郁、华南理工大学教授李远清、广州华南理工大学资产经营有限公司共同投资设立了一家脑机接口公司。2019年5月9日公司成立，该合资公司名称为华南脑控(广东)智能科技有限公司，注册资本4 176.87万元。讯飞云创以货币400万元出资，出资比例为9.58%；胡郁以货币100万元出资，出资比例为2.39%；李远清以知识产权作价3 125.34万元出资，出资比例为74.82%；广州华南理工大学资产经营有限公司以知识产权作价551.53万元出资，出资比例为13.20%。李远清代持团队股份，后续计划成立一个持股平台，将代持的股份分下去，其学生将来会持有股份。

科大讯飞表示，新设立的合资公司将探索脑机协同在医疗、教育领域的创新应用和产业化落地，有利于完善产业布局，推动人工智能技术与脑机协同技术的融合；亦有利于继续深化与华南理工大学开展脑机接口与脑信息处理技术、脑机交互与语音交互融合、混合智能等核心技术的研发工作及相关成果的产业化。

6. 清华大学瞬时弹性成像技术

海斯凯尔成立于2010年，目前估值10亿元，有上市计划，目前的股权结构是三位创始人占大头，清华控股只占百分之几股份。公司目前走多元化发展路线，单一产品对企业发展而言风险较大。北京做研发，无锡做生产制造，主要是自己生产，也有供货商，自己采购后做组装。

海斯凯尔是国家高层次人才创业企业、江苏省创新创业人才企业、江苏省博士集聚计划企业、无锡530企业。公司创业团队由清华大学博士和具有多年医疗器械营销经验的高管组成，是一家专注于高端医学技术研发和推广的高新技术企业。

海斯凯尔在技术和研发领域进行持续投入，同清华大学、北京大学、中国计量科学研究院、首都医科大学等国内研究机构合作，并受到了江苏省科技支撑计划、国家“十二五”科技支撑计划、北京市自然科学基金重点项目等科技项目支持；持有医学无创诊断和健康管理领域多项国内外发明专利和软件著作权；公司在瞬时弹性成像技术及产业化技术领域达到了国际先进水平，有望为肝脏、乳腺、甲状腺、心血管等的病变无创诊断提供新的工具。目前，公司核心产品Fibro Touch已经获得中华人民共和国医疗器械注册证和欧盟CE认证，并服务于海内外的肝病患者。

由于企业的快速成长，以及在瞬时弹性成像技术和肝脏纤维化无创检测技术领域的突出贡献，海斯凯尔被评为“百强530”企业、无锡新区创新创业奖企业、“启迪之星”企业、中关村“金种子”企业、国家高新技术企业及“双软企业”。

2010年原型机研发成功，海斯凯尔成立，入选无锡530计划，“瞬时弹性肝纤维化诊断平台”荣获国家科技支撑计划支持。2011年“瞬时弹性肝纤维化诊断平台”又荣获江苏省科技支撑计划支持，海斯凯尔获得第三类医疗器械生产企业许可证。2010~2012年，海斯凯尔靠自有资金、无锡530计划的60万元，江苏省资金200万，刚刚够把工程样机变为产品，完成产品定型。2012年的A轮融资（3 000万元，占40%的股份）从根本上解决了资金流短缺的问题，实现了产品的批量生产。拿到融资之后，海斯凯尔聘请了专业的销售团队。

2012年，海斯凯尔找清华原来的实验室合作研究，主要形式是联合申请课题及横向项目委托。海斯凯尔和清华一起攻关，项目做得比较好，后来还获了北京市的奖。海斯凯尔和清华大学在联合申报课题前就约定好成果归谁所有，各自转接，各自所有。海斯凯尔先后申报了多个课题，主要形式是企业、大学、医院联合申报，把课题作为研发的支柱。

2016年它完成B轮融资，君联资本领投。目前海斯凯尔公司拥有专利300多项，内部有专门做IP的人，对专利布局有规划。公司设备产品定价180万元一台，每年营业收入刚过一亿元，出口印度、韩国和泰国。和国外相比，海斯凯尔产品性能参数比较好，用户体验比较好。

上述国内高校科技成果转化案例均表明，只有基于市场导向持续优化创新生态环境与制度支持，才能提升高校科技成果转移与转化效率。

7.2 高校科技创新支撑产业突破关键核心技术组织模式分析

7.2.1 国外高校科技创新基地平台组织模式分析

1. 国外高校科技创新基地与平台介绍

1）美国材料研究科学与工程中心

美国材料研究科学与工程中心（materials research science and engineering center，MRSEC）是由国家科学基金组织，协同分布在全美的材料学术研究机构形成的创新网络中心。该中心主要承担跨学科领域，多学科交叉融合的材料研究工作，同时通过培养高素质科研人员以解决科学工程类问题。MRSEC以结合高品质、学科广度、领域融合和前沿灵活性把握成为美国集成性科研基础网络的重要组成部分。MRSEC的作用主体首先划分为若干个跨学科小组，来自不同学科背景与研究领域的参与方通过互补性协同机制推进科研主题的持续性研究，不同小组基于研究目标导向与人才培养需求进行灵活组合与资源共享，以保证整体网络的集成活度。该中心董事设立有国家联络中心以构建该协同创新网络的联络机制，作为中心网络与研究机构的合作链接，如图7-1所示。

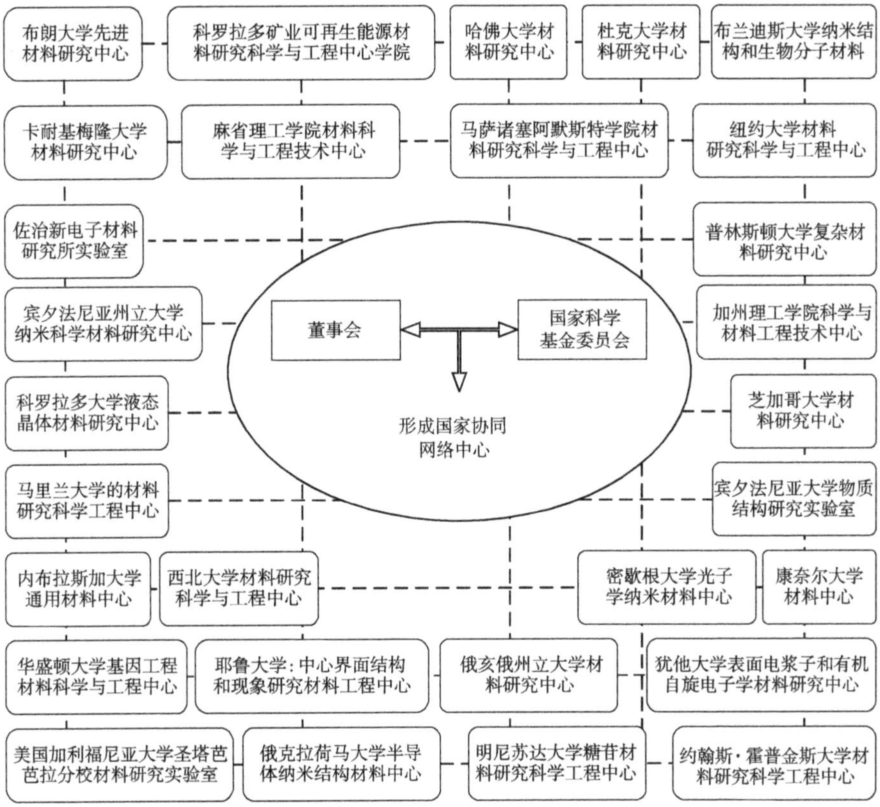

图 7-1　“美国 MRSEC”协同创新组织结构——星形网络

MRSEC通过制度体系构建作用机制的良性反馈路径。该中心的创新研究，以下一代材料生产为设计原则，通过项目调查从均衡角度形成新兴材料的需求激励，进而构建创新模式深入材料制造和加工，并利用组织结构优势和动态性特点形成良性反馈。

2）瑞士区域创新协同组织中心

瑞士区域创新协同组织中心（ETH Domain）自20世纪90年代开始，由瑞士苏黎世联邦理工学院和保罗谢尔研究所成立Eco-invent中心组成，到2006年，ETH Domain联合体成立了四个竞争力研究中心（National Centers of Competence in Research，NCCRs），展开大规模的区域协同合作。目前该中心共拥有约19 400名员工，超过27 000名本科生和研究生，约760名教授。由两所联邦大学（瑞士苏黎世联邦理工学院与瑞士洛桑联邦理工学院）和四个联邦研究所[保罗谢尔研究所（Paul Scherrer Institute，PSI），瑞士联邦森林、雪和景观研究所（Swiss Federal Institute for Forest Snow and Landscape Research，WSL），瑞士联邦材料科学和技术研究所（Swiss Federal Institute for Materials Testing and Research，EMPA），瑞士联邦水科学和技术研究所（Swiss Federal Institute of Aquatic Science and Technology，EAWAG）]共同组成。并以此为基础联合能源与交通（Competence Center Energy and Mobility，CCEM）、环境与可持续发展（Competence Center Environment and Sustainability，CCES）、材料科学与技术（Competence Center for Materials Science and Technology，CCMS）、医学成像（National Competence Center for Biomedical Imaging，NCCBI）四个研究中心进行研究工作的推进，从而形成了具有全空间分布优势的复杂创新协同网络（图7-2）。

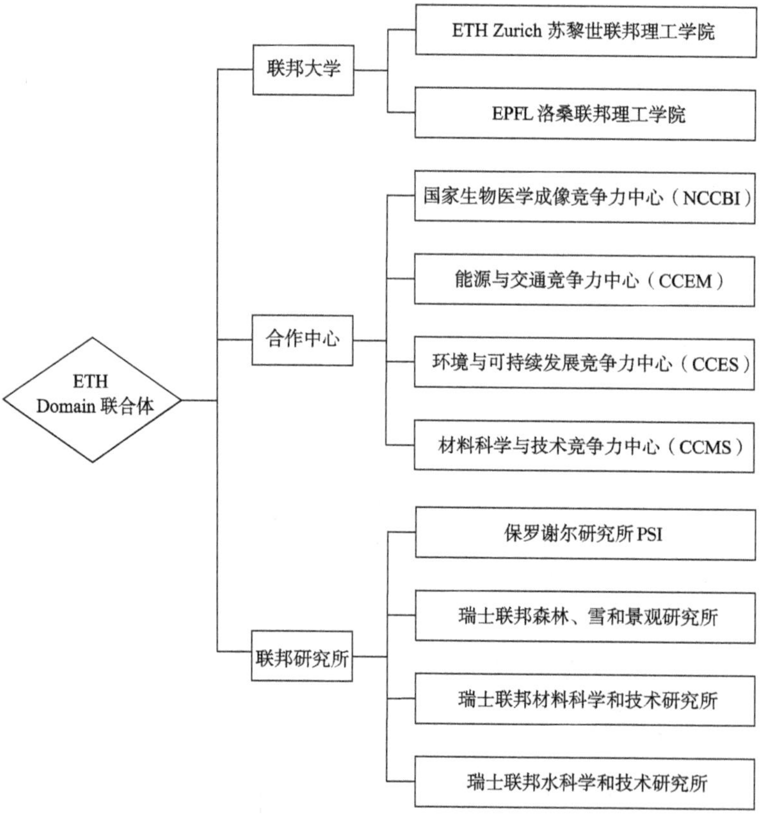

图 7-2 “瑞士 ETH Domain 中心”协同创新组织结构——树状网络

瑞士的区域创新协同组织（ETH Domain）通过制度体系构建优秀人才的共同培养机制。该联合体董事会宗旨强调联合培养科技领域未来领军人才、共同挖掘人才潜力并搭建人才合作平台。

3）日本“世界顶级研究基地形成促进计划”

日本“世界顶级研究基地形成促进计划”是由日本政府在其第三期的科学技术基本计划中所提出的，全称为“世界顶级研究基地形成促进计划”（World Premier International Research Center Initiative，WPI），并于2007年开始实施。该计划的主要目标在于通过重点、集中的支持，促进研究体系的改革，创造良好的研究环境，吸引和凝聚世界高水平的一线研究人员，形成以高水平研究人员为核心的世界顶级研究基地；目前该基地人员构成规模约为200人，具有较高的国际化水平，其中外国研究人员相对于总人员构成规模占比30%以上，其中首席科学家10~20人，外国首席科学家占10%~20%。该基地依托单位，但具有独立的运行机制和相应的自主权；依托单位提供协助和支持，并不干涉基地的管理和研究。同时基地管理采用“主任负责制”，建立“运营协议会”负责事务问题，其网络结构如图7-3所示。

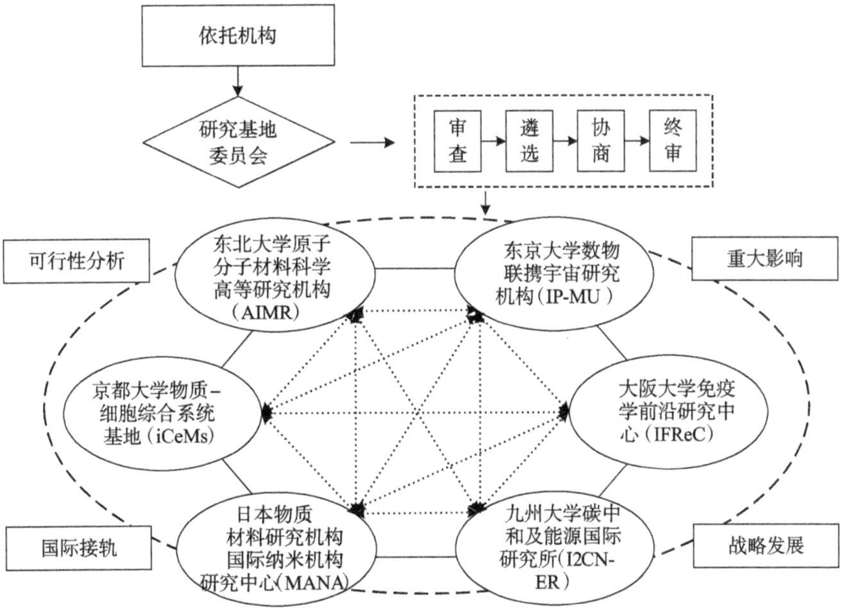

图 7-3　“日本 WPI 基地”协同创新组织结构——环形网络

日本WPI通过制度体系提升评价体系与成果转化能力。该基地制定了严格的评价制度体系，并且根据评价结果引入了成果转化导向的薪酬机制。

4）德国亥姆霍兹波茨坦中心

德国亥姆霍兹波茨坦中心（Helmholtz-Centre Potsdam-German Research Centre for Geosciences，GFZ）有16个国家级巨型研究基地，拥有教授、博士等科研人员22 600人，每年经费预算40亿马克，联邦政府提供90%经费，而其余10%则来自所属的各州政府。联合会以开展自然科学和医学研究为主，是德国最大的科研组织，也是基础研究中最重要的组成部分。自从1958年联合会所属第一个中心成立以来，1970年成立了大型科研设施工作联合会；1992年德意志民主共和国三个研究机构加入联合会；1995年联合会更名为德国亥姆霍兹国家研究中心联合会。目前该中心是德国的国家地学研究中心，具有较为专业的网络研究平台，主要侧重于多学科、跨文化的地学项目研究，其网络结构如图7-4所示。通过深入的国际合作，实现“地球和环境”“运输和空间”“跨界水资源管理”“科技培训和能力建设”等多领域、跨学科、多元化的全面观测与数据研究。

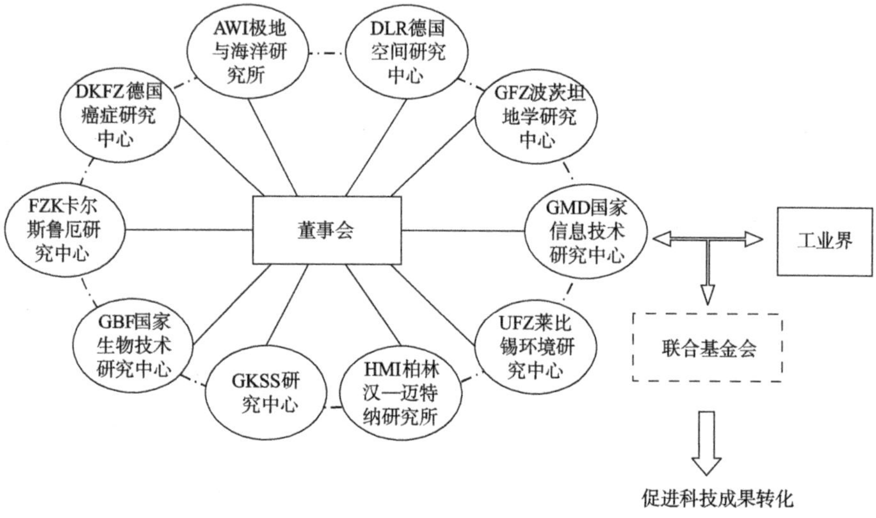

图 7-4　“德国 GFZ 中心”协同创新组织结构——星形网络

德国亥姆霍兹波茨坦中心通过制度体系实现科研与发展战略的有机协同。该中心密切关注国家中期和长期前瞻性战略，将研究工作从基础研究扩展到与社会发展密切相关的可持续发展问题。

5）加拿大卓越网络中心

加拿大卓越网络中心（The Networks of Centers of Excellence Program，NEC）成立于1989年，并于1997年2月，由加拿大政府确定为长期战略计划。加拿大国家卓越研究中心网络计划的目标是调动加拿大研究机构、私营企业、公共部门和非营利组织的集体智慧，在促进并建立独特合作模式的同时，将加拿大人的研究和企业家的科技力量转化为加拿大的经济和社会效益，并解决重大社会、经济和健康问题。该中心由大学、企业、公共机构及其他组织联合组成，并确立挂靠单位，以负责网络日常协调与管理，其网络结构如图7-5所示。作用模式主要表现为网络董事会是网络最高决策机构，下设部门委员会和项目委员会，部门委员会负责网络的日常事务及知识交流与技术的转化，项目委员会负责网络所从事的研究项目的选择与管理，网络每年召开一次讨论会，发布网络最新研究成果。会员企业有权享受最新成果。网络为会员企业培养高质量人才，也为会员企业提供高水平的研究人员。

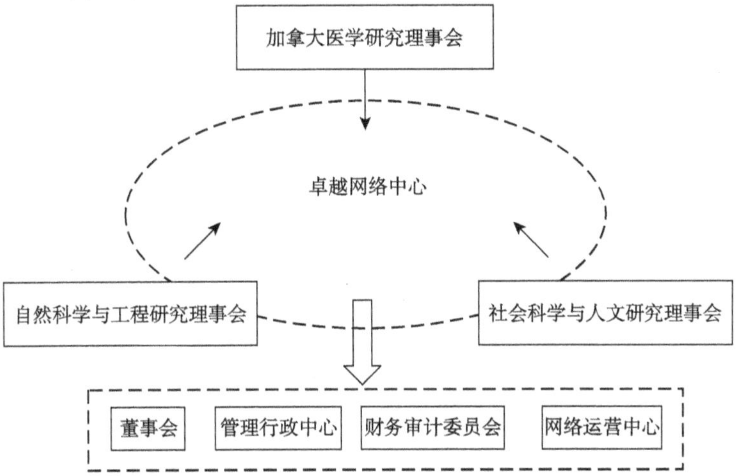

图 7-5　“加拿大 NEC 网络中心”协同创新组织结构——环形网络

加拿大卓越网络中心通过制度体系有效进行科研项目的资助、遴选与审批。卓越网络中心与研究机构、大学和企业的关系是资助者与被资助者的关系。为了确保所有的申请受到公平待遇，卓越研究中心网络计划使用同行评议制度。

2. 国外高校科技创新基地平台的组织行为分析

从协同创新体内部看，组织模式的开放性和世界顶级研究中心、高校网络的密集性有机地实现了跨领域，多学科的协同互动。这一驱动效应也是通过目标统一性、关系紧密性与信息共享性机制特征的构建实现的。协同创新体通过目标体系分析，构建学科交叉创新与技术成果接轨的一致性闭合回路，进而细化研究目标并建立与合作部门的协同路径，实现领域交叉、优势融合与激励集成；关系紧密性主要表现在数据模型分析、实验系统分析、辅助演示分析等几个层面，通过具体研究工作的开展与设备资源的共享，较为系统地建立了子部门基于不同组织结构的合作机制。

另外，通过资源共享、信息共享和技术共享的知识共享平台，实现整个协同创新体在不同维度上的互动性，来完成从目标分析到研发成果的过程。三个特性的有机结合实现了整个创新体系内部的协同性，有效地实现了研发成果的转化过程。由此可见，以协同创新为主线的创驱动效应，通过企业、政府、市场和科研机构相互的作用形成了互动的创新网络，对于创新资源配置，创新系统路径构建具有统一性效果。这种内部教育和技术研发的多主体协同互动在世界著名的协同创新体中也表现得较为充分，表 7-1将结合目标一致、关系紧密、信息共享三个维度对“美国MRSEC中心”、“瑞士ETH Domain中心”、“日本WPI基地”、“加拿大NEC网络中心”和“德国GFZ中心”进行比较分析。

表 7-1 世界协同创新中心的行为对比分析

协同创新中心	目标体系分析	关系网络路径	信息共享制度
美国材料研究科学与工程中心	完善新一代材料生产设计原则，通过调查探索新的材料制造和响应模式。 构建以芝加哥材料研究中心为主的四个跨学科研究小组（IRGs）体系。 建立具有开放式特征，集研究实验一体的协同合作模式	专业工作人员负责设备管理，并配合材料中心教员完成监督和使用。 人力资本的路径包括：训练学生，研究助理和教师使用设备培训等服务。 资料中心提供访问专门的附属设施，如生物物理动力学纳米生物学工具等。 通过设备升级与重组，或新研究课题的成立，形成中心以科学需求为导向的合作演变	通过战略协同合作，增加合作中心与工业界的有机互动，并利用国际合作项目，提高如阿贡国家实验室和环境科学中心等部门的参与度。 通过学生和博士培养机制形成相互合作的人力资本优势，并结合教学和培训方式提高研究导向效率。 专利资料中心技术可通过 U Chicago Tech 的科学会议，分享最新的知识，实现工业的互动组合 实验室采用 1 对 1 的培训与博士辅助机制。外部用户可自行操作仪器并进行全天候访问
瑞士区域创新协同组织中心	联合体依托优势学科和学科集群，建设协同创新的重大研究平台。 优秀人才的共同培养，搭建人才培养合作平台。 建立长效合作机制，从而保证创新群落的持续性系统功能	联合体还包括董事会和内部申诉委员会。 联邦理工学院及研究所董事会是其战略领导机构。董事会由瑞士联邦委员会任命，审批和监督联合体的发展规划，制订财务管理方案，并确保协调一致。 董事会起草预算和财务议案，协调名下物业的管理。董事会负责职位的任命，并且代表整个联合体和联邦政府部门联系	保罗谢尔研究所PSI是瑞士最大的自然科学和工程研究中心，对 ETH Domain 大学和研究所的研究人员开放。 瑞士联邦 WSL 研究所与两个联邦理工学院以实际为导向、开展许多跨学科的研究。 瑞士联邦 Empa 材料科学研究通过 NEST 项目，加强与 ETH Domain 大学、研究所间的合作。 瑞士联邦 Eawag 研究所对于跨学科研究和与联合体的合作也发挥了重要作用

续表

协同创新中心	目标体系分析	关系网络路径	信息共享制度
日本“世界顶级研究基地形成促进计划”	加强与国际接轨的研究制度建设,突破现有的制度束缚,营造出富于魅力的研究环境。 吸引来自全世界的一流科技人才,培育世界一流水平的研究团队和研究人才。 发展日本的科技,创造创新成果	在 iCeMS 的建设过程中，由京都大学提供国际一流的研究场所和办公条件。 为了促进 iCeMS 各研究小组间的交流，京都大学还在为 iCeMS 提供的办公建筑中设立了大量的共用实验室和器械室及开放办公室。 iCeMS 还导入了视频会议系统，促进基地与海内外研究伙伴的交流。 iCeMS 在其内部专用网络开设了“学科融合专刊俱乐部”	WPI 计划要求每个基地不定期召开积聚本领域世界顶尖科学家的国际研讨会。 WPI 计划推进机构间的国际合作研究、促进研究人员间的国际交流。 曾于法国召开“Work shop WPI-INPG-Europe”，召集日本国内和欧洲金属玻璃领域的专家进行了学术交流。 AIRM 还与威斯康星大学合作开展纳米物理研究、与麻省理工开展高分子化学和软材料方面的合作研究、与伦敦大学合作开展表面物理及理论研究等
德国亥姆霍兹波茨坦中心	通过开展顶级的科学战略研究,协助社会各界面对各自发展过程中所遇到的重大挑战。 通过合作伙伴的紧密协作,利用大型设备和科学仪器对复杂系统进行研究。 将科技进步、创新应用和社会发展远景规划相结合	联合会所属的研究中心的经费主要来自联邦政府，可以有效集中优势力量和资源。 通过创新中心建设，形成一流学者和研究人员的人力资本凝聚力，从而建立自然科学和技术科学的研究基地。 以创新中心为基础，投资建设一批大型——超大型、独特的研究设施和装备，为研究工作的开展提供有效的基础设施支撑	通过双重任职方式使大学与中心的关系更为密切，同时该中心在合作科研、提供研究生奖学金方面，使中心与几乎每一所大学都双方受益。 充分利用其拥有的关键、重要仪器资源，连接中心成员之间以及和大学、工业界之间的合作，组成研究联盟。 通过各种形式的国际研究合同与项目，亥姆霍兹国家研究中心已经成为国际对话和合作的平台。 建立了自己的技术转让机构,协助实现研究成果向中等企业的转移,以使他们的新发明转换为新产品和新技术
加拿大卓越网络中心	促进多学科领域的参与、合作与交流构建多学术机构，公共和私营部门的合作关系。 培养新一代高素质研究人才。 加快新知识的创造和应用,加深国内外的协作创新	卓越研究中心网络实行董事会负责制，每个网络任命一个董事会，全面负责管理网络。 下设科学主任和网络经理两个主管，就科研项目为董事会提供咨询，对研究申请书和项目进行评审提出建议。 每个网络有独立的财务和审计委员会，审计财务报表，并将财务报表提交给董事会批准，审核预算	网络中心建立有效的管理和知识产权保护体系,有机保障国际合作中的知识互补与技术交流。 通过发展和公共政策全面开展私营,公共和非营利性部门之间的技术合作。 网络中心的新产品成果展示能加速工艺或服务实现商业化的作用周期，提高生产效率。 通过国家合作，NCE 计划能有效帮助建立战略合作伙伴关系，以协同集成学科优势

7.2.2 国内高校协同创新中心的组织模式分析

2013年5月17日教育部与财政部认定了首批14家协同创新中心，2014年11月7日又公布了第2批24家协同创新中心。随着越来越多协同创新中心建立，提高建设与运行效率，对协同创新中心在经济社会发展中有效发挥作用至关重要。

1. 协同创新中心网络发展模式分析

目前国内高校协同创新中心的网络发展模式可以分为三类。

第一类协同创新中心网络发展模式为环形网络（图7-6），其协同体成员相互之间地位平等，信任度较高，成员数目一般较少，科研水平相当，目标一致性较高，容易形成统一的网络平台。因此，由天津大学与南开大学共同组建的天津化学化工协同创新中心，以及由中南大学、北京航空航天大学、中国铝业公司与中国商飞公司等单位组建的有色金属先进结构材料与制造协同创新中心等适合采用环形网络发展模式。

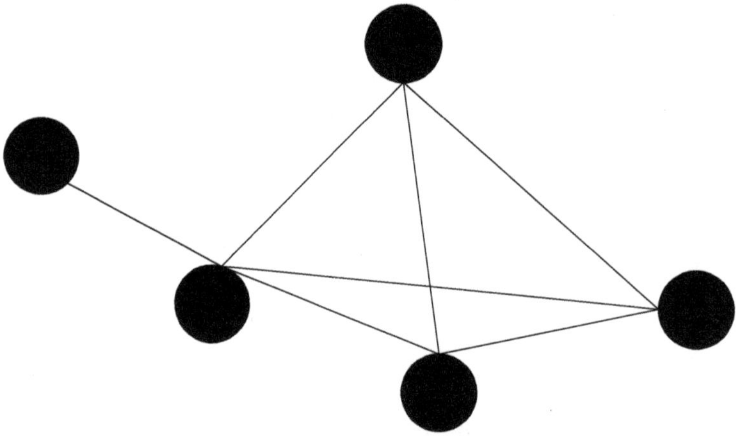

图 7-6　环形网络

第二类协同创新中心网络发展模式为星形网络（图7-7），它通常存在一个科研实力超群的中心成员，成员的学术水平存在较大的差异，但成员地位平等、密切合作，数量中等，形成网络的难度中等。因此，南京大学与中国南海研究院等组建的中国南海研究协同创新中心、哈尔滨工业大学与中航科技集团等组建的宇航科学与技术协同创新中心等适合采用星形网络发展模式。

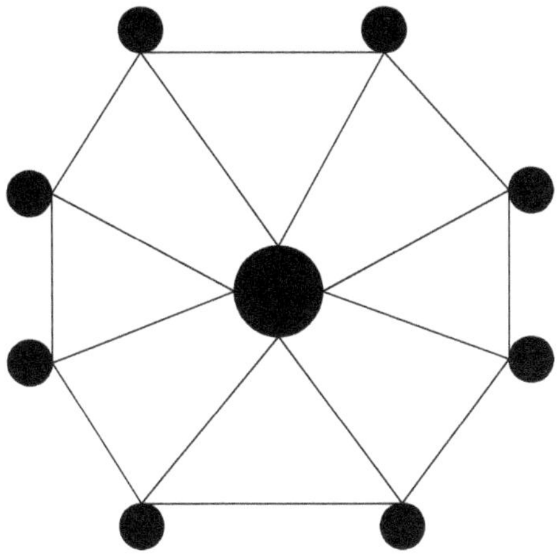

图 7-7　星形网络

第三类协同创新中心网络发展模式为树形网络（图7-8），其协同体成员较多，信任度中等，整体科研实力普遍较弱，需用借助外部管理主体——通常是政府部门，来实现资源整合与协调。河南农业大学、河南工业大学、河南省农业科学院等组建的河南粮食作物协同创新中心，是在河南省人民政府主导下，由河南农业大学作为牵头单位，联合河南工业大学、河南省农业科学院等几所科研机构共同组建，适合采用树形网络发展模式。

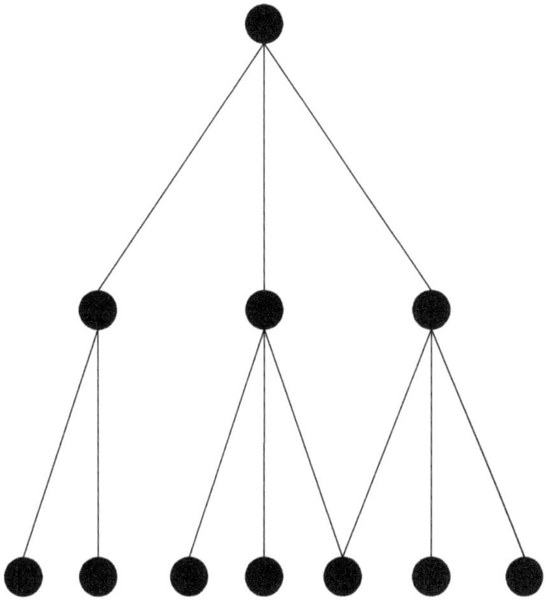

图 7-8　树形网络

2. 协同创新中心的网络治理机制选择分析

各协同创新中心在确定网络发展模式后，需要选择合适的网络治理机制，才能实现协同创新中心的有效运行。网络组织中存在成员共同管理、核心成员领导和外部组织管理等三种基本网络治理机制（表7-2）。成员共同管理，强调所有网络成员的协商和共同参与；核心成员领导，指的是由网络核心成员主导，按约定规则和原理运作；外部组织管理，则指由外部组织（通常是政府）主导，遵循外部组织的指导来运作。

表 7-2　网络治理的三种基本机制

治理机制	成员共同管理	核心成员领导	外部组织管理
适合的协同创新中心发展模式	环形网络	星形网络	树形网络

环形网络的结构特点为无盟主独立系统结构，成员地位平等，运作模式为同质性主体协同，组织权力集中度较低，依赖利益团体进行控制，因此更适合成员共同管理的治理机制。星形网络的结构特点为无盟主联盟式结构，虽然成员地位平等，但存在一个网络核心主体，运作模式为多领域、多功能协同，合作路径多元化，组织权力集中度中等，依赖团队进行控制，因此适合核心成员领导的治理机制。树形网络的结构特点是纵向发散式，通常由政府主导，从属关系明确，注重立法秩序与公正，旨在实现高度一致的目标，组织权力集中，依赖规则进行控制，因此更适合外部组织管理的治理机制。

第四篇　高校支撑产业突破关键核心技术的创新资源与制度保障

第 8 章　高校大型仪器设备开放共享支撑产业突破关键核心技术研究

《国务院关于国家重大科研基础设施和大型科研仪器向社会开放的意见》（国发〔2014〕70号）要求加快推进科研设施与仪器向高校、科研院所、企业、社会研发组织等社会用户开放，实现资源共享，避免部门分割、单位独占，充分释放服务潜能，为科技创新和社会需求服务，为实施创新驱动发展战略提供有效支撑。大型仪器设备作为重要的高校创新资源，对于支撑产业突破关键核心技术具有重要的意义。

8.1　高校大型仪器设备开放共享的现状特征

高校大型仪器设备开放共享是一个系统工程，涉及资源统筹配置、资源管理模式、人员技术队伍等多层次联动的配备与保障。其中，资源统筹配置部门涉及财务管理部门、科研管理部门、学科规划部门、设备管理部门；资源管理模式涉及设备管理部门、科研管理部门与教学管理部门等；人员技术队伍建设涉及人事管理部门或设备管理部门。高校大型仪器设备开放共享管理体系由于涉及多个部门，不同环节难以有效衔接，不利于提升仪器设备的使用效率。

从管理模式来看，主要分为平台化管理、网络化管理和分散化管理。从队伍支撑来看，主要包括专职实验技术人员、兼职实验技术人员、课题组及科研教师三类。从配置模式来看，主要分为统筹配置和分散配置。高校大学仪器设备开放共享在三个层面的比例各不相同，互相交叠，如图8-1所示。

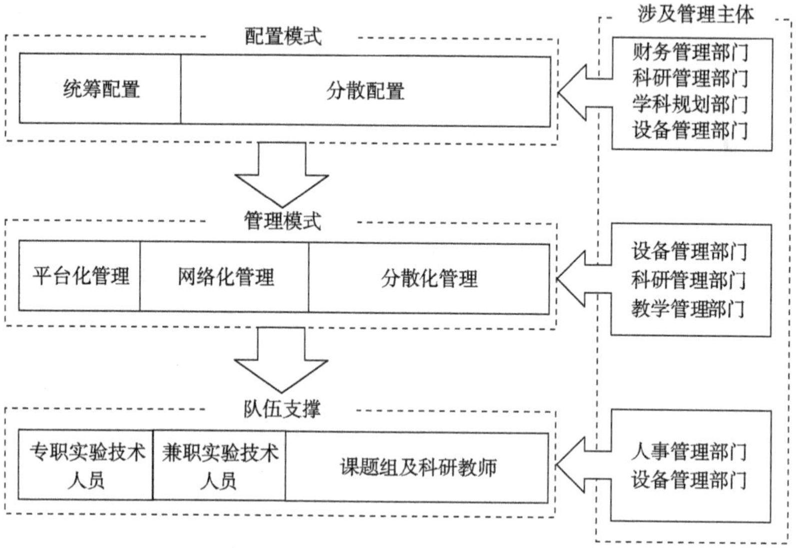

图 8-1 高校大型仪器设备开放共享运行管理体系

8.1.1 高校大型仪器设备统筹配置的现状格局

1. 高校大型仪器设备配置的历史演进

1981年6月，世界银行在对我国进行广泛考察后，将高等教育发展项目作为我国的第一个世界银行贷款项目，总投资约为2.95亿元，主要用于全国28所重点大学的大型仪器设备购置及其配套建设。1986年末，受资助高校共购置了约一万台（套）大型仪器设备。为了充分发挥这些大型仪器设备的作用和提高其使用效率，部分高校将其购入的通用性大型仪器设备集中起来，建立分析测试中心模式的校级大型仪器设备共享实体，至此我国高校最早一批分析测试中心应运而生。这些分析测试中心的建立，标志着我国高校大型仪器设备集中管理、开放共用的共享服务运行模式正式拉开序幕。在学科分析测试仪器设备条件普遍较弱、科研能力和科研需求的多样性尚未充分发展的阶段，各校分析测试中心在高校科研发展中发挥了巨大的作用，分析测试公共服务平台的建设模式得到广泛肯定，至今仍是众多高校分析测试服务的中坚力量。

随着世界银行贷款的投入热潮逐渐消退，部分高校分析测试中心的仪器设备日常运维、升级更新无法继续得到保障，伴随设备的逐渐老化和后续支持的缺失，分析测试中心在设备配置上的优势逐渐弱化。此外，部分分析测试中心发展定位发生偏移，在校内服务与校外服务、公众服务和学科支撑之间没有达到合理的平衡关系，逐渐使中心失去校内其他部门的支持和自身持续发展能力。由此，20世纪90年代中后期，高校的分析测试中心建设陷入了发展的低谷，部分高校的分析测试中心发展停滞或降级，甚至拆分解散。

20世纪90年代中后期，“211”“985”工程相继实施，这为我国重点高校学科建设提供了巨大的动力。各高校分析测试中心在此支持下，获得了大量资源配置及运行维护的支持资金，再一次进入快速发展时期。与此同时，部分高校院系以学科公共服务为定位，在“211”“985”经费支持下，依托学科建立起院系级分析测试共享平台，为学科发展提供了重要的分析测试技术保障。由此，以服务学科发展为定位的高校大型仪器开放共享院级平台初现雏形。

2015年初，《国务院关于国家重大科研基础设施和大型科研仪器向社会开放的意见》（国发〔2014〕70号）颁布后，科技部、教育部、财政部等部门随之颁布相关政策，各高校也相应出台制度，在设备运行管理、资源统筹配置、共享基金管理、在线信息平台建设、设备评价考核、实验技术队伍建设等方面予以制度保障，高校大型仪器设备开放共享工作得到进一步落实和推进。全国范围的高校大型仪器设备共享局面逐渐打开。

2017年，“一流大学”和“一流学科”（“双一流”）建设作为“211”“985”工程后我国又一重要国家发展战略，进一步支持一批重点高校发展。随着各高校大批校级、院级分析测试服务平台的建设与作用发挥，高校大型仪器设备开放共享在高校创新人才培养过程、科学研究及社会服务方面的效益逐渐显现。总之，我国高校大型仪器设备配置的历史演进经历了四个阶段，如图8-2所示。

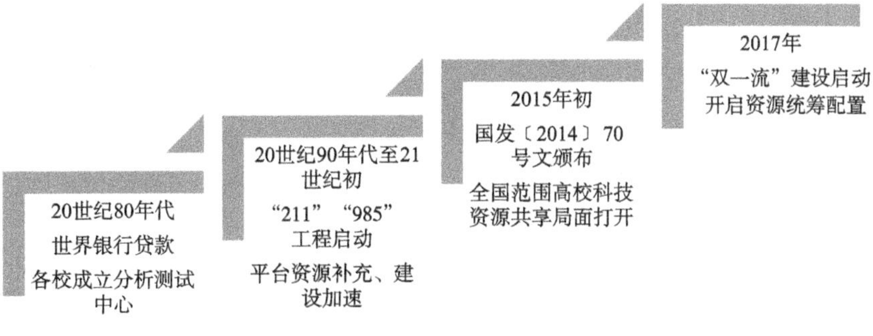

图 8-2　我国高校大型仪器设备配置历程

进入新时代，高校大型仪器设备的配置管理也面临着新的挑战。如何进一步避免重复、低水平购置，同时又兼顾高校学科发展的个性化需求？

如何平衡通用性、专用性设备的配置方式？……这一系列问题作为高校科技资源配置的源头，将从根本上影响高校大型仪器设备开放共享运行情况。

2. 高校大型仪器设备统筹购置特征

1）购置经费来源及归口情况

高校大型仪器设备购置经费来源口径众多。据不完全统计，来源经费类型总体上包括财政补助收入、科研事业收入、其他收入和事业基金四大类；涉及经费来源包括教育部、国家发展改革委、科技部、国家自然科学基金委员会、地方政府、各类企业及个人具体经费类目，如表8-1所示。

表 8-1 高校经费来源概况（以教育部直属高校为例）

经费类型	经费项目		经费来源	经费周期
财政补助收入	教育补贴	211/985 建设（已停）	教育部	1 年
		一流大学建设	教育部	1 年
		改善基本办学条件专项	教育部	1 年
	科研补贴	基建科研项目（科技专项）	国家发展改革委	1 年
		重点实验室建设经费	科技部	5 年
科研事业收入	纵向	国家自然科学基金项目	国家自然科学基金委员会	3~5 年
		科技部项目（已停）	科技部	3~5 年
		重点研发计划	科技部	3~5 年
		民口重大专项	工业和信息化部	3~5 年
		军工项目	国家国防科技工业局	1 年
			中国共产党中央军事委员会 科学技术委员会	半年
			中国共产党中央军事委员会装备发展部	不定
		省市科研计划	科技厅 科技局	3~5 年
		万人计划	科技部 （中国共产党中央委员会组织部）	1 年
	横向	横向科研项目	企业	合同
其他收入	双一流大学建设地方政府配套		地方政府	1 年
	捐赠收入		捐赠方	不定
事业基金	事业基金		学校	不定

多种部门来源的各类经费下拨给高校后，由学校财务、学科建设、科研管理、资产管理等部门分别管理。以西安交通大学为例，多种经费分别归入学校学科办、实验室处、人力资源部、科研院及财务处等部门。

多口径管理下，各职能部门会按照上级部门对经费及预算管理的要求，结合自身部门职责进行经费管理。然而，多职能部门管理下多种经费在购置大型仪器设备过程中，各部门以本单位为主导进行查重论证、预算审批，往往容易形成重复配置、低水平统筹等问题。当学科或教师提出某设备购置申请时，不同经费和职能部门对设备查重、可行性论证等要求程度不同。设备管理部门作为直接掌握学校设备保有和使用信息的部门，对各类经费预算审批的参与程度、参与时机和最终论证话语权也各不同。由此，可能存在教师使用甲经费未通过预算的设备，最终通过乙经费设立预算并完成购置，造成了重复配置。

以西安交通大学为例，课题组分析了2016~2018年购置大型仪器设备经费来源情况。从购置大型仪器设备资金体量来看，学校大型设备购置经费主要来源于一流大学建设经费、重点实验室建设经费、纵向科研经费及改善基本办学条件经费，四类经费占到购置大型仪器设备的95%以上（图 8-3）。可见，以上四类经费是大型仪器设备购置预算的主要来源。

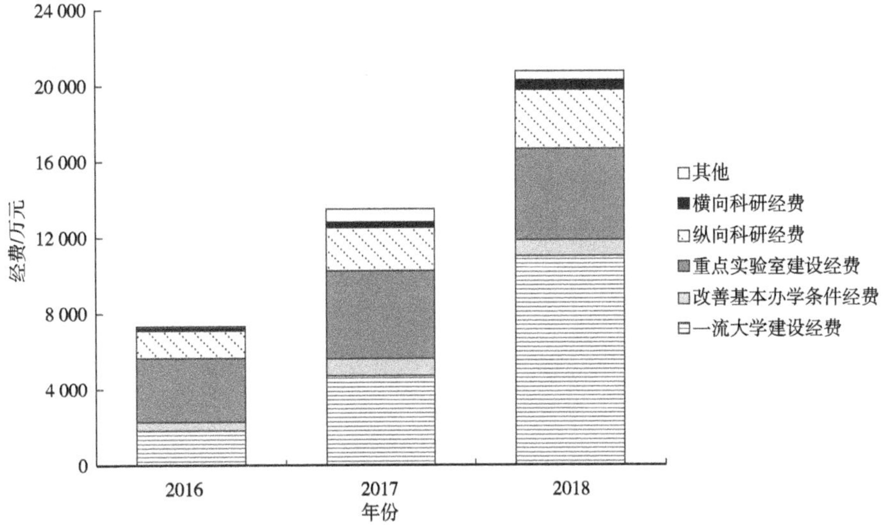

图 8-3　2016~2018 年西安交通大学大型仪器设备购置经费来源统计

预算是高校经费执行的重要参照准则，大型仪器设备的购置预算一经审批确定，基本不允许调整。因此，预算是决定大型仪器设备配置执行的必要条件。了解这四类经费关于仪器设备购置的预算编制方式，将从配置的源头上探明大型仪器设备重复、低水平配置等问题的症结。按照“抓大放小”的研究思路，本书将着重调查四类重点来源经费在大型仪器设备购置预算管理方面的具体情况（表8-2）。

表 8-2 部分经费仪器设备预算编制方式

<table>
<tr><th colspan="2">项目经费</th><th>立项部门</th><th>经费属性</th><th>预算编制方式</th></tr>
<tr><td colspan="2">一流大学建设经费（学科建设项目）</td><td>教育部</td><td>财政补助收入（教育补贴）</td><td>结合学校发展与建设需求，由学科按照“二上二下”程序编报</td></tr>
<tr><td colspan="2">改善基本办学条件经费（购置项目资金）</td><td>教育部</td><td>财政补助收入（教育补贴）</td><td>项目库管理方式，学校、主管部门、财政部项目库逐级论证，学校预算从项目库提取</td></tr>
<tr><td colspan="2">国家重点实验室建设经费</td><td>科技部</td><td>财政补助收入（科研补贴）</td><td>无仪器设备经费控制数，实验室依据年度可完成情况及实际支出上报三年设备预算，逐级上报审核后确定</td></tr>
<tr><td rowspan="2">纵向科研经费</td><td>国家自然科学基金</td><td>国家自然科学基金委员会</td><td>科研事业收入</td><td>结合国家自然科学基金委员会规定的经费开支范围与研究需要制定</td></tr>
<tr><td>国家重点研发计划</td><td>科技部</td><td>科研事业收入</td><td>项目预算由课题预算汇总形成，课题预算依据资金开支范围与课题研究需求制定</td></tr>
</table>

因为科研事业收入经费主要用于支持某特定研究领域，有较强的学科研究目的，资源统筹配置只是预算编制中要考虑的多种因素之一，所以该类经费预算管理制度通常由经费下拨部门制定。例如，国家自然科学基金关于预算的编制有专门指定经费管理办法及预算管理办法，国家自然科学基金委员会对设备采购预算进行审核。《关于印发〈国家自然科学基金资助项目资金管理办法〉的通知》提出，对仪器设备鼓励共享、试制、租赁以及对现有仪器设备进行升级改造。科研事业收入经费配置仪器设备不需要设备管理部门的审核，科研部门和财务部门在不具体了解学校仪器设备信息的情况下，可能会形成部分重复配置设备预算，从而在源头造成重复配置。

高校的中央财政补助收入经费的大型仪器设备购置预算编制呈现一定的相似性，“双一流”（世界一流大学与一流学科）建设经费预算通过“二上二下”的程序在学校内部进行两个轮回的审核评定，期间涉及学校科研、财务和设备管理部门等，要求对价值40万元以上的大型仪器设备预算进行统筹论证，最终形成预算。改善办学条件基本经费以预算项目库形式进行管理，形成学校项目库之前进行校内审核论证，再逐级上报、论证、审批形成部门项目库、财政部项目库等，购置计划最终从财政部项目库中抽取形成预算。国家重点实验室建设经费在不指定预算控制数的情况下，每三年进行针对科研仪器设备经费的预算申报工作，要求实验室依据年度可完成情况及实际支出上报预算，上报依托单位进行审核，审核后逐层上报主管部门、财政部。在此期间，国家重点实验室建设经费对大型仪器设备的查重论证程序主要针对价值200万元以上仪器设备，参照财政部与科技部于2019年1月印发的《中央级新购大型科研仪器设备查重评议管理办法》进行查重评议。

2）高校大型仪器设备统筹论证情况

通过对以上经费预算编制程序的了解，发现预算编制环节中，对大型设备预算的查重评议工作是资源统筹论证的关键工作。查重评议是学科或教师在申请购置大型科研仪器设备预算时，提请负责审核批复仪器设备购置事项预算的部门或单位按相关经费管理制度对新购大型科研仪器设备的学科相关性、必要性、合理性等进行评议，可从源头上避免仪器设备重复购置。

总体来讲，目前大部分高校已开展了统筹论证。课题组在对我国34所高校设备管理部门调查中发现已有受访高校中74.3%的高校已不同程度地开展了统筹论证，“双一流”高校开展统筹论证的比例高于普通高校（图 8-4）；平均论证通过率约为86%；已开展大型仪器设备购置论证的高校中约有62.9%的高校制定了仪器设备采购/购置管理办法，40%的高校制定了大型仪器设备购置论证制度，此外，还有部分高校颁布了设备资产预算管理办法等统筹配置相关政策，对大型仪器设备统筹配置予以政策保障。

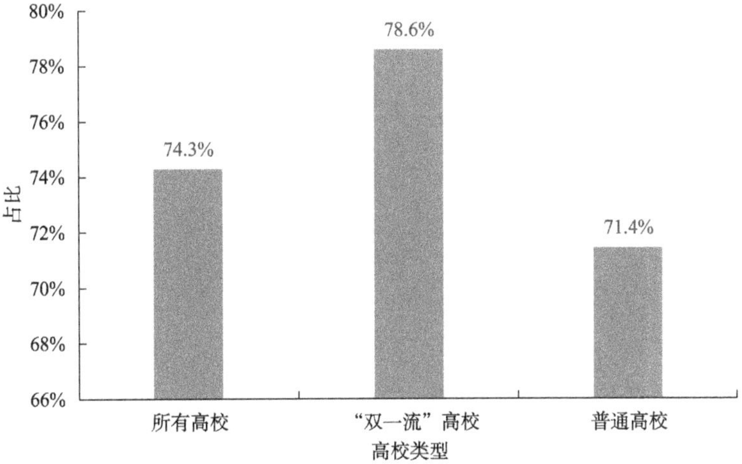

图 8-4　高校中开展统筹配置的比例

目前我国已有大部分高校开始开展学校层面的大型仪器设备论证，对统筹论证工作予以制度保障，从论证通过率来看，部分重复性、不必要的购置情况得到一定程度的遏制。

从论证经费来源来看，“双一流”高校相比于普通高校，对各类经费的统筹配置程度更高，总体来看，一流大学建设经费、改善基本办学条件经费和重点实验室建设经费三类财政补助经费的统筹程度更高（图8-5）。

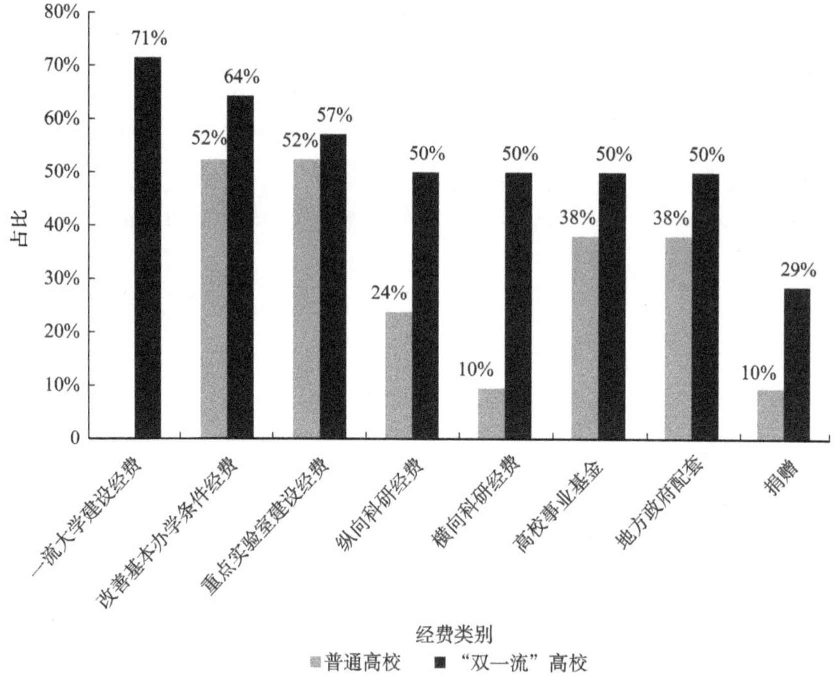

图 8-5　各高校对各类经费统筹论证情况

调查发现，约有25%的受访高校将财政补助收入中的设备购置经费统一划归给设备管理部门进行统一管理。以南开大学为例，该校规定各单位对于所有使用学校经费采购仪器设备购置申请，由二级单位统一制订本单位仪器设备的采购计划，计划通过实验室设备处综合管理系统进行申报。对于价值20万元及以上的仪器设备购置申请，须填写《南开大学申购大型精密仪器设备可行性论证报告》，由设备管理部门组织专家进行论证。待论证通过后，再办理后续申购手续。在此过程中，南开大学引入了“竞争性申购”的概念，学校将国家财政补助收入中仪器购置经费统一设立为大型仪器设备购置公共经费，要求各单位根据拟购置设备的共享度、使用效率、学科人才团队建设的急需和科研项目（配套）等情况进行筛选和专家论证，有些设备会存在多个二级单位同时竞争的情况。学校将从“轻重”、“缓急”、“共享程度”、支撑条件及管理水平等方面来确定购置单位。通过这种方式，改变了以往分散经费来源、分散部门审批的情况，将大型仪器设备的购置申报渠道统一，从而优化了资源配置，避免了重复购置，提升了财政投入的使用效益。

3. 高校大型仪器设备统筹配置难点

1）经费管理部门分散

通过调查发现，高校可购置大型仪器设备的经费来源众多，多种经费进入高校后，分配给多种职能部门进行管理。各类经费预算论证及审批通常由各管理部门主导组织，设备管理不能全部参与，或者无实质论证决定权，导致无法切实实现全校范围、区域范围内的查重论证，造成了资源的重复配置。

2）项目预算管理制度约束

预算是大型仪器设备购置的必要条件。就目前高校购置大型仪器设备的主要经费预算制度来看，还存在一定的约束性。例如，纵向和横向科研课题经费等科研事业收入经费的预算管理制度均源自各自经费下拨部门。该类经费预算管理制度通常规定设备购置预算由校内经费管理部门进行审核，对统筹论证无明确要求，从而形成部分未经过统筹论证的设备购置预算。又如，国家重点实验室专项资金，财政部规定高校依据实验室五年评估验收结果，每三年进行一次科研仪器设备经费预算申报工作。国家自然科学基金委员会通常要求项目执行人根据项目执行周期编报3~5年的项目预算。“双一流”建设经费和改善基本办学条件经费的预算周期为1年。在不同的预算周期和程序下，不同经费来源的购置计划可能会出现重合，造成资源重复配置。

3）设备运行数据的真实性、科学性有待提升

目前，大部分经费都要求仪器设备的购置预算需进行购置可行性等论证，要求对同类设备运行机时及使用情况进行陈述。然而，目前仅有少部分高校在一定范围内应用了物联信息技术，能够真实收集设备使用情况和机时信息。大部分高校对大型仪器设备的机时信息收集主要依靠手工填报，填报数据无法有效追溯设备真实运行和使用效果，缺乏信息真实性的监管手段，使得设备购置可行性论证的有效性难以得到保证。

8.1.2　高校大型仪器设备技术管理队伍特征

1. 高校实验技术人员基本情况

高校仪器设备开放共享不仅仅是单纯的物的共享，高校智力资源的支

撑在其中更具价值与意义。围绕高校大型仪器设备管理工作的智力资源主要包括高校实验技术队伍和分散管理仪器设备的科研教师，其中以实验技术队伍为主力。

高校人员队伍总体上看，可分为专业技术队伍、行政队伍及工勤队伍三大部分（图 8-6）。专业技术队伍包括教师队伍、工程技术队伍（含工程、财务、图书档案、医务等）及实验技术队伍。实验技术队伍是服务于高校各个仪器设备平台、科研实验室，紧密围绕实验室及仪器设备资源，开展实验教学及教辅、仪器设备操作与管理、实验室建设、实验室安全管理等工作的专业技术人员，是高校人力资源的重要组成部分。

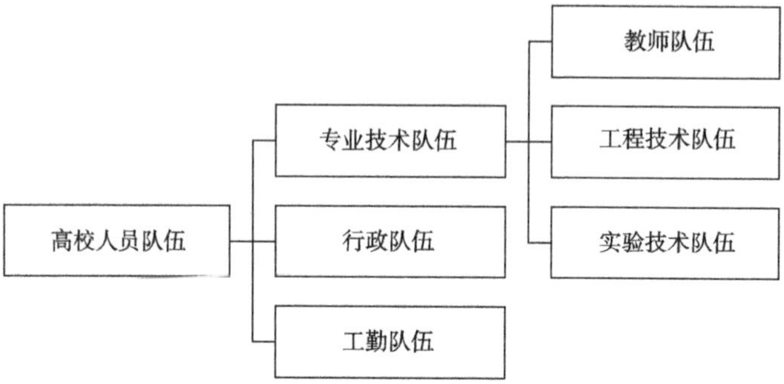

图 8-6　高校人员队伍结构

由于工作内容的庞杂性，结合高校多年来实际工作经验，可将实验技术队伍按照工作职责划分为四大类七小类，包括实验教学类、科研辅助类、公共服务类及综合其他类（图8-7）。从岗位角色定义来看，实验教学类人员主要从事辅助实验教学和实验教辅工作，面向大学生开展教学，从事相关研究工作等；科研辅助类人员主要在科研团队中参与科学研究，承担科研支撑与工程技术支撑；公共服务类人员主要负责大型仪器设备运行与维护，提供分析测试服务等公共技术服务工作，本章所指的大型仪器设备实验技术人员就是此类人员；综合其他类人员主要从事实验室建设与管理、实验室安全管理等综合业务工作。

课题组在开展调研的基础上，结合浙江大学、上海交通大学和西安交通大学对我国实验室技术队伍建设现状调查数据，对我国实验技术队伍建设基本情况进行梳理（表8-3）。

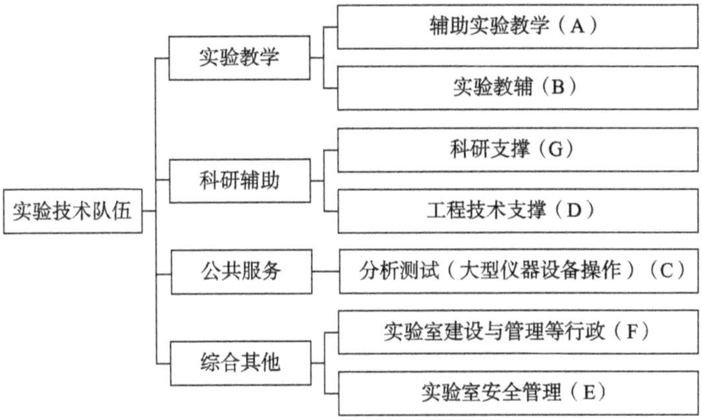

图 8-7　高校实验技术队伍岗位角色

表 8-3　全国高校实验技术队伍调查数据

项目	浙江大学			上海交通大学			西安交通大学		
队伍比例	7.8%			6.33%			6.49%		
学历结构	本科及以下	硕士	博士	本科及以下	硕士	博士	本科及以下	硕士	博士
	46.8%	39.4%	13.7%	43.4%	39.1%	17.5%	18.6%	42.0%	39.4%
年龄结构	40 岁以下	40~50 岁	50 岁以上				40 岁以下	40~50 岁	50 岁以上
	43.4%	26.2%	30.4%				44.5%	18.8%	36.7%
职称结构	中级	副高	正高	中级	副高	正高	中级	副高	正高
	51.2%	26.7%	2.9%	47.5%	30.7%	3.5%	54%	31.5%	3.7%
年收入结构/万元	正高范围		正高平均				正高范围		正高平均
	8~28.3		19.8				18.3~27.1		22.6
	副高范围		副高平均				副高范围		副高平均
	4.8~24.2		14.4				9.8~33.15		17.4

从调查数据来看，高校实验技术队伍比例为6%~8%，队伍体量相对较小；队伍学历分布中，硕士及博士占比已经超过50%，队伍整体素质与知识水平相对较高；从职称结构来看，整个实验技术队伍中基本上一半都是中级职称，高级职称比例较低，队伍结构表现为“下大上小”型；从收入情况来看，副高级职称年平均收入不足18万元，正高级职称年平均收入不足23万元，队伍收入水平一般。

2. 实验技术队伍目前存在的问题

经调查发现，目前高校实验技术队伍发展中主要表现出以下三方面问题。

1）人员比例偏低与大型仪器设备快速增长的矛盾

目前，国内高校实验技术队伍比例为6%~7%，而国外高校实验技术队伍比例为15%~22%，同期我国科研院所实验技术队伍平均比例为39%。高校实验技术队伍体量整体偏低。对比高校近年来仪器设备资源的迅速增长，实验技术队伍体量的扩充速度相对缓慢，以西部某双一流建设高校为例，2017~2019年该校仪器设备资金规模的增长率分别约为12%、15%、17%，而实验技术队伍的增长率始终保持在2%左右。大型仪器设备管理人员工作任务持续加强。

2）职称结构不合理与高水平科研支撑不足的矛盾

目前，大型仪器设备实验技术队伍绝大多数职称都是副高及以下职称，调查数据显示，仅3.67%的实验技术队伍能够晋升到正高级职称，而教师队伍正高比例大约能够达到30.79%（图8-8）。实验技术队伍结构的不合理，表现为高水平、带头人型实验技术人才的缺失，这一方面使这支队伍在原创性技术突破、功能开发、技术支撑等方面力量不足；另一方面也使队伍发展缺乏示范引领，不利于基层实验技术积极向上氛围的营造。

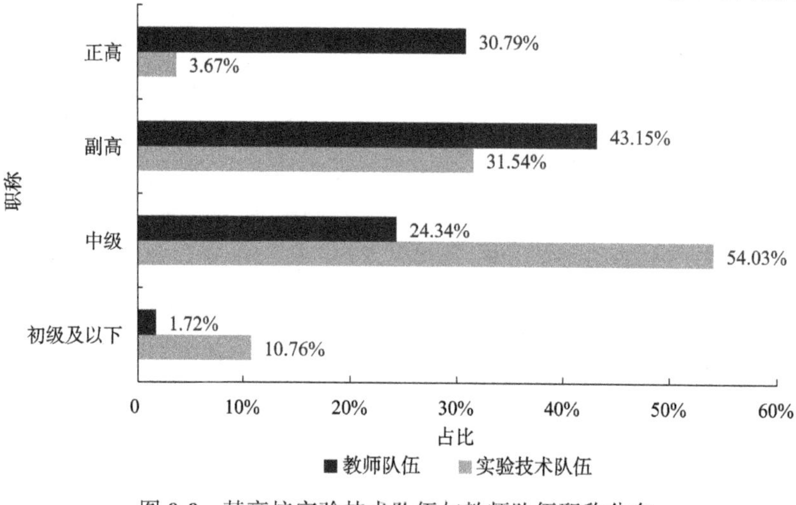

图 8-8 某高校实验技术队伍与教师队伍职称分布

3）人员引进标准日益升高与个人发展滞缓的矛盾

随着我国高等教育大众化的发展进程，高学历人才日益增加，与此同时，我国高等教育事业快速发展，高校岗位的就职环境、职业发展及社会地位等优势逐渐凸显。这一背景下，高学历、优资质的求职者更青睐于在高校岗位中就职，使得高校岗位入职门槛日益抬升。自2000年后，各高校实验技术队伍普遍引进门槛为硕士学位，而近年来，引进博士学历实验技术队伍在高校中已屡见不鲜。这一发展趋势导致新时期高校实验技术整体队伍素质和基础水平普遍提升，然而，由于实验技术队伍建设各个环节跟进滞缓，实验技术岗位职责不清晰、晋升路径不通畅等问题，这支队伍自身的不稳定性增加，新进实验技术人员或以岗位为跳板寻求校内转岗，或放弃自我严格要求，随波逐流，而无论哪一种都对实验技术队伍建设产生了不利影响。

3. 实验技术队伍目前存在问题的成因分析

课题组认为高校实验技术队伍建设中突出三大矛盾的根源，主要体现在以下三个方面。

1）岗位职责梳理不清晰

明晰职责定位是大型仪器设备实验技术队伍建设的出发点。改革开放以来，高校的职能逐渐从学生培养为主转变为学生培养、科学研究并重。20世纪90年代以前，高校实验技术队伍多是开展教学实验辅助工作，90年代中后期至今，高校科研任务不断加重，实验技术队伍职能逐步从实验教学教辅向科学研究辅助和公共测试服务转换，高校对实验技术队伍的定位逐渐发展扩充为实验教学与指导、分析测试、技术开发、仪器设备设施操作与维护、实验室安全监管、实验室建设与管理等工作，是为学校教学和科研工作提供支撑服务的群体。这样的变化要求高校对实验技术队伍的发展定位必须紧跟新时代高校职能变化，走队伍精细化管理道路。

目前高校实验技术队伍往往存在岗位职责混搭、一人多岗的现象，以清华大学为例，该校事业编制实验教学人员共计390人，2017年来，该校通过岗位梳理，确定了每一名实验技术人员实际工作职责同岗位角色的对应情况，其中岗位职责唯一的有225人，占全部编制的57.7%，其余均为混合型多个岗位角色。在该校实验技术队伍中，真正承担大型仪器设备开放共享的分析测试类人员（C岗）比例较少，专职分析测试岗人员仅占该校实验技术编制的10.5%，兼职承担分析测试工作的实验技术编内人数占16.4%。

一线实验技术人员除负责大型仪器设备操作、维护、培训等本职工作以外，还需负责实验室安全、试剂管理、实验室建设及其他行政工作等。非专业性工作占用技术人员大量的时间与精力，导致其投身检验检测服务、技术钻研与提升的精力大大缩水，不能有效发挥高精尖设备配置的功能与效益。因此，调整和理顺学校大型仪器设备实验技术人员的岗位职责和岗位划分，是进一步推动仪器设备资源利用效率的必要基础。

2）考核指标未分类

岗位考核指标是大型仪器设备实验技术人员履行工作职责的重要参考依据，也是其为之努力的方向与指引。通过上文梳理可知，实验教学、公共服务、科研辅助及综合其他四类实验技术岗位角色工作都具有很强的技术专业性，工作任务与岗位职责各有不同，难以用统一的岗位职责进行描述。然而，在实际情况中，实验技术队伍的晋升考核指标分类尚未细化，实验技术人员的考核多为“多种岗位、一套指标”。以西部某高校某学院实验技术队伍科研基地岗位考核指标为例（表 8-4），学院实验技术岗位的考核指标包括科研到款、设备机时、授课或讲座、奖励及成果等量化指标任务，要求实验技术人员成为各个方面的“多面手”。这种考核指标难以突显不同岗位的专业特色，也给大型仪器设备实验技术人员晋升带来实际困难。

表 8-4　某学院实验技术队伍科研基地岗位考核指标

考核维度	三级研究员	五级高级工程师	七级高级工程师	八至十级工程师	十一至十三级助理工程师
科研到款	主持省部级以上 1 项，年均到款 20 万元	主持省部级以上 1 项，年均到款 12 万元	主持省部级以上 1 项，年均到款 6 万元	主持省部级以上 1 项，年均到款 5 万元	—
设备机时	年均 150 小时（含 50 小时开放共享）	年均 240 小时（含 50 小时开放共享）	年均 360 小时（含 50 小时开放共享）	年均 500 小时（含 50 小时开放共享）	年均 600 小时（含 50 小时开放共享）
授课或讲座	年均 30 学时	年均 20 学时	年均 20 学时	年均 10 学时	—
	院级讲座 3 次	院级讲座 2 次	院级讲座 2 次	院级讲座 1 次	—
奖励及成果	省部级二等以上奖励 1 项（前 6）	省部级二等以上奖励 1 项（前 6）	省部级二等以上奖励 1 项（前 6）	—	—
	校级、市级奖励 1 项（一作）	校级、市级奖励 1 项（一作）	校级、市级奖励 1 项（一作）	校级、市级奖励 1 项（前 4）	校级、市级奖励 1 项（前 6）
	主编高水平学术专著 1 部	主编高水平学术专著 1 部	主编高水平学术专著 1 部	参编专著 1 部（前 2）	参编专著 1 部
	年均发表 SCI 论文 2 篇	年均发表 SCI 论文 1 篇	年均发表 SCI 论文 1 篇	—	—
	年均发表中文重要期刊论文 2 篇（一作）	年均发表中文重要期刊论文 2 篇（一作）	年均发表中文重要期刊论文 2 篇（一作）	年均发表中文重要期刊论文 1 篇（一作）	年均发表论文 1 篇
	年均发明专利 1 项（一作）	年均发明专利 1 项（一作）	年均发明专利 1 项（一作）	—	—

设立分类型、分级别的实验技术人员考核指标体系，有利于充分调动大型仪器设备实验技术队伍积极性，引导激励大型仪器设备实验技术人员

在出色完成开放共享服务的同时积极钻研实验技术，有效推动科学研究水平提升。

3）培养激励手段不明显

大型仪器设备实验技术队伍的培养与激励主要表现在在职培训、研究支持、荣誉奖励等方面。目前高校实验技术队伍培养激励问题的成因包含以下几个方面。

首先，实验技术队伍在职培训机会较少。随着高校仪器设备配置水平和科研水平的提升，高校对实验技术队伍提出更高的要求。在抬升实验技术队伍入职门槛的同时，也应当让这支队伍的培养培训与时俱进。调查发现，26.5%的实验技术人员近年无外出专业培训经历，58.8%的实验技术人员年均参加校外专业培训不超过三次，高校实验技术人员普遍缺乏系统、完善的专业技能培训体系。

其次，针对实验技术研究支持较少。设立实验技术研究项目是提高实验技术队伍实验技术水平和服务质量的一项有效措施，高校可通过一定研究经费资助，鼓励和吸引实验技术人员钻研仪器技术与测试方法、研制仪器设备实验装置、改造和扩展设备功能。调研发现，仅有20%的高校为实验技术队伍设立了技术开发专项，项目平均资助额为1.58万元，各校针对实验技术队伍的研究支持程度还有待于加强。

最后，实验技术队伍建设计划与荣誉奖励较少。队伍建设计划、荣誉获奖是对实验技术人员工作的充分肯定，在提高队伍内动力、激励先进、树立榜样、促进实验技术队伍的工作积极性方面具有重要作用。然而在调查中发现，全国各部委、各地市出台的大量人才计划中针对实验技术队伍的计划少之又少，实验技术人员都没有任何人才称号，同行能力比对、专业技能比赛等更是稀缺。

8.1.3 高校大型仪器设备开放共享管理模式特色

管理模式是开放共享的基础，当前高校管理模式中，由于统筹配置力度不同、统筹管理力度不同，可分为三种模式：平台化、网络化、分散化（图8-9）。受源头资源配置模式影响，目前高校大型仪器设备平台化管理比例最低，网络化管理居中，分散化管理比例最高。课题组调查显示，已设立校级公共平台的高校中，校级公共平台资产平均仅占学校总资产的23%。

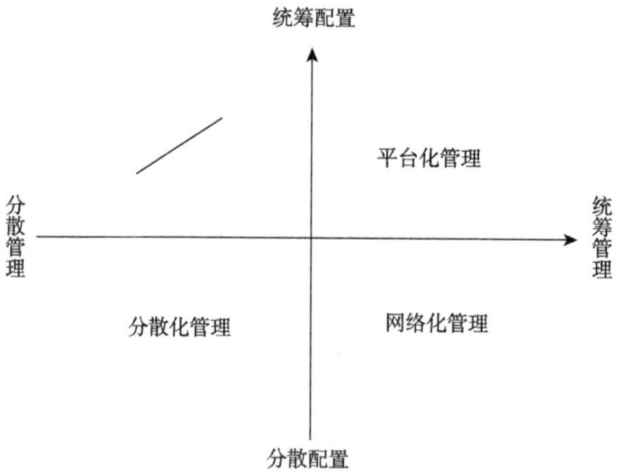

图 8-9　高校大型仪器设备管理模式分布

通常来讲，高校通过统筹配置的设备通常会由学校进行统筹管理，按具体情况配置在各类公共服务平台上，按照平台化进行管理；而分散配置的设备，如果学校能够对其进行统筹管理，通常会将设备纳入在线服务平台，进行网络化管理。对于学校无法统筹管理的设备，通常其管理权与使用权都掌握在课题组或教师个人手中，以分散化模式进行管理。

平台化管理是指高校成立大型仪器设备实体平台，通过空间、设备和人员集中，集约化管理大型仪器设备。目前高校内常见的实体平台可分为校级平台和院级平台。校级平台通常由学校直接建设，将通用型大型仪器设备统筹配置在集中、固定的物理空间内，聘用专职实验技术人员管理仪器设备，通常以有偿服务的方式开展服务，服务范围以校内为主，同时向全社会开放，共享形式主要以分析测试服务为主；院级平台通常由学院建设，由学校进行业务与建设指导，设备集中放置于学院内部，聘用专职实验技术人员进行管理，兼具有偿使用和免费使用方式，共享形式更为丰富，包括分析测试服务、项目委托、技术咨询等，服务范围以校内为主，兼顾部分社会开放。

我们调查的高校中约有74.3%的高校成立了公共服务平台。从国内各高校平台建设的模式来看，可大致归纳为以下几种。

1. 学校主导建设服务性公共平台

上海交通大学的校级公共服务平台由学校统一管理，统一规划。目前，学校有分析测试中心、先进电子材料与器件校级平台、网络信息中心、转化医学研究中心等校级公共服务平台。近年来，学校持续投入大量经费用于平台条件建设，同时，每年设立开放共享基金以补充校级平台的运行与建设。在学校的持续投入下，上海交通大学的校级公共平台已建成功能齐全、资源丰富的优秀平台（图8-10）。

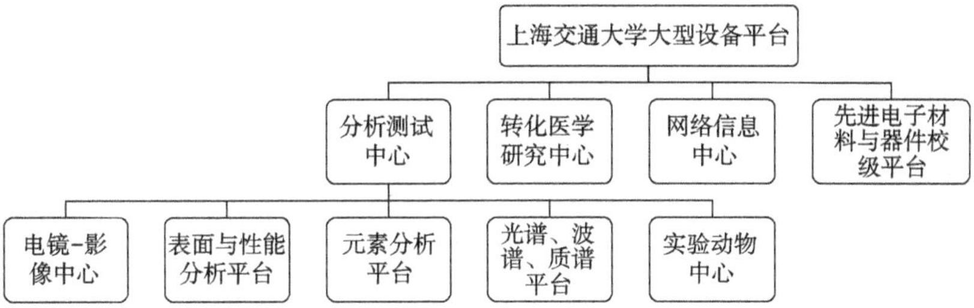

图 8-10　上海交通大学校级公共平台结构

上海交通大学分析测试中心是1999年学校在规划建设世界知名的高水平大学重点项目时，为给建设一流的理科奠定基础而决定对一批发展前景良好的实验室进行重点支持，将原有的理化中心改制为学校的直属单位，并连续投入，强化中心建设。分析测试中心（前身为理化实验中心）始建于1983年，是利用世界银行贷款购进国外大型理化分析仪器组建的高校分析测试中心之一，1999年成为校级直属单位，是一所集教学、科研、服务于一体的综合性测试机构。分析测试中心下设四个分析平台（电镜-影像中心，表面与性能分析平台，元素分析平台，光谱、波谱、质谱平台）和一个实验动物中心。截至2018年底，上海交通大学分析测试中心大型仪器设备资产体量已接近5亿元，有专职实验技术人员82人，2017~2019年平均校内服务机时9.4万小时、校外服务机时约4.3万小时。得益于学校的主导建设思路和持续投入，上海交通大学分析测试中心经历多年的发展，无论从设备配置规模、技术人员体量等资源配置方面，还是从服务量、支撑效果、技术水平等方面都已成为国内高校中公共服务平台的典范。

2. 依托学科发展建设公共平台

清华大学分析测试平台可追溯到20世纪70年代清华大学工程化学系，系下属的教研室集中部分较大型仪器设备和教工，组建了仪器分析实验室，随后在学校仪器设备配置支持下，实验室改建为仪器分析中心实验室。80年代，在世界银行贷款的支持下，清华大学整合仪器分析中心实验室资源，依托于清华大学化学系，成立清华大学分析测试中心，构建起集教学、科研、公共服务于一体的分析测试平台，为学校的发展提供了强大的分析测试技术支撑。此外，清华大学在80~90年代，设立了分析基金，逐渐扩大开放共享设备范围，并与北京其他高校联合成立“北京中关村地区联合分析测试中心”，将入网设备面向全国开放。在整个发展历程中，一方面，清华大学通过科研项目带动平台建设，为平台的运行和可持续发展奠定基础；另一方面，清华大学分析测试服务平台的发展始终依托于学科建设、以服务学科为定位。

经历了20世纪90年代全国高校分析测试中心发展萧条期，清华大学利用多年积累的经验，积极开展科研工作，以科研项目带动仪器平台的建设。同时，清华大学开始从校内外寻求合作资源，开启了学科共建、校企共建的新模式（图8-11）。目前清华大学已依托于化学、材料、统计、医学、生命等学科建立起13个校级平台。所有校级平台均接受实验室与设备处的业务指导，通过清华大学仪器共享服务平台面向社会开放。

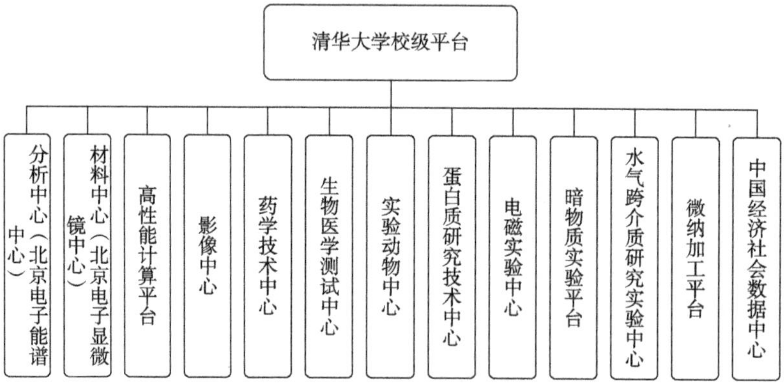

图 8-11　清华大学校级平台结构

3. 服务支撑导向公共平台

西安交通大学建设公共服务平台的思路是由学校主导规划、建设、统筹管理，平台建设强化顶层设计，全面统筹；运行实行独立管理、全面开放；主要建设目标是满足相关学科基本科研需要；将公共平台作为保障科研开展的基础装备平台。

学校在平台建设过程中按照两个70%原则开展设备选型：一是购置满足70%左右的研究需求的设备；二是购置设备需有70%的最常用的功能，满足量大面广的使用需求。在规划过程中，同时考虑设备选型的前瞻性与互补性，不仅保证平台建设符合学校长远学科规划，同时与学科建设构建互补关系。在此思路下，目前西安交通大学已建成分析测试共享中心、高性能计算中心、生物医学实验中心、动物实验中心、微纳制造中心、微纳电子器件实验中心、加工中心，风洞中心正在筹建之中（图8-12）。西安交通大学分析测试共享中心成立于2016年，是学校以“985”工程和“双一流”大学建设为支撑，统筹配置建设的校级平台，主要面向学校和社会开放。该中心有大型仪器设备34台套，资产总额约9 000万元，设备年均运行机时可达1 900小时以上。西安交通大学分析测试共享中心以通用型大型仪器设备为载体，以专职实验技术队伍为支撑，为校内外科学研究和科技创新提供着有效支撑。

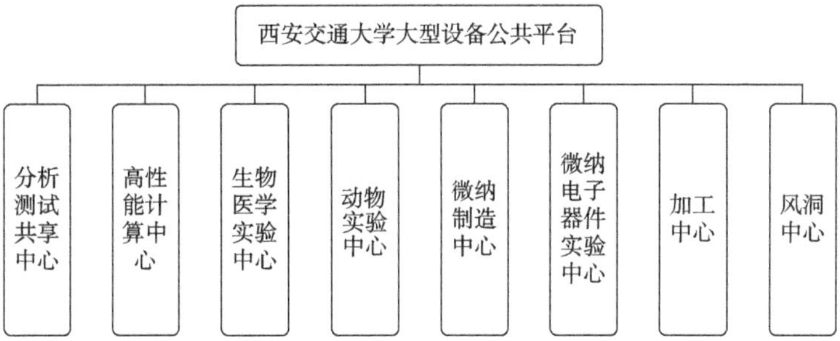

图 8-12　西安交通大学校级平台结构

浙江大学、天津大学等高校都是将平台定位为公共服务导向，以满足全校基本科研需要，以开展大范围的分析检测服务为目标，在研究与人才培养方面有所涉及，但并不作为工作的核心，该类平台的实验技术人员通常以熟练操作仪器设备为主要技能。

4. 研究支撑导向公共平台

四川大学分析测试中心是集分析测试服务、科学研究和人才培养为一体的校级公共技术平台。该中心成立于1978年，学校将该中心定位为“服务+学术”并重的分析测试服务机构，中心主任张兴栋院士主张：高校科学研究必须要有研究型分析测试中心，分析测试中心除了设备，还必须要有高水平的技术人才。

目前四川大学分析测试中心有34台大型仪器设备，学校2015~2019年累计为该中心设备建设投入1.1亿元。该中心有师资77人，其中正高职称14人、副高职称28人，高级职称比例占比为54.5%。为提升实验技术队伍的专业能力水平，四川大学还将高水平测试服务纳入职称评定条件之中，引导实验技术人员在技术方法研究方面进行深入钻研，提升学校整体研究实力。

在高水平设备和人才有效支撑下，四川大学分析测试中心在测试服务、人才培养及科学研究方面取得进展。在测试服务方面，2018年度该中心设备平均运行机时饱满，服务校内外大量课题组，同时也为西南地区企业积极开展分析测试服务，当年共出具CMA（China Metrology Accredidation，中国计量认证）检测报告799份；在人才培养方面，目前四川大学分析测试中心有70余名博士、硕士生在读，开设“近代测试技术”等十余门本科生选修课及研究生专业课，同时面向全校理工医类学生开展各类技术培训；在科研方面，该中心年均科研到款1 200万元经费，承担如863/973项目、国家重大科研仪器研制项目、国家自然科学基金重点项目、海外及港澳学者合作项目等一系列重点研发项目，高水平人才和大型仪器设备的保障使得众多科研项目能顺利、有效地推进。

与四川大学分析测试中心相似，以研究支撑为导向的高校还有清华大学分析中心、厦门大学分析测试中心及武汉理工大学材料研究与测试中心等。

5. 网络化管理模式

网络化管理是指高校通过物联信息技术建立虚拟网络平台，通过将分散在各单位、各楼宇的大型仪器设备接入网络，实现统一管理。网络化管理通常由学校指导，依托学院、实验室等进行统筹整合。学院调派专、兼职实验技术人员负责管理设备，以兼职实验技术人员为主，该类人员除管理设备外，通常还兼管实验教学、实验室安全、科研辅助及实验室建设等任务。学校通常会授予网络化平台收费权、聘任权。绩效激励方案由学院或实验室统筹，共享形式同时包括分析测试服务、技术咨询服务和项目委托服务。

目前，高校大型仪器设备网络化管理主要有两种层次，一种是以建设在线服务平台为基础，将仪器设备信息全部纳入在线服务平台，通常信息包含设备名称、型号、分类、参数、配置及升级日期、管理员联系方式、收费标准、开放形式、基本操作指南、典型案例等。除设备信息公开之外，平台通常会提供仪器设备预约的方式，如致电管理员预约、在线登记需求等。另一种更高层次的网络化管理，主要是结合在线信息系统和物联信息手段，搭建起的集信息公开、预约使用、在线结算等功能于一体的在线服务系统。物联信息连接高校内的大型仪器设备，从而实现实时查询使用状态、实时在线预约、在线结算及付费、数据统计等功能，使得设备使用情况公开透明、规范便捷。课题组调研发现，我国部分高校已开始不同程度应用物联信息系统进行网络化管理，该类在线服务系统主要以购置定制化商业系统形式配备，清华大学、天津大学、华东理工大学、西安交通大学等高校已逐渐在校内推广和布置物联系统，实现大型仪器设备的实时监控与在线管理。

6. 分散化管理模式

分散化管理是指高校依托于各课题组、科研教师对大型仪器设备自行管理。在缺乏资源统筹配置意识的早期，高校各学院和系所内部的课题组、教师个体中大量存在分散化管理的现象。目前，高校仍存在一半甚至更多的非通用设备，仍旧在以这种形式进行管理。

如果说高校内的平台化管理能更好地管理通用型仪器设备，为校内外提供量大面广的基础性科研支撑服务，那么分散化管理下的仪器设备则更能立足于学科发展，指向性强、针对性高地为部分学科提供服务。同时，专用型设备由于受众面较窄、需求用户过少，如果交给学校公共服务平台往往会带来巨大的运行成本，从而降低平台的运行效益。因此，分散化管理更适合用于管理专用型仪器设备。以西安交通大学全球环境变化研究院为例，该研究院配置的诸如网络化卫星同步大地电磁测量系统、中浅层探测系统装置等专用于地理环境研究的大型仪器设备，这些设备由研究院内课题组自行管理，在一系列配置高端、专用性强设备的密切支撑下，该研究院近年产出了大量发表在*Nature*、*Science*等上的高水平研究成果。

目前，高校大型仪器设备的管理处于平台化管理、网络化管理、分散化管理多种模式并存的局面。对于增量的通用设备多采用平台化管理模式；对于存量的通用设备多采用网络化管理模式；对于专业性较强的非通用设备多采用分散化管理模式。通过提升高校资源统筹配置效益、加强仪器设备在线管理，能够进一步增加通用型大型仪器设备平台化、网络化管理的比重；而分散化管理因为更精、更专的服务学科也将持续存在下去。

8.1.4　高校大型仪器设备开放共享的效果

1. 不同开放共享管理模式的效果分析

1）平台化管理效果

在典型案例调研的基础上，课题组随机抽取了32所国内高校大型仪器设备公共服务平台进行调查，进一步了解高校平台化管理的现状及运行成效。

在平台服务定位方面，100%的平台均具有技术服务业务，81.25%的平台具有科研业务，46.88%的平台具有研究生培养业务（图8-13）。由此可见，大部分平台的定位都是以“服务+研究”双线并重的形式展开的，约半数的平台还开展了研究生培养工作。

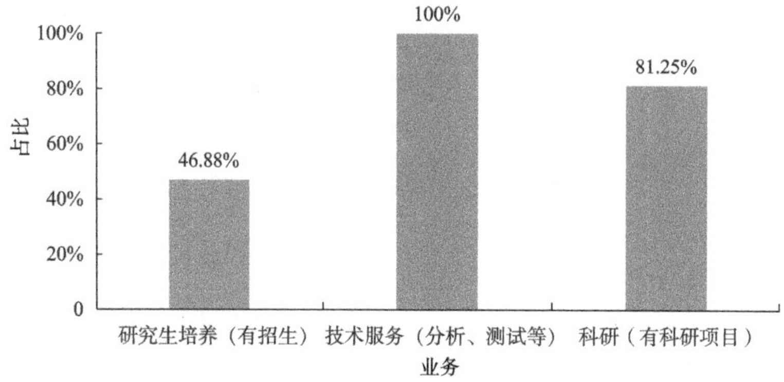

图 8-13　各高校公共平台业务范围

在服务范围方面，87.5%的平台服务范围为全校师生，12.5%的平台服务是面向社会开放的（图8-14）。可见，目前高校公共平台社会服务程度还存在提升空间，高校公共平台社会服务能力有待进一步提升。

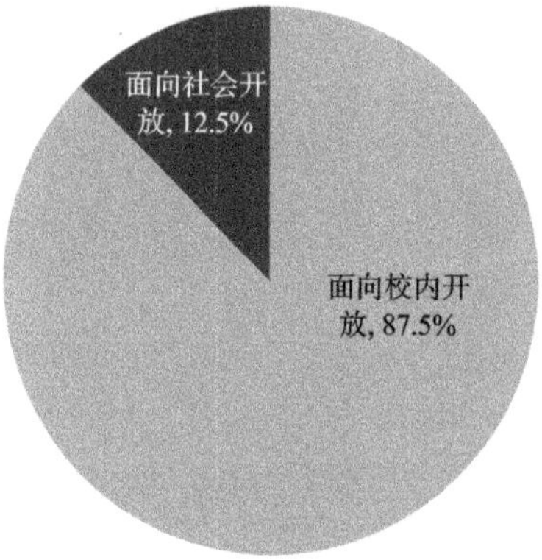

图 8-14　各高校公共平台服务范围

运行机时方面，各高校平均设备年均运行机时为817.8小时，平台设备年均运行机时平均为1 251.5小时，后者比前者高出53%（图 8-15）。此外，调查平台年均测样量约为4.88万个。可见，平台化管理下高校大型仪器设备运行更为饱满，服务效益更高。

服务收入方面，100%的公共平台均进行有偿服务，有65.6%的平台设立了独立收费账户，其中53.12%的平台年收入范围在100万~500万元（图 8-16）。可见，高校公共平台作为共享服务机构基本上均已开展了有偿服务，部分平台设立了独立的收费账户。

从校内外服务情况来看，各高校平均面向校外服务的工作量占总工作量的比重约为19.8%，平均面向企业服务的工作量占比约为9.3%（图8-17）。

可见，目前各高校大型仪器设备服务平台主要的服务精力在校内，校外服务的工作量总体较少，高校对企业科技创新的促进作用尚未充分发挥。

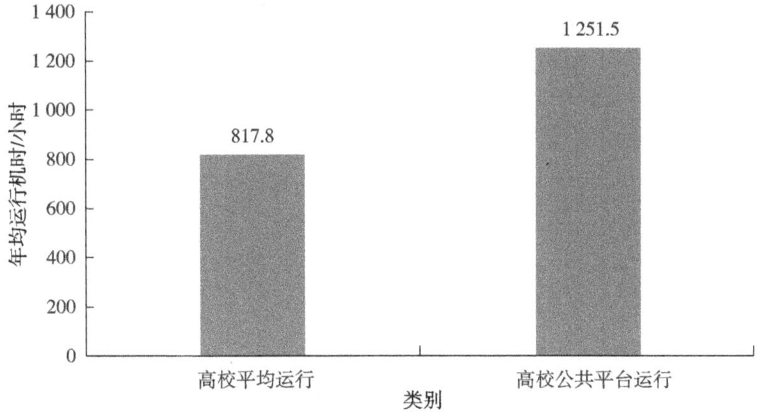

图 8-15　各高校公共平台年均运行机时对比

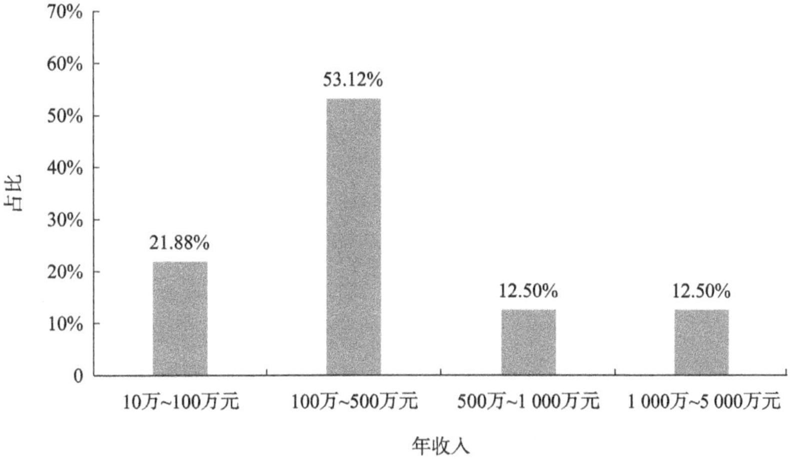

图 8-16　各高校公共平台年收入情况

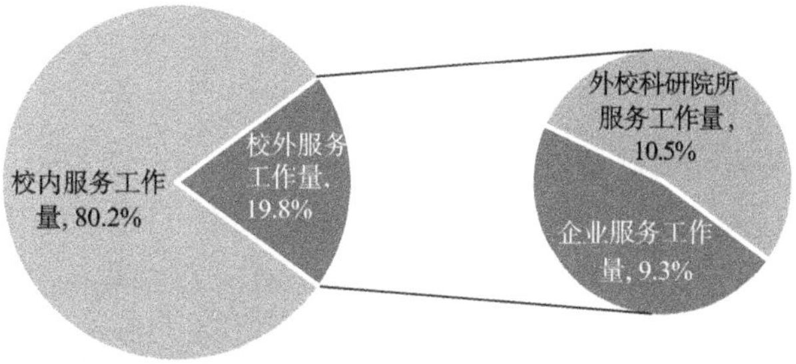

图 8-17　各高校校级平台校内外服务工作量比对

成果支撑方面，公共平台约占高校23%的资产体量，而这不足四分之一的资产对于高校产出科研成果做出巨大的贡献。93.75%的平台不同程度地支撑着学校高水平论文产出，各个平台均不同程度地支撑着学校在专利及获奖等方面的产出（图8-18）。

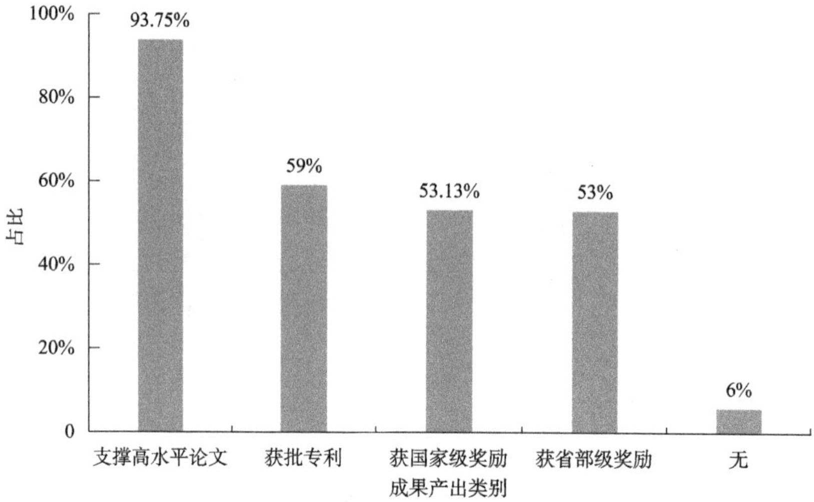

图 8-18　各高校校级平台校内成果支撑情况

结合课题组调研可见，平台化管理模式已大范围存在于各类高校，各平台以提供技术服务为主，此外，还不同程度地涉及科研、学生培养等功能。从运行成效来看，平台化管理的设备运行效益普遍较高，各校平台的设备运行机时显著高于全校设备运行机时，各类校级平台面向高校乃至社会发挥着广泛支撑的作用，各校平台从校内成果支撑到校外用户服务等方面均有一定成效。从各校公共服务平台的调研中可以看出，高校公共服务平台作为高校大型仪器设备开放共享的主力，在提升高校资源使用效益、广泛支撑校内外研究需求等方面已体现出重要的优势。

2）网络化管理效果

课题组调研发现，目前有在线信息平台的中心约占91.43%。74.29%的高校购买了成熟的商业系统进行管理，其余少部分由单位自行开发或使用国家平台系统进行管理（图8-19）。具有在线信息平台的高校中，仅有20%实现了系统在线结算功能，高校网络化管理仍有较大的提升空间。

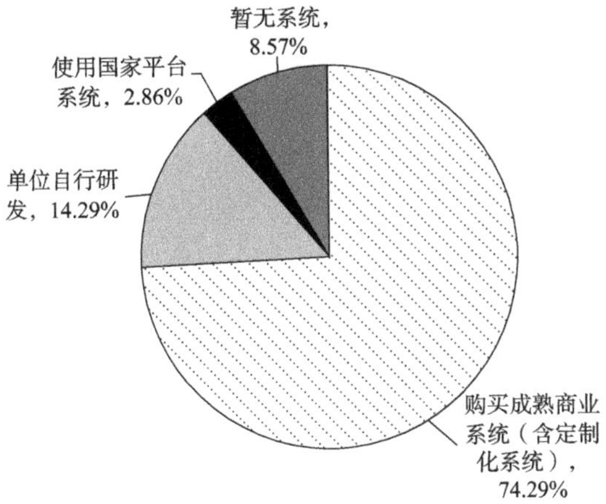

图 8-19　高校在线信息平台建设情况

目前利用在线网络结算情况：仅20%高校实现结算功能，西安交通大学、天津大学、华东理工大学等学校在线结算程度较高（图8-20）。西安交通大学通过近年平台建设和在线服务系统建设，已完全取消了以往的测试服务收入手工结算方式。所有在线服务收入完全通过物联系统进行结算和收费，保证所有的收费都有据可查，直接反映仪器设备开放共享的程度和效益。在线结算收入程度凝聚了高校大型仪器设备网络化管理建设及应用的实际情况，通过在线结算，可追溯大型仪器设备的使用时间、运行机时、设备状况及收费情况等信息。

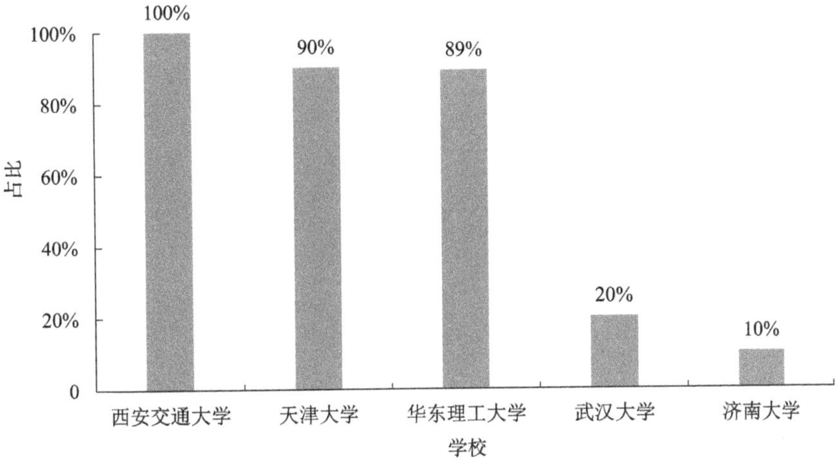

图 8-20　各校在线结算收入占总服务收入比例

2. 高校科技资源开放共享服务的表现业态

高校大型仪器设备开放共享服务形式主要包括分析测试服务、项目委托服务（横向课题、纵向课题、外协课题）和技术咨询服务。其中，分析测试服务与横向课题是面向社会开放共享的两种主要形式。通过对国内各高校公共平台的调研发现，各类平台在服务收费方面通常存在测试费、技术服务费及培训费三种收费方式，其中，测试费对应平台所提供的分析测试服务，技术服务费涉及项目委托服务，培训费则主要涉及对校外单位开展的技术咨询服务。调查数据显示，所有的公共平台都设置测试费收费项目，56.3%的平台有技术服务费收费项目，21.9%的平台有培训费收费项目（图8-21）。可见，目前高校仪器设备开放共享不单纯是提供检验检测服务，还包含项目委托服务、技术咨询服务等形式。

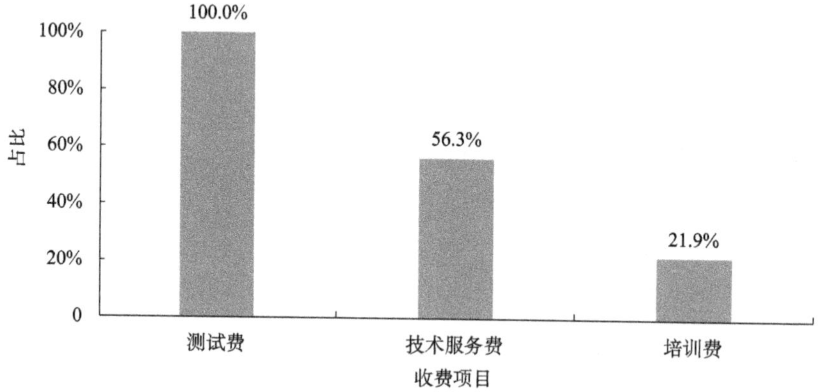

图 8-21 各高校公共平台有偿服务收费项目统计

科研项目方面，课题组调研发现，53.1%的公共平台存在实验技术人员承担企业项目委托的横向课题情况；同时由于大部分平台中涉及科研业务，半数以上平台均不同程度地承担了各级各类的纵向课题，特别是省部级、校市级的项目承担量相对较多（图8-22）。

3. 开放共享服务的激励现状特征

调研发现，有75%的平台可为实验技术人员提取服务收入绩效，2018年度，各高校平台对实验技术人员发放绩效奖金的金额占服务收入比例在8%~30%（图8-23），平均比例约为18.1%。各高校平台实验技术人员的绩效差额在0.2万~31.3万元。

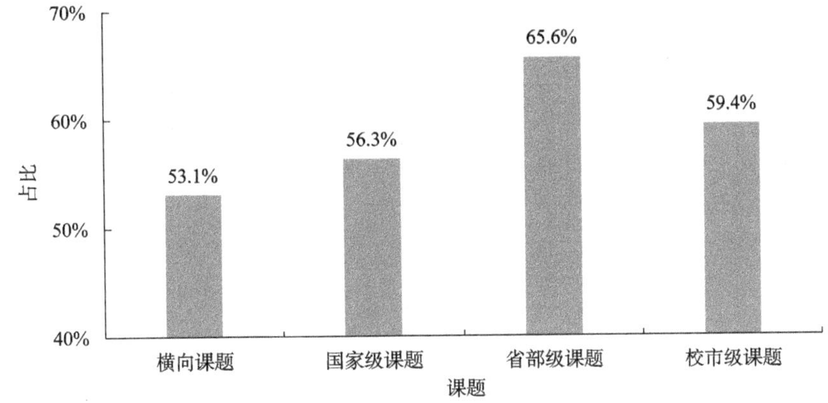

图 8-22　各高校公共平台课题承担情况

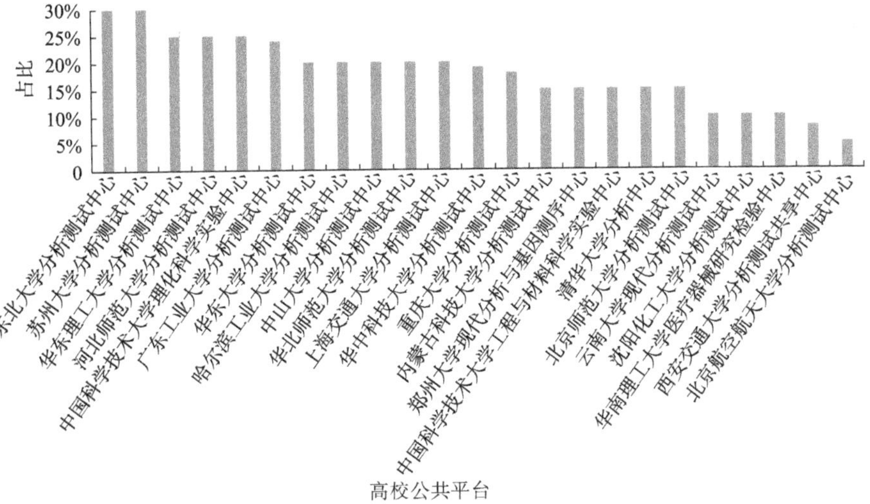

图 8-23　各高校公共平台服务收入绩效奖励情况

课题组进一步对比了高校分析测试服务和项目委托服务在激励方面的区别，从服务合约形式、管理费比例、允许绩效比例、实际绩效比例、绩效支配层级、激励对象、主观态度认识、考核指标纳入情况、绩效激励水平等方面对两种模式进行比较（表8-5）。

表 8-5　高校分析测试与项目委托服务激励现状对比表

项目	分析测试服务	项目委托服务
服务合约形式	分析测试合同	横向课题合同
管理费比例	0~25%	1.5%~10%
允许绩效比例	20%~40%	20%~50%

续表

项目	分析测试服务	项目委托服务
实际绩效比例	8%~30%	20%~50%
绩效支配层级	二级单位统筹支配	课题负责人直接分配
激励对象	专职实验技术人员	科研教师
主观态度认识	分析测试服务为本职工作，不宜过量激励	争取校外资源，应当绩效激励
考核指标纳入情况	纳入专职实验技术人员的考核指标，不纳入教师考核指标	纳入教师科研考核指标
绩效激励水平	较低	较高

从以上对比可见，两类服务模式在绩效支出比例、管理费上缴比例上并没有太大差异，主要的差异体现在激励的支配层级、高校对实验技术人员和教师获得绩效的主观认知、考核指标纳入等方面，最终表现出两种服务不同的绩效激励水平。通常教师进行课题研究被认为是其以智力资本争取校外资源的行为，获得课题绩效提成无可厚非，而实验技术人员进行分析测试服务属于本职工作，不宜再进行过量激励。因此，对于高校实验技术人员的激励不能简单通过提升实验技术人员服务收入的绩效提成比例进行，而是要打通实验技术人员表达各种开放共享服务形式的激励路径，让实验技术队伍的价值得以体现。

8.2 高校大型仪器设备开放共享问题与突破路径研究

8.2.1 高校大型仪器设备开放共享问题挖掘

当前高校大型仪器设备开放共享过程中主要表现出以下几方面问题。

一是高校仪器设备统筹和集约化管理水平需加强。高校大型仪器设备购置经费来源口径众多，受源头资金配置模式的束缚，统筹论证困难，导致重复购置，经费使用效率较低；仪器设备的分散化管理造成协调、运行、管理成本高，不利于高校科技资源开放共享。

二是实验技术队伍建设弱化、服务质量低。相比教师队伍，实验技术队伍建设和培养没有得到同步提升，岗位职责不清晰、晋升路径不通顺，不仅造成现有实验技术人员业务水平不高，而且难以吸引优秀人才进入实验技术队伍，使设备操作水平无法满足校内外的研发需求。

三是人员激励机制不完善。对于高校各类科技资源开放共享服务主体（实验技术人员、科研人员、服务人员、设备管理职能部门），绩效激励机制不通顺，激励标准不清晰，造成科技资源开放共享服务主体工作积极性较低。

8.2.2 高校大型仪器设备开放共享问题的突破路径选择

针对以上问题，高校需要从以下几个方面进行突破。

一是高校要进一步加强设备统筹配置。在设备购置的源头处减少大型仪器设备资源的重复、低水平配置。离开增量设备的统筹配置，仅通过管理体制改革和信息技术应用等手段难以真正有效实现设备的饱满运转和有效利用。因此，要改善设备闲置、重复配置等问题，应当追本溯源，首先从购置的源头处进行统筹配置。

二是高校应进一步加强设备集约化管理。同时兼顾增量与存量、通用与专用设备的特性，按照用户和学科发展的需求，尽可能多地将通用增量设备配置到公共平台中，将存量通用设备纳入网络管理体系当中，更好地服务校内外用户，将专用型设备留在分散管理体系中，更有针对性地服务学科前沿发展。

三是高校应明确实验技术队伍在开放共享、学科发展中的定位，加快实验技术队伍建设。通过岗位梳理与分类管理，让实验技术队伍从非专业事务中分离出来，专心于服务与技术提升；通过各类培养与激励手段，有效提升实验技术队伍的专业服务水平和能力，激发技术人员服务与钻研的热情。

四是高校应认识到开放共享存在多种服务表现形式，激励机制的设立应当明确具体行为和主体。通过不同的激励手段激发开放共享这项系统工程所涉及角色的主观能动性，让实验技术人员、科研教师、行政人员等各尽所能，积极围绕大型仪器设备资源输出高校的智力服务。

8.3 高校支撑产业突破关键核心技术的“大平台+小前端”实现模式

服务国家重大需求是一流大学与一流学科的社会责任担当，高校在支撑产业突破关键核心技术的进程中，需要具备一流的创新资源社会服务能力，包括科学研究、技术开发、人才培养、技术咨询等社会服务能力。本节将以高校大型仪器设备开放共享为切入点，分析高校如何构建支撑产业突破关键核心技术的“大平台+小前端”服务模式。

8.3.1 产业突破关键核心技术对高校大型仪器设备开放共享的需求分析

1. 高校大型仪器设备开放共享的市场需求与规模特征

我们的调查显示，82.1%的企业认为技术创新对其发展至关重要，而仅38.5%的企业有使用创新资源的经历。从业务层面来看，市场对于高校创新资源的主要需求可分为技术转移、研发合作、技术咨询、分析测试、创新人才和教育培训等。市场对高校各类创新资源开放共享的需求呈现出多元化、复杂性特点，常常需要多种创新资源交叉整合，这是目前面临的难点问题。本章以高校大型仪器设备开放共享为例分析产业突破关键核心技术对高校创新资源的需求。

2019年教育部科技发展中心对国内39家高校分析测试中心型机构的调查数据显示，2018年机构平均校外服务机时占总服务机时的26.7%，机构平均校外服务收入约占总服务收入的33%。

我们的调研数据显示，目前各高校校级实体平台对外（含高校院所、企业等）服务工作量在8%~40%，针对企业的服务工作量仅有2%~28%。同时，对中小型创新创业企业的调查显示，20%的企业尚不清楚研发阶段使用何种仪器设备及其测试方法，60%的企业选择第三方企业寻求检验检测帮助，75%的企业认为需要解决的问题复杂，无法找到同时满足条件的团队。

综上所述，目前高校创新资源面向社会开放共享服务量较少，同时高校的服务输出更多是以卖方市场的姿态进行，对企业服务的主动性较低；企业面对研发需求，多数依靠市场化服务公司来解决问题，同时企业通常由于需求问题复杂，无法找到对接专家而无法顺利完成研发任务。

2. 高校大型仪器设备开放共享服务的质量特征

高校科技资源面向社会开放共享，主要是为了支撑企业开展技术创新，因此本书调研了部分高校大型仪器设备开放共享的企业客户。

1）高校分析测试服务和项目研发的客户满意度较高

企业在获取检验检测服务的过程中，对高校服务的整体满意度为93.34%，对高校检验检测服务的各项满意度普遍较高（图8-24）。可以看出，企业对高校分析测试服务的收费价格满意度相对较低，其他方面满意度都相对较高。近年来随着高校科技资源开放共享工作的推进，企业用户从接触不到校内大型仪器设备到平等使用，对高校设备资源开放共享的评价普遍比较正向。企业对价格的敏感性说明了中小企业研发资金有限，利用高校科技资源的支付能力不足。目前各类政府研发补贴精准度、便捷性亟待改进，研发补贴政策难以有效缓解中小企业研发资金压力，不利于企业积极利用高校科技资源开展技术创新。

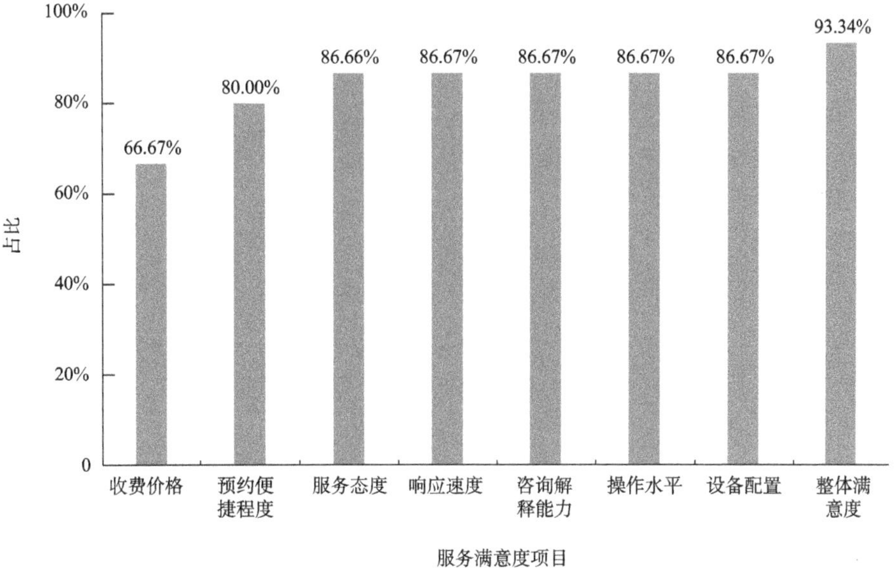

图 8-24　企业对高校检验检测服务的满意度

我们还对企业获取项目委托服务过程中的满意度进行了调查，数据显示，企业对高校研发质量整体较为满意，在调研过程中企业研发人员普遍认可高校专家的专业程度和设备的配置水平，他们普遍更相信高校专家给出的研究结果，因此对高校研发工作具有较为正面的评价（图8-25）。相比之下，企业对高校服务的研发周期满意度相对较低，可见企业对研发周期的需求比较强烈，市场竞争瞬息万变，抢占时机对于企业创新活动意义重大，而高校进行项目研发通常需要较长的时间，无法完全满足企业的迫切需求。

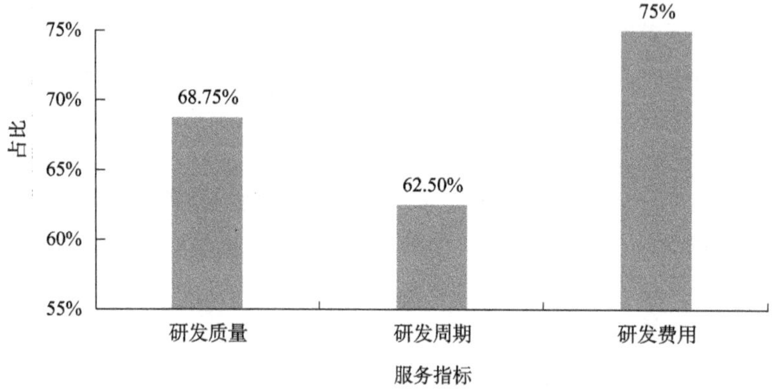

图 8-25 企业对高校项目委托服务的满意度

2）高校大型仪器设备资源信息开放度较低

企业要与高校建立检验检测合作，首先需要从信息获取入手。高校各类科技资源信息存在封闭性和零散性，仅仅依靠市场力量难以解决信息完善性差、时效性低、整合度弱的问题，导致企业需求与高校科技资源难以有效匹配。经调查，企业对信息更新周期的满意度占33.33%，对信息发布质量的满意度为46.67%，对信息获取便捷性的满意度为40.00%（图8-26）。可见，企业在信息获取环节对高校的满意度水平较低。

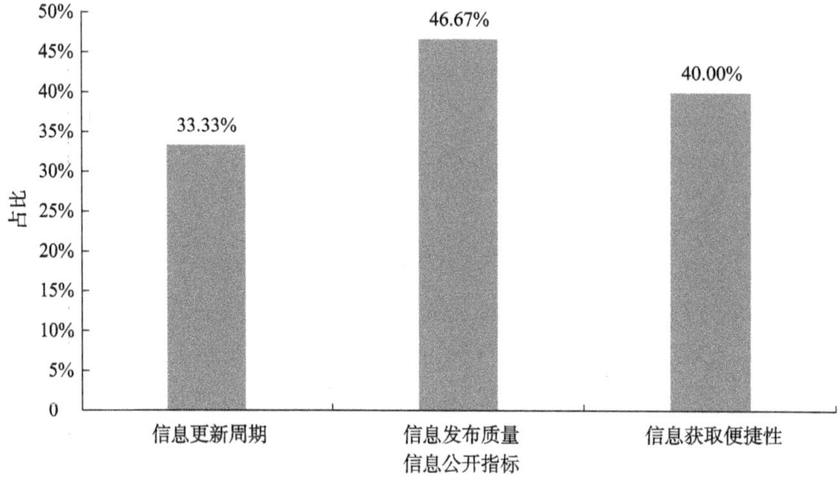

图 8-26 企业对高校仪器设备信息公开的满意度

当企业在信息获取过程中遇到困难时，60.00%的企业会选择向第三方专业服务公司寻求帮助，46.67%的企业选择咨询高校相关部门，26.67%的企业会通过亲友、同事等社会关系求助（图8-27）。可见企业在获取信息碰壁后，通常向承担第三方专业服务的公司支付高额费用，希望尽快解决信息获取困难问题，完成研发任务，也从侧面反映出第三方专业服务公司的服务特点在于需求响应快速但价格昂贵。

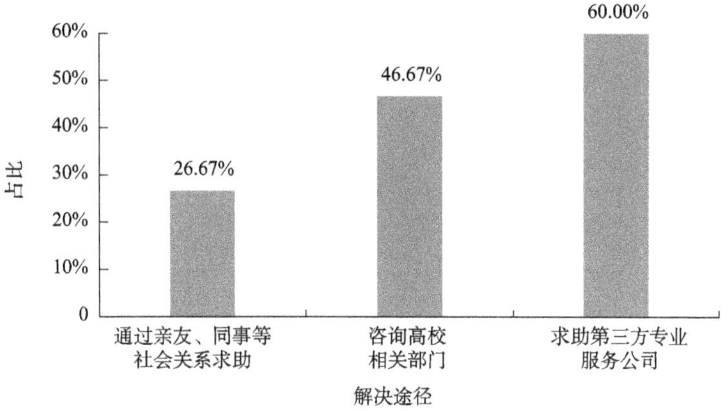

图 8-27 企业面对信息获取困难的解决途径占比情况

3）企业与高校部分项目合作洽谈失败的原因分析

据调研，企业与高校部分研发洽谈成功的平均概率为40.1%。在深入挖掘洽谈失败原因时，75.00%的受访企业认为失败源于分析测试业务太复杂，无法找到同时满足需求的专家；43.75%的受访企业认为原因在于无法承担项目费用；25.00%的受访企业认为原因在于咨询解答沟通困难；12.50%的客户认为源于专家合作热情不高（图8-28）。在调研中有大量企业反映希望“有个公共平台进行项目对接”“提供开放窗口”“提供技术咨询服务”等，可见企业对高校需求对接窗口的需求非常强烈，企业需要专业的技术团队与信息网络为其对接复杂需求。此外，四成以上企业认为无法承担项目费用，可见尽管当前政府推行了各种科技补助政策，但企业仍有较大的研发资金压力。

4）高校创新资源面向社会开放共享的难点

一是高校各类科技资源信息存在封闭性和零散性。开放是共享的前提，要实现高效、优质的共享，首先应保障高校仪器设备资源信息全面公开。调研结果显示，目前企业在搜寻仪器设备信息、专家信息时还存在困难，特别是信息更新周期长、信息不完备、获取程度复杂等问题依旧存在，致使企业需求难以与高校资源有效匹配。高校仪器设备资源的信息公开程度还有待提升，公开信息的完善性、时效性及公开途径便捷性等还需进一步加强。

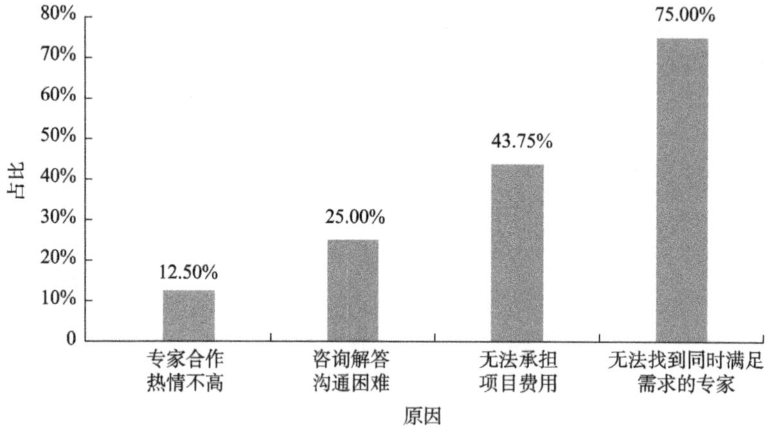

图 8-28 企业与高校合作洽谈失败原因

二是企业与高校存在双向技术沟通的障碍。通常来讲，中小企业研发需求急迫，但由于自身专业技术水平的限制，需求表述能力和价值认同水平不足，难以将需求进行专业化、科学化的描述。面对“说不清、道不明”的需求，高校专家通常也不会投入精力为企业进行基础知识辅导和技术咨询，使得合作意向难以继续发展。

三是中小企业研发资金有限。调查发现，企业普遍表现出研发经费困难的问题，表现为企业对高校测试服务收费水平满意度相对较低、四成以上企业认为无法承担项目费用等，研发资金短缺将直接遏制中小企业的创新创造动机，削减企业技术研发活力，不利于创新驱动发展与经济结构转型。

总而言之，目前我国高校创新资源开放共享对校外用户，特别是企业用户的需求满足状况仍存在较大的提升空间。

8.3.2 高校支撑产业突破关键核心技术的“大平台+小前端”服务模式构建

移动互联技术引发的管理革命使部分行业中的组织从传统的科层制逐渐向开放性平台模式转变，由创意个体组成的相对独立的工作团队成为平台型组织创新发展的关键动力和重要资源。“大平台+小前端”的大平台以坚实的管理或服务云平台支持前端的灵活创新，“小前端”则实现与“个性化需求”的有效对接。例如，滴滴出行科技有限公司建立大型云平台（即“大平台”），私家车司机作为“小前端”为用户提供豪华车、专车、快车和顺风车等多种个性化出行服务。这种新型的组织形态已经在实业界引起巨大变革，我们认为高校作为平台化组织，也应借鉴并创新“大平台+小前端”模式，促进高校创新资源开放共享支撑产业突破关键核心技术。

1. 高校创新资源开放共享发展趋势研判

1）开放共享分工逐渐精细化

基于互联网等现代技术，整合闲置资源，满足多样化需求的共享经济新模式，现已取得一定的成果。它与科技资源共享理念一致，高校需要深化供给侧结构性改革，完善布局；进一步加大市场化程度，优化配置，建立服务导向型开放共享机制，增强服务的质量和水平，将高校创新资源规模优势转变为创新能力优势。

2）高校创新资源趋于集约特色化管理

我国科技资源规模和实力不断提升，已成为世界科技资源大国，但还不是科技资源强国。集约化管理是现代组织提高效率与效益的基本取向，从高校科技资源开放共享的角度来看，平台化管理效率和激励效果要优于网络化管理、更优于分散化管理。对于一些专用型设备，根据其设备特性，采用特色式管理。

3）实验技术水平要求日益提高

在科学技术发展过程中起重要作用的，除了科学技术实验装备外，实验技术水平也是非常重要的因素。随着科学技术的不断进步，对科学技术相关的实验模式、实验技术水平也提出更高的要求，面对日益专业、复杂的实验工作，实验技术人员必须转变观念，不断适应创新与变革，掌握实验新知识、新技术、新实验方式，提高试验技术水平。

4）以人为本成为激励机制的基石

创新驱动实质上是人才驱动，激励的出发点和落脚点都是激发人的主观能动性。因此，为进一步激发广大科技人员推动资源开放共享的积极性、主动性和创造性，就要注重实验技术人才等专业化队伍建设，需要发挥市场机制作用，打通现有束缚机制，加大对开放共享实验技术人员的激励。

2. 高校创新资源开放共享的“大平台”与“小前端”

依据“互联网+”战略，高校支撑产业突破关键核心技术的“大平台”可以分为线下服务平台和线上服务平台，两个平台相互支撑，协同为产业突破关键核心技术做贡献。

1）线下服务平台

（1）科研平台。科研平台包括高校院系、国家重点实验室、国家技术创新中心、2011协同创新中心、教育部重点实验室、高校分析测试中心、政府和高校或院系共建的事业单位型研究院、高校和企业共建实验室等。

（2）科技服务机构。科技服务机构包括高校科技成果管理部门、高校资产经营公司、高校科技园开发建设公司、大学科技园公司、高校众创空间、知识产业服务机构等。

2）线上服务平台

目前我国高校几乎很少有自主建立的面向社会的科技服务平台，由此造成严重的信息不对称问题，科研人员不了解市场，难以找到合适的承接企业，企业个性化需求太多，缺乏直接和科研人员沟通的机会。当前科研人员参与科技成果转化流程复杂，风险太大，由此导致科研人员对成果转化的抵触。线上+线下的模式，可以减少不必要的高校和企业中间环节，让信息对等化，使整个行业加速运转。高校创新资源开放共享的线上平台应该提供信息对接、科技评估、信用评价和支付结算、后勤保障和教育培训等功能模块。

（1）信息对接模块。信息对接分为线上和线下两种方式。科研服务组织通过定期举办线下的科技成果对接会、洽谈会等集中有效地促进成果供需双方的接触和合作，最主要的是利用线上平台实现成果供需双方的信息互通。首先，要对科技成果信息进行全面的统计和识别，从科技成果的属性和产权两个角度进行分类，为成果转化的可行性和转化方向进行初步判定。其次，组织相关部门对科技成果进行严格的评估，评估内容包括技术成熟度、成果的经济价值和预期收益等。最后，利用大数据智能匹配的方式精准对接企业，从而增加科技成果转化的时效性。

（2）科技评估模块。科技成果完成信息对接过程后，需要评估科技成果：①评估现有阶段的研究成果是否达到转化条件，如何进行孵化以达到转化条件；②评估孵化条件和孵化需求；③对拟转化企业的能力和条件进行考察评估；④对可转化科技成果的经济价值和预期收益进行评估；⑤对科技成果进行价值评估。经过以上系统性评估后为科技成果匹配最优的孵化条件、金融机构及投融资模式和转化企业。

（3）信用评价和支付结算模块。当前产学研活动普遍缺乏对科研人员的评价，企业一般不会贸然寻求高校科研人员的技术支持。此外，当前科技成果转化通常是“一事一例”，支付结算手续复杂，给科研人员和企业均造成不便。中国西部科技创新港（简称创新港）的科技服务平台通过提供成果信息匹配、交易价格评估、项目落地追踪等一条龙服务，形成了集成信用评价和支付结算功能的客观条件，从而解决了企业难以选择科研人员和支付手续繁杂的问题。

（4）后勤保障和教育培训模块。科技服务组织提供的后勤保障包括场地、商务设施等物理空间，以及成果供需双方洽谈的接待服务等，保证科研人员能全身心地投入科技成果转化过程。创新港占地面积23平方千米，不仅拥有大量的办公空间，可供大、中、小、微各种创新创业企业运行，还可以提供大量高质量的共享空间（如共享会议室、报告厅等）。当前科研人员普遍缺乏科技成果转化教育培训，对成果转化的流程、手续、与企业谈判的注意事项及技术合同的要点都不甚了解，在科技成果转化后续的商业活动中往往不能保障其应有利益，创新港科技服务组织将提供系统的商业知识培训和规范的成果转化流程培训，为科研人员的利益保驾护航。

3）高校创新资源开放共享的“小前端”

高校创新资源开放共享的“小前端”为各类服务团队和组织，包括科研团队、创业团队、中介服务组织、转孵化组织、投融资组织、科技码头等。这些组织和团队并不一定源自高校内部，其在“大平台”上作为“小前端”为产业突破关键核心技术提供多元化服务。

产业企业只需在线上平台上传需求，线下平台团队与企业对接，对需求进行分解和专业化描述，并向小前端发布企业需求。小前端接到需求后，通过平台组织团队整合高校创新资源提供精准服务。总之，通过“大平台+小前端”模式，高校创新资源可以更高效地服务产业需求，支撑产业突破关键核心技术。

第9章　高校科技创新支撑产业突破关键核心技术的政策建议

9.1　促进大学科技园高质量发展，打造2.0升级版

进入新时代，我国经济已由高速增长阶段转向高质量发展阶段，需要深入实施创新驱动发展战略，推进大众创业、万众创新向纵深发展。大学科技园要围绕服务高校教学科研谋划新发展，回归支撑高校科技成果转化与“双创”人才培养的初心，为高校“双一流”建设做出贡献。

1999~2019年，我国已批准建设国家大学科技园115家，覆盖全国绝大多数省份（西藏、香港、澳门、台湾除外）。经过20多年建设发展，国家大学科技园已经成为我国科技体制改革创新的试验基地、科技人员创新创业的核心载体、校企资源融合共享的枢纽平台，是支撑创新驱动发展的重要力量。根据《关于促进国家大学科技园创新发展的指导意见》（国科发区〔2019〕116号）与《国家大学科技园管理办法》（国科发区〔2019〕117号），针对目前大学科技园发展存在的问题，经过调研形成本节，希望能打造大学科技园2.0升级版。

9.1.1　大学科技园目前面临的突出问题

1. 功能定位不够精准，考核评价制度不适应新时代高质量发展要求

大学科技园新时代的初心使命是支撑高校“双一流”建设，为高校科技成果转化和“双创”教育提供实践载体，使高校科技成果源源不断转化为生产力。高校对大学科技园的考核，过于看重产值效益和定量指标，缺乏对支撑高校发展的标志性成果和高质量孵化项目的考核。调查显示，仅有25%的大学科技园同时具备专业的孵化与投资功能，很多企业进驻大学科技园后，迟迟不能“毕业”，不仅无法有效转化高校科技成果，而且占据空间限制了科技园的发展潜力，造成资源浪费。调查还显示，仅四成大学科技园每年开办“创业训练营”活动，对“双创”教育服务

内容不完善。

2. 专业化能力严重缺乏，无法有效支撑高校科技成果转化与“双创”人才培养

目前的体育明星与娱乐明星都有经纪人专门负责商业谈判和市场推广等业务，高校优秀的科技明星和学术明星同样需要经纪人——技术经纪（经理）人。人才始终是第一重要的战略资源，目前大学科技园专业化人才匮乏、管理人才梯队断层、市场化激励机制与考核制度安排缺失，园区科技成果转化生态环境未能有效构建，导致部分大学科技园只能提供租房等基础服务，偏离了服务高校科技成果转化与“双创”人才培养的初心。

3. 与高校内部职能部门之间缺乏协同，管理体制机制不完善

高校内部科技成果转化和“双创”教育管理部门众多，大学科技园在服务高校科技成果转化与教学科研时，与校内科研管理、“双创”教育及学生管理等职能部门部分职责重叠，存在“九龙治水”现象，没有形成有效的协调机制，导致大学科技园的运行效率较低。

4. 一些大学科技园发展存在财务风险和法律风险

一些大学科技园运营公司在发展过程中背负了大量债务，给高校资产管理公司带来了财务风险和法律风险。启迪控股股份有限公司是清华科技园开发建设与运营管理单位，截至2019年第一季度的合并财报显示，其总资产为1 487.90亿元，净资产为387.10亿元，负债合计高达1 100.80亿元，资产负债率为73.98%。

5. 区域发展不平衡，国际化水平较低

我国115家国家大学科技园主要分布在东部、中部省份，西部省份仅有15家。从整体发展情况上看，东、中部大学科技园比西部发展更好。这种不平衡制约了大学科技园的协同、共享、创新发展目标的实现。一流的大学科技园与一流的大学相辅相成，目前只有少数大学科技园，如清华科技园建立了海外园区，国内也很少引进国外知名大学园区，总体来看，大学科技园的国际化水平较低，不利于世界一流大学建设。

9.1.2 政策建议

（1）改革国家大学科技园评价与考核制度，建立“优胜劣汰”的动态管理机制。建议教育部与科技部充分发挥第三方评估机构作用，开

展国家大学科技园高质量发展水平评估，将国家大学科技园是否完成了高水平科技成果孵化项目与服务“双创”人才培养的重大标志性成果等作为评估重点。建立“优胜劣汰”的动态管理机制，对于未达到高质量发展要求的国家大学科技园，限期整改，若仍未达到要求，坚决摘牌；对于考核优秀的国家大学科技园，要及时奖励，注重宣传，发挥示范作用。

（2）鼓励大学科技园提高科技服务与运营管理人才队伍的专业化水平，优化高校科技成果转化与“双创”教育的生态环境。建议教育部联合科技部、人力资源和社会保障部制定政策，加强科技服务人才的职业培训与资格认证。鼓励大学科技园建设专业化的科技服务人才队伍和运营管理队伍，着力吸纳既懂经营又懂技术的“产业教授”和技术经理（经纪）人，完善科技服务人才队伍的市场化激励机制，激发其活力，提高科技成果转移与转化效率。

鼓励大学科技园优化园区物理空间使用效率，建立激励“毕业”企业返投或并购园区孵化企业的制度，通过聚集孵化、知识产权、研发咨询、中试、熟化、投融资等科技服务机构（前端），以及建设包含科技成果库与市场需求库的线上服务平台，构建“大平台+小前端”的互联网+科技服务体系，优化高校“双创”教育与科技成果转化全链条生态环境，增强高校科技成果高质量供给能力，不断提高园区的科技服务能力和可持续发展能力。

（3）鼓励依托单位建立大学科技园管理委员会，优化与校内职能部门的协同机制，探索管理机制创新。推动依托单位建立大学科技园管理委员会，理顺大学科技园与高校科研院、技术转移中心、教务处、团委等职能部门的关系，优化部门协同机制，明确大学科技园在高校科技成果转化与“双创”人才培养工作体系中的实践载体作用。鼓励大学科技园搭建创新创业实践平台，增强本科生与研究生的“双创”意识和能力，培育富有企业家精神的创新创业后备力量；协同企业搭建产教融合研究生实践平台，促进教育链、创新链和产业链的有机衔接，引导研究生到大学科技园进行科研实践，破除仅从文献中寻找研究问题的科研弊端。

鼓励大学科技园探索适合自身需求的管理体制创新，明确尽职免责条款，提升大学科技园运营公司股权社会化程度，完善管理制度，提升治理能力。

（4）建立大学科技园科技成果转化风险防范机制。建议教育部联合国务院国有资产监督管理委员会，充分发挥第三方评估机构作用，对目前资产负债率较高的大学科技园运营公司进行风险评估，根据评估结果要求大学科技园在规范运营和风险管理方面持续改进。推动高校落实《高等学校所属企业体制改革的指导意见》，建立科技成果转化形成资产（股权）的财务风险与法律风险防范机制，严格执行高校资产有偿使用制度，避免国有资产流失。

（5）优化大学科技园国内区域布局，提升国际化水平。建议教育部与科技部出台国家大学科技园评估评价和科技园新建工作的实施细则，建立评估专家库，以申报积极性高、建设基础好的省级大学科技园为基础，启动国家大学科技园新建工作，并对现有国家大学科技园开展评估，促进国家大学科技园内涵式发展。建议依托京津冀、长三角、珠三角等高校科技资源富集和区位优势，建设三个国际性大学科技园集聚示范区；依托重庆、西安、成都、武汉、郑州五大国家中心城市打造五条大学科技园区绵延带，带动邻近区域充分、协调发展。充分发挥大学科技园联盟的作用，实施“1+1”帮扶行动，加强大学科技园之间的经验交流、协同合作和资源共享，促进大学科技园全面均衡发展。

鼓励大学科技园与国际知名大学、国际技术转移机构、国外创业孵化机构和大学科技园建立全球资源链接合作机制，积极引进国际创业团队、资本和技术。鼓励有条件的大学科技园建立海外园区，融入全球创新网络，在推进“一带一路”倡议、全球科技创新中心建设中发挥重要作用。

9.2　提高前瞻性基础研究投入，促进高校引领原创成果重大突破

高校作为基础研究的主力阵地，不仅对实现前瞻性基础研究起着决定作用，还是引领性原创成果重大突破的主要知识源泉。

据中国科学技术信息研究所于2017年10月31日发布的《中国科技论文统计结果》，2016年SCI数据库收录中国科技论文32.42万篇（高校发表24.14万篇），连续第八年排在世界第2位，占世界份额的17.1%，仅次于美国（26.5%）。然而，我国在EUV光刻机（高端芯片生产设备）、高性能航空

发动机等重大核心技术与关键生产环节，仍然受西方《瓦森纳协定》的封锁。我国高校科研人员只有围绕“新时代、新使命、新要求、新目标、新任务”，采用“新理念、新思路、新模式、新计划、新行动”开展科技创新，才能实现引领性原创成果重大突破。

9.2.1 十八大以来高校在重大原创成果方面取得的成效

引领性原创成果重大突破是通过研究开发做出前所未有的、具有引领突破性的、拥有自主知识产权的新发现、新发明和新技术。引领性原创成果重大突破的源泉在于基础研究，高校积累的基础研究成果为引领性原创成果重大突破提供了条件。

十八大以来，我国高校产生了一批具有较大影响力的原始性创新成果。例如，2013年清华大学薛其坤团队在实验中首次观测到量子反常霍尔效应，被杨振宁评价为中国首次做出的诺贝尔奖级发现。这一发现可被用于发展新一代低能耗晶体管和电子学器件，进而推动信息技术的进步。中国科学技术大学教授潘建伟、陆朝阳等的科研成果“多自由度量子隐形传态”，当选2015年英国国际顶级期刊《物理世界》评选的物理学领域“年度突破”。高校在量子通信领域的重大突破研究，促使我国2016年在世界上率先发射了量子通信试验卫星，实现了1 200千米的超远距离量子通信，处于世界领先水平。但整体来看，我国高校还未实现重大原始创新集群式突破。

9.2.2 高校实现引领性原创成果重大突破面临的问题

1. 高校科研人员原始性创新激励机制的项目导向过重

合理的激励机制能够有效带动原始性创新。虽然目前我国已经通过“长江学者特聘教授”“杰出青年基金”等激励制度设计吸引了大批海外的中国科学家回国，但是我国高校整体科研人员的原始性创新激励机制与美国相比还有一定差距。

依据美国国家自然科学基金委员会的报告，2014~2016年美国自然科学基金的实际资助率约为10%。依据我国国家自然科学基金委员会的报告，2014~2016年我国自然科学基金面上项目的资助率为24%，青年项目资助率则更高。虽然美国自然科学基金的资助率低于我国，但是美国高校科研人员的工资远远高于我国。依据科技部科技人才交流开发服务中心2017年的研究，美国高校科研人员职位最低的研究人员平均年薪为5万~6万美元，最高职位的研究人员年薪在15万~20万美元。通过对比可以看出，我国高校科研人员激励机制的项目导向高于美国，而薪酬导向则低于美国。这不仅使科研人员，尤其是优秀的科研人员忙于申请各种项目和人才称号，减少了他们真正用原创成果取得重大突破的时间和精力，而且容易引发科研人员虚假报销和套取科研经费等学术不端风险。

2. 高校前瞻性基础研究水平有待进一步提高

据《中国科技论文统计结果》（2017年），2007~2017年被引用次数处于世界前1%的高被引论文，中国发表20 131篇（主要由高校发表），世界排名第3位，占世界份额为14.7%；英国排名第2位（18.9%），美国排名第1位（51.1%）。我国的高被引论文数量不足美国的三分之一。

《中国科技论文统计结果》（2017年）显示，截至2017年10月，中国的国际热点论文数为703篇（主要由高校发表），占世界总量的25.1%，世界排名保持在第3位。美国的热点论文数为1 553篇，占世界总量的55.4%，仍居第1位；其次为英国（820篇），占世界总量的29.3%。我国的热点论文数量不到美国的二分之一。这说明与美国相比，我国高校目前的前瞻性基础研究水平还不能为实现引领性原创成果重大突破提供足够的支撑，有待进一步提高。

3. 我国与美国相比基础研究投入占全部 R&D 投入的比例较低

依据OECD的统计，我国基础研究投入占全部R&D投入的比例常年在5%左右，而美国早在2005年基础研究投入比例已高达18.73%。只有提高基础研究投入比例，才能促进前瞻性的基础研究，进而支撑引领性原创成果重大突破的实现。

4. 高校 R&D 经费来自企业资金的比例逐年降低，缺乏能有效融合前瞻性基础研究与原始性技术创新的人才

《中国统计年鉴2016》显示，高校R&D投入中来自企业资金的比例从2011年的35.26%逐年下降到2015年的30.19%。这一方面说明政府对高校R&D投入的增长速度远远超过了企业对高校R&D的投入，另一方面也表现出产学R&D合作的力度相对降低了。高校的R&D投入中企业资金比例的下降，不利于高校的科技成果转化。

依据Scopus数据库，2016年我国发表论文最多的100所高校总共被Scopus收录1 086 973篇科技论文，其中校企合作发表20 665篇，占比仅为1.9%。这说明目前企业与高校的R&D合作大多集中于应用研究。中国企业大多并不具备独立开展基础研究的能力，如果不能实现产学合作开展前瞻性基础研究，那么企业不仅无法提高核心技术突破能力，也不能有效培养桥接科学家，缺乏能有效融合前瞻性基础研究与原始性技术创新的人才。

9.2.3 实现引领性原创成果重大突破的建议

（1）优化高校R&D投入结构，提高引领性原创成果重大突破的薪酬激励导向。建议教育部组织专家研究论证具体如何优化高校R&D投入结构，提高用于科研人员实现引领性原创成果重大突破的绩效薪酬（奖金）投入比例，适度降低项目激励导向。

（2）以实现引领性原创成果重大突破为目标，提高前瞻性基础研究投入，推进五类国家科技计划的供给侧结构性改革。把好国家自然科学基金重大项目、国家科技重大专项、国家重点研发计划的“入门关”，在确保前瞻性、引领性与满足国家重大需求统一的基础上，提高基础研究投入。健全项目的后续动态跟踪与调整机制，确保项目负责团队能够实现既定的项目目标。对于有良好的原创成果重大突破前景的项目则应及时跟踪，持续投入。

（3）加强融合前瞻性基础研究与原始性技术创新的桥接科学家队伍建设，保障实现引领性原创成果重大突破。桥接科学家既擅长基础研究又精通应用研究，可以有效地将高校前瞻性的基础研究与企业重大技术需求对接和整合起来，有利于实现引领性原创成果重大突破。建议教育部和科技部制定政策，鼓励企业通过独立或者产学合作开展产业驱动型基础研究，在企业内部培养桥接科学家。

9.3 发挥科学家创新主体作用，支撑产业突破关键核心技术

9.3.1 发挥高校承载主体支撑关键核心技术突破的示范作用

建立高校承载主体稳定投入、定期持续改进评估与竞争开放的管理机制，充分发挥其功能效应。通过稳定投入，使高校科技创新基地保持独立性，促进基地科研人员持之以恒，潜心科研。建议建立定期持续改

进评估制度，发现问题持续改进，实行可进可退与竞争开放的管理机制，激励高校科技创新基地向世界一流水平迈进，带动高校整体科技创新水平的提升。

9.3.2 激发高校科研人员的技术创新报国情怀

建议教育部尽快制定落实《关于深化项目评审、人才评价、机构评估改革的意见》的细则，加强人才分类评价的执行力。科研评价不仅要看其代表性成果，而且要看科研成果对国家战略研究、重大国防任务、重大基础研究、重大工程研究与国民经济主战场的贡献。允许高校科研人员到中小企业开展科技创新与成果转化活动，使他们的应用研究和社会服务能够在分类考核体系中获得充分认可，释放科研人员的创新活力。在实施分类评价的基础上，建议高校实施研究所（院、基地、中心）、团队、项目群、个人等多主体的考核办法，改变现在以个人为中心的评价体系，营造联合攻关贡献高精尖成果的“指挥棒”效应，激发高校科技人员的创新报国情怀。

9.3.3 创新高校科技成果转化商业模式与机制

鼓励高校通过“技术+资金”等“轻资产”商业模式创新充分发挥高校研发优势，借鉴美国大学实行有限期限的排他专利许可制度，既降低科技成果转化直接成本，又降低其机会成本，进而提高转化成功率。通过机制创新，鼓励高校加强与中小科技企业的产学研合作，培养既擅长科学研究又熟悉市场技术需求的桥接科学家队伍作为学术界与产业界的桥梁，提升高校科研人员对市场需求的认知水平，使其能够及时调整科技成果研发方向，从而提高科技成果转化与转移效率。

9.3.4 搭建整合高校科技创新资源的“众创空间”实践平台

搭建整合高校科技创新资源的“众创空间”实践平台，支撑创新人才培养。能够使本科生、研究生和科研人员在特定的“众创空间”内接触到云平台上各种先进的技术和创新资源，建立创新创业激励机制，持续改进“双创”教育，营造追求卓越和宽容失败的创新文化氛围，培养潜在的科技企业家，促进“产业关键核心技术”创新发展。

9.4 推进创新要素市场化配置制度改革，提升高校科技成果转化效率

2020年5月，《中共中央　国务院关于新时代加快完善社会主义市场经济体制的意见》发布，该意见指出“我国市场体系还不健全、市场发育还不充分，政府和市场的关系没有完全理顺，还存在市场激励不足、要素流动不畅、资源配置效率不高、微观经济活力不强等问题”[①]。这些问题制约了我国高校科技成果转化与转移的效率。本书研究如何通过创新要素市场化配置制度改革，提升技术、人才、风险投资、研发投入与制度支持等创新要素的市场化配置与合理流动水平，对促进我国高校科技成果转化与转移，支撑产业突破关键核心技术，具有重大意义。

《中共中央　国务院关于新时代加快完善社会主义市场经济体制的意见》还指出要“建设高标准市场体系，全面完善产权、市场准入、公平竞争等制度，筑牢社会主义市场经济有效运行的体制基础”[①]。具体而言，要加快建设统一开放、竞争有序的科技成果转化市场体系，推进创新要素市场制度改革，促进高校科技成果转化，需要重点关注下面几个方面。

1. 以职务科技成果赋权为契机，激活高校科技成果向产业界转移

2020年5月9日，科技部等九部门印发《赋予科研人员职务科技成果所有权或长期使用权试点实施方案》，提出试点主要任务：赋予科研人员职务科技成果所有权或长期使用权。建议以赋予科研人员职务科技成果所有权或长期使用权为切入点，破除科技成果转化过程中审批和评估体制机制障碍，促进科技成果流转顺畅。鼓励高校利用赋予科研人员职务科技成果所有权或长期使用权政策，加强对科研人员的科技成果转化激励，激发高校转化积极性和科研人员干事创业的主动性、创造性，激活高校科技成果向产业界转移。

2. 营造支持中小微科技企业高质量发展的制度环境，促进高校人才要素向产业界转移

中小微科技企业具有较强的创新活力，繁荣发展的中小微科技企业可以有效降低前沿技术创新的试错成本，并提高试错效率。我国中小微企业

---

① 中共中央　国务院关于新时代加快完善社会主义市场经济体制的意见[EB/OL]. http://www.xinhuanet.com/politics/zywj/2020-05/18/c_1126001431.htm，2020-05-18.

资金和技术积累普遍不足，在目前的就业文化下对高校优秀科技人才吸引力不足。我国高校人才与中小微科技企业的深度互动机制不畅，不利于科学家与企业家协同发挥技术创新主体作用。建议在要素获取、准入许可、经营运行、政府采购和招投标等方面保护中小微科技企业，使其获得与其他企业平等竞争的机会。建议通过提升福利的社会化水平，破除制约市场竞争的体制障碍壁垒，营造各种所有制主体依法平等使用资源要素、公开公平公正参与竞争、同等受到法律保护的市场环境，促进科技人才的社会性流动，完善企事业单位人才流动机制，畅通人才跨所有制流动渠道，实现高校顶尖科技人才向产业界转移。

3. 构建知识经济导向的投资环境，吸引社会风投资本投资科技初创企业

在知识经济时代，投资科技创新的收益率应该高于其他行业，才能实现创新型国家建设目标。我国作为发展中国家，为了促进经济发展会保持一定的通货膨胀率，这却降低了风险资本进行长期战略投资的积极性。建议通过财政补贴和投资保险等制度，大幅提升科技风险投资的长期收益率，并通过税收调整降低其他非科技创新行业过高的收益率，吸引大量社会资本投资科技型初创企业。同时健全支持中小科技企业发展制度，增加面向中小科技企业的金融服务供给，支持发展民营银行、社区银行等中小金融机构。完善民营科技企业融资增信支持体系，健全民营科技企业直接融资支持制度。

4. 激励民营科技企业加大基础研究投入，提升其对高校科技成果承载能力

2019年3月11日，科技部部长王志刚在十三届全国人大二次会议记者会上指出，“我们经常拿中美基础研究投入做对比，美国在15%左右、中国在5%左右。就基础研究经费投入来说，美国是联邦政府、地方政府、企业、社会力量都在投，中国的5%基本上是中央财政投的，地方财政和企业投得很少”[①]。我国企业的基础研究投入过低，导致其承载高校科技成果的能力较低，不利于高校科技成果转化。构建社会主义市场经济条件下关键核心技术攻关新型举国体制，需要支持民营科技企业参与关键领域核心技术创新攻关。建议通过改革完善中央财政科技计划形成机制和组织实施机制，更多支持民营科技企业承担科研任务，激励其加大研发投入，尤其是基础

① 新华网. 王志刚：中国坚定不移加强科技创新基础研究，会加大投入力度[EB/OL]. http://www.xinhuanet.com/politics/2019lh/2019-03/11/c_1124218798.htm，2019-03-11.

研究投入，促进大中小企业和高校院所深度融合创新，有效吸收高校科技成果，并进行快速迭代改进与熟化，推动科技成果转化和产业化。

5. 持续优化营商环境，促进科技成果转化初创企业发展壮大

与发达国家相比，我国的营商环境需要持续改善。建议深入推进“放管服”改革，深化行政审批制度改革；创新行政管理和服务方式，深入开展“互联网+政务服务”，加快推进全国一体化政务服务平台建设；建立健全运用互联网、大数据、人工智能等技术手段进行行政管理的制度规则；落实《优化营商环境条例》，健全清理和防止拖欠民营企业中小企业账款长效机制，营造有利于化解民营企业之间债务问题的市场环境。建立一流的营商环境，有利于切实推进“大众创业，万众创新”战略，促进科技成果转化初创企业发展壮大，进而实现高校科技成果的产业化。

参考文献

[1] 中国科学技术信息研究所. 中国科技论文统计结果 2019[EB/OL]. http://conference.istic.ac.cn/cstpcd2019/newsrelease.html，2020-05-22.

[2] OECD. Triadic patent families[EB/OL]. https://data.oecd.org/rd/triadic-patent-families.htm，2020-05-22.

[3] 国家统计局. 中国统计年鉴 2019[EB/OL]. http://www.stats.gov.cn/tjsj/ndsj/2019/indexch.htm，2020-05-22.

[4] 陈玉瑞，鲍健强，项浙学. 整合科技资源构建浙江共性技术科技创新体系[J]. 今日科技，2003，(6)：10-13.

[5] 习近平主持召开中央财经委员会第二次会议[EB/OL]. http://www.gov.cn/xinwen/2018-07/13/content_5306291.htm，2018-07-13.

[6] Cohen W M，Nelson R R，Walsh J P. Links and impacts：the influence of public research on industrial R&D[J]. Management Science，2002，48（1）：1-23.

[7] Rosenberg N. Why do firms do basic research with their own money[J]. Research Policy，1990，19（2）：165-174.

[8] Hicks D. Published papers，tacit competencies and corporate management of the public/private character of knowledge[J]. Industrial and Corporate Change，1995，4（2）：401-424.

[9] Simeth M，Raffo J. What makes companies pursue an open science strategy[J]. Research Policy，2013，42（9）：1531-1543.

[10] Peng M W. Institutional transitions and strategic choices[J]. Academy of Management Review，2003，28（2）：275-296.

[11] Mindruta D. Value creation in university-firm research collaborations：a matching approach[J]. Strategic Management Journal，2012，34（6）：644-665.

[12] Cockburn I M，Henderson R M. Absorptive capacity，coauthoring behavior，and the organization of research in drug discovery[J]. Journal of Industrial Economics，1998，46（2）：157-182.

[13] 裴云龙，蔡虹，向希尧. 产学学术合作对企业创新绩效的影响——桥接科学家的中介作用[J]. 科学学研究，2011，29（12）：1914-1920.

[14] Stokes D E. Pasteur's Quadrant—Basic Science and Technological Innovation[M]. Washington D.C.：Brookings Institution Press，1997.

[15] Fleming L，Sorenson O. Science as a map in technological search[J]. Strategic Management Journal，2004，25（8/9）：909-928.
[16] Narin F，Hamilton K，Olivastro D. The increasing linkage between US technology and public science[J]. Research Policy，1997，26（3）：317-330.
[17] Meyer M. Does science push technology? Patents citing scientific literature[J]. Research Policy，2000，29（3）：409-434.
[18] Bush V. Science：the endless frontier[J]. Transactions of the Kansas Academy of Science（1903-），1945，48（3）：231-264.
[19] Sorenson O，Fleming L. Science and the diffusion of knowledge[J]. Research Policy，2004，33（10）：1615-1634.
[20] 裴云龙，蔡虹，赵皎卉. 纳米科学对纳米技术的影响：基于 NPR 的分析[J]. 情报杂志，2010，29（10）：1-4.
[21] Trajtenberg M. A penny for your quotes：patent citations and the value of innovations[J]. Rand Journal of Economics，1990，21（1）：172-187.
[22] Albert M B，Avery D，Narin F，et al. Direct validation of citation counts as indicators of industrially important patents[J]. Research Policy，1991，20（3）：251-259.
[23] 赵志耘，雷孝平. 我国生物科技领域技术创新与基础研究关联分析——从专利引文分析的角度[J]. 情报学报，2012，31（12）：1283-1289.
[24] Fleming L，Sorenson O. Technology as a complex adaptive system：evidence from patent data[J]. Research Policy，2001，30（7）：1019-1039.
[25] Henderson R M，Clark K B. Architectural innovation：the reconfiguration of existing product technologies and the failures of established firms[J]. Administrative Science Quarterly，1990，35（1）：9-30.
[26] Gilfillan S C. Inventing the Ship[M]. Chicago：Follett Publishing Company，1935.
[27] Usher A P. A History of Mechanical Inventions：Revised Edition[M]. New York：Courier Dover Publications，2011.
[28] Schumpeter J A，Fels R. Business Cycles[M]. New York：McGraw-Hill，1939.
[29]Nelson R R，Winter S G. An Evolutionary Theory of Economic Change[M]. Cambridge：Harvard University Press，1982.
[30] Basalla G. The Evolution of Technology[M]. Cambridge：Cambridge University Press，1988.
[31] Weitzman M L. Hybridizing growth theory[J]. American Economic Review，1996，86（2）：207-212.
[32] Adamson R E. Funtional fixedness as related to problem solving—a repetition of 3 experiments[J]. Journal of Experimental Psychology，1952，44（4）：288-291.

[33] Bernardes A T，Albuquerque E D. Cross-over，thresholds，and interactions，between science and technology：lessons for less-developed countries[J]. Research Policy，2003，32（5）：865-885.

[34] Cohen W M，Levinthal D A. Absorptive capacity：a new perspective on learning and innovation[J]. Administrative Science Quarterly，1990，35（1）：128-152.

[35] Gittelman M，Kogut B. Does good science lead to valuable knowledge? Biotechnology firms and the evolutionary logic of citation patterns[J]. Management Science，2003，49（4）：366-382.

[36] Feldman M P. The Geography of Innovation[M]. New York：Springer，1994.

[37] Podolny J M，Stuart T E. A role-based ecology of technological change[J]. American Journal of Sociology，1995，100（5）：1224-1260.

[38] Cameron A C，Trivedi P. Regression Analysis of Count Data[M]. Cambridge：Cambridge University Press，2013.

[39] Aiken L S，West S G. Multiple Regression：Testing and Interpreting Interactions[M]. Atlanta：Sage，1991.

[40] Bishop K，D'Este P，Neely A. Gaining from interactions with universities：multiple methods for nurturing absorptive capacity[J]. Research Policy，2011，40（1）：30-40.

[41] Baba Y，Shichijo N，Sedita S R. How do collaborations with universities affect firms' innovative performance? The role of "Pasteur scientists" in the advanced materials field[J]. Research Policy，2009，38（5）：756-764.

[42] Gibbons M，Johnston R. The roles of science in technological innovation[J]. Research Policy，1974，3（3）：220-242.

[43] Rosenberg N，Nelson R R. American universities and technical advance in industry[J]. Research Policy，1994，23（3）：323-348.

[44] March J G. Exploration and exploitation in organizational learning[J]. Organization Science，1991，2（1）：71-87.

[45] Zahra S A，George G. Absorptive capacity：a review，reconceptualization，and extension[J]. Academy of Management Review，2002，27（2）：185-203.

[46]Furukawa R，Goto A. The role of corporate scientists in innovation[J]. Research Policy，2006，35（1）：24-36.

[47] Zucker L G，Darby M R，Armstrong J S. Commercializing knowledge：university science，knowledge capture，and firm performance in biotechnology[J]. Management Science，2002，48（1）：138-153.

[48] Zucker L G，Darby M R. Star scientists and institutional transformation：patterns of invention and innovation in the formation of the biotechnology industry[J].

Proceedings of the National Academy of Sciences of the United States of America, 1996, 93（23）: 12709-12716.

[49] Baba Y, Yarime M, Shichijo N. Sources of success in advanced materials innovation: the role of "core researchers" in university-industry collaboration in Japan[J]. International Journal of Innovation Management, 2010, 14（2）: 201-219.

[50] Guan J, Wang G. A comparative study of research performance in nanotechnology for China's inventor-authors and their non-inventing peers[J]. Scientometrics, 2010, 84（2）: 331-343.

[51] Murray F. Innovation as co-evolution of scientific and technological networks: exploring tissue engineering[J]. Research Policy, 2002, 31（8/9）: 1389-1403.

[52] Murray F. The role of academic inventors in entrepreneurial firms: sharing the laboratory life[J]. Research Policy, 2004, 33（4）: 643-659.

[53] Casper S, Murray F. Careers and clusters: analyzing the career network dynamic of biotechnology clusters[J]. Journal of Engineering and Technology Management, 2005, 22（1/2）: 51-74.

[54] Laursen K, Salter A. Open for innovation: the role of openness in explaining innovation performance among UK manufacturing firms[J]. Strategic Management Journal, 2006, 27（2）: 131-150.

[55] Frost T S, Birkinshaw J M, Ensign P C. Centers of excellence in multinational corporations[J]. Strategic Management Journal, 2002, 23（11）: 997-1018.

[56] Cardinal L B. Technological innovation in the pharmaceutical industry: the use of organizational control in managing research and development[J]. Organization Science, 2001, 12（1）: 19-36.

[57] Gupta A K, Govindarajan V. Knowledge flows within multinational corporations[J]. Strategic Management Journal, 2000, 21（4）: 473-496.

[58] Asheim B T, Coenen L. Knowledge bases and regional innovation systems: comparing Nordic clusters[J]. Research Policy, 2005, 34（8）: 1173-1190.

[59] Lane P J, Salk J E, Lyles M A. Absorptive capacity, learning, and performance in international joint ventures[J]. Strategic Management Journal, 2001, 22（12）: 1139-1161.

[60] Szulanski G. Exploring internal stickiness: impediments to the transfer of best practice within the firm[J]. Strategic Management Journal, 1996, 17: 27-43.

[61] Tsai W, Ghoshal S. Social capital and value creation: the role of intrafirm networks[J]. Academy of Management Journal, 1998, 41（4）: 464-476.

[62] Inkpen A, Tsang E. Networks, social capital, and learning[J]. Academy of Management Review, 2005, 30（1）: 146-165.

[63] Reagans R, McEvily B. Network structure and knowledge transfer: the effects of cohesion and range[J]. Administrative Science Quarterly, 2003, 48 (2): 240-267.

[64] van Wijk R, Jansen J J, Lyles M A. Inter-and intra-organizational knowledge transfer: a meta-analytic review and assessment of its antecedents and consequences[J]. Journal of Management Studies, 2008, 45 (4): 830-853.

[65] Rowley T, Behrens D, Krackhardt D. Redundant governance structures: an analysis of structural and relational embeddedness in the steel and semiconductor industries[J]. Strategic Management Journal, 2000, 21 (3): 369-386.

[66] Krafft J, Quatraro F, Saviotti P P. The knowledge-base evolution in biotechnology: a social network analysis[J]. Economics of Innovation and New Technology, 2011, 20 (5): 445-475.

[67] Phelps C C. A longitudinal study of the influence of alliance network structure and composition on firm exploratory innovation[J]. Academy of Management Journal, 2010, 53 (4): 890-913.

[68] Breschi S, Catalini C. Tracing the links between science and technology: an exploratory analysis of scientists' and inventors' networks[J]. Research Policy, 2010, 39 (1): 14-26.

[69] Balconi M, Breschi S, Lissoni F. Networks of inventors and the role of academia: an exploration of Italian patent data[J]. Research Policy, 2004, 33 (1): 127-145.

[70] Chaves C, Moro S. Investigating the interaction and mutual dependence between science and technology[J]. Research Policy, 2007, 36 (8): 1204-1220.

[71] Grant R M. Toward a knowledge-based theory of the firm[J]. Strategic Management Journal, 1996, 17: 109-122.

[72] Amit R, Schoemaker P J H. Strategic assets and organizational rent[J]. Strategic Management Journal, 1993, 14 (1): 33-46.

[73] Teece D J, Pisano G, Shuen A. Dynamic capabilities and strategic management[J]. Strategic Management Journal, 1997, 18 (7): 509-533.

[74] Ethiraj S K, Kale P, Krishnan M S, et al. Where do capabilities come from and how do they matter? A study in the software services industry[J]. Strategic Management Journal, 2005, 26 (1): 25-45.

[75] D'Este P, Patel P. University-industry linkages in the UK: what are the factors underlying the variety of interactions with industry[J]. Research Policy, 2007, 36(9): 1295-1313.

[76] Gambardella A. Competitive advantages from in-house scientific research: the United States pharmaceutical industry in the 1980s[J]. Research Policy, 1992, 21(5): 391-407.

[77] Godin B，Gingras Y. The place of universities in the system of knowledge production[J]. Research Policy，2000，29（2）：273-278.
[78] Zucker L G，Darby M R，Armstrong J. Intellectual capital and the firm：the technology of geographically localized knowledge spillovers[R]. National Bureau of Economic Research，1999.
[79] George G，Zahra S A，Wood D R. The effects of business-university alliances on innovative output and financial performance：a study of publicly traded biotechnology companies[J]. Journal of Business Venturing，2002，17（6）：577-609.
[80] Pavitt K. The social shaping of the national science base[J]. Research Policy，1998，27（8）：793-805.
[81] Cockburn I，Henderson R，Stern S. Balancing incentives：the tension between basic and applied research[R]. National Bureau of Economic Research，1999.
[82] Vincenti W. What Engineers Know and How They Know IT[M]. Baltimore：John Hopkins University Press，1990.
[83] Gittelman M. Does geography matter for science-based firms? Epistemic communities and the geography of research and patenting in biotechnology[J]. Organization Science，2007，18（4）：724-741.
[84] Baron R M，Kenny D A. The moderator-mediator variable distinction in social psychological research：conceptual，strategic，and statistical considerations[J]. Journal of Personality and Social Psychology，1986，51（6）：1173.
[85] Lissoni F. Academic inventors as brokers[J]. Research Policy，2010，39（7）：843-857.
[86] 罗家德. 社会网分析讲义[M]. 北京：社会科学文献出版社，2005.
[87] Lissoni F，Sanditov B. Networks of Inventors and Academics in France，Italy and Sweden：Evidence from the Keins Database[R]. Knowledge Based Entrepreneurship：Institutions，Networks and Systems，2007.
[88] Wasserman S. Social Network Analysis：Methods and Applications[M]. Cambridge：Cambridge University Press，1994.
[89] Levy R，Roux P，Wolff S. An analysis of science-industry collaborative patterns in a large European University[J]. Journal of Technology Transfer，2009，34（1）：1-23.
[90] Bourdieu P. The Logic of Practice[M]. Palo Alto：Stanford University Press，1990.
[91] Coleman J S. Social capital in the creation of human capital[J]. American Journal of Sociology，1988，94：S95-S120.
[92] Burt R S. Structure Holes：The Social Structure of Competition[M]. Cambridge：Harvard University Press，1992.

[93] Burt R S. Secondhand brokerage: evidence on the importance of local structure for managers, bankers, and analysts[J]. Academy of Management Journal, 2007, 50(1): 119-148.

[94] Audia P G, Goncalo J A. Past success and creativity over time: a study of inventors in the hard disk drive industry[J]. Management Science, 2007, 53 (1): 1-15.

[95] Guler I, Nerkar A. The impact of global and local cohesion on innovation in the pharmaceutical industry[J]. Strategic Management Journal, 2012, 33 (5): 535-549.

[96] Nerkar A, Paruchuri S. Evolution of R&D capabilities: the role of knowledge networks within a firm[J]. Management Science, 2005, 51 (5): 771-785.

[97] Lee J J. Heterogeneity, brokerage, and innovative performance: endogenous formation of collaborative inventor networks[J]. Organization Science, 2010, 21 (4): 804-822.

[98] Borgatti S P, Everett M G, Freeman L C. Ucinet 6 for Windows: Software for Social Network Analysis[M]. Cambridge: Analytic Technologies, Inc., 2002.

[99] Fleming L, King C, Juda A I. Small worlds and regional innovation[J]. Organization Science, 2007, 18 (6): 938-954.

仪器分析实验

张景萍　尚庆坤　主编

科学出版社
北京

内 容 简 介

本书主要介绍在化学、材料科学、生命科学和环境科学等研究领域中常用的现代仪器分析方法，包括光谱分析、色谱分析、质谱分析、电化学分析、核磁共振波谱分析、X射线粉末衍射分析、碳氢氮硫元素分析等内容，简要叙述每种分析仪器的应用范围、基本原理、仪器结构、分析方法的建立和实验技术等。所选实验内容既涉及仪器的常规使用方法，又结合学科研究前沿的某些热点问题，还设立了一些探索性实验，不仅有利于培养学生的动手能力和发现问题、分析问题、解决问题的能力，还具有较强的可读性和参考价值。

本书可作为高等学校化学、材料科学、生命科学、环境科学等专业的本科生和硕士研究生教材，也可作为相关专业教师和研究人员的参考书。

图书在版编目（CIP）数据

仪器分析实验／张景萍，尚庆坤主编．—北京：科学出版社，2017.4

ISBN 978-7-03-052557-4

Ⅰ．①仪…　Ⅱ．①张…　②尚…Ⅲ．①仪器分析-实验　Ⅳ．①O657-33

中国版本图书馆CIP数据核字（2017）第078001号

责任编辑：丁　里／责任校对：杨　然

责任印制：张　伟／封面设计：迷底书装

科学出版社 出版

北京东黄城根北街16号

邮政编码：100717

http://www.sciencep.com

北京九州迅驰传媒文化有限公司 印刷

科学出版社发行　各地新华书店经销

*

2017年4月第　一　版　开本：720×1000　1/16

2021年10月第五次印刷　印张：15 3/4

字数：340 000

定价：45.00 元

（如有印装质量问题，我社负责调换）

前　言

现代分析仪器是当代化学化工、生物医药、冶金矿产、食品安全、环境生态等领域研究的重要手段。掌握现代仪器分析方法，学会独立操作各类分析仪器，是相关专业本科生和研究生必备的基本专业素质和技能。

本书是在东北师范大学自编且已使用多年的“仪器分析实验讲义”的基础上进一步补充完善编写而成。本书包括光谱分析(原子吸收光谱法与原子荧光光谱法、原子发射光谱法、红外吸收光谱法、紫外-可见光谱法、分子荧光光谱法)、色谱分析(气相色谱法、高效液相色谱法、离子色谱法、毛细管电泳技术、薄层色谱法)、质谱分析(气相色谱-质谱法、液相色谱-质谱联用分析法)、电化学分析、核磁共振波谱分析、X射线粉末衍射分析、碳氢氮硫元素分析等内容，共18章60个实验。每章均对分析仪器的应用范围、基本原理、仪器结构、分析方法的建立和实验技术等做了简要介绍，实验后还附有注意事项及思考题，因此本书不仅可以作为仪器分析实验课程的教材，还可以作为仪器分析理论课程的教学参考书。

东北师范大学化学学院分析测试中心的十四位教师参加了本书的编写工作，他们是张景萍(第1章)、尚庆坤(第2、9章)、王爱霞(第3章)、马继承(第4、10章)、朱东霞(第5章)、崔秀君(第6章)、齐斌(第7章)、王元鸿(第8、13章)、杨丽(第11章)、王胜天(第12章)、张茜(第14章)、薄祥杰(第15、18章)、廖沛球(第16章)、王广(第17章)。全书由尚庆坤修改、统稿，张景萍定稿。

东北师范大学化学学院郭黎平教授、吉林大学化学学院贾琼教授对本书进行了认真审阅，并提出了宝贵意见，在此表示衷心感谢。

由于编者水平有限，书中难免有疏漏之处，恳请读者批评指正。

编　者

2017年1月

目　　录

第 1 章 绪　　论

仪器分析是分析化学学科的一个重要分支，在化学、化工、材料、环境、生物、制药等行业显示出越来越重要的作用。仪器分析的出现使分析化学的内容、分析能力、测试范围等发生了一系列重大的变化。现代分析仪器的更新换代，各种新方法、新技术的不断创新与应用，更是引起了分析化学研究内容和发展方向的根本性改变。

1.1 仪器分析简介

1.1.1 仪器分析的基本概念

仪器分析(instrumental analysis)是利用能直接或间接地表征物质的各种特性(如物理性质、化学性质、生理性质等)的实验现象，通过探头或传感器、放大器、信号读出装置等转变成人可直接感受的、已认识的关于物质成分、含量、分布或结构等信息的分析方法，即利用各种学科的基本原理，通过测量光、电、磁、声、热等物理量，结合精密仪器制造、计算机等先进技术，探知物质化学特性的分析方法，体现学科交叉、科学与技术高度结合且综合性极强的一个科技分支。

1.1.2 仪器分析的基本特点

(1) 试样用量少，由化学分析的 mL、mg 级降到μL、μg，甚至 ng 级，适用于微量、半微量乃至超微量分析。

(2) 检测灵敏度高，由化学分析的 10^{-6} g 级提高到 10^{-14}～10^{-12} g，最低已达到 10^{-18} g。

(3) 重现性好，分析速度快，易于实现自动化、信息化和在线检测。

(4) 可进行无损分析，还能进行多信息或特殊功能的分析，可一次实现复杂混合物成分分离、鉴定或结构测定及含量分析。

(5) 选择性强，操作较简便。

(6) 相对误差为 3%～5%，比化学分析高，不适用于常量和高含量成分分析。

(7) 仪器价格昂贵，分析成本一般比化学分析高。

1.1.3 仪器分析的产生及发展趋势

仪器分析的产生与生产实践、科学技术发展的迫切需要、方法核心原理的发现及相关技术的产生等密切相关。仪器分析所基于的许多现象在一个世纪或更早时期前已为人所知，但是由于缺乏可靠和简单的仪器而无法应用。20 世纪早期，化学工作者开始探索和分析物质的物理性质，如电导、电位、光吸收或发射、质荷比和荧光等，用于各类无机物、有机物的定量分析，由此出现了较大型的分析仪器，如1919年诞生的第一台同位素质谱仪，这是早期仪器分析的典型代表。

第二次世界大战前后至20世纪60年代，物理学、电子学、半导体及原子能物理等学科的发展促进了分析化学中物理方法和仪器分析方法的大发展。许多新型仪器装置的研制成功，使仪器分析的许多分支学科相应建立并发展起来，如光谱仪的发明产生了光谱学，极谱仪的发明产生了极谱学，色谱仪的发明产生了色谱学，质谱仪的发明产生了质谱学等。自然科学中许多重大发现均有赖于这些大型分析仪器的应用。

仪器分析的产生和发展是分析化学的第二次变革，是分析化学与物理学、电子学结合的时代，从以溶液化学分析为主的经典分析化学发展到以仪器分析为主的现代分析化学新阶段。仪器分析方法不仅用于解决分析化学问题，而且广泛应用于研究和解决各种化学理论和实际问题。仪器分析已成为当代分析化学的主流。可以预见，今后仪器分析将发展更迅速、应用更广泛，化学及相关学科前沿的重大科学发现和突破都离不开仪器分析的不断创新。

仪器分析的发展趋势大致有以下几个方面：

(1)分析仪器和仪器分析技术将进一步向微型化、自动化、智能化、网络化发展。

(2)各种新材料、新技术将在分析仪器上得到更多应用。

(3)仪器分析联用技术将成为众多新兴学科发展的重要技术手段。

(4)仪器分析的重点研究对象将是生命科学或生物医药学。

1.2 仪器分析方法的分类

按照检测原理的不同，仪器分析方法大致可分为光谱法、电化学法、色谱法、质谱法、能谱、微观形貌显微技术、热分析等(表1-1)。

表1-1 仪器分析方法的分类

方法类型	测量参数或相关性质	相应的分析方法
光谱法	辐射的发射	原子发射光谱、X射线荧光光谱、拉曼光谱等
	辐射的吸收	原子吸收光谱、红外光谱、紫外-可见光谱、核磁共振波谱等
	辐射的衍射	X射线粉末衍射、X射线单晶衍射
电化学法	电位、电流、电阻、电量等	电位分析、电导分析、电流滴定、库仑分析、极谱分析等
色谱法	两相间的分配	气相色谱、液相色谱、凝胶色谱、离子色谱、毛细管电泳等
质谱法	离子的质荷比	无机质谱、有机质谱
能谱	能量	光电子能谱、俄歇电子能谱等
微观形貌显微技术	微观形貌	扫描电子显微镜、透射电子显微镜、原子力显微镜等
热分析	热性质	热重分析、差热分析、示差扫描量热分析等

第 2 章　实验室安全规则

化学实验中，经常使用各种化学药品和仪器设备，以及水、电、煤气，还经常遇到高温、低温、高压、真空、高电压、高频和带有辐射源的实验条件和仪器，若缺乏必要的安全防护知识，极易造成生命和财产的巨大损失。因此，实验室必须按防火、防盗、防破坏、防自然灾害事故的要求，建立健全安全责任制度和各种安全规则，加强安全管理。

2.1　实验室安全常识

(1) 进入实验室开始工作前应了解煤气总阀门、水阀门及电闸位置。离开实验室前，一定要将室内检查一遍，应将水、电、煤气的开关关好，门窗锁好。

(2) 使用煤气灯时，应先将火柴点燃，一只手执火柴紧靠灯口，另一只手慢开煤气门。不能先开煤气门，后点燃火柴。灯焰大小和火力强弱应根据实验的需要来调节。用火时，应做到火着人在，人走火灭。

(3) 使用电器设备(如烘箱、恒温水浴、离心机、电炉等)时，严防触电；绝不可用湿手或在目光旁视时开关电闸和电器开关。应该用试电笔检查电器设备是否漏电，凡是漏电的仪器，一律不能使用。

(4) 使用浓酸、浓碱必须极为小心地操作，防止溅出。用移液管量取这些试剂时，必须使用洗耳球，绝对不能用口吸取。若不慎溅在实验台上或地面，必须及时用湿抹布擦洗干净。如果触及皮肤，应立即治疗。

(5) 使用可燃物，特别是易燃物(如乙醚、丙酮、乙醇、苯、金属钠等)时，应特别小心。不要大量放在桌上，更不要在靠近火焰处。只有在远离火源时，或将火焰熄灭后，才可大量倾倒易燃液体。低沸点的有机溶剂不准在火上直接加热，只能在水浴上利用回流冷凝管加热或蒸馏。

(6) 如果不慎倾出了相当量的易燃液体，则应按下法处理：①立即关闭室内所有的火源和电加热器；②关门，开启小窗及窗户；③用毛巾或抹布擦拭洒出的液体，并将液体拧到大的容器中，然后倒入带塞的玻璃瓶中。

(7) 用油浴操作时，应小心加热，不断用温度计测量，不要使温度超过油的燃烧温度。

(8) 易燃和易爆炸物质的残渣(如金属钠、白磷、火柴头)不得倒入污物桶或水槽中，应收集在指定的容器内。

(9) 废液，特别是强酸和强碱不能直接倒在水槽中，应分类倒入废液桶中，统一收集处理。

(10)毒物应按实验室的规定办理审批手续后领取,使用时严格操作,用后妥善处理。

2.2　实验室安全防护

2.2.1　防火

1. 实验室防火

(1)防止煤气管、煤气灯漏气,用完煤气后一定要把阀门关好。

(2)乙醚、乙醇、丙酮、二硫化碳、苯等有机溶剂易燃,实验室不得存放过多,且不可倒入下水道,以免集聚引起火灾。

(3)对于金属钠、钾、铝粉、电石、白磷及金属氢化物,要注意使用和存放,尤其注意不得使其与水直接接触。

(4)一旦出现火情,应冷静判断情况,采取适当措施灭火;可根据不同情况,选用水、沙、二氧化碳灭火器或四氯化碳灭火器灭火。

2. 实验室灭火

实验中一旦发生火灾,切记不可惊慌失措,应保持镇静。首先立即切断室内一切火源和电源,然后根据具体情况正确地进行抢救和灭火。常用的方法有:

(1)在可燃液体燃着时,应立即拿开着火区域内的一切可燃物质,关闭通风器,防止扩大燃烧。若着火面积较小,可用抹布、湿布、铁片或沙土覆盖,隔绝空气使其熄灭。但覆盖时要轻,避免碰坏或打翻盛有易燃溶剂的玻璃器皿,导致更多的溶剂流出而再着火。

(2)乙醇及其他可溶于水的液体着火时,可用水灭火。

(3)汽油、乙醚、甲苯等有机溶剂着火时,应用石棉布或沙土扑灭。绝对不能用水,否则反而会扩大燃烧面积。

(4)金属钠着火时,可把沙子倒在上面。

(5)导线着火时不能用水及二氧化碳灭火器灭火,应切断电源或用四氯化碳灭火器灭火。

(6)衣服烧着时切忌奔走,可用毛毯、大衣等包裹身体或躺在地上滚动。

(7)发生火灾时应注意保护现场。较大的着火事故应立即报警。

引起火灾的燃烧物质不同,应选用不同的灭火剂,详见表 2-1。

表 2-1　某些物质燃烧时应选用的灭火剂

燃烧物质	应选用灭火剂	燃烧物质	应选用灭火剂
苯胺	泡沫、二氧化碳、水	松节油	喷射水、泡沫
乙炔	水蒸气、二氧化碳	火漆	水
丙酮	泡沫、二氧化碳、四氯化碳	磷	沙、二氧化碳、泡沫、水
硝基化合物	泡沫	赛璐珞	水

续表

燃烧物质	应选用灭火剂	燃烧物质	应选用灭火剂
氯乙烷	泡沫、二氧化碳	纤维素	水
钾、钠、钙、镁	沙	橡胶	水
松香	水、泡沫	煤油	泡沫、二氧化碳、四氯化碳
苯	泡沫、二氧化碳、四氯化碳	漆	泡沫
重油	喷射水、泡沫	蜡	泡沫
润滑油	喷射水、泡沫	石蜡	喷射水、二氧化碳
植物油	喷射水、泡沫	二硫化碳	泡沫、二氧化碳
石油	喷射水、泡沫	醇类(高沸点，175 ℃以上)	水
醚类(高沸点，175 ℃以上)	水	醇类(低沸点，175 ℃以下)	泡沫、二氧化碳
醚类(低沸点，175 ℃以下)	泡沫、二氧化碳		

2.2.2　防爆

1. 化学药品爆炸类型

化学药品的爆炸分为支链爆炸和热爆炸。氢、乙烯、乙炔、苯、乙醇、乙醚、丙酮、乙酸乙酯、一氧化碳、水煤气和氨气等可燃性气体与空气混合至爆炸极限，一旦有热源诱发，极易发生支链爆炸。过氧化物、高氯酸盐、叠氮铅、乙炔铜、三硝基甲苯等易爆物质，受震或受热易发生热爆炸。

2. 防爆措施

(1)防止可燃性气体或蒸气散失在室内空气中，保持室内通风良好。当大量使用可燃性气体时，应严禁使用明火和可能产生电火花的电器。

(2)强氧化剂和强还原剂必须分开存放，使用时轻拿轻放，远离热源。

2.2.3　防灼伤

除了高温以外，液氮、强酸、强碱、强氧化剂、溴、磷、钠、钾、苯酚、乙酸等物质都会灼伤皮肤，应注意不要让皮肤与其接触，尤其防止溅入眼中。

2.2.4　防毒

大多数化学药品都有不同程度的毒性。有毒化学药品可通过呼吸道、消化道和皮肤进入人体而发生中毒。例如，HF 侵入人体，会损伤牙齿、骨骼、造血和神经系统；烃、醇、醚等有机物质对人体有不同程度的麻醉作用；三氧化二砷、氰化物、氯化高汞等是剧毒品，吸入少量会致死。

防毒注意事项：

(1)使用前应了解所有药品的毒性、物理化学性质和防护措施。

(2)使用有毒气体(如 H_2S、Cl_2、Br_2、NO_2、HCl、HF)应在通风橱中进行操作。
(3)苯、四氯化碳、乙醚、硝基苯等蒸气久吸会使人嗅觉减弱，必须高度警惕。
(4)有机溶剂能穿过皮肤进入人体，应避免直接与皮肤接触。
(5)剧毒药品如汞盐、镉盐、铅盐等应妥善保管。
(6)实验操作要规范，离开实验室要洗手。

2.2.5 高压容器的使用及安全防护

化学实验室常用到高压储气钢瓶和一般受压的玻璃仪器，使用不当会导致爆炸，需掌握有关常识和操作规程。

1. 气体钢瓶的识别

气体钢瓶的识别见表 2-2(颜色相同的要看气体名称)。

表 2-2 气体钢瓶及对应颜色

气瓶名称	氧气瓶	氢气瓶	氮气瓶	纯氩气瓶	氦气瓶	压缩空气瓶	氨气瓶	二氧化碳气瓶
颜色	天蓝色	深绿色	黑色	灰色	棕色	黑色	黄色	黑色

2. 使用注意事项

(1)气瓶应专瓶专用，不能随意改装。
(2)气瓶应存放在阴凉、干燥、远离热源的地方，易燃气体气瓶与明火距离不小于5 m，氢气瓶最好隔离。
(3)气瓶搬运要轻、要稳，放置要牢靠。
(4)各种气压表一般不得混用。
(5)氧气瓶严禁油污，注意手、扳手或衣服上不能有油污。
(6)气瓶内气体不可用尽，以防倒灌。
(7)开启气门时应站在气压表的一侧，不准将头或身体对准气瓶总阀，以防阀门或气压表冲出伤人。

2.2.6 辐射源仪器的使用及安全防护

化学实验室的辐射主要是指 X 射线，长期反复接受 X 射线照射，会导致疲倦、记忆力减退、头痛、白细胞降低等。

防护的方法就是避免身体各部位(尤其是头部)直接受到 X 射线照射，操作时需要屏蔽和缩时，屏蔽物常用铅、铅玻璃等。

2.3 实验室急救

在实验过程中不慎发生受伤事故，应立即采取适当的急救措施。

(1)受玻璃割伤及其他机械损伤：首先必须检查伤口内有无玻璃或金属等碎片，然后用硼酸水洗净，再擦碘酒或紫药水，必要时用纱布包扎。若伤口较大或过深而大量出血，应迅速在伤口上部和下部扎紧血管止血，立即到医院诊治。

(2)烫伤：一般用浓的(90%～95%)乙醇消毒后，涂上苦味酸软膏。如果伤处红痛或红肿(一级灼伤)，可用橄榄油或用棉花蘸乙醇敷盖伤处；若皮肤起泡(二级灼伤)，不要弄破水泡，防止感染；若伤处皮肤呈棕色或黑色(三级灼伤)，应用干燥而无菌的消毒纱布轻轻包扎好，急送医院治疗。

(3)强碱(如氢氧化钠、氢氧化钾)、钠、钾等触及皮肤而引起灼伤时，要先用大量自来水冲洗，再用 5%或 2%乙酸溶液涂洗。

(4)强酸、溴等触及皮肤而导致灼伤时，应立即用大量自来水冲洗，再用 5%碳酸氢钠溶液或 5%氨水溶液洗涤。

(5)如酚触及皮肤引起灼伤，应该用大量的水清洗，并用肥皂和水洗涤，忌用乙醇。

(6)若发生煤气中毒，应立即到室外呼吸新鲜空气，严重时应立即到医院诊治。

(7)汞容易由呼吸道进入人体，也可以经皮肤直接吸收而引起积累性中毒。严重中毒的征象是口中有金属气味，呼出气体也有气味；流唾液，牙床及嘴唇上有硫化汞的黑色；淋巴结及唾液腺肿大。若不慎中毒，应送医院急救。急性中毒时，通常用碳粉或呕吐剂彻底洗胃，或者食入蛋白(如 1 L 牛奶加 3 个鸡蛋清)或蓖麻油解毒并使之呕吐。

(8)触电：触电时可按下述方法之一切断电路：①关闭电源；②用干木棍使导线与触电者分开；③使触电者和土地分离，急救时急救者必须做好防止触电的安全措施，手和脚必须绝缘。

第 3 章 原子吸收光谱法与原子荧光光谱法

3.1 原子吸收光谱法

3.1.1 原子吸收光谱法的特点及应用范围

原子吸收光谱法(atomic absorption spectrometry，AAS)是基于被测元素的基态原子对其原子共振辐射的吸收程度来进行定量分析的一种方法，目前已成为测定痕量和超痕量金属元素的有效方法之一，广泛应用于冶金、地质、采矿、石油、轻工、农业、医药、卫生、食品及环境监测等领域。

原子吸收光谱法具有以下特点：

(1)灵敏度高，精密度好，检出限低。

(2)选择性好，抗干扰能力强，分析速度快。

(3)样品用量少，操作简便，应用广泛。

3.1.2 原子吸收光谱法的基本原理

1. 原子吸收光谱的产生

原子可具有多种能级状态，通常情况下原子处于基态。当有辐射通过原子蒸气，且入射辐射的频率等于原子由基态跃迁到较高能态所需要的能量频率时，原子就能从入射辐射中吸收能量产生共振吸收，从而产生吸收光谱。使电子从基态跃迁至第一激发态所产生的吸收谱线称为共振吸收线。

各种元素的原子结构和外层电子排布不同，不同元素的原子从基态跃迁至第一激发态时，吸收的能量也不同，故各种元素的共振吸收线不同，且各具特征，因此其又称元素的特征谱线。原子吸收光谱法就是利用基态的待测原子蒸气对光源辐射的共振线的吸收来进行分析的。

2. 原子吸收光谱分析的定量基础

锐线光源是能发射出谱线半宽度很窄的发射线的光源。Walsh 证明了当使用很窄的锐线光源做原子吸收光谱测量时，测得的吸光度 A 与待测元素的基态原子数呈线性关系。

$$A = kN_0L \tag{3-1}$$

式中：k 在一定实验条件下是一个常数；N_0 为单位体积原子蒸气中吸收辐射的基态原子数，即基态原子密度；L 为辐射透过的光程。

在一定的实验条件下，基态原子浓度正比于待测元素的总原子浓度，而待测元素的总原子浓度又与样品中待测元素的浓度 c_x 成正比，因此通过测定吸光度便可求出待测元素的浓度。

$$A = kc_x \tag{3-2}$$

3.1.3　原子吸收分光光度计

1. 原子吸收分光光度计的结构

原子吸收分光光度计一般由光源、原子化系统、光学系统、检测系统和信号输出系统五个主要部分组成。图 3-1 为火焰原子吸收分光光度计的结构示意图。

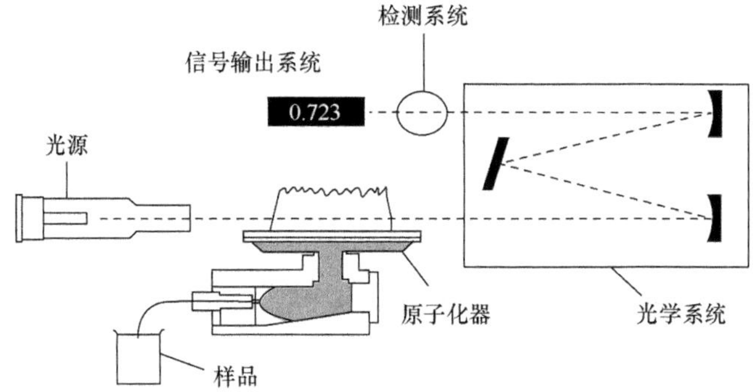

图 3-1　火焰原子吸收分光光度计结构示意图

2. 原子吸收分光光度计的组成及功能

1) 光源

光源的作用是辐射待测元素的特征光谱，它是原子吸收光谱仪的重要组成部分，直接影响基线的稳定性和仪器的灵敏度。在原子吸收光谱分析中，要求光源发射的谱线宽度窄、发射强度稳定、发射线强度大且背景小、使用寿命长。空心阴极灯是原子吸收光谱分析中最常用的光源。

空心阴极灯的结构如图 3-2 所示，由待测元素材料制成的空心阴极和钨或钛、镍等材料制作的阳极组成。用不同的待测元素作阴极材料，可制成相应待测元素的空心阴极灯。空心阴极灯有单元素灯、多元素灯、无极放电灯等。

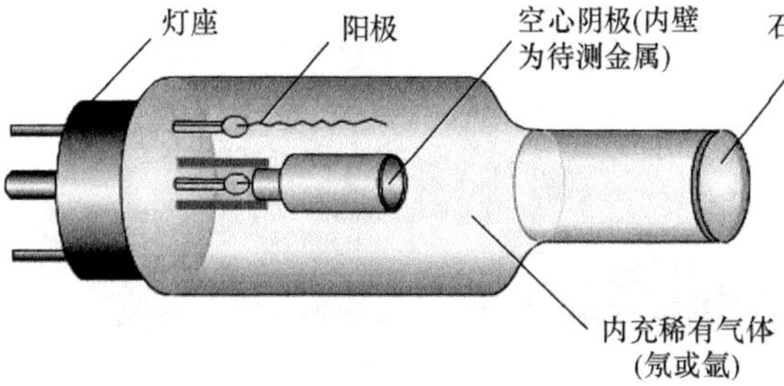

图 3-2　空心阴极灯

2)原子化系统

原子化系统是原子吸收分光光度计的关键和核心部分，它的作用是将样品中的待测元素转变成基态原子蒸气。原子化系统的性能直接影响测定的灵敏度和结果的重现性。目前原子吸收最常用的原子化方法是火焰原子化法、石墨炉原子化法和氢化物原子化法三种。

(1)火焰原子化器。

火焰原子化法中常用的是预混合型原子化器，其结构如图 3-3 所示。它主要由雾化器、雾化室、燃烧器和火焰及气体源等部分组成。最常用的火焰类型有空气-乙炔火焰、氧化亚氮-乙炔火焰。

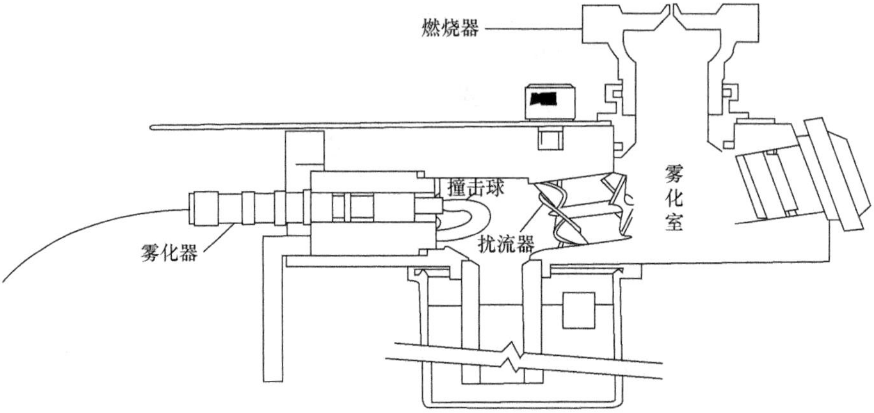

图 3-3　预混合型原子化器

(2)石墨炉原子化器。

石墨炉原子化器是一种无火焰原子化装置，其结构如图 3-4 所示。它由加热电源、保护气控制系统和石墨管状炉组成。试样由进样口注入，在石墨管内、外通以氩气保护气的情况下，对石墨管施加 400～600 A 的大电流，使石墨管温度最高可达 3000 ℃以上，试样在此高温下被原子化。

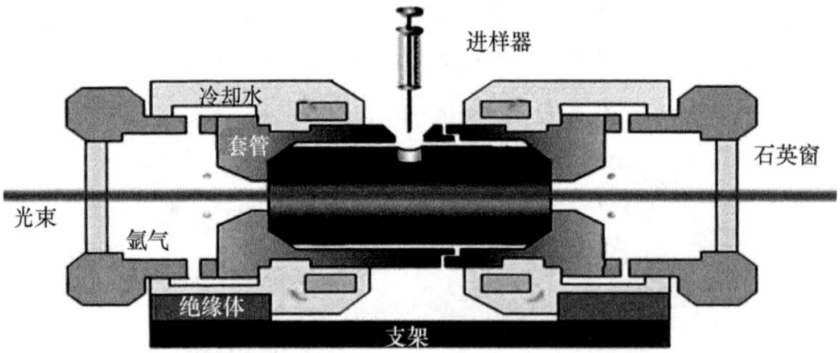

图 3-4　石墨炉原子化器

(3) 氢化物原子化器。

氢化物原子化法是一种低温原子化法。氢化物原子化器由氢化物发生器和原子化器两部分组成。目前氢化物发生器有手动、半自动、蠕动泵和流动注射四种形式，原子化器为 T 形石英管，分为电加热和火焰加热两种。氢化物原子化法主要用来测定 As、Sb、Bi、Sn、Ge、Se、Pb、Hg 和 Te 等元素。

3) 光学系统

在原子吸收分光光度计中，光学系统可分为单色器和外光路系统两部分。单色器是一种色散(分光)元件，其作用是将待测元素的共振线从其他谱线中分离出来，送到检测器中检测。原子吸收仪器中普遍采用光栅作为色散元件，光栅的色散率均匀、分辨率高，是良好的分光元件。外光路系统有单光束和双光束两种形式(图 3-5)，双光束系统由于两束光来自同一光源，并且共用一个检测器，因而消除了由光源和检测器不稳定带来的影响，在一定程度上消除了基线漂移，而且光源不需预热就能进行分析，提高了分析速度，延长了灯的使用寿命。

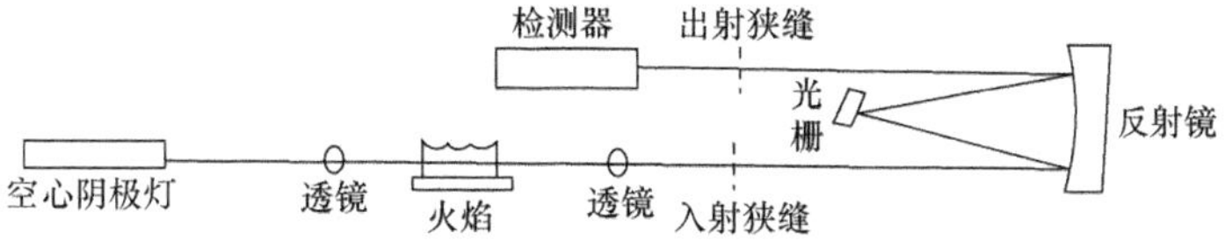

(a) 单光束型

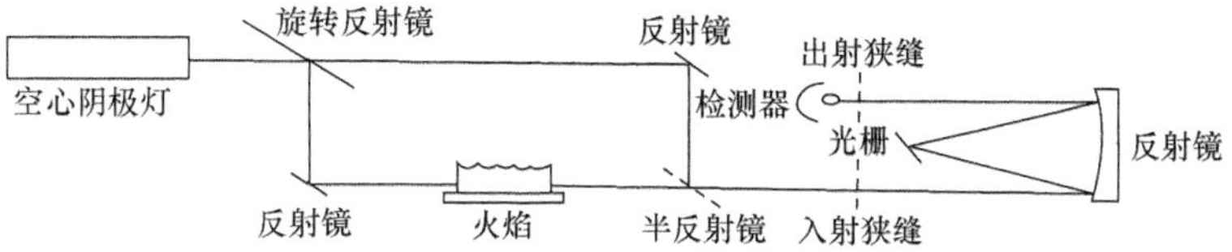

(b) 双光束型

图 3-5 原子吸收外光路系统

4) 检测系统和信号输出系统

原子吸收分光光度计的信号检测和数据读出系统是将经分光系统出来的光信号转变为电信号，并进行放大检测和一系列信号处理，最后输出数据的装置，主要由光电转换元件(光电倍增管)、放大器和读出装置等组成。

现代仪器数据处理由计算机完成，可实现测量信号的积分、连续平均值、峰高、峰面积的记录，并可计算出多次测定的平均值和相对标准偏差及校正曲线的多次拟合等。

3. 原子吸收分光光度计操作规程

以 220FS、220Z 原子吸收分光光度计为例介绍原子吸收分光光度计的基本操作规程。

1)火焰原子吸收分光光度计操作规程

(1)分析准备工作。

首先确认通风系统工作正常；检查气体，确保有足够气体完成分析工作，同时检查乙炔气总压力高于 700 kPa，以保证钢瓶中的丙酮不进入仪器、损坏仪器；打开空气压缩机，出口压力调整到 350 kPa；打开乙炔钢瓶，出口压力调整到 75 kPa；检查所有连接处是否漏气；配制所需标准溶液和试剂。

(2)开机。

将空心阴极灯安放到适宜的灯位上；打开主机上的电源开关；打开计算机电源，运行 SpectrAA 程序；建立工作表格；根据测试元素要求添加方法；编辑分析方法，设定测量模式、火焰类型和流量、定量分析方法、测量时间、灯电流、波长和狭缝、标准曲线浓度等仪器参数。

(3)仪器的调试。

点击进入仪器操作方式；按点火开关点燃火焰；在优化方式中完成灯位、燃助比、燃烧器等参数的调节。

(4)标准曲线绘制与样品的测定。

点击进入开始方式，按照仪器提示顺序进入标准溶液，完成标准曲线的绘制；按照仪器提示顺序进入样品溶液，进行样品的测定；返回主页，进行报告编辑与打印。

(5)关机。

样品测试完毕后，应吸蒸馏水 3～5 min，清洗雾化器系统；在点火情况下关闭乙炔钢瓶总阀门，使火焰自动熄灭，保证管路中没有乙炔压力；关闭空心阴极灯；关闭主机；退出计算机系统并安全关机；关闭空气压缩机和通风设施；倒空废液容器，对仪器进行清洗、维护。

2)石墨炉原子吸收分光光度计操作规程

(1)分析准备工作。

开冷却水系统，水温：20 ℃(冬天)，25 ℃(夏天)；开氩气或氮气瓶，出口压力调整到 140～200 kPa。

(2)开机。

将空心阴极灯安放到适宜的灯位上；打开主机和 GTA 上的电源开关；打开计算机电源，运行 SpectrAA 程序；建立工作表格；根据测试元素要求添加方法；编辑分析方法，设定测量模式、定量分析方法、灯电流、波长和狭缝、石墨炉程序、标准曲线浓度等仪器参数。

(3)仪器的调试。

点击进入仪器操作方式；进行自动进样器的调节；在优化方式中完成灯位的调节；选择最佳灰化温度、原子化温度及时间。

(4)标准曲线绘制与样品的测定。

点击进入开始方式，完成标准曲线的绘制；进行样品的测定；返回主页，进行报

告编辑与打印。

(5)关机。

关闭空心阴极灯；关闭冷却水系统；关闭载气（氩气或氮气钢瓶）；关闭 GTA 电源；关闭主机电源及所有附件电源；退出计算机系统并安全关闭计算机；关闭通风设施；倒空废液容器。

3.1.4　原子吸收光谱分析方法的建立和实验技术

1. 火焰原子化分析技术

在火焰原子吸收光谱分析中最常用的火焰类型是空气-乙炔火焰和氧化亚氮-乙炔火焰。

1)空气-乙炔火焰

空气-乙炔火焰是一种广泛应用的化学火焰，其火焰燃烧稳定、重复性好、噪声低、使用安全且易于操作，对多数元素有足够的测定灵敏度，可以分析 35 种以上的元素。空气-乙炔火焰有三种状态：化学计量性火焰（中性火焰）、富燃性火焰（还原性火焰）和贫燃性火焰（氧化性火焰）。

2)氧化亚氮-乙炔火焰

氧化亚氮-乙炔火焰是利用氧化亚氮气体代替空气-乙炔火焰中的助燃气空气，因此其火焰温度可达 3000 ℃左右。由于火焰含有 C、CO、CN 及 NH 等成分，因而具有较强的还原性气氛，可用于难解离元素如 Al、B、Be、Ti、V、W、Ta、Zr 等的测定，目前可以分析 70 多种元素。

2. 石墨炉原子化分析技术

石墨炉原子化采用直接进样和程序升温方式，升温过程可分为四个阶段，即干燥、灰化、原子化、净化。石墨炉原子化温度可达 3000 ℃，适用于高温及稀土元素的分析，目前可以分析 70 余种元素。由于石墨炉原子化效率高，而且自由原子在石墨炉内平均停留时间长，因此石墨炉原子化法比火焰原子化法的灵敏度高，一般元素的绝对灵敏度可达 10^{-14}～10^{-10} g。石墨炉原子化法可以直接以溶液、固体和悬浮液进样，而且样品用量少（5～100 μL），特别适于取样困难、价格昂贵和标本难得样品的测定。但石墨炉原子化法的测定精度比火焰原子化法差，相对标准偏差一般为 2%～5%，而且基体效应和背景影响较大。

3. 氢化物和冷蒸气原子化分析技术

氢化物原子化法主要用来测定 As、Sb、Bi、Sn、Ge、Se、Pb 和 Te 这 8 种元素。其原理是：这些元素在强还原剂 $NaBH_4$ 或 KBH_4 作用下生成熔点和沸点低的共价分子型氢化物。例如

$$AsCl_3+4KBH_4+HCl+8H_2O \longrightarrow AsH_3\uparrow+4KCl+4HBO_2+13H_2\uparrow$$

氢化物原子化法的灵敏度比火焰原子化法高，且基体干扰和化学干扰较小。但氢

化物原子化法的精密度不如火焰原子化法，且校正曲线的线性范围窄。氢化物有毒，在实验中要特别注意通风和安全。

冷蒸气原子化分析技术是基于汞的独特性质而产生的，仅适用于汞元素的测定。常用的方法是还原气化法，即将样品中的汞转化为二价汞离子，然后用二氯化锡将二价汞离子还原成汞蒸气，再用惰性气体带入具有石英窗的气体流动吸收管内，在常温下测定其吸收值。

4. 原子吸收测定条件的选择

原子吸收光谱分析中，选择最佳的仪器测定条件，能够获得最好的测定灵敏度、稳定性、重现性和良好的线性范围。

1）分析波长的选择

原子吸收光谱分析通常用于低含量元素的测定，所以一般选择最灵敏的共振吸收线作为分析波长。但在进行高含量元素分析时，为了避免试样溶液的过度稀释和减少污染，则选择次灵敏线。

2）狭缝宽度的选择

在原子吸收光谱分析中，谱线重叠的概率较小，因此在测定时可以使用较宽的狭缝。

3）空心阴极灯电流的选择

空心阴极灯的发射特性取决于灯的工作电流。灯电流过小，放电不稳定，光输出稳定性差，而且光谱输出强度小；灯电流过大，发射谱线变宽，甚至发生自吸现象，导致灵敏度下降，校正曲线弯曲，灯寿命缩短。灯电流的选择原则是：在保证稳定放电和合适的光强输出前提下，尽可能使用较低的工作电流。

4）火焰原子化条件的选择

火焰原子化条件的选择包括火焰类型和状态的选择、燃烧器高度与角度的选择。

5）石墨炉原子化条件的选择

石墨炉原子化条件的选择包括石墨管的种类选择、加热程序的选择。

6）氢化物原子化条件的选择

在氢化物原子化法中，需要对载气种类及流速、介质的酸度、还原剂（$NaBH_4$）的浓度、原子化温度等进行选择。

5. 定量分析方法

原子吸收光谱法是一种相对而不是绝对的方法，定量结果只能与标准溶液或标准物质相比较而得到。原子吸收光谱分析常用的定量方法是标准曲线法和标准加入法。

1）标准曲线法（或校正曲线法）

配制一组合适的标准系列溶液，由低浓度到高浓度，依次喷入火焰分别测定其吸光度 A。以测得的吸光度 A 为纵坐标，以待测元素浓度 c 或质量 m 为横坐标，绘制

A-c(或 A-m)标准曲线(或计算回归方程和相关系数)。在相同的实验条件下，喷入待测试样溶液，根据测得的吸光度，查标准曲线(或通过回归方程计算)求得试样待测元素的浓度或质量(图 3-6)。

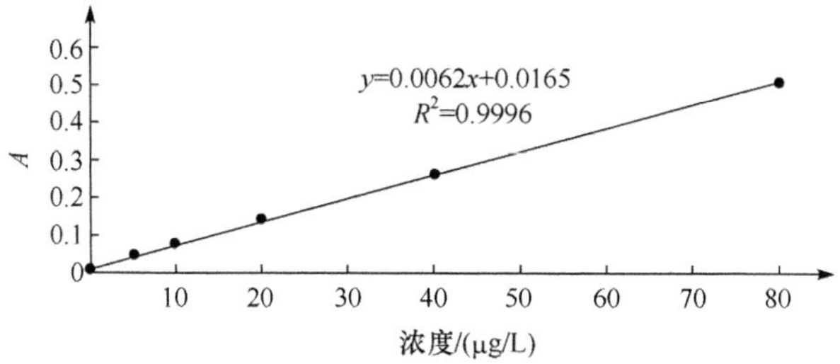

图 3-6　标准曲线法

标准曲线法简便、快速，但只适用于组成简单的试样。在使用标准曲线法时要注意以下几点：

(1)配制的标准溶液的浓度应在吸光度与浓度呈直线关系的范围内。

(2)标准溶液和样品溶液都应用相同的试剂处理。

(3)应扣除空白值。

(4)在整个分析过程中操作条件应保持不变。

(5)由于仪器的不稳定会使标准曲线的斜率发生变动,因此每次测定前应用标准溶液对吸光度进行检查和校正。

(6)待测元素浓度较高、光谱干扰、化学干扰、物理干扰等可能导致曲线向下弯曲，电离干扰使曲线向上弯曲。

2)标准加入法

标准加入法适用于组成不完全确知的待测样品的测定。分取几份等量的待测样品，其中一份不加入待测元素的标准溶液，其余各份试样中分别加入已知不同量的待测元素标准溶液，然后用溶剂稀释至一定体积。设试样中待测元素的浓度为 c_x，加入标准溶液后的浓度则分别为 c_x+c_0、c_x+2c_0、c_x+4c_0、…在适宜的测定条件下分别测定它们的吸光度，以吸光度对加入量作图，得到一条不通过原点的曲线，截距所对应的吸光度正是试样中待测元素所引起的效应。外延曲线与横坐标相交，交点至原点的距离所对应的浓度 c_x 即为所求的试样中待测元素的浓度(图 3-7)。

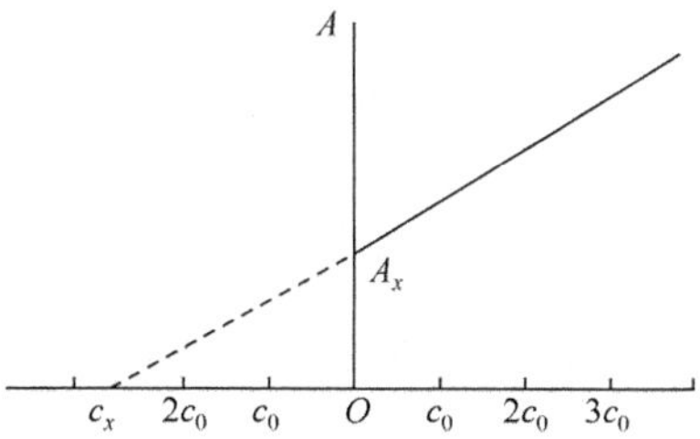

图 3-7　标准加入法

使用标准加入法应注意以下几点：

(1)待测元素的浓度与其对应的吸光度应呈线性关系，且在线性范围内。

(2)为了得到很好的外推结果，至少应采用 4 个点来作外推曲线，而且要使第一个加入量产生的吸收值为试样原吸收值的一半左右。

(3)采用标准加入法只能消除基体效应带来的影响，但不能消除背景吸收的影响。

(4)对于斜率太小的曲线，也就是当灵敏度很低时，容易引起很大的测定误差。

6. 样品前处理技术

原子吸收光谱分析测量各类样品中的金属元素，一般均需首先破坏样品中的有机物质。选择何种方法通常取决于分析元素和被测样品及基体的性质。原子吸收光谱分析中常用的破坏有机物的方法有以下几种。

(1)高温干灰化法：在 450～550 ℃进行干灰化，以破坏样品中的有机物基体，灰化残渣用一定浓度的硝酸或盐酸溶解。

(2)湿法消解法：在一定的温度下，使用氧化性酸的混合液消解样品中的有机物。该方法是原子吸收光谱分析中常用的方法。通常使用的混酸体系为：硝酸-高氯酸、硝酸-过氧化氢、硝酸-氢氟酸-高氯酸、王水-氢氟酸。

(3)微波消解法：将微波加热与聚四氟乙烯(PTFE)压力罐结合，使样品在压力罐中的高温高压环境下被消化。微波消解仪主要由微波炉和压力罐组成。常用的消解试剂为 HNO_3、H_2O_2、HF、HCl。因为 H_2SO_4 易损坏消解罐，$HClO_4$ 使用危险性大，所以 H_2SO_4、$HClO_4$ 一般限制使用。

7. 分析数据处理

在原子吸收光谱分析中，灵敏度、检出限和精密度是评价分析方法和仪器性能的重要技术指标。

1)灵敏度、特征浓度

灵敏度：在原子吸收光谱分析中，根据 1975 年国际纯粹与应用化学联合会(IUPAC)的规定，将灵敏度定义为校正曲线 $A=f(c)$ 的斜率，其表达式为 $S=\mathrm{d}A/\mathrm{d}c$（或 $S=\mathrm{d}A/\mathrm{d}m$），它表示当被测元素浓度 c 或绝对量 m 改变一个单位时吸光度 A 的变化量。

特征浓度：在原子吸收光谱分析中常用特征浓度 c_0 来表征灵敏度，特征浓度是指能产生 1%吸收或 0.0044 吸光度所对应的待测元素浓度。在无火焰原子吸收中，把能产生 1%吸收或 0.0044 吸光度所对应的待测元素的绝对量称为特征质量。

$$c_0 = \frac{0.0044\bar{c}}{\bar{A}}\ [\mathrm{mg/(L \cdot 1\%)}] \tag{3-3}$$

式中：$\bar{c}$ 为测试溶液的浓度，mg/L；$\bar{A}$ 为测试溶液的吸光度。特征浓度或特征质量越小，测定的灵敏度越高。

2）检出限

检出限是指能以适当的置信度检出的元素的最小浓度或最小量。在原子吸收光谱分析中，求检出限的方法是对空白溶液（含 0.2%～1%硝酸）进行 11 次测量。检出限可用 D_L 表示。

$$D_L = \frac{c \times 3S}{\overline{A}} \tag{3-4}$$

式中：c 为测试溶液的浓度，mg/L；$\overline{A}$ 为多次测量吸光度的平均值；S 为 11 次空白溶液吸光度的标准偏差；3 为置信度系数。

3）精密度

精密度表示多次重复测定某一数值时所得到的数值的离散程度。在有限次测定中，通常用 n 次测定中的标准偏差 S、相对标准偏差（RSD）或变异系数（CV）来衡量。

$$S=\sqrt{\frac{\sum_{i=1}^{n}(X_i-\overline{X})^2}{n-1}} \tag{3-5}$$

$$\text{RSD} = \frac{S}{\overline{X}} \times 100\% \tag{3-6}$$

式中：$\overline{X}$ 为 n 次测定的算术平均值；X_i 为单次测定值。

一般用 6～10 次测定结果的标准偏差来表示原子吸收光谱分析的精密度。精密度的好坏取决于随机误差，它反映了分析方法的成熟程度和操作者的技术水平。

3.2　原子荧光光谱法

3.2.1　原子荧光光谱法的特点及应用范围

原子荧光光谱法（atomic fluorescence spectrometry，AFS）是通过测量待测元素的原子蒸气在辐射能激发下产生的荧光发射强度进行元素定量分析的方法。目前原子荧光光谱分析技术与原子吸收、火焰发射等光谱分析技术互相补充，主要用于 As、Sb、Bi、Pb、Sn、Te、Se、Zn、Ge、Cd、Hg 和 Au 等元素的分析，在地质、冶金、环保、卫生防疫、食品、质检和农业等领域应用非常广泛。

原子荧光光谱分析的特点是：灵敏度高、检出限低；干扰较少，谱线比较简单；线性范围宽；可同时进行多元素测定。

3.2.2　原子荧光光谱法的基本原理

1. 原子荧光的产生

当气态基态原子吸收特征波长辐射后，原子的外层电子从基态或低能态跃迁到高能态，约 10^{-8}s 后又返回至基态或低能态，同时发射出与原激发波长相同或不同的辐射，这种现象称为原子荧光。原子荧光属光致发光，也是二次发光。当激发光源停止照射后，再发射过程立即停止。

2. 原子荧光的类型

原子荧光主要分为三类：共振原子荧光、非共振原子荧光与敏化原子荧光。

1)共振原子荧光

当气态基态原子吸收的辐射和发射的荧光波长相同时，即产生共振原子荧光，如图 3-8(a)所示。由于其跃迁概率最大且用普通线光源即可获得相当高的辐射密度，因此共振原子荧光是原子荧光光谱分析中最常用的一种荧光。

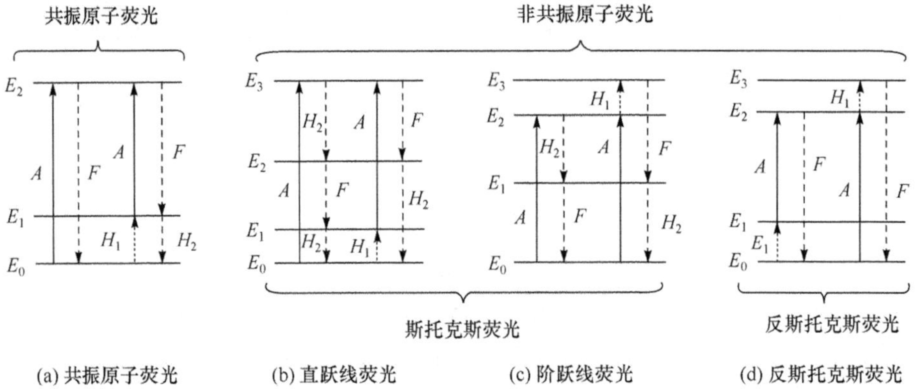

图 3-8　原子荧光的主要类型

2)非共振原子荧光

当气态基态原子吸收的辐射和发射的荧光波长不相同时，称为非共振原子荧光。非共振原子荧光包括直跃线荧光、阶跃线荧光和反斯托克斯荧光，如图 3-8(b)～(d)所示。

3)敏化原子荧光

激发原子通过碰撞将激发能转移给另一个原子使其激发，后者再以辐射方式去活化而发射荧光，这种荧光称为敏化原子荧光。

3. 原子荧光光谱分析的定量基础

在原子荧光发射中，荧光强度 I_f 正比于基态原子对特征辐射的吸收强度 I_a。

$$I_f = \varphi I_a \tag{3-7}$$

式中：φ 为荧光量子效率，它表示发射荧光光量子数与吸收激发光量子数之比。

根据原子吸收理论，气态基态原子密度接近原子总密度，当气态基态原子吸收特征辐射而激发时，其基态原子对光的吸收强度 I_a 可用光电吸收定律表示。

$$I_a = \varphi A I_0 (1 - e^{-kLN}) \tag{3-8}$$

式中：I_0 为原子化器内单位面积上入射光的强度；A 为入射光照射在检测器系统中观察到的有效面积；L 为吸收光程长；k 为峰值吸收系数；N 为单位体积内的基态原子

数。近似可得

$$I_f = \varphi A I_0 k L N \tag{3-9}$$

当仪器与操作条件一定时，除 N 外，其他均为常数，N 与试样中被测元素浓度 c 成正比，即原子荧光强度与待测元素浓度或原子密度正比。

$$I_f = Kc \tag{3-10}$$

3.2.3　原子荧光分光光度计

1. 原子荧光分光光度计的结构

原子荧光分光光度计分为非色散型和色散型两种，它们的结构基本相似，差别在于单色器部分。原子荧光分光光度计主要由激发光源、原子化系统、分光系统、检测系统和信号输出系统五部分组成。仪器的基本结构与原子吸收分光光度计相似，如图 3-9 所示，其中(a)为非色散型，(b)为色散型。

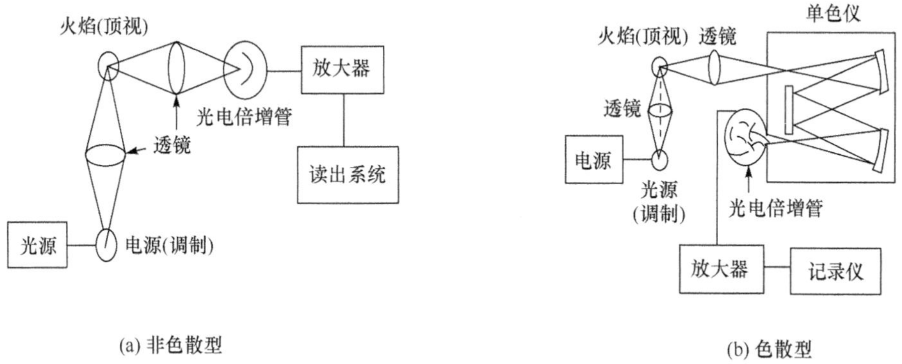

图 3-9　原子荧光分光光度计结构示意图

2. 原子荧光分光光度计的组成及功能

1) 激发光源

激发光源是原子荧光分光光度计的主要组成部分。常用的有空心阴极灯、无极放电灯、等离子体光源、激光光源等，其中空心阴极灯应用最为广泛。

2) 原子化器

原子荧光光谱仪对原子化器的要求与原子吸收光谱仪基本相同，有火焰原子化器和非火焰原子化器。目前原子荧光分光光度计广泛应用的是氩-氢火焰原子化器。

3) 光学系统

光学系统的作用是充分利用激发光源的能量和接收有用的荧光信号，减少和除去杂散光。色散型仪器对色散率要求不高，但要求有较大的集光能力，常用的色散元件是光栅。非色散型仪器一般用滤光器来分离分析线和邻近谱线。

4) 检测系统

色散型仪器采用光电倍增管，非色散型仪器多用日盲光电倍增管。检测器与激发光束成直角配置，以避免激发光源对检测原子荧光信号的影响。

3. 原子荧光分光光度计操作规程

目前原子荧光分光光度计的参数设置、控制、数据的记录和处理都是通过计算机实现的。以AFS-9230原子荧光分光光度计为例介绍原子荧光分光光度计的操作规程。

(1) 分析准备工作。

首先确认通风系统工作正常；检查气体，确保有足够气体完成分析工作，打开氩气，调节减压表次级压力为 0.3 MPa；打开仪器前门，检查水封中是否有水；配制所需标准溶液、载流和还原剂等试剂。

(2) 开机。

打开仪器灯室，将空心阴极灯安放到适宜的灯位上。更换元素灯时一定要关闭仪器主机电源；打开计算机电源、主机电源和顺序注射或双泵电源；双击软件图标，进入操作软件，运行仪器程序；在自检测窗口中点击“检测”按钮，对仪器进行自检。点击“元素表”，自动识别元素灯，选择自动或手动进样方式；点击“点火”按钮，点亮炉丝；点击“仪器条件”，依次设置仪器条件、测量条件；调节灯高，使元素灯聚焦于一面，调节炉高到所测元素的最佳高度；点击“标准曲线”，输入标准曲线各点浓度值和位置号；点击“样品参数”，设置被测样参数；点击“测量窗口”，仪器运行预热 1 h。

(3) 仪器的调试。

进入测量方式；压上蠕动泵压块；完成灯电流、原子化器观察高度、载气流量等测量条件的优化与调节。

(4) 标准曲线绘制与样品的测定。

选中标准空白和标准曲线各点，点击“区域测量”，完成标准曲线的绘制；选中样品空白和样品各点，点击“区域测量”，进行样品的测定；返回主页，进行报告编辑与打印。

(5) 关机。

测量结束后用纯水清洗进样系统 20 min；退出软件，关闭仪器电源；关闭氩气；打开蠕动泵压块，把各种试剂移开，将仪器及实验台清理干净；关闭通风设施；退出计算机系统并安全关机；倒空废液容器；对仪器进行清洗、维护。

(6) 定期开机运行仪器(每周一次)。

3.2.4 原子荧光光谱分析方法的建立和实验技术

1. 氢化物发生-原子荧光光谱法

1) 原理

氢化物发生-原子荧光光谱法(HG-AFS)是具有中国特色的分析技术，它主要是利用待测元素与还原剂(一般为硼氢化钾或硼氢化钠)反应生成气态氢化物，气态氢化物由载气导入氩-氢火焰原子化器中进行原子荧光光谱分析。

氢化物形成的化学反应如下：

$$NaBH_4 + 3H_2O + HCl \longrightarrow H_3BO_3 + NaCl + 8H\cdot$$

$$8H\cdot + E^{m+} \longrightarrow EH_m + H_2(\text{过剩})$$

式中：E^{m+} 为 m 价被测元素离子；EH_m 为被测元素的氢化物；H·为初生态的氢。

目前能产生原子荧光的元素有 20 多种，能用 HG-AFS 测定的元素只有 11 种：Hg、As、Se、Sb、Bi、Te、Sn、Ge、Pb、Zn 和 Cd。其中汞采用冷原子荧光法检测。

2)特点

(1)灵敏度高，可达 10^{-9}～10^{-3} mg/L。

(2)精密度好，一般 RSD 为 2%～3%。

(3)线性范围宽，可达 3～5 个数量级。

(4)适用于 Hg、As、Se、Sb、Bi、Te、Sn、Ge、Pb、Zn 和 Cd 这 11 种元素，并可实现多元素同时测定。

(5)分析元素与基体分离，因此光谱和化学干扰较少。

(6)可控制条件，用于形态分析。

3)仪器工作条件的选择

在 HG-AFS 中，仪器的主要工作参数为光电倍增管负高压、灯电流、原子化器温度、原子化器高度、载气流量、屏蔽气流量、读数时间、延迟时间等。

(1)光电倍增管负高压。

在满足分析要求的前提下，尽量不要将光电倍增管的负高压设置太高。

(2)灯电流。

应根据灵敏度需求选择灯电流大小，在能满足检测条件的情况下，尽量采用低电流，同时不要超过最大使用电流，以延长灯的寿命。

(3)原子化器温度。

一般预加热温度为 200 ℃，氩-氢火焰温度大约在 780 ℃。

(4)原子化器高度。

当原子化器观察高度为 10 mm 时，检出信号/背景信号相对强度最大，原子化效率最高，样品测定一般选择 8～10 mm。

(5)载气、屏蔽气流量。

载气、屏蔽气流量直接影响测定的灵敏度和稳定性。载气流量小，氩-氢火焰不稳定，测量的重现性差；载气流量大，原子蒸气被稀释，测量的荧光信号降低。屏蔽气流量小，氩-氢火焰肥大，信号不稳定；屏蔽气流量大，氩-氢火焰细长，信号不稳定且灵敏度降低。

(6)读数时间和延迟时间。

读数时间 $t(r)$ 和延迟时间 $t(d)$ 与蠕动(注射)泵泵速、还原剂浓度、进样体积大小等有关，选择时要根据实际的 I_f-t 关系曲线形状来确定，以峰面积积分计算时以将整个峰形全部采入为最佳，如图 3-10 所示。延迟时间设置准确，可以有效地延长灯的使用寿命，并减少空白噪声。在读数时间固定的情况下，如果延迟时间过长，会导致读数采样滞后，损失测量信号；延迟时间过短，会减少灯的使用寿命，增加空白噪声。

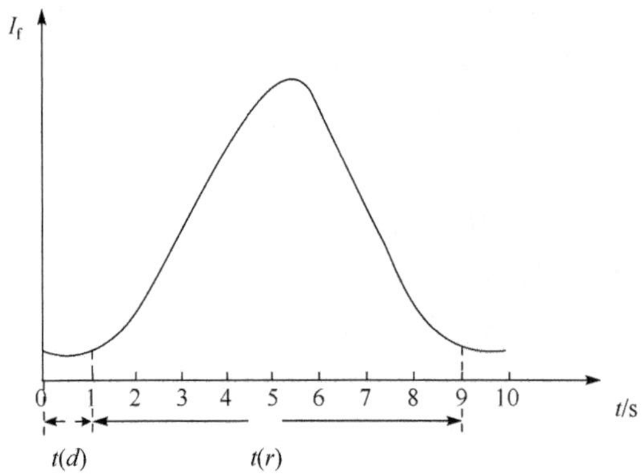

图 3-10　读数时间、延迟时间与荧光强度的关系

2. 定量分析方法

可以采用标准曲线法或标准加入法(见 3.1.4 小节中 5.)进行定量分析。

实验一　火焰原子吸收光谱法测定水中铜的含量

一、实验目的

(1)掌握火焰原子吸收分光光度计的基本结构、性能和操作方法。

(2)掌握火焰原子吸收光谱法最佳工作条件的选择方法和标准曲线定量分析方法。

(3)学会火焰原子吸收分光光度计主要性能指标的检验方法。

二、实验原理

在原子吸收光谱分析中，不同的仪器和不同的待测元素其仪器的工作条件有所不同。在火焰原子吸收光谱分析中，需要选择的主要参数是分析波长、狭缝宽度、灯电流、燃烧器高度、燃气和助燃气的流量等。选择最佳的工作条件能获得最好的灵敏度、检出限和良好的线性范围，因此在进行元素分析前应依据原子吸收测定条件的选择原则(见 3.1.4 小节中 4.)进行仪器工作条件的选择。

标准曲线法是原子吸收光谱分析中常用的定量方法(见 3.1.4 小节中 5.)。标准曲线法简便、快速，但只适用于组成简单的试样。

三、仪器与试剂

1. 仪器

220 FS 原子吸收分光光度计；铜空心阴极灯；无油空气压缩机；乙炔气体钢瓶。

2. 试剂

Cu 标准储备液：1000 mg/L，GBW08615 水中铜成分分析溶液标准物质；或称取 0.1000 g 光谱纯铜，置于烧杯中，加入 5 mL 硝酸(1+1)溶解，超纯水定容至 100 mL。

20.00 mg/L Cu 标准工作液：吸取 1000 mg/L Cu 标准储备液 2.0 mL 于 100 mL 容量瓶中，超纯水定容，摇匀备用。

1.00 mg/L Cu 标准溶液：吸取 20.00 mg/L 标准工作液 5 mL 于 100 mL 容量瓶中，超纯水定容，摇匀备用。

四、实验步骤

1. 原子吸收分光光度计的常规操作

原子吸收分光光度计类型很多，没有统一的操作方法，应按每台仪器的说明书进行操作。主要操作步骤如下。

1)开机

(1)将空心阴极灯安放到适宜的灯位上。

(2)打开仪器电源开关，运行仪器控制程序。

2)工作表格的建立与分析方法的编辑

添加测定 Cu 方法，进行分析方法编辑和仪器参数设定。仪器模式：吸光度测量；火焰类型：空气-乙炔火焰；测量模式：PROMT；定量方法：标准曲线法；测量时间：5 s；读数延迟时间：5 s；分析波长：324.8 nm；狭缝：0.5 nm；灯电流：5 mA；输入标准曲线浓度：0.40 mg/L、0.80 mg/L、1.20 mg/L、1.60 mg/L、2.00 mg/L。

3)仪器的调试

(1)打开空气压缩机，调出口压力为 350 kPa，乙炔气的出口压力为 75 kPa。

(2)进入仪器操作方式，然后按点火开关点燃火焰。

(3)在优化方式中完成灯位的调节。

2. 最佳工作条件的选择

1)灯电流的选择

分别输入不同的灯电流 4 mA、5 mA、6 mA、7 mA，在不同的灯电流下测定 1.00 mg/L Cu 的吸光度，选择适宜的灯电流。

2)燃助比的选择

固定空气流量为 13.5 L/min，改变乙炔流量分别为 1.5 L/min、1.6 L/min、1.7 L/min、

1.8 L/min，测定 1.00 mg/L Cu 的吸光度，选择适宜的燃助比。

3)燃烧器高度的选择

使用燃烧器高度旋钮改变燃烧器高度，分别在 5 mm、6 mm、7 mm、8 mm 高度下测定 1.00 mg/L Cu 的吸光度，选择适宜的燃烧器高度。

3. 标准系列溶液的配制与标准曲线的制作

分别吸取 20.00 mg/L Cu 工作液 1.0 mL、2.0 mL、3.0 mL、4.0 mL、5.0 mL 于 50 mL 容量瓶中，用超纯水定容，即配制成含 Cu 为 0.40 mg/L、0.80 mg/L、1.20 mg/L、1.60 mg/L、2.00 mg/L 的标准系列溶液。在选定的仪器工作条件下，依次进入空白和各标准溶液，完成标准曲线的制作。

4. 水样的测定

吸入待测水样，仪器显示的读数即为水样中 Cu 的含量(mg/L)。

5. 主要性能指标的测定

特征浓度：对 1.00 mg/L Cu 标准溶液进行三次重复测定，求其平均值，由式(3-3)计算得到本方法测定 Cu 的特征浓度。

检出限：对空白溶液进行 11 次连续测定，将 11 次测定的标准偏差与 1.00 mg/L Cu 标准溶液的平均吸光度代入式(3-4)计算，得到本方法测定 Cu 的检出限。

精密度：对 1.00 mg/L Cu 标准溶液进行 7 次重复测定，根据式(3-6)，由 7 次测定的吸光度平均值和标准偏差计算本方法测定 Cu 的精密度。

6. 关机

(1)关闭空心阴极灯。

(2)吸入超纯水清洗雾化器系统 3～5 min。

(3)在点火情况下关闭乙炔瓶总阀门。

(4)关闭空气压缩机，关闭通风设施。

(5)关闭主机电源。

7. 编辑、打印报告

返回主页，进行报告编辑与打印。

五、数据处理与分析

根据实验记录，计算结果。

六、实验注意事项

(1)实验时打开通风设备，使金属蒸气及时排出室外。

(2)乙炔为易燃、易爆气体，必须严格按照操作步骤进行。点火前先开空气，后开乙炔气体，且乙炔钢瓶的阀门旋开不能超过 1.5 圈，以免丙酮逸出。熄火时应在点火情况下先关乙炔，使火焰自动熄灭。

(3)火焰、元素灯、氘灯可能辐射出紫外线。紫外线对人体眼睛、皮肤有伤害。使用火焰法时，装好火焰屏蔽罩。

(4)在更换灯或关机前必须使灯电流回零，以免损坏空心阴极灯。

七、思考题

(1)原子吸收分光光度计由哪些主要部分组成？各部分的作用是什么？

(2)如何选择最佳仪器工作条件？实验时若实验条件发生变化,对结果有何影响？

(3)灵敏度与检出限之间有什么关系？影响它们的主要因素有哪些？

实验二　火焰原子吸收光谱法测定水中钙的含量

一、实验目的

(1)进一步学习原子吸收分光光度计的操作方法和分析技术。

(2)掌握原子吸收光谱分析中消除化学干扰的方法。

二、实验原理

原子吸收光谱法中，化学干扰是主要的干扰来源。化学干扰是指试样溶液转化为自由基态原子的过程中，待测元素与其他组分之间的化学作用所引起的干扰效应。这种干扰具有选择性，它不仅取决于待测元素与共存元素的性质，还与火焰温度、火焰状态和部位等条件密切相关。由于化学干扰具有多样性和复杂性，因此在消除化学干扰时，应根据具体干扰的情况而采取相应的措施。

在原子吸收光谱分析中，产生化学干扰的主要因素是待测元素与共存元素生成热力学更稳定的化合物，使参与吸收的基态原子数减少。例如，在空气-乙炔火焰中硅、磷酸盐、硫酸盐等对 Ca、Mg 测定的干扰，就是由于它们与 Ca、Mg 形成难解离化合物。这种干扰可以采用加入释放剂的方式予以消除。具体方法是加入一种过量的能够与干扰物质形成更稳定或更难挥发的化合物，从而使待测元素从干扰元素的化合物中释放出来。例如，在测定 Ca、Mg 时，为了消除磷酸盐的干扰加入 $SrCl_2$ 或 $LaCl_3$，过量的 Sr 或 La 与磷酸盐结合而将 Ca、Mg 释放出来。释放剂加入一定量时才能有释放作用，但加入过多也会使吸光度下降，这可能是因为释放剂形成某种难熔化合物，对待测元素起了包裹作用。因此，在使用释放剂时既要考虑它的置换作用，又要避免包裹作用。在实际工作中，释放剂的加入量要通过实验来确定。可采取直接加入样品和标准溶液中或在线加入的方法。

三、仪器与试剂

1. 仪器

220 FS 原子吸收分光光度计；钙空心阴极灯；无油空气压缩机；乙炔气体钢瓶。

2. 试剂

Ca 标准储备液：1000 mg/L，GBW(E)080118 钙单元素溶液标准物质；或称取 0.2498 g(110 ℃干燥)优级纯碳酸钙，置于 50 mL 烧杯中，加入 2 mL 盐酸(1+1)溶解，加热赶尽 CO_2，超纯水定容至 100 mL。

50.00 mg/L Ca 标准工作液：吸取 1000 mg/L Ca 标准储备液 5.0 mL 于 100 mL 容量瓶中，超纯水定容，摇匀备用。

50.00 mg/mL La 溶液：称取 15.6 g 分析纯 $La(NO_3)_3 \cdot 6H_2O$，溶于少量水中，超纯水定容至 100 mL。

模拟水样 $1^{\#}$：吸取 1000 mg/L Ca 标准储备液 2.0 mL 于 100 mL 容量瓶中，超纯水定容，摇匀备用。

模拟水样 $2^{\#}$：吸取 1000 mg/L Ca 标准储备液 2.0 mL 于 100 mL 容量瓶中，加入 1% KH_2PO_4 溶液 1 mL，超纯水定容，摇匀备用。

四、实验步骤

1. 工作表格的建立与分析方法的编辑

(1)将钙空心阴极灯安放到适宜的灯位上；打开仪器电源开关，运行仪器控制程序。

(2)添加测定 Ca 方法，进行分析方法编辑和仪器参数设定。仪器模式：吸光度测量；火焰类型：空气-乙炔火焰；测量模式：PROMT；定量方法：标准曲线法；测量时间：5 s；读数延迟时间：5 s；分析波长：422.7 nm；狭缝：0.5 nm；灯电流：10 mA；输入标准曲线浓度：2.00 mg/L、4.00 mg/L、6.00 mg/L、8.00 mg/L。

2. 仪器的调试

(1)打开空气压缩机，调出口压力为 350 kPa，乙炔气的出口压力为 75 kPa。

(2)进入仪器操作方式，然后按点火开关点燃火焰。

(3)在优化方式中完成灯位等的调节。

3. 燃助比的选择

固定空气流量为 13.5 L/min，改变乙炔流量分别为 1.5 L/min、1.6 L/min、1.7 L/min、1.8 L/min，测定模拟水样 $1^{\#}$的吸光度，选取灵敏度高且稳定性好的燃助比为测定条件。

4. 燃烧器高度的选择

使用燃烧器高度旋钮改变燃烧器高度，测定模拟水样 1#和 2#的吸光度，从灵敏度和稳定性两方面综合考虑选择适宜的燃烧器高度。

5. 释放剂镧溶液加入量的选择

分别吸取 4 份模拟水样 1#和 2#各 5 mL 于 25 mL 容量瓶中，分别加入 La 溶液 0 mL、0.5 mL、1 mL、2 mL，用水稀释至刻度。在上面选取的最佳操作条件下，依次测定试样的吸光度，比较模拟水样 1#和 2#的吸光度，选择有效消除干扰的最佳加入量。

6. 标准系列溶液的配制与标准曲线的制作

分别吸取 50.00 mg/L Ca 工作液 0.0 mL、1.0 mL、2.0 mL、3.0 mL、4.0 mL 于 25 mL 容量瓶中，每瓶中加入选定的最佳量的 La 溶液后定容，摇匀，即配制成含 Ca 为 0.00 mg/L、2.00 mg/L、4.00 mg/L、6.00 mg/L、8.00 mg/L 的标准系列溶液。在选定的仪器工作条件下，依次进入空白和各标准溶液，完成标准曲线的制作。

7. 水样的测定

准确吸取 5 mL 模拟水样 1#和 2#两份，分别置于 25 mL 容量瓶中，加入最佳量的 La 溶液后定容。在选定的仪器工作条件下，吸入待测水样，仪器显示的读数即为水样中 Ca 的含量(mg/L)。

8. 关机

(1)关闭空心阴极灯。
(2)吸入超纯水清洗雾化器系统 3～5 min。
(3)先关闭乙炔气，然后关闭空气压缩机，关闭通风设施。
(4)关闭主机电源。

9. 编辑、打印报告

返回主页，进行报告编辑与打印。

五、数据处理与分析

根据实验记录，计算结果。

六、思考题

(1)使用标准曲线法进行定量分析时要注意哪些事项？
(2)试解释磷酸盐对钙测定的干扰和加镧消除干扰的机理。
(3)火焰原子吸收光谱分析中消除化学干扰的常用方法有哪些？

实验三　石墨炉原子吸收光谱法测定水中铅的含量

一、实验目的

(1)掌握石墨炉原子吸收分光光度计的基本结构、性能和操作方法。

(2)基本掌握石墨炉升温程序的编制和工作条件的选择方法。

(3)了解石墨炉原子吸收光谱分析中基体改进技术的应用。

二、实验原理

石墨炉原子化法的原理是，将试样放置在石墨管内，在大电流作用下产生2000～3000 ℃的高温，使试样蒸发和原子化而达到测定的目的。石墨炉原子吸收分光光度计由加热电源、保护气控制系统和石墨管状炉组成。在石墨炉原子化法中，石墨炉的升温程序一般分为干燥、灰化、原子化、净化四个阶段。不同的仪器和不同的待测元素其石墨炉的升温程序有所不同，因此在进行元素分析前应依据原子吸收测定条件的选择原则(见3.1.4小节中4.)进行石墨炉升温程序的编制和工作条件的选择。

石墨炉原子化法中的背景吸收干扰比火焰原子化法严重得多，有时若不扣除背景干扰，就无法进行样品的测定。在石墨炉原子化法中，当待测样品成分与背景干扰成分的挥发性相近时，为消除背景吸收的干扰，通常在样品中加入化学试剂，使基体转变成较易挥发的物质，被测元素变成较稳定的化合物，这种方法称为基体改进技术。一般认为基体改进剂是通过以下 7 种途径来降低干扰的：①使基体形成易挥发化合物来降低干扰，如测定海水样品时加入 NH_4NO_3 来消除 NaCl 的干扰，生成的 $NaNO_3$ 在低于 400 ℃时就蒸发了；②使基体形成难解离化合物，避免待测元素形成易挥发难解离的卤化物，如加入 $LiNO_3$ 使解离能较小的 NaCl 转变为解离能较大的 LiCl；③使待测元素形成较易解离化合物，避免形成热稳定的碳化物；④使待测元素形成热稳定的化合物，防止灰化损失，如测 Pb 时加入 $NH_4H_2PO_4$ 可以提高测定的灰化温度和原子化温度，增加铅信号的稳定性并减少灰化阶段中铅的损失；⑤与待测元素形成稳定的金属互化物，降低待测元素的挥发性，防止灰化损失，如测 Hg 时加入 Ag 和 Pd 可使灰化温度提高到 250～500 ℃；⑥形成强还原性气氛，改善原子化过程，如加入有机试剂；⑦改善基体的物理特性。目前石墨炉原子吸收光谱分析中常用的基体改进剂有 50 余种，测定铅时常用的基体改进剂有磷酸、磷酸二氢铵、EDTA、柠檬酸盐、草酸盐、钯+抗坏血酸等。

三、仪器与试剂

1. 仪器

220 Z 原子吸收分光光度计；铅空心阴极灯；氩气气体钢瓶。

2. 试剂

Pb 标准储备液：1000 mg/L，GBW 08619 铅单元素溶液标准物质；或称取 0.1599 g 优级纯硝酸铅，置于 50 mL 烧杯中，加入 2 mL 硝酸(1+1)溶解，超纯水定容至 100 mL。

20.00 mg/L Pb 标准工作液：吸取 1000 mg/L Pb 标准储备液 1.0 mL 于 50 mL 容量瓶中，1%硝酸定容，摇匀备用。

0.40 mg/L Pb 标准溶液：吸取 20.00 mg/L 标准工作液 1 mL 于 50 mL 容量瓶中，超纯水定容，摇匀备用。

40.00 μg/L Pb 标准溶液：吸取 0.40 mg/L 标准工作液 5 mL 于 50 mL 容量瓶中，超纯水定容，摇匀备用，现用现配。

基体改进剂：5 mg/mL $NH_4H_2PO_4$。

四、实验步骤

1. 开机

(1)打开冷却水系统。
(2)打开氩气钢瓶，出口压力调整到 140 kPa。
(3)将空心阴极灯安放到适宜的灯位上。
(4)打开主机和 GTA 上的电源。

2. 工作表格的建立与分析方法的编辑

(1)打开计算机电源，运行 SpectrAA 程序。
(2)建立工作表格，根据测试元素要求添加方法。
(3)编辑分析方法，设定测量模式、定量分析方法、灯电流、波长和狭缝、石墨炉程序、标准曲线浓度等仪器参数，具体参数如下：仪器模式，吸收法；进样方式，自动常规；校正模式，浓度；测量模式，峰高；波长，283.3 nm；狭缝，0.5 nm；灯电流，8.0 mA；扣背景，扣背景开；样品体积，10 μL；基体改进剂模式，共进；基体改进剂体积，3 μL；石墨炉升温程序见表 3-1；标准曲线的浓度，10.00 mg/L、20.00 mg/L、30.00 mg/L、40.00 mg/L。

表 3-1　石墨炉升温程序

步骤	温度/℃	时间/s	流量/(L/min)	气体类型	读数	信号储存
1	85	5.0	3.0	正常气	否	否
2	95	15.0	3.0	正常气	否	否
3	120	20.0	3.0	正常气	否	否
4	700	5.0	3.0	正常气	否	否
5	700	2.9	3.0	正常气	否	否

续表

步骤	温度/℃	时间/s	流量/(L/min)	气体类型	读数	信号储存
6	700	2.9	0.0	正常气	否	是
7	2100	1.0	0.0	正常气	是	是
8	2100	2.0	0.0	正常气	是	是
9	2100	2.0	3.0	正常气	否	是

3. 仪器的调试

(1)安装石墨管，调自动进样器进样位置。
(2)优化方式中完成灯位等参数的调节。
(3)将标准溶液、样品和基体改进剂置于自动进样器上。

4. 最佳灰化温度、原子化温度及时间的选择

(1)在基体改进剂模式选择不进和共进两种方式下，改变灰化温度分别为 300 ℃、400 ℃、500 ℃、600 ℃、700 ℃、800 ℃，测定 40.00 μg/L Pb 标准溶液的吸光度，选择测定铅的最佳灰化温度。

(2)改变原子化温度分别为 1800 ℃、1900 ℃、2000 ℃、2100 ℃，测定 40.00 μg/L Pb 标准溶液的吸光度，选择测定铅的适宜原子化温度。

5. 样品的测定

(1)进入开始方式，完成标准曲线的绘制。
(2)进行样品的测定。
(3)关闭空心阴极灯，关闭冷却水系统，关闭氩气，关闭石墨炉电源，关闭主机电源及所有附件电源。

五、数据处理与分析

根据实验记录，计算结果。

六、实验注意事项

(1)自动进样器调节时注意观察自动进样器的进样位置和进样深度是否适宜。

(2)干燥阶段程序的设置直接影响检测结果的重复性和石墨管的寿命，应在该步骤观察石墨管内样品的干燥过程，以样品液滴逐渐减少不出现暴沸为宜。

(3)在进行石墨炉原子吸收光谱分析时，若观察样品的干燥情况，要用仪器所提供的观察镜来观看，在灰化、原子化阶段不要观看。

七、思考题

(1)试比较石墨炉原子吸收光谱法与火焰原子吸收光谱法的优缺点。

(2)试解释测定铅时加入磷酸二氢铵提高测定灰化温度的机理。

(3)原子化温度对灵敏度有何影响?

实验四　微波消解-火焰原子吸收光谱法测定中药黄芪中铜的含量

一、实验目的

(1)学习原子吸收样品前处理方法——微波消解法。

(2)掌握原子吸收光谱法测定中药中铜的分析方法。

二、实验原理

原子吸收光谱法是测定多种试样中金属元素的常用方法。测定中药样品中微量元素时，首先要对样品进行前处理，将样品中待测元素完全转移到待测液中。经酸消解后的试样，采用原子吸收光谱法进行测定，其样品中待测元素的含量为

$$w = \frac{(c - c_0) \times V}{m} \tag{3-11}$$

式中：w 为中药黄芪中铜的含量，μg/g；c 为试样消化液测定浓度，μg/mL；c_0 为试样空白溶液测定浓度，μg/mL；V 为样品消化后的定容体积，mL；m 为样品质量，g。

微波消解法具有溶样速度快、消化更完全、操作简便、安全、易于控制、试剂用量少、损失少和污染小等特点，广泛应用于原子吸收分析的样品处理。由于微波消解是在密闭容器中高温高压进行，操作不当有潜在的爆管风险，因此应按照仪器厂家要求规范操作，根据不同样品的特点，选择合适的样品量、消化的酸体系及加入量、加热功率和消化时间等。使用微波消解时要严格控制样品取样量，过大的样品取样量会使反应过于激烈，易引起反应失控，而且样品量少，样品处理效果好。因此，只要测定方法有足够的灵敏度，应尽可能减少取样量。一般消解有机样品应限制到 ≤0.5 g/容器，无机样品应限制到 ≤1.0 g/容器。微波消解时对 HNO_3、HF 和 HCl 的使用无限制，并可添加适量过氧化氢溶液；但使用 H_2SO_4 和 H_3PO_4 时要严格控制温度，$HClO_4$ 一般禁止使用。微波消解程序一般采用三步法，编制程序的基本原则是在保证消化完全的前提下，尽可能选择较低的消化温度，以延长微波消解罐的使用寿命，升温速率不可过高，高温下保温时间也不宜过长。

三、仪器与试剂

1. 仪器

220 FS 原子吸收分光光度计；MARS 5 微波消解仪；恒温赶酸器；铜空心阴极灯；

无油空气压缩机；乙炔气体钢瓶。

2. 试剂

Cu 标准储备液：1000 mg/L，GBW 08615 水中铜成分分析溶液标准物质；或称取 0.1000 g 光谱纯铜，置于烧杯中，加入 5 mL 硝酸(1+1)溶解，超纯水定容至 100 mL。

10.00 mg/L Cu 标准工作液：吸取 1000 mg/L Cu 标准储备液 1.0 mL 于 100 mL 容量瓶中，超纯水定容，摇匀备用。

四、实验步骤

1. 样品处理

称取 0.3000 g 两份样品，置于干燥的微波消解罐中，加 6 mL 硝酸，同做试剂空白。按照表 3-2 的微波消解程序进行消解。消解完成后在恒温赶酸器上 140 ℃赶酸 40～60 min，超纯水定容至 25.0 mL，摇匀制得待测样品溶液 1#和 2#，空白溶液 3#和 4#。

表 3-2　微波消解程序

阶段	功率/W	使用功率/%	温度/℃	升温时间/min	保持时间/min
1	1600	100	100	10	10
2	1600	100	140	6	15
3	1600	100	170	4	25

2. 标准系列溶液的配制

分别吸取 10.00 mg/L Cu 标准工作液 0.50 mL、1.00 mL、1.50 mL、2.00 mL 于 50 mL 容量瓶中，用超纯水定容，即配制成含 Cu 为 0.100 mg/L、0.200 mg/L、0.300 mg/L、0.400 mg/L 的标准系列溶液。

3. 工作表格的建立与分析方法的编辑

(1) 将铜空心阴极灯安放到适宜的灯位上；打开仪器电源开关，运行仪器控制程序。

(2) 添加测定 Cu 的方法，进行分析方法编辑和仪器参数设定。仪器模式：吸光度测量；火焰类型：空气-乙炔火焰；测量模式：PROMT；定量方法：标准曲线法；测量时间：5 s；读数延迟时间：5 s；分析波长：324.8 nm；狭缝：0.5 nm；灯电流：5 mA；输入标准曲线的浓度：0.100 mg/L、0.200 mg/L、0.300 mg/L、0.400 mg/L。

4. 仪器的调试

(1) 打开空气压缩机，调出口压力为 350 kPa，乙炔气的出口压力为 75 kPa。

(2)进入仪器操作方式，然后按点火开关点燃火焰。
(3)在优化方式中完成灯位等的调节。

5. 标准曲线的制作

在选定的仪器工作条件下，依次进入空白溶液和各标准溶液，完成标准曲线的制作。

6. 样品的测定

依次吸入待测样品溶液和试剂空白溶液，仪器显示的读数即为待测样品溶液中 Cu 的含量(mg/L)。

7. 关机

(1)关闭空心阴极灯。
(2)吸入超纯水清洗雾化器系统 3～5 min。
(3)在点火情况下关闭乙炔钢瓶总阀门。
(4)关闭空气压缩机，关闭通风设施。
(5)关闭主机电源。

8. 编辑、打印报告

返回主页，进行报告编辑与打印。

五、数据处理与分析

根据实验记录，计算结果。

六、实验注意事项

(1)向微波消解罐加样时不要使样品沾在容器壁上，如沾附请用溶剂或超纯水洗入溶液内。

(2)如样品含量低可增加取样量，但不能超过仪器规定的样品称样量，增加称样量后如消解不完全，可适当调节微波消解程序中的消解时间。

(3)微波消解程序因仪器结构和原理设计不同，参数设定值有所区别，应与仪器厂家详细沟通，确定最优方案。

七、思考题

(1)采用微波消解法进行样品前处理时有哪些注意事项？
(2)微波消解法的优点是什么？
(3)样品处理时为什么要同做试剂空白？

实验五　氢化物发生-原子荧光光谱法测定水中总砷含量

一、实验目的

(1) 掌握原子荧光分光分度计的基本结构、性能和操作方法。

(2) 掌握原子荧光光谱法最佳工作条件的选择方法和标准曲线定量分析方法。

二、实验原理

氢化物发生-原子荧光光谱法利用化学反应使待测元素生成易挥发的氢化物，用氩气(载气)将其带出并导入石英原子化器中而与基体其他共存元素分离。生成的氢化物在石英原子化器的氩-氢火焰中很容易被原子化。生成的基态原子蒸气吸收以特种空心阴极灯为激发光源发出的特征谱线而被激发，当电子跃迁返回基态或较低能级时发出荧光。其荧光强度在一定浓度范围内与待测元素的含量成正比。

测定 As^{3+}时，以盐酸为介质，硼氢化钾作还原剂，使 As^{3+}生成 AsH_3。溶液中的 As^{5+}在酸性条件下可用硫脲-抗坏血酸还原为 As^{3+}，即可测定样品中总砷的含量。

$$KBH_4 + 3H_2O + H^+ \longrightarrow H_3BO_3 + K^+ + 8H\cdot$$

$$8H\cdot + As^{3+} \longrightarrow AsH_3 + H_2(\text{过剩})$$

三、仪器与试剂

1. 仪器

AFS-9230 原子荧光分光光度计；砷空心阴极灯。

2. 试剂

As 标准储备液：1000 mg/L，GBW08611 砷单元素溶液标准物质；或准确称取 0.6600 g 经 150 ℃干燥 2 h 的三氧化二砷(As_2O_3)，置于 100 mL 烧杯中，加 10 mL 氢氧化钠溶液(100 g/L)，低温加热使其溶解，加 50 mL 水和 2 滴酚酞指示剂(1 g/L 乙醇溶液)，用硫酸(1+9)中和至红色刚好消失后再加 10 mL，定量转移到 500 mL 容量瓶中，以水稀释至刻度，摇匀。

10.00 mg/L As 标准工作液：吸取 1000 mg/L As 标准储备液 1.0 mL 于 100 mL 容量瓶中，超纯水定容，摇匀备用。

100.00 μg/L As 标准工作液：吸取 10.00 mg /L As 标准储备液 1.0 mL 于 100 mL 容量瓶中，超纯水定容，摇匀备用。

50 g/L 硫脲-50 g/L 抗坏血酸混合溶液：称取硫脲 5 g、抗坏血酸 5 g 溶于超纯水中，稀释至 100 mL，用时现配。

7 g/L 硼氢化钾溶液：称取 2 g 氢氧化钾溶于 200 mL 超纯水中，加入 7 g 硼氢化钾并使之溶解，用纯水稀释至 1000 mL。

1：1(体积比)盐酸溶液。

四、实验步骤

1. 原子荧光分光光度计的常规操作

原子荧光分光光度计类型很多，没有统一的操作方法，应按每台仪器的说明书进行操作。主要操作步骤如下：

(1)打开仪器灯室，将砷灯安放到适宜的灯位上。

(2)打开计算机电源、主机电源和顺序注射或双泵电源，运行仪器程序。

(3)对仪器进行自检，点击“点火”按钮。

(4)按照表 3-3 参数设置仪器操作条件和标准曲线浓度等。

(5)调节灯高和炉高到最佳位置。

(6)仪器运行预热 1 h。

表 3-3　仪器操作条件

项目	仪器参数	项目	仪器参数
光电倍增管负高压/V	260	氩气压力/MPa	0.2～0.3
原子化器温度/ ℃	200	载气流量/(mL/min)	400
原子化器高度/mm	8	屏蔽气流量/(mL/min)	800
灯电流/mA	50	读数时间/s	10

2. 仪器最佳工作条件的选择

进入测量方式；压上蠕动泵压块；完成原子化器高度、灯电流测量条件的优化与调节。

(1)原子化器高度的选择。

在仪器其他工作条件不变的情况下，考察原子化器高度分别为 6 mm、8 mm、10 mm 和 12 mm 时对 10.00 μg/L As 标准溶液的影响，根据荧光强度、稳定性和空白荧光值的大小选择适宜的原子化器高度。

(2)灯电流的选择。

在仪器其他工作条件不变的情况下，考察灯电流分别为 30 mA、40 mA、50 mA 和 60 mA 时对 10.00 μg/L As 标准溶液的影响，根据荧光强度、稳定性和空白荧光值的大小选择适宜的灯电流。

3. 标准系列溶液及样品溶液的配制

标准系列溶液：吸取 100.00 μg/L As 标准工作液 0 mL、0.50 mL、1.00 mL、2.00 mL、4.00 mL、5.00 mL 于 6 个 50 mL 容量瓶中，加 1：1(体积比)盐酸和硫脲-抗坏血酸混合

溶液各 5.0 mL，用纯水稀释定容，摇匀，即配制成含 As 为 0.00 μg/L、1.00 μg/L、2.00 μg/L、4.00 μg/L、8.00 μg/L、10.00 μg/L 的标准系列溶液。放置 10 min 后测定荧光强度。

样品溶液：吸取三份水样 20 mL 于 50 mL 容量瓶中，加 1 : 1(体积比)盐酸和硫脲-抗坏血酸混合溶液各 5.0 mL，定容，摇匀。放置 10 min 后测定荧光强度。

4. 标准曲线绘制与样品的测定

(1)选中标准空白和标准曲线各点，点击"区域测量"，完成标准曲线的绘制。

(2)选中样品空白和样品各点，点击"区域测量"，进行样品的测定，并自动计算出样品中的砷浓度(μg/L)。

5. 关机

(1)测量结束后用纯水清洗进样系统 20 min。

(2)关闭仪器电源。

(3)关闭氩气，打开蠕动泵压块。

6. 编辑、打印报告

返回主页，进行报告编辑与打印。

五、数据处理与分析

根据实验记录，计算结果。

六、实验注意事项

(1)标准系列溶液和还原剂要现用现配，盛放还原剂的容器最好为聚乙烯塑料材质。

(2)更换元素灯时，一定要关闭主机电源。

(3)测量前仪器一定要预热 0.5～1 h。

七、思考题

(1)试比较原子荧光光谱法与火焰原子吸收光谱法的优缺点。

(2)测定砷时加入硫脲-抗坏血酸混合溶液的作用是什么?

(3)原子荧光光谱法分析时影响灵敏度的因素有哪些?

实验六　原子荧光光谱法测定茶叶中硒的含量

一、实验目的

(1)学习原子荧光光谱分析中样品前处理方法——微波消解法。

(2)掌握原子荧光光谱法测定食品中硒的分析方法。

二、实验原理

试样经酸加热消化后，在 6 mo1/L 盐酸介质中，将试样中的六价硒还原成四价硒，用硼氢化钠或硼氢化钾作还原剂，将四价硒在盐酸介质中还原成硒化氢(H_2Se)，由载气(氩气)带入原子化器中进行原子化，在硒空心阴极灯照射下，基态硒原子被激发至高能级，再去活化回到基态时，发射出特征波长的荧光，其荧光强度与硒含量成正比。与标准系列溶液比较定量，样品中硒元素的含量为

$$w=\frac{(c-c_0)\times V}{m\times 1000} \tag{3-12}$$

式中：w 为样品中硒的含量，μg/g；c 为试样消化液测定浓度，μg/L；c_0 为试样空白溶液测定浓度，μg/L；V 为样品消化后的定容体积，mL；m 为样品质量，g。

三、仪器与试剂

1. 仪器

AFS-9230 原子荧光分光光度计；硒空心阴极灯；MARS 5 微波消解仪；恒温赶酸器。

2. 试剂

Se 标准储备液：1000 mg/L，GBW(E)080995 硒单元素溶液标准物质；或准确称取 1.0000 g 光谱纯硒，溶于少量硝酸中，加 2 mL 高氯酸，置沸水浴中加热 3～4 h，冷却后再加 8.4 mL 盐酸，再置沸水浴中煮 2 min，准确稀释至 1000 mL，其盐酸浓度为 0.1 mo1/L。

10.00 mg/L Se 标准工作液：吸取 1000 mg/L Se 标准储备液 1.0 mL 于 100 mL 容量瓶中，超纯水定容，摇匀备用。

100.00 μg/L Se 标准工作液：吸取 10.00 mg/L Se 标准储备液 1.0 mL 于 100 mL 容量瓶中，超纯水定容，摇匀备用。

10 g/L 硼氢化钾溶液：称取 2 g 氢氧化钾溶于 200 mL 超纯水中，加入 10 g 硼氢化钾并使之溶解，用纯水稀释至 1000 mL。

100 g/L 铁氰化钾溶液：称取 10.0 g 铁氰化钾，溶于 100 mL 水中，混匀。

1 : 1(体积比)盐酸溶液。

四、实验步骤

1. 样品处理

称取 0.5000 g 两份样品，置于干燥的微波消解罐中，加 5 mL 硝酸和 1 mL 过氧化氢溶液，同做试剂空白。按照表 3-4 的微波消解程序进行消解。消解液冷却后转入锥形瓶中，在电热板上继续加热至剩余体积 2 mL 左右，切不可蒸干。再加 5.0 mL

1：1(体积比)盐酸溶液，继续加热至溶液变为清亮无色并伴有白烟出现，将六价硒还原成四价硒。冷却，转移试样，用超纯水定容至 25.0 mL，摇匀制得待测样品溶液 1#和 2#，空白溶液 3#和 4#。

表 3-4　微波消解程序

阶段	功率/W	使用功率/%	温度/℃	升温时间/min	保持时间/min
1	1600	100	100	10	5
2	1600	100	140	6	10
3	1600	100	170	5	10

2. 原子荧光分光光度计的常规操作

(1)打开仪器灯室，将硒灯安放到适宜的灯位上。
(2)打开计算机电源、主机电源和顺序注射或双泵电源，运行仪器程序。
(3)对仪器进行自检，点击“点火”按钮。
(4)按照表 3-5 参数设置仪器操作条件和标准曲线浓度等。
(5)调节灯高和炉高到最佳位置。
(6)仪器运行预热 1 h。

表 3-5　仪器操作条件

项目	仪器参数	项目	仪器参数
光电倍增管负高压/ V	320	氩气压力/MPa	0.2～0.3
原子化器温度/℃	200	载气流量/(mL/min)	400
原子化器高度/mm	8	屏蔽气流量/(mL/min)	900
灯电流/mA	80	读数时间/s	15

3. 仪器的调试

(1)进入测量方式。
(2)压上蠕动泵压块。
(3)完成灯电流、原子化器高度等测量条件的优化与调节，参见实验五。

4. 标准系列溶液及样品溶液的配制

标准系列溶液：吸取 100.00 μg/L Se 标准工作液 0 mL、0.50 mL、1.00 mL、2.00 mL、4.00 mL、5.00 mL 于 6 个 50 mL 容量瓶中，加浓盐酸 2.0 mL、抗干扰剂铁氰化钾溶液 1.0 mL，用纯水稀释定容，摇匀。

样品溶液：吸取消化液和空白 10 mL 于 25 mL 容量瓶中，加浓盐酸 2.0 mL、抗干扰剂铁氰化钾溶液 1.0 mL，定容，摇匀。

5. 标准曲线绘制与样品的测定

(1)选中标准空白和标准曲线各点，点击“区域测量”，完成标准曲线的绘制。
(2)选中样品空白和样品各点，点击“区域测量”，进行样品的测定，并自动计算出样品中的硒浓度(μg/L)。

6. 关机

(1)测量结束后用纯水清洗进样系统 20 min。
(2)关闭仪器电源。
(3)关闭氩气，打开蠕动泵压块。

7. 编辑、打印报告

返回主页，进行报告编辑与打印。

五、数据处理与分析

根据实验记录，计算结果。

六、实验注意事项

(1)在测量过程中，要注意气液分离器中不能有积液。如果废液喷进原子化器，会影响测量精度、污染炉芯，还会减少炉丝的使用寿命。
(2)测试结束后，一定将载流管、进样管和还原剂管放入蒸馏水中，运行清洗程序，清洗结束后排空；并打开压块，放松泵管。

七、思考题

(1)在实际样品分析时造成空白值偏高的主要原因是什么?
(2)测定硒时加入铁氰化钾溶液的作用是什么?
(3)测定硒时加入 1∶1(体积比)盐酸溶液的作用是什么?

第 4 章　原子发射光谱法

4.1　原子发射光谱法的特点及应用范围

原子发射光谱法(atomic emission spectrometry，AES)是根据每种化学元素的气态原子或离子受激发后所发射的特征波长及其强度来测定物质中元素组成和含量的分析方法。它是光学分析中历史最悠久的一种分析方法。

原子发射光谱法灵敏度高，选择性好，分析速度快，试样用量小，能同时进行多元素的定性和定量分析，可用于 70 多种元素的分析，在地质、冶金、机械、环境、材料、能源、生命及医学等领域都得到了广泛应用。但原子发射光谱只能确定物质的元素组成与含量，不能给出物质分子的有关信息。此外，常见的非金属元素如氧、氮、卤素等的特征谱线在远紫外区，常规光谱仪尚无法检测。

4.2　原子发射光谱法的基本原理

在通常情况下，物质的原子处于最低能量的基态(E_0)，当受到外界能量(热能、电能等)的作用时，核外电子跃迁至较高的能级(E_n)，即处于激发态。激发态的原子十分不稳定，其寿命约为 10^{-8} s。当原子从高能级跃迁至低能级或基态时，多余的能量以辐射的形式释放出来，形成一条谱线，其能量与波长之间的关系为

$$\Delta E = E_n - E_i = \frac{hc}{\lambda} \tag{4-1}$$

式中：E_n 和 E_i 分别为高能级和低能级的能量；h 为普朗克常量，6.626×10^{-34} J · s；c 为光速；λ 为波长。

当外加的能量足够大时，可以将原子中的外层电子从基态激发至无限远，使原子成为离子，这种过程称为电离。当外加能量更大时，原子可以失去两个或三个外层电子成为二级离子或三级离子。离子的外层电子受激发后产生的跃迁辐射出离子光谱。原子光谱和离子光谱都是线状光谱。同种元素的原子和离子所产生的原子线和离子线都是该元素的特征光谱，习惯上统称为原子光谱。

处于高能级的电子也可经过几个中间能级跃迁回到基态能级，这时可产生几种不同波长的光，在光谱中形成几条谱线，它们组成该元素的原子光谱。由于不同元素的电子结构不同，因而其原子光谱也不同，具有明显的特征。然而，人们观察到的各元素的所有谱线并不是在任何条件下都会同时出现。例如镉，当它的含量为 1%时，有 14

条谱线出现；含量为 0.1%时，有 10 条谱线出现；含量为 0.01%时，有 7 条谱线出现；含量为 0.001%时，仅有 2 条谱线出现，其波长分别为 226.502 nm 和 228.802 nm，这两条谱线称为镉的最后线，又称灵敏线。根据灵敏线的存在与否即可进行定性分析，判断试样中是否有该元素。这些元素含量很低时仍然能够出现的光谱线一般是共振线，或是激发电位最低的谱线，这样的谱线跃迁概率是最大的。当然，有的谱线跃迁概率较大但不是共振线。

光谱定量分析的基础是光谱线强度与元素浓度的关系，通常利用罗马金和赛伯提出的经验公式

$$I = ac^b \tag{4-2}$$

式中：I 为谱线强度；a 为发射系数；c 为元素含量；b 为自吸系数。

发射系数 a 是一个常数，与试样的蒸发、激发和发射的整个过程有关，还与光源类型、工作条件、试样组分、元素化合物形态及谱线的自吸收现象有关。自吸系数 b 与谱线的自吸性质有关。元素含量很低时，谱线自吸收很小，这时 $b=1$；元素含量较高时，谱线自吸收较大，这时 $b<1$，自吸收越大，b 值越小。

4.3　原子发射光谱分析方法的建立和样品的预处理方法

4.3.1　分析方法的建立

1. 定性分析

原子发射光谱定性分析是通过识别元素的特征光谱来鉴别元素的存在。通常元素特征光谱中强度较大的谱线称为元素的灵敏线，只要在试样光谱中检出了某元素的灵敏线，就可以确定试样中有该元素。反之，若在试样中未检出某元素的灵敏线，则说明试样中不存在该元素，或该元素的含量在检出限以下，从而达到定性分析的目的。

1)标样光谱比较法

将待检元素的纯物质与试样摄谱在同一感光板上，在映谱仪上检查试样光谱与纯物质光谱，若试样光谱中出现与纯物质特征相同的谱线，表明试样中存在待检元素。这种方法对少数指定元素的定性鉴定非常方便，如果要在一个试样中分析较多的元素或都要进行全分析，这种方法就不方便了。

2)元素标准光谱图比较法

元素标准光谱图是在一张放大 20 倍后不同波段的铁光谱图上准确标出 68 种元素主要谱线位置的图片。铁光谱的谱线非常丰富，常用的谱线在 210～660 nm 波长范围内大约有 4700 条，其中许多谱线落在大多数元素分析线所出现的光谱范围内。前人已精确测量过铁光谱中每一条谱线的波长，故它可作为波长的标尺与实际谱片进行比较，从而在谱片上作为测量元素谱线波长的标尺。

进行光谱定性分析时，在同一块感光板上并列地拍摄下样品光谱和铁光谱(用纯铁作

为电极时摄谱)，经过暗室处理得到谱片，然后在映谱仪上将谱片上的光谱放大，用元素标准光谱图在映谱仪的投影屏上与放大后的光谱对照，使二者的铁光谱恰好重合，则样品光谱中出现的谱线就会与元素标准光谱图上的某些元素谱线重合，这样就可以直接找出各谱线的波长及其所代表的元素，这个过程在光谱定性分析中称为译谱或识谱。

2. 半定量分析

这是一种简单快速但准确度较差的定量分析方法,只能得出元素含量的大致范围，可用于矿石品位的初步估计、钢材及合金的分类等工作，也可以为下一步的化学分析提供试样的概况，以便选择适当的测定方法和考虑干扰的掩蔽方法。半定量分析方法有黑度比较法和显线法。

1)黑度比较法

将试样与已知不同含量的标准样品在一定条件下摄谱于同一光谱感光板上，然后在映谱仪上用目视法直接比较被测试样与标准样品光谱中分析线的黑度，若黑度相等，则表明被测试样中待测元素的含量近似等于该标准样品中待测元素的含量。该法的准确度取决于待测试样与标准样品组成的相似程度及标准样品中待测元素含量间隔的大小。

2)显线法

元素含量很低时，仅出现少数灵敏线，随着元素含量增加，一些次灵敏线与较弱的谱线相继出现，于是可以编成一张谱线出现与含量的关系表，以后就可以根据某一谱线是否出现来估测试样中该元素的大致含量。该法简便快速，但准确度受试样组成与分析条件的影响较大。

3. 定量分析

原子发射光谱的谱线强度与试样中相应元素原子的含量有一定的函数关系。考虑到发射光谱中存在自吸现象，谱线强度与待测元素浓度的关系如式(4-2)所示。当浓度很小时，自吸现象消失，此时 b=1，谱线强度与浓度呈线性关系。

光谱定量分析主要有以下三种方法：①标准曲线法；②标准加入法；③内标法。

试样的蒸发、激发条件及试样组成、形态等的任何变化均会影响谱线强度。这种变化,特别是激发温度的变化是很难控制的。为尽可能补偿和抵消由此而引起的误差，通常采用内标法进行定量分析，即利用试样中的另一种元素，或人为地在试样中引入某一种元素(内标元素)，这样无论实验条件如何波动，被测元素与内标元素的分析条件始终保持一致，实验条件的波动对两者的影响程度也基本相当。

4.3.2　样品的预处理方法

被测试样引入形式有液体引入法、固体引入法和气体引入法三种。其中固体引入常用电弧、电火花、激光烧蚀等方法；气体引入常用氢化物发生法；被测试样的常见引入形式是液体引入法，在电感耦合等离子体(ICP)分析中 95%以上被测试样都是通过液体引入法进入 ICP 光源的。

将被测样品转化为溶液的常见方法有常压消解、高压消解、微波消解、灰化分解及熔融。

1. 常压消解

常压消解利用敞开容器，用各种强酸或强碱体系将样品转化为溶液。这种方法适用于绝大多数样品。

常压消解所用设备主要包括电热板和聚四氟乙烯坩埚。常用的强酸体系有 HNO_3、HNO_3-H_2SO_4、王水、HNO_3-$HClO_4$、HF 及 H_2O_2；常用的强碱体系有 NaOH 和 KOH 溶液。

2. 高压消解

高压消解是将样品和强酸或强碱加入密闭容器，所有过程均在密闭的高压消解罐中进行。加入样品和消解试剂后将盖子拧紧，然后放入烘箱中，将温度控制在 110～250 ℃加热数小时。高压消解危险性较大，样品和试剂的体积及分解温度均有严格要求。分解完成后，必须等消解罐彻底冷却后才能打开，以免发生危险。

3. 微波消解

微波消解以专用微波加热设备替代高压消解的烘箱。它以微波对样品和消解试剂进行加热，其溶解效率高于电热板或烘箱加热的方法，目前已得到广泛应用。

4. 灰化分解

灰化分解是指在高温电阻炉中将样品加热到 400～550 ℃，使其灰化后再用酸溶解。

5. 熔融

利用酸性或碱性熔剂与样品在高温(600～1200 ℃)下进行化学反应，使被测成分转化为可以溶于酸或溶于水的化合物。常用的酸性熔剂有 $K_2S_2O_7$ 和 $KHSO_4$；常用的碱性熔剂有无水 Na_2CO_3、NaOH、KOH 等。

4.4　原子发射光谱仪

4.4.1　原子发射光谱仪的检测流程

原子发射光谱仪的检测流程大致分三步：①光源提供能量使待测元素蒸发，形成基态气态原子，基态气态原子进一步吸收能量转为激发态，电子跃迁从而产生光辐射；②光源发出的光经过分光系统分光，成为按波长顺序排列的谱线，即光谱；③谱线进入检测器，检测原子光谱中各谱线的波长和强度。原子发射光谱仪的检测流程如下：

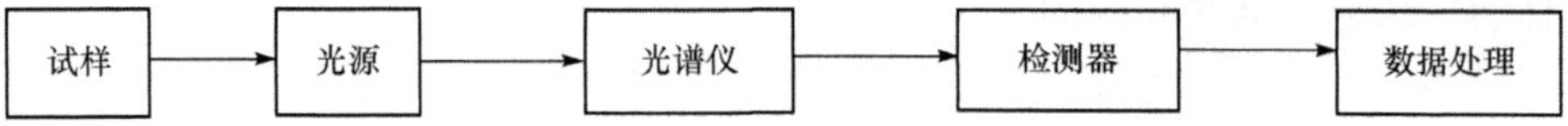

4.4.2 原子发射光谱仪的组成及功能

原子发射光谱仪主要包括激发光源、分光系统及谱线检测系统三大部分。

1. 激发光源

激发光源是原子发射光谱仪极其重要的组成部分，其作用是为试样提供蒸发和激发的能量。

目前原子发射光谱仪常用的光源有电弧光源、电火花光源和电感耦合等离子体光源等。

2. 分光系统

分光系统的作用是将样品在激发光源中受激发而发射出来的含各种波长谱线的复合光，经色散后得到按波长顺序排列的光谱，并进行光谱的记录或检测。目前采用棱镜和光栅两种分光系统。

3. 谱线检测系统

原子发射光谱法用的检测方法有摄谱法和光电检测法。前者用感光板，后者以光电倍增管或固态检测器作为接收与记录光谱的主要器件。

4.4.3 电感耦合等离子体-原子发射光谱仪操作规程

1. 仪器冷启动

(1) 打开氩气源，二次压力调到 0.6 MPa。
(2) 打开主机电源和计算机电源，将 Camera 设定在不制冷状态，光室恒温状态。
(3) 进入 Salsa 程序。
(4) 保证 Camera 驱气和光室恒温后进入仪器热启动状态。

2. 仪器热启动

(1) 打开 Camera 冷却系统，将 Camera 设定为制冷状态。
(2) 进入 Salsa 程序。
(3) 打开排风和循环水泵。
(4) 在 Instroment Control 中、Spectrometer 框下选择 View 观测方式位置和驱气流量。
(5) 在 Torch Gas 中选择冷却气、辅助气和载气的压力。

(6) 在 Pump 中选择蠕动泵速。
(7) 在 Plasma Control 中选择功率。
(8) 夹好蠕动泵管，进样针放入水中。
(9) 检查 Inerlocks 信息。
(10) 点击 Auto Start 启动等离子体。

3. 关机

(1) 清洗进样系统。
(2) 熄灭等离子体。
(3) 在 Torch Gas 中点击 Coolent On，冷却炬管 1 min 后，关闭冷却气。
(4) 松开蠕动泵管。
(5) 将 Camera 设定为不制冷状态。
(6) 重新进入 Salsa 程序，让 Camera 恢复到室温状态。
(7) 关闭循环水泵和排风设备。
(8) 退出 Salsa 程序。
(9) 关闭主机和计算机电源，关闭氩气源。

实验七　ICP-AES 测定水中钙、镁离子含量

一、实验目的

(1) 掌握原子发射光谱法的基本原理。
(2) 了解 ICP-AES 光谱仪的基本结构和工作原理。
(3) 掌握 ICP-AES 定量分析的操作及测试方法。

二、实验原理

ICP-AES 是将试样在等离子体光源中激发，使待测元素发射出特征波长的辐射，经过分光，测量其强度而进行定量分析的方法。当样品进入 ICP 光源后，样品中各元素吸收能量后发生电离，并以发射特征谱线(波长)的光的形式重新释放能量，每一束发射光强度正比于该原子的数目。根据标准溶液中各元素各浓度的绝对强度值，绘制出样品中各元素标准曲线，继而测定样品中各元素浓度，计算出样品中相应各元素的含量。

三、仪器与试剂

1. 仪器

全谱直读原子发射光谱仪；100 mL 容量瓶。

2. 试剂

1000 mg/L 钙标准储备液；1000 mg/L 镁标准储备液；1 mg/L 锰标准溶液；超纯水；高纯氩气；5% HCl（G.R.）。

四、实验步骤

（1）配制混合标准溶液：取 5 个 100 mL 容量瓶，分别加入 0.0 mL、0.5 mL、1.0 mL、2.0 mL、5.0 mL 1000 mg/L 钙标准储备液和 1000 mg/L 镁标准储备液，用 5% HCl 稀释定容，摇匀，得到浓度分别为 0.0 μg/mL、5.0 μg/mL、10.0 g/mL、20.0 μg/mL 和 50.0 g/mL 的混合标准溶液。

（2）开机：依次打开光谱仪主机和计算机电源，打开氩气钢瓶。打开仪器控制软件 Salsa，预热。

（3）程序开发：在软件中选择“Mn 257.610 nm”检测线（用于等离子体观测位置校准）；输入待测元素的检测波长等工作参数。

（4）点燃等离子体：待光谱仪充分预热后，确定空调、排风和水泵打开并且所有连锁报警信息都消除的情况下，点燃等离子体。

（5）等离子体观测位置的校准：用 1 mg/L 锰单元素标准溶液对等离子体观测位置校准。

（6）标准曲线的测量：用浓度分别为 0.0 μg/mL、5.0 μg/mL、10.0 μg/mL、20.0 μg/mL 和 50.0 μg/mL 的混合标准溶液绘制标准曲线。

（7）试样的测定：测量水中钙、镁离子含量，重复测定 5 次，并记录数据。

（8）测试结束后，用超纯水清洗进样系统 10 min。

（9）关机：熄灭等离子体，待检测器的温度升至室温后，关闭主机和计算机，关闭空调、排风、水泵和钢瓶。

五、数据处理与分析

（1）将测定值填入下表，并计算钙、镁离子含量的平均值。

测定次数 元素	1	2	3	4	5	平均值
Ca						
Mg						

（2）计算相对标准偏差。

六、实验注意事项

（1）对等离子体观测位置校准时，要确保选择的校准波长为 Mn 257.610 nm。

（2）确保氩气钢瓶、水泵、排风、空调都打开后，才能点燃等离子体。

（3）测试结束后，要用超纯水充分清洗进样系统。

七、思考题

(1)原子发射光谱是如何产生的?

(2)什么是等离子体?等离子体光源有哪些特点?

(3)原子发射光谱法定性和定量分析的依据是什么?

实验八　ICP-AES 测定土壤中重金属的含量

一、实验目的

(1)掌握原子发射光谱法的基本原理。

(2)了解 ICP-AES 光谱仪的基本结构和工作原理。

(3)了解微波消解法处理试样的方法。

二、实验原理

实验原理同实验七。

三、仪器与试剂

1. 仪器

全谱直读原子发射光谱仪;微波消解仪;赶酸器;100 mL 容量瓶;50 mL 容量瓶。

2. 试剂

多元素混合标准储备液;1 mg/L 锰标准溶液;超纯水;高纯氩气;混合消解液(HNO_3 : HF : $HClO_4$= 4 : 2 : 1,体积比);5% HNO_3(G.R.)。

四、实验步骤

(1)试样溶液的制备:称取 0.5 g 干燥的试样,置于微波消解罐中,用少量水润湿后加入 8 mL 混合消解液浸泡过夜,次日放入微波消解仪中消解。待消解完后将消解罐冷却至室温,再移到赶酸器上赶酸至近干。待试样冷却至室温后加入少量 5% HNO_3,将上述溶液转移至 50 mL 容量瓶中。再用少量 5% HNO_3 清洗消解罐 3～4 次,并将清洗液全部转移至容量瓶中,用 5% HNO_3 定容。用同样方法制备空白溶液。

(2)配制标准溶液:取 4 个 100 mL 容量瓶,分别加入 0.0 mL、1.0 mL、5.0 mL、10 mL 多元素混合标准储备液,用 5% HNO_3 定容,摇匀,得到浓度分别为 0.0 μg/mL、1.0 μg/mL、5.0 μg/mL、10.0 μg/mL 的混合标准溶液。

(3)开机:依次打开光谱仪主机和计算机电源,打开氩气钢瓶。打开仪器控制软件 Salsa,预热。

(4)程序开发：在软件中选择“Mn 257.610 nm”检测线(用于等离子体观测位置校准)；输入待测元素的检测波长等工作参数。

(5)点燃等离子体：待光谱仪充分预热后，确定空调、排风和水泵打开并且所有连锁报警信息都消除的情况下，点燃等离子体。

(6)等离子体观测位置的校准：用 1 mg/L 锰单元素标准溶液对等离子体观测位置校准。

(7)标准曲线的测量：用浓度分别为 0.0 μg/mL、5.0 μg/mL、10.0 μg/mL、20.0 μg/mL 和 50.0 μg/mL 的混合标准溶液绘制标准曲线。

(8)试样的测定：测量试样中铜、锌、镉、铅、镍、铬含量。

(9)测试结束后，用超纯水清洗进样系统 10 min。

(10)关机：熄灭等离子体，待检测器的温度升至室温后，关闭主机和计算机，关闭空调、排风、水泵和钢瓶。

五、数据处理与分析

(1)按下式计算样品中元素含量：

$$元素含量(\mu g/g)=\frac{(样品测定值-空白测定值)\times 定容体积}{样品质量}$$

(2)将测定值和含量值填入下表。

数据 \ 元素	Cu	Zn	Cd	Pb	Ni	Cr
空白值/(μg/mL)						
试样值/(μg/mL)						
含量/(μg/g)						

六、实验注意事项

实验注意事项同实验七。

七、思考题

(1)原子发射光谱法是否存在干扰？主要干扰类型有哪些？

(2)微波消解法有哪些优点？

实验九　ICP-AES 测定合金钢中铜、铬、镍的含量

一、实验目的

(1)了解 ICP-AES 光谱仪的基本结构和工作原理。

(2)掌握 ICP-AES 定量分析的操作及测试方法。

(3)了解试样常压消解的处理方法。

二、实验原理

实验原理同实验七。

三、仪器与试剂

1. 仪器

全谱直读原子发射光谱仪；100 mL 容量瓶；50 mL 容量瓶。

2. 试剂

合金钢样；100 mg/L 铜标准储备液；100 mg/L 铬标准储备液；100 mg/L 镍标准储备液；1 mg/L 锰标准溶液；HCl(G.R.)；HNO_3(G.R.)；超纯水；高纯氩气。

四、实验步骤

(1)配制混合标准溶液:取 5 个 100 mL 容量瓶,分别加入 0.0 mL、0.5 mL、1.0 mL、2.0 mL、5.0 mL 浓度均为 100 mg/L 的铜标准储备液、铬标准储备液和镍标准储备液,用超纯水稀释定容,摇匀,得到浓度分别为 0.0 μg/mL、0.5 μg/mL、1.0 μg/mL、2.0 μg/mL 和 5.0 μg/mL 的混合标准溶液。

(2)试样溶液的制备：称取合金钢试样约 0.1 g，记录实际称量值，置于刻度试管中，加入 1 mL HCl 和 3 mL HNO_3，盖上塞子，在电热板上缓慢加热至溶液呈微沸状态，直至溶液澄清，将溶液转移至 50 mL 容量瓶中，用超纯水清洗刻度试管 2～3 次，并将清洗液也转移至容量瓶中，加水稀释定容。用同样方法制备空白溶液。

(3)开机：依次打开光谱仪主机和计算机电源，打开氩气钢瓶。打开仪器控制软件 Salsa，预热。

(4)程序开发：在软件中选择“Mn 257.610 nm”检测线(用于等离子体观测位置校准)；输入待测元素的检测波长等工作参数。

(5)点燃等离子体：待光谱仪充分预热后，确定空调、排风和水泵打开并且所有连锁报警信息都消除的情况下，点燃等离子体。

(6)等离子体观测位置的校准：用 1 mg/L 锰单元素标准溶液校准等离子体观测位置。

(7)标准曲线的测量：用浓度分别为 0.0 μg/mL、0.5 μg/mL、1.0 μg/mL、2.0 μg/mL 和 5.0 μg/mL 的混合标准溶液绘制标准曲线。

(8)试样的测定：依次测定空白和试样，并记录数据。

(9)测试结束后，用超纯水清洗进样系统 10 min。

(10)关机：熄灭等离子体，待检测器的温度升至室温后，关闭主机和计算机，关闭空调、排风、水泵和钢瓶。

五、数据处理与分析

按下式分别计算试样中铜、铬和镍的含量：

$$元素含量(\%)=\frac{(样品测定值-空白测定值)\times 定容体积}{样品质量\times 10000}$$

六、实验注意事项

实验注意事项同实验七。

七、思考题

(1) 试样测试前为什么要绘制标准曲线？它的作用是什么？
(2) ICP-AES 的进样系统由哪几部分构成？各部分的用途是什么？
(3) 什么是常压消解？常压消解有什么特点？

实验十　食品中多元素的 ICP-AES 测定

一、实验目的

(1) 了解 ICP-AES 光谱仪的基本结构和工作原理。
(2) 掌握 ICP-AES 定量分析的操作及测试方法。
(3) 了解灰化分解法处理试样的过程和注意事项。

二、实验原理

实验原理同实验七。

三、仪器与试剂

1. 仪器

全谱直读原子发射光谱仪；马弗炉；100 mL 容量瓶；50 mL 容量瓶。

2. 试剂

100 mg/L 铝标准储备液；100 mg/L 锰标准储备液；100 mg/L 锌标准储备液；1 mg/L 锰标准溶液；5% HNO_3(G.R.)；超纯水；高纯氩气。

四、实验步骤

(1) 制备试样溶液：新鲜蔬菜取可食部分用自来水和超纯水清洗干净，用干净的布擦去表面水分，捣碎备用。称取 5 g 上述试样，置于瓷坩埚中，在电热板上蒸干、炭化样品。待试样完全炭化后，转入马弗炉中于 550 ℃灰化 4 h，取出后冷却至室温，用

5 mL 5% HNO_3 煮沸，溶解残渣，冷却后，转入 50 mL 容量瓶中，用 5% HNO_3 稀释定容。用同样方法制备空白溶液。

(2) 配制混合标准溶液：取 5 个 100 mL 容量瓶，分别加入 0.0 mL、1.0 mL、2.0 mL、5.0 mL、10.0 mL 浓度均为 100 mg/L 的铝标准储备液、锰标准储备液和锌标准储备液，用超纯水稀释定容，摇匀，得到浓度分别为 0.0 μg/mL、1.0 μg/mL、2.0 μg/mL、5.0 μg/mL 和 10.0 μg/mL 的混合标准溶液。

(3) 开机：依次打开光谱仪主机和计算机电源，打开氩气钢瓶。打开仪器控制软件 Salsa，预热。

(4) 程序开发：在软件中选择"Mn 257.610 nm"检测线(用于等离子体观测位置校准)；输入待测元素的检测波长等工作参数。

(5) 点燃等离子体：待光谱仪充分预热后，确定空调、排风和水泵打开并且所有连锁报警信息都消除的情况下，点燃等离子体。

(6) 等离子体观测位置的校准：用 1 mg/L 锰单元素标准溶液校准等离子体观测位置。

(7) 标准曲线的测量：用浓度分别为 0.0 μg/mL、0.5 μg/mL、1.0 μg/mL、2.0 μg/mL 和 5.0 μg/mL 的混合标准溶液绘制标准曲线。

(8) 试样的测定：依次测定空白和试样，并记录数据。

(9) 测试结束后，用超纯水清洗进样系统 10 min。

(10) 关机：熄灭等离子体，待检测器的温度升至室温后，关闭主机和计算机，关闭空调、排风、水泵和钢瓶。

五、数据处理与分析

按下式分别计算试样中铝、锰和锌的含量：

$$元素含量(\mu g/g)=\frac{(样品测定值-空白测定值)\times 定容体积}{样品质量}$$

六、实验注意事项

实验注意事项同实验七。

七、思考题

(1) 原子发射光谱法有什么特点？它的应用范围有哪些？

(2) 原子发射光谱仪的光源选择有哪些要求？

第5章　红外吸收光谱法

5.1　红外吸收光谱法的特点及应用范围

5.1.1　红外吸收光谱法的特点

红外吸收光谱法(infrared absorption spectrometry，IR)是依据物质对红外辐射的特征吸收建立起来的一种光谱分析方法。分子吸收红外辐射后发生振动能级和转动能级的跃迁，因而红外吸收光谱又称分子振动-转动光谱。红外吸收光谱法特征性强、测定快速、不破坏试样、试样用量少、操作简便、能分析各种状态的试样，但是其分析灵敏度较低、定量分析误差较大。红外吸收光谱定性分析和结构分析具有鲜明的特征性，其谱带的数目、位置、形状和强度都随化合物不同而不同。因此，红外吸收光谱法是定性分析和结构分析的有力工具。

5.1.2　红外吸收光谱法的应用范围

1. 定性分析

1)已知物的鉴定

将试样的谱图与标准品测得的谱图相对照，或者与文献上的标准谱图(如《药品红外光谱图集》、Sadtler标准光谱、Sadtler商业光谱等)相对照，即可定性。

使用文献上的谱图应当注意：试样的物态、结晶形状、溶剂、测定条件及所用仪器类型均应与标准谱图相同。

2)未知物的鉴定

未知物如果不是新化合物，标准光谱已有收载的，有两种方法来查对标准光谱：

(1)利用标准光谱的谱带索引，寻找标准光谱中与试样光谱吸收带相同的谱图。

(2)进行光谱解析，判断试样可能的结构，然后由化学分类索引查找标准光谱对照核实。

3)新化合物的结构分析

红外吸收光谱主要提供官能团的结构信息，对于复杂化合物，尤其是新化合物，单靠红外吸收光谱不能确定分子结构，需要与紫外吸收光谱、质谱和核磁共振波谱等分析方法互相配合，进行综合光谱解析，才能确定分子结构。

2. 定量分析

利用红外吸收光谱进行定量分析是通过对比吸收峰强度来进行的，只要混合物中的各组分能有一个特征的、不受其他组分干扰的吸收峰存在即可。对于农药组分、土壤表面水分、田间二氧化碳含量的测定和谷物、油料作物及肉类食品中蛋白质、脂肪和水分含量的测定，红外吸收光谱法是较好的分析方法。

5.2　红外吸收光谱法的基本原理

5.2.1　理论基础

红外吸收光谱是由分子振动能级(同时伴随转动能级)跃迁而产生的，红外吸收光谱吸收产生的条件应满足:①辐射光具有的能量应满足物质产生振动跃迁所需的能量;②辐射与物质间具有相互耦合作用。对称分子没有偶极矩，辐射不能引起共振，无红外活性，如 N_2、Cl_2 等。非对称分子有偶极矩，具有红外活性。

5.2.2　红外吸收与分子结构

红外吸收光谱源于分子振动产生的吸收，其频率对应于分子的振动频率。根据经典力学的观点，采用谐振子模型来研究双原子分子的振动，即化学键的振动类似于无质量的弹簧连接两个刚性小球,它们的质量分别等于两个原子的质量,如图 5-1 所示。

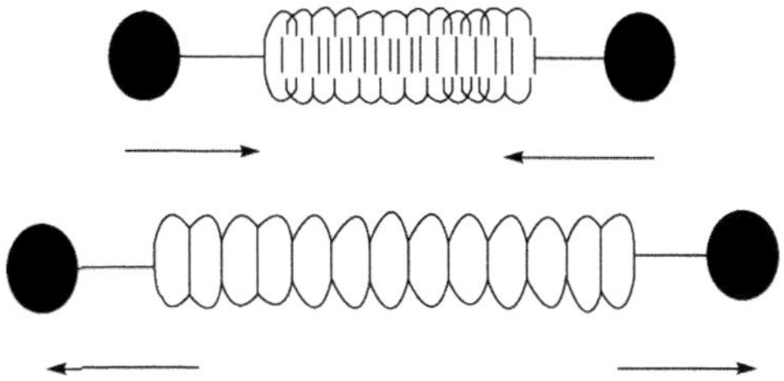

图 5-1　双原子分子谐振子振动模型示意图

根据胡克定律

$$v=\frac{1}{2\pi}\sqrt{\frac{k}{\mu}}\,,\quad \mu=\frac{m_1 m_2}{m_1+m_2} \tag{5-1}$$

式中：k 为化学键力常数，反映化学键强弱，键对变形、伸展运动的阻力；μ 为双原子分子的折合质量。

振动频率不仅取决于化学键两端的原子质量和键力常数，还与内部结构和外部因素有关。实际上，在一个分子中，基团与基团之间、化学键之间都会互相影响。原子种类和化学键的性质不同，以及各化学键所处的环境不同，导致不同化合物的吸收光谱具有各自的特征。大量实验结果表明,一定的官能团总是对应一定的特征吸收频率，即有机分子的官能团具有特征红外吸收频率。这对于利用红外吸收光谱图进行分子结构鉴定具有重要意义，据此可以对化合物进行定性分析。常见基团的红外吸收光谱吸收区列于表 5-1。

表 5-1　主要基团的红外特征吸收峰

基团	振动类型	波数/cm^{-1}	波长/μm	强度	备注
一、烷烃类	CH 伸	3000～2843	3.33～3.52	中、强	分为反对称与对称
	CH 伸(反对称)	2972～2880	3.37～3.47	中、强	
	CH 伸(对称)	2882～2843	3.49～3.52	中、强	
	CH 弯(面内)	1490～1350	6.71～7.41	中、弱	C═C═C 为 2000～1925 cm^{-1}
	C—C 伸	1250～1140	8.00～8.77		
二、烯烃类	CH 伸	3100～3000	3.23～3.33	中	三、四个峰，特征
	C═C 伸	1695～1630	5.90～6.13	强	
	CH 弯(面内)	1430～1290	7.00～7.75	强	
	CH 弯(面外)	1010～650	9.90～15.4	强	
	单取代	995～985	10.05～10.15	强	
		910～905	10.99～11.05	强	
	双取代				
	顺式	730～650	13.70～15.38	中	
	反式	980～965	10.20～10.36	中	
三、炔烃类	CH 伸	～3300	～3.03		
	C≡C 伸	2270～2100	4.41～4.76	强	
	CH 弯(面内)	1260～1245	7.94～8.03	变	
	CH 弯(面外)	645～615	15.50～16.25		
四、取代苯类	CH 伸	3100～3000	3.23～3.33		确定取代位置
	泛频峰	2000～1667	5.00～6.00		
	骨架振动($\nu_{C═C}$)	1600±20	6.25±0.08		
		1500±25	6.67±0.10		
		1580±10	6.33±0.04	弱	
		1450±20	6.90±0.10	强	
	CH 弯(面内)	1250～1000	8.00～10.00		
	CH 弯(面外)	910～665	10.99～15.03		
五、醇类、酚类	OH 伸	3700～3200	2.70～3.13	变	
	OH 弯(面内)	1410～1260	7.09～7.93	弱	
	C—O 伸	1260～1000	7.94～10.00	强	
	O—H 弯(面外)	750～650	13.33～15.38	强	液态有此峰

续表

基团	振动类型	波数/cm^{-1}	波长/μm	强度	备注
OH 伸缩频率					
游离 OH	OH 伸	3650～3590	2.74～2.79	强	锐峰
分子间氢键	OH 伸	3500～3300	2.86～3.03	强	钝峰（稀释向低频移动）
分子内氢键	OH 伸（单桥）	3570～3450			钝峰（稀释无影响）
OH 弯或 C—O 伸			2.80～2.90	强	
伯醇（饱和）		～1400	～7.14		
	OH 弯（面内）	1250～1000	8.00～10.00	强	
仲醇（饱和）	C—O 伸	～1400	～7.14	强	
	OH 弯（面内）	1125～1000	8.89～10.00	强	
叔醇（饱和）	C—O 伸	～1400	～7.14	强	
	OH 弯（面内）	1210～1100	8.26～9.09	强	
酚类（OH）	C—O 伸	1390～1330	7.20～7.52	强	
	OH 弯（面内）	1260～1180	7.94～8.47	中	
六、醚类	C—O—C 伸	1270～1010	7.87～9.90	强	或标 C—O 伸
脂链醚	C—O—C 伸	1225～1060	8.16～9.43	强	
脂环醚	C—O—C 伸（反对称）	1100～1030	9.09～9.71	强	
	C—O—C 伸（对称）	980～900	10.20～11.11	强	氧与侧链碳相连的芳醚同脂醚
芳醚	═C—O—C 伸（反对称）	1270～1230	7.87～8.13	强	$O—CH_3$ 的特征峰
（氧与芳环相连）		1050～1000	9.52～10.00	中	
	═C—O—C 伸（对称）	～2825	～3.53	弱	
七、醛类（—CHO）	CH 伸	2850～2710	3.51～3.69	弱	一般～2820 cm^{-1} 及～2720 cm^{-1} 两个峰位
	C═O 伸	1755～1665	5.70～6.00	很强	
	CH 弯（面外）	975～780	10.2～12.80	中	
八、酮类（>C═O）	C═O 伸	1700～1630	5.78～6.13	极强	
	C—C 伸	1250～1030	8.00～9.70	弱	
	泛频	3510～3390	2.85～2.95	很弱	
九、羧酸类（—COOH）	OH 伸	3400～2500	2.94～4.00	中	在稀溶液中，单体酸为锐峰，在～3350 cm^{-1}；二聚体为宽峰，以～3000 cm^{-1} 为中心
	C═O 伸	1740～1650	5.75～6.06	强	
	OH 弯（面内）	～1430	～6.99	弱	
	C—O 伸	～1300	～7.69	中	
	OH 弯（面外）	950～900	10.53～11.11	弱	

续表

基团	振动类型	波数/cm^{-1}	波长/μm	强度	备注
十、酸酐类					
链酸酐	C═O 伸(反对称)	1850～1800	5.41～5.56	强	共轭时每个谱带降 20 cm^{-1}
	C═O 伸(对称)	1780～1740	5.62～5.75	强	
	C—O 伸	1170～1050	8.55～9.52	强	
环酸酐(五元环)	C═O 伸(反对称)	1870～1820	5.35～5.49	强	共轭时每个谱带降 20 cm^{-1}
	C═O 伸(对称)	1800～1750	5.56～5.71	强	
	C—O 伸	1300～1200	7.69～8.33	强	
十一、酯类	C═O 伸(泛频)	～3450	～2.90	弱	多数酯
$(-\overset{\overset{O}{\|}}{C}-O-R)$	C═O 伸	1770～1720	5.65～5.81	强	
	C—O—C 伸	1280～1100	7.81～9.09	强	
C═O 伸缩振动	C═O 伸	1744～1739		强	
正常饱和酯	C═O 伸	～1720	5.73～5.75	强	
α，*β*-不饱和酯	C═O 伸	1750～1735	～5.81	强	
δ-内酯			5.71～5.76	强	
γ-内酯(饱和)	C═O 伸	1780～1760	5.62～5.68	强	
β-内酯	C═O 伸	～1820	～5.50		
十二、胺	NH 伸	3500～3300	2.86～3.03	中	伯胺为强、中强峰；仲胺为极弱峰
	NH 弯(面内)	1650～1550	6.06～6.45		
	C—N 伸	1340～1020	7.46～9.80	中	
	NH 弯(面外)	900～650	11. 1～15.4	强	
伯胺类	NH 伸(反对称、对称)	3500～3400	2.86～2.94	中、中	双峰
		1650～1590	6.06～6.29	强、中	
	NH 弯(面内)	1340～1020	7.46～9.80	中、弱	
仲胺类	C—N 伸	3500～3300	2.86～3.03	中	一个峰
	NH 伸	1650～1550	6.06～6.45	极弱	
	NH 弯(面内)	1350～1020	7.41～9.80	中、弱	
叔胺类	C—N 伸	1360～1020	7.35～9.80	中、弱	
	C—N 伸(芳香)				
十三、酰胺(脂肪与芳香酰胺数据类似)	NH 伸	3500～3100	2.86～3.22	强	伯酰胺双峰 仲酰胺单峰
	C═O 伸	1680～1630	5.95～6.13	强	谱带Ⅰ
	NH 弯(面内)	1640～1550	6.10～6.45	强	谱带Ⅱ
	C—N 伸	1420～1400	7.04～7.14	中	谱带Ⅲ

续表

基团	振动类型	波数/cm^{-1}	波长/μm	强度	备注
伯酰胺	NH伸(反对称)	~3350	~2.98	强	
	NH伸(对称)	~3180	~3.14	强	
	C=O 伸	1680~1650	5.95~6.06	强	
	NH 弯(剪式)	1650~1620	6.06~6.15	强	
	C—N 伸	1420~1400	7.04~7.14	中	
	NH_2 面内摇	~1150	~8.70	弱	
	NH_2 面外摇	750~600	1.33~1.67	中	
仲酰胺	NH 伸	~3270	~3.09	强	
	C=O 伸	1680~1630	5.95~6.13	强	
	C—N 伸+NH 弯	1310~1200	7.63~8.33	中	两峰重合
叔酰胺	C=O 伸	1670~1630	5.99~6.13		
十四、腈类化合物					
脂肪族腈	C≡N 伸	2260~2240	4.43~4.46	强	
α，β-芳香腈	C≡N 伸	2240~2220	4.46~4.51	强	
α，β-不饱和腈	C≡N 伸	2235~2215	4.47~4.52	强	
十五、硝基化合物					
R—NO_2	NO_2 伸(反对称)	1590~1530	6.29~6.54	强	
	NO_2 伸(对称)	1390~1350	7.19~7.41	强	
Ar—NO_2	NO_2 伸(反对称)	1530~1510	6.54~6.62	强	
	NO_2 伸(对称)	1350~1330	7.41~7.52	强	

5.3　红外吸收光谱法实验技术

5.3.1　红外吸收光谱分析试样制备

根据材料的组成及状态，可以选用不同的样品制备方法。

1. 液体样品的制备方法

测试液体和溶液试样时，可采用液膜法、液体池法和涂片法。

(1)液膜法：液膜法是定性分析中经常采用的一种比较简便的方法，尤其对高沸点样品，只需用不锈钢刮刀把少量样品涂于盐片（KBr 或 NaCl）表面，在红外灯下适当烘烤除去微量水分后，即可进行红外测试。

(2)液体池法：沸点较低、挥发性较大的试样，可注入封闭的液体池，液层厚度一般为 0.01～1 mm。对于一些吸收性很强的液体，当用调整厚度的办法仍然得不到满意的谱图时，往往可配制成溶液以降低浓度来测绘光谱；量少的液体试样，为了能灌满液槽，需要补充溶剂；一些固体或气体以溶液形式进行测定也比较方便。

(3)涂片法：黏度较大的液体样品可直接均匀涂在空白 KBr 片上，在红外灯下驱除溶剂和水分后测定。

2. 固体样品的制备方法

对于固体试样，可采用压片法、石蜡糊法、薄膜法和溶液法。

(1)压片法：此法是红外吸收光谱技术中使用最多的方法。一般的矿物样品、无机样品或交联的树脂、橡胶均可方便地采用压片法。具体的操作程序是，首先把分析纯的溴化钾在玛瑙研钵中充分研细，直至溴化钾粉末黏附在研钵壁上，此时的颗粒直径在 2 μm 以下，然后按一定比例加入样品，无机样品比例较小，有机样品比例较大，样品与溴化钾的质量比约为 1∶100，边研磨边使样品与溴化钾充分混匀。对于韧性好、不易粉碎的高分子样品，可用锋利的刀片轻轻刮下。对于硫化胶一类的弹性体，可用氯仿等强极性溶剂使样品先溶胀，然后与溴化钾粉末一起研磨，也能达到充分混合的目的。把经充分研磨而混匀的粉末放在专用的模具中，在油压机上进行压片。在油压机上加压 1 min，一般压力为 1～2 GPa，就可得到透明的溴化钾压片。

(2)石蜡糊法：该法是把已充分研磨的粉末样品在玛瑙研钵中与滴加的石蜡油充分研磨混匀成糊状物，在红外灯下干燥后，把此糊状物涂在两盐片之间，掌握适当的厚度即可进行测定。石蜡油是长链烷烃，具有较大的黏度和较高的折射率，可成功地克服样品颗粒散射给红外吸收光谱测定带来的困难。但此法不能用于样品中饱和 C—H 链的鉴定，一般也不用它做定量分析。

(3)薄膜法：对于熔点低且熔融时又不分解、升华或发生其他化学反应的物质，可将其直接加热熔融后涂制或压制成膜。但对于大多数高分子聚合物，可先将试样制成溶液，然后蒸干溶剂以形成薄膜。

(4)溶液法：将试样溶于适当的溶剂中，然后注入液体吸收池。

3. 气体样品的制备方法

气体样品的红外测试可采用气体池进行。在样品导入前先抽真空，气体池的窗口多用抛光的 NaCl 或 KBr 晶片。常用的气体池长 5 cm 或 10 cm，容积为 50～150 mL。吸收峰强度可通过调整气体池内样品的压力调节。对强吸收气体，只要注入 666.6 Pa 试样；对弱吸收气体，需注入 66.66 kPa 试样。因为水蒸气在中红外区有强吸收峰，所以气体池一定要干燥。样品测试完毕后，用干燥的氮气流冲洗。

5.3.2　红外吸收光谱分析技术

1. 漫反射傅里叶变换红外吸收光谱技术

漫反射傅里叶变换红外吸收光谱技术是对固体粉末样品进行直接测量的光谱方法。当光束入射至粉末状的晶面层时，一部分光在表层晶粒表面发生镜面反射，另一部分光折射入表层晶粒的内部，被部分吸收后再射至晶粒界面，并再次发生反射、折射、吸收，多次重复后最终由粉末表层朝各个方向反射出来，称为漫反射光，其中包含了样品的红外吸收信息。漫反射傅里叶变换红外吸收光谱法不需要制样，不改变样品形状，不要求样品有足够的透明度或表面光洁度，不会对样品造成任何损坏，可直接将样品放在支架上进行测定，也可同时对多种组分进行测试。

2. 全反射傅里叶变换红外吸收光谱技术

全反射傅里叶变换红外吸收光谱是显微镜技术、傅里叶变换红外吸收光谱技术和计算机多媒体联合运用的结果。全反射傅里叶变换红外吸收光谱技术实现了非均匀样品和不平整样品表面的微区无损测量，获得了官能团和化合物在微区空间分布的红外图像。该光谱技术不需要测量透过信号，而是通过样品表面的反射信号获得样品表层有机成分的结构信息。

3. 近红外吸收光谱技术

近红外光是指介于可见区和中红外区之间的电磁波(700～2500 nm)。近红外光是人类最早发现的非可见光，但由于吸光系数低且谱带宽、难以解析，一直未能很好地应用于分析。现代近红外吸收光谱分析是光谱测量技术、计算机技术、化学计量学技术和基础测试技术的有机结合，将近红外吸收光谱所反映的样品基团、组成或物态信息与用标准或认可的参考方法所获得的数据采用化学计量学技术建立校正模型，然后通过对未知样品光谱的测定和建立的校正模型，快速预测其组成或性质。近红外吸收光谱能在短时间内完成光谱数据的采集，可同时采集多项性能指标，光谱测量时不需对样品进行前处理，分析过程不破坏样品，不消耗其他材料，分析重现性好，成本低，分析范围可覆盖大多数不同类型的化合物。

5.4　红外吸收光谱仪

5.4.1　红外吸收光谱仪的基本构成

1. 光源

光源能发射出稳定、高强度、连续波长的红外光，通常使用能斯特灯、碳化硅或涂有稀土化合物的镍铬旋状灯丝。

2. 干涉仪

红外吸收光谱仪已发展了三代：棱镜式色散型红外吸收光谱仪、光栅式色散型红外吸收光谱仪、干涉型红外吸收光谱仪(如傅里叶变换红外吸收光谱仪)。图 5-2 为傅里叶变换红外吸收光谱仪(FT-IR)结构示意图。

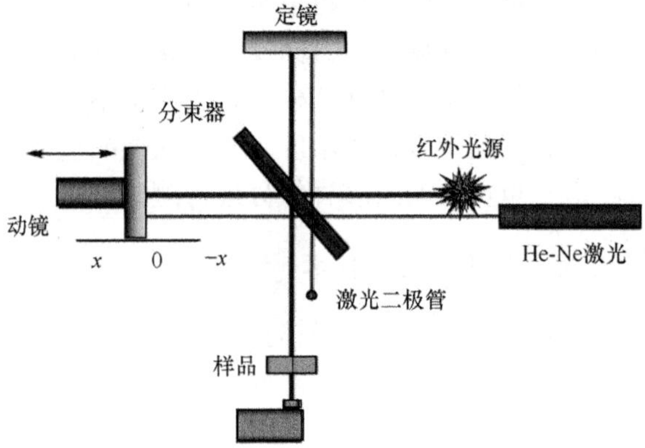

图 5-2　傅里叶变换红外吸收光谱仪结构示意图

3. 检测器

检测器一般分为热检测器和光检测器两大类。热检测器是把某些热电材料的晶体放在两块金属板中，当光照射到晶体上时，晶体表面电荷分布发生变化，由此可以测量红外辐射的功率。光检测器是利用材料受光照射后，由于导电性能的变化而产生信号。

5.4.2　红外吸收光谱仪的工作原理

测量样品时，一束红外光穿过样品，各个波长上的能量吸收被记录下来，这可以通过连续改变使用的单色波长来实现，也可以用傅里叶变换一次测量所有的波长。通过这种方法，透射光谱或吸收光谱被记录下来，显示出被样品红外吸收的波长，从而可以分析出样品中包含的特征官能团。

5.4.3　红外吸收光谱法操作规程

将样品片装于样品架上，放于 FT-IR 的样品池处，通过能量测试之后即可正常使用。

(1)开机。开启电源稳压器，打开计算机、打印机及仪器电源。建议在操作仪器采集谱图前，先让仪器稳定 20 min 以上。

(2)启动 Ominic 软件。①开启计算机主机开关后，计算机会根据配置进入 Windows 或 Vista 操作系统；②双击桌面 Ominic 快捷键后，进入 Ominic 工作站。

(3)仪器初始化。进入 Ominic 工作站界面后，仪器自动初始化，待其右上角出现“光学台状态”，仪器预热 10 min 左右即可进行测量。

(4)参数设定。点击“实验设置”，选择合适的实验参数。

(5)光谱测定。

采集背景：将背景样品放入样品仓或以空气为背景，点击“采集背景”，在弹出的对话框中点击“确定”，扫描背景。

采集样品：将测试样品放入样品仓，点击“采集样品”采集红外吸收光谱。数据采集完成后，弹出“数据采集完成”窗口，点击“是”。

保存样品光谱数据：选择“文件”菜单栏下的“保存”，出现“另存为”窗口，选择保存类型为“CSV 文本”，输入保存文件名，点击“保存”。

打印图谱：选择要使用的打印机，并选择报告的模板，然后在“文件”菜单下选择“打印”，将谱图打印出来。

(6)扫描结束后，取下样品池，除去样品，用无水乙醇将表面洗干净，擦干，烘干，按要求将模具、样品架等擦净收好。

(7)关闭计算机。

实验十一　苯甲酸、苯甲酸甲酯的红外吸收光谱测定

一、实验目的

(1)掌握红外吸收光谱分析法的基本原理。

(2)掌握红外吸收光谱仪的操作方法。

(3)掌握用 KBr 压片法制备样品进行红外吸收光谱测定的技术和方法。

二、实验原理

红外光谱法是利用物质对红外光区的电磁辐射的选择性吸收进行结构分析及对各种吸收红外光的化合物进行定性和定量分析的方法。被测物质的分子在红外光照射下，只吸收与其分子振动、转动频率相一致的红外光。对红外吸收光谱进行解析，可对物质进行定性分析。化合物分子中存在许多官能团，各官能团被激发后，都会产生特征振动，其振动频率也必然反映在红外吸收光谱上。据此可鉴定化合物中各种官能团，也可进行定量分析。

三、仪器与试剂

1. 仪器

红外吸收光谱仪(6700 FT-IR)；压片机；压片磨具；玛瑙研钵；样品勺；红外 KBr

窗片；红外干燥灯。

2. 试剂

KBr 粉末(S.P.)；无水乙醇(A.R.)；滑石粉；苯甲酸(A.R.)；苯甲酸甲酯(A.R.)。

四、实验步骤

1. 固体样品苯甲酸的红外吸收光谱测定

取约 1 mg 苯甲酸样品于干净的玛瑙研钵中，加约 100 mg KBr 粉末，在红外灯下研磨成粒度约 2 μm 的细粉后，移入压片模具中，将模具放在压片机上压片。然后进行红外吸收光谱测定。

2. 液体样品苯甲酸甲酯的红外吸收光谱测定

在一块干净抛光的 NaCl 或 KBr 片上滴加一滴苯甲酸甲酯样品，压上另一块盐片，将其共置于样品池架上，即可进行红外吸收光谱测定。

五、结果处理

对苯甲酸及苯甲酸甲酯的特征谱带进行归属，查阅标准谱图。

六、实验注意事项

(1) 固体样品需要在红外灯下进行研磨，在测试过程中防止吸潮。
(2) 盐片在每次测定前都需要用无水乙醇清洗及滑石粉抛光，保持盐片干燥透明。

七、思考题

(1) 测试红外吸收光谱时，为什么可以使用 NaCl 和 KBr 作为分散剂？
(2) 固体样品有哪几种制样方法？它们各适用于哪种情况？
(3) 指出芳香烃的特征吸收峰。

实验十二　未知物红外吸收光谱的测定

一、实验目的

(1) 掌握红外吸收光谱法定性分析未知物结构的方法。
(2) 掌握用 KBr 压片法制备样品进行红外吸收光谱测定的技术和方法。
(3) 通过谱图解析及标准谱图检索，了解用红外吸收光谱鉴定未知物的一般过程。

二、实验原理

确定未知物的结构是红外吸收光谱法定性分析最重要的用途之一。若未知物不是新化合物，可以通过以下两种方式利用标准谱图进行查对：

(1)查阅标准谱图的谱带索引，寻找与试样光谱吸收带相同的标准谱图。常用的标准谱图(库)有：Sadtler 标准红外吸收光谱图、Aldrich 红外谱图库和 Sigma Fourier 红外吸收光谱图库。

(2)进行光谱解析，推断试样的可能结构，然后由化学分类索引查找标准谱图对照核实。谱图解析一般先从基团频率区的最强谱带开始，推测未知物可能含有的基团，判断不可能含有的基团。再从指纹区的谱带进一步验证，找出可能含有基团的相关峰，用一组相关峰确认一个基团的存在。对于简单化合物，确认几个基团之后，便可初步确定分子结构，然后查对标准谱图核实。

三、仪器与试剂

1. 仪器

红外吸收光谱仪(6700 FT-IR)；压片机；压片磨具；玛瑙研钵；样品勺；红外 KBr 窗片；红外干燥灯。

2. 试剂

KBr 粉末(S.P.)；无水乙醇(A.R.)；滑石粉；未知物样品。

四、实验步骤

根据教师提供的未知物，确定样品制备方法并测定其红外吸收光谱。具体实验步骤见实验十一。

五、结果处理

根据未知物红外吸收光谱，对特征谱带进行归属，推测未知物可能的结构。

六、实验注意事项

实验注意事项同实验十一。

七、思考题

(1)未知物样品红外吸收光谱解析的顺序与原则是什么?

(2)如何利用红外吸收光谱、紫外吸收光谱、核磁共振波谱、质谱确定未知物样品结构?

实验十三　聚合物红外吸收光谱的测定

一、实验目的

(1)了解聚合物的红外吸收光谱图特征。

(2)学习通过红外吸收光谱图确定聚合物类型。

(3)进一步熟悉红外吸收光谱仪的使用。

二、实验原理

最简单的聚合物结构是甲基封端的亚甲基链节链，这种形式就是聚乙烯(PE)的结构。由于聚合物几乎完全由亚甲基基团组成，因此红外吸收光谱图中仅存在亚甲基的伸缩和弯曲振动峰。2920 cm^{-1}和2850 cm^{-1}处是亚甲基伸缩振动吸收峰；1464 cm^{-1}和719 cm^{-1}处是亚甲基弯曲振动吸收峰。

将PE上每隔一个碳原子连接一个甲基就形成聚丙烯(PP)，红外吸收光谱图也就变得复杂了。除亚甲基外，还存在甲基、次甲基基团。甲基的吸收峰出现在2969～2952 cm^{-1}(分裂的峰)、2868 cm^{-1}和1377 cm^{-1}处；甲基的弯曲振动与亚甲基的弯曲振动吸收峰重叠，这个吸收峰轻微漂移到1458 cm^{-1}处。

如果用氯原子取代PP组成中的甲基基团，就形成聚氯乙烯(PVC)。甲基的伸缩和弯曲振动峰消失，取而代之的是688 cm^{-1}和615 cm^{-1}处出现的C—Cl伸缩振动吸收峰。在红外吸收光谱图中，强谱带最大出现在1255 cm^{-1}处，这是由CH_2相邻碳原子与一个氯原子连接所产生的摇摆振动引起的；1200 cm^{-1}处存在次甲基C—H的伸缩振动吸收峰，1435 cm^{-1}和1427 cm^{-1}处出现的双峰是亚甲基弯曲振动吸收峰。

当亚甲基链的一端连接一个苯环形成聚苯乙烯(PS)时，红外吸收光谱图上就会同时出现亚甲基和单取代苯环吸收峰。PS的主要吸收峰是2923 cm^{-1}和2850 cm^{-1}处的亚甲基伸缩振动吸收峰；苯环不同平面上C—H键弯曲振动在697 cm^{-1}和756 cm^{-1}处出现强吸收峰；1601 cm^{-1}、1583 cm^{-1}、1493 cm^{-1}和1452 cm^{-1}处是苯环的骨架振动特征吸收峰；3081 cm^{-1}、3060 cm^{-1}、3026 cm^{-1}、3002 cm^{-1}处是芳香族C—H键伸缩振动吸收峰。

三、仪器与试剂

1. 仪器

傅里叶变换红外吸收光谱仪。

2. 试剂

聚乙烯；聚丙烯；聚氯乙烯；聚苯乙烯。

四、实验步骤

分别将聚乙烯、聚丙烯、聚氯乙烯、聚苯乙烯制成薄膜，在红外吸收光谱仪上测其红外吸收光谱图。

五、结果处理

(1)分别将聚乙烯、聚丙烯、聚氯乙烯、聚苯乙烯特征谱带进行归属。
(2)根据各自的红外吸收光谱图确定聚合物类型。

六、思考题

(1)试述聚合物样品制备方法。
(2)试述用红外吸收光谱法鉴别聚合物的优点。

实验十四　固体表面衰减全反射光谱的测定

一、实验目的

(1)掌握衰减全反射附件的测定方法。
(2)了解衰减全反射附件的工作原理。

二、实验原理

衰减全反射(ATR)附件的工作原理是将来自红外光源的光聚焦反射到金刚石(KRS-5 或 Ge、ZnGe 等)晶体上，再入射到样品的表面。由于样品的折射率小于晶体的折射率，入射角比临界角大，光线完全被反射，产生全反射现象。事实上，光线并不是在样品表面被直接反射回来，而是入射进入样品一定的深度(一般为几微米)后再返回表面，所以收集衰减全反射光就可以获得样品的衰减全反射光谱。

三、仪器与试剂

1. 仪器

红外吸收光谱仪(6700 FT-IR)；衰减全反射附件。

2. 试剂

蔗糖溶液；蒸馏水。

四、实验步骤

(1)把衰减全反射附件装在光谱仪的主架上，测定本底谱图。

(2) 将蒸馏水加到衰减全反射附件的金刚石窗口上，并将其全部覆盖，测定水的 ATR 谱图。

(3) 把附件测试样品的窗口清洗干净后，用蔗糖溶液将窗口覆盖，测 ATR 谱图。

仪器的操作步骤同实验十一。

五、结果处理

分别将获得的水和蔗糖溶液的谱图进行 ATR 校正和谱图处理，找出吸收峰的归属，解析谱图，并打印结果。

六、实验注意事项

(1) 加样时需小心，不要在液体中夹带气泡。

(2) 清洗样品窗口时，注意不要划伤晶体，用浸透溶剂的脱脂棉轻轻擦洗。

七、思考题

(1) 衰减全反射附件有什么特点？

(2) 全反射时，红外光束并不穿越晶体表面进入待测样品，那么红外光是如何与待测样品发生作用的？

(3) 衰减全反射附件为什么可以检测含水的样品？

第 6 章　紫外-可见光谱法

6.1　紫外-可见光谱法的特点及应用范围

紫外-可见光谱法具有以下特点：

(1)灵敏度高、准确度高、选择性好。

(2)操作简便、迅速。

(3)应用广泛。

应用紫外-可见分光光度计可进行定性分析、定量分析和纯度鉴定，如分析和鉴定有机化合物、鉴别同分异构体、测定某些无机材料的结构及发光材料的特殊用途、鉴定化合物中某些杂质等。

6.2　紫外-可见光谱法的基本原理

6.2.1　吸收光谱产生的原因

在电磁辐射的作用下，由物质分子的价电子跃迁而产生的吸收光谱位于紫外-可见光区，称为紫外-可见光谱，又称电子光谱。由于分子内部运动比较复杂，电子能级发生跃迁的同时还伴随着振动和转动能级的跃迁，因此分子的电子光谱又称带状光谱。按照所吸收光的波长区域不同，紫外-可见光谱通常分为紫外吸收光谱(200～400 nm)和可见吸收光谱(400～750 nm)。

6.2.2　分子中电子跃迁类型

1. 有机化合物分子中电子跃迁类型

有机化合物的价电子包括成键 σ 电子、π 电子及非键 n 电子。依据分子轨道理论，当这些价电子吸收一定的能量后，就跃迁到能级较高的激发态而占据反键轨道。价电子对应的分子轨道能量高低的顺序为：$\sigma < \pi < n < \pi^* < \sigma^*$。

外层电子吸收紫外-可见光辐射后，从基态向激发态跃迁。主要有$\sigma \to \sigma^*$、$n \to \sigma^*$、$\pi \to \pi^*$、$n \to \pi^*$四种跃迁形式，如图 6-1 所示。

1) $\sigma \to \sigma^*$跃迁

与其他可能的跃迁相比，实现$\sigma \to \sigma^*$跃迁所需要的能量很大，其吸收波长短，位于远紫外区域，如饱和烃类化合物。

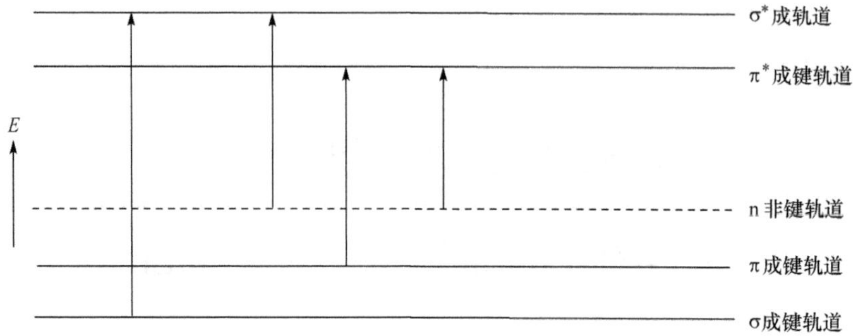

图 6-1　电子的能级、跃迁及吸收峰示意图

2) $n\rightarrow\sigma^*$ 跃迁

具有未共享电子对的一些取代基可能会发生 $n\rightarrow\sigma^*$ 跃迁，如含有杂原子(—OH、—X 等)的有机化合物，实现 $n\rightarrow\sigma^*$ 跃迁需要的能量比 $\sigma\rightarrow\sigma^*$ 跃迁需要的能量小，吸收的波长在 200 nm 左右。例如，CH_3OH 的吸收峰在 183 nm，而 CH_3I 的吸收峰在 258 nm。

3) $\pi\rightarrow\pi^*$ 跃迁

含有π电子的不饱和有机化合物吸收能量后，可以发生 $\pi\rightarrow\pi^*$ 跃迁。实现这种跃迁所需能量比 $\sigma\rightarrow\sigma^*$ 跃迁小，如果没有共轭体系，其吸收的波长在 200 nm 左右。例如，乙烯分子中π电子吸收光能量后跃迁到π*轨道，吸收峰在 165 nm。若有共轭体系，吸收波长向长波方向移动，吸收峰位于 200～700 nm。

4) $n\rightarrow\pi^*$ 跃迁

n 电子是指 N、S、O、X 等杂原子上未共用的电子，它吸收能量后跃迁到π*轨道，此时所需要的能量较小，其吸收峰的波长在近紫外区甚至可见光区。例如，醛、酮分子中羰基在 275～295 nm 处有吸收带，为 C═O 中 $\pi\rightarrow\pi^*$ 跃迁吸收带。

2. 电荷迁移跃迁

当外来辐射照射一些无机或有机化合物时，电子将从体系的电子给予体转移到体系的电子接受体，这是一个体系内氧化-还原的过程。例如，Fe^{3+}与硫氰酸盐离子的配合物，其实质是发生了如下反应：

$$\left[Fe^{3+}SCN^-\right]\xrightarrow{h\nu}\left[FeSCN\right]^{2+}$$

Fe^{3+}是电子接受体，SCN^-是电子给予体。

3. 配位体场跃迁

当过渡元素的 d 轨道或 f 轨道与配位体形成配合物时，发生能级分裂；如果轨道未充满，则低能量轨道上的电子吸收外来能量后，将跃迁到高能量的 d 轨道或 f 轨道，从而产生吸收光谱。

6.2.3　常见的几种吸收带

1. R 吸收带

R 吸收带由 $n \rightarrow \pi^*$ 跃迁引起，是杂原子的不饱和基团的特征。其特点是：跃迁所需能量较小，吸收峰一般位于 200～400 nm。

2. B 吸收带

B 吸收带是芳香类化合物的特征吸收带，是苯环振动及 $\pi \rightarrow \pi^*$ 跃迁重叠引起的。吸收峰的中心在 256 nm，而且由 5～6 个亚峰组成。当苯环上有取代基并且与苯环共轭或在极性溶剂中时，精细结构会弱化或消失。

3. E 吸收带

E 吸收带也属于芳香类化合物的特征吸收带，由 $\pi \rightarrow \pi^*$ 跃迁产生。它是由环状共轭体系的跃迁产生的，分为 E_1 和 E_2 两个吸收带。E_1 带是由于环内乙烯键上的电子被激发，吸收峰在真空紫外区；E_2 带是由环状共轭二烯引起，有低分辨率的振动，吸收峰有一些精细结构。

4. K 吸收带

K 吸收带是共轭双键中 $\pi \rightarrow \pi^*$ 跃迁引起的。其吸收峰的波长较 R 吸收带短，而且吸收强度高。

6.2.4　有机化合物的紫外-可见光谱

1. 饱和烃及其衍生物

饱和烃化合物分子中只含有 σ 电子，因而只能产生 $\sigma \rightarrow \sigma^*$ 跃迁，其跃迁所需能量高，吸收峰在远紫外区；饱和烃的衍生物，因有 n 电子的引入可产生 $n \rightarrow \sigma^*$ 跃迁，能量低于 $\sigma \rightarrow \sigma^*$ 跃迁，吸收峰波长较 $\sigma \rightarrow \sigma^*$ 跃迁的吸收峰波长长。例如，CH_3I 的 $n \rightarrow \sigma^*$ 跃迁，其吸收峰红移到 258 nm。

2. 不饱和烃及其衍生物

在不饱和烃化合物分子中，有两种结构的化合物。

(1) 孤立双键的化合物：不饱和烃化合物分子中含有 σ 电子和 π 电子，它们可以产生 $\sigma \rightarrow \sigma^*$ 跃迁和 $\pi \rightarrow \pi^*$ 跃迁。$\pi \rightarrow \pi^*$ 跃迁的吸收峰波长大于 $\sigma \rightarrow \sigma^*$ 跃迁的吸收峰波长。

(2) 共轭双键的化合物：当有两个以上的双键共轭时，随着共轭体系的增加，$\pi \rightarrow \pi^*$ 跃迁的吸收带将明显红移，同时吸收强度也会增加。

当不饱和烃连接含有未共用电子对的助色团(如—OH、—Cl、—OR 等)时，还可能产生 n→π* 跃迁，其吸收峰红移显著。

3. 芳香族化合物

E 带和 B 带由 π→π* 跃迁引起，是芳香族化合物的特征吸收带。在气态或非极性溶剂中，B 谱带有精细结构，在极性溶剂中，精细结构消失。苯的 E_1 带在 180 nm，E_2 带在 204 nm；而 B 带的中心在 256 nm。当苯环上有取代基时，苯的三个特征谱带都会发生显著变化，其中影响较大的是 E_2 带和 B 带。

6.2.5 朗伯-比尔定律

当用适当波长的单色光照射一溶液时，吸光度(A)与溶液浓度(c)及液层厚度(b)的乘积成正比，即

$$A = \lg(I_0/I_1) = \varepsilon bc \tag{6-1}$$

当浓度以 mol/L 表示时，ε 为摩尔吸光系数。在给定的单色光、溶剂和温度等条件下，吸光系数是物质的特性常数，表明物质对某一特定波长的吸收能力。ε 越大，表明方法的灵敏度越高。

朗伯-比尔定律适用于均匀、非散射介质，但不适用于非单色光和浓度大的溶液。

6.3 紫外-可见分光光度计

6.3.1 紫外-可见分光光度计的组成及功能

紫外-可见分光光度计主要由光源、单色器、吸收池、检测器和显示系统组成，如图 6-2 所示。

图 6-2 紫外-可见分光光度计的主要组成部件

1. 光源

光源发射的光强度要足够大，而且稳定连续。常见的光源有辐射光源和气体放电光源。钨灯属于辐射光源，其适用范围为可见和近红外区域，波长范围为 320～2500 nm。氘灯和氙灯属于气体放电光源，氘灯适用于紫外区域，波长范围为 175～375 nm，而氙灯适用的范围较广。

2. 单色器

单色器是从光源的连续光谱中获得所需单色光的装置。常用的单色器有棱镜和光

栅两种。光栅单色器在整个光学光谱区域具有良好的几乎相同的色散能力。因此，现代紫外-可见分光光度计上多采用光栅单色器。

3. 吸收池

吸收池是用于盛放溶液并提供一定吸光厚度的器皿，由玻璃或石英材料制成。玻璃吸收池只能用于可见光区，石英吸收池适合全波段范围。最常用的吸收池厚度为 1 cm。

4. 检测器

检测器是将接收到的光信号转变成电信号的元件。其功能是测量单色光透过溶液后光强度变化。常用的类型有光电倍增管、光电二极管阵列等。

5. 显示系统

显示系统通过仪器将光信号转变为电信号，由计算机接收并做各种处理，在显示屏上显示为光谱图或吸收强度等。

6.3.2　紫外-可见分光光度计的分类

1. 单光束分光光度计

单光束分光光度计的仪器较简单且操作方便，适合在给定波长处测定吸光度或透过率，但要求光源和检测器具有良好的稳定性。

2. 双光束分光光度计

双光束分光光度计的仪器较复杂，价格也较高，但可以自动记录且快速扫描全波段，可以消除由光源不稳定及检测器灵敏度发生变化等带来的影响，适合定量分析及结构分析，如图 6-3 所示。

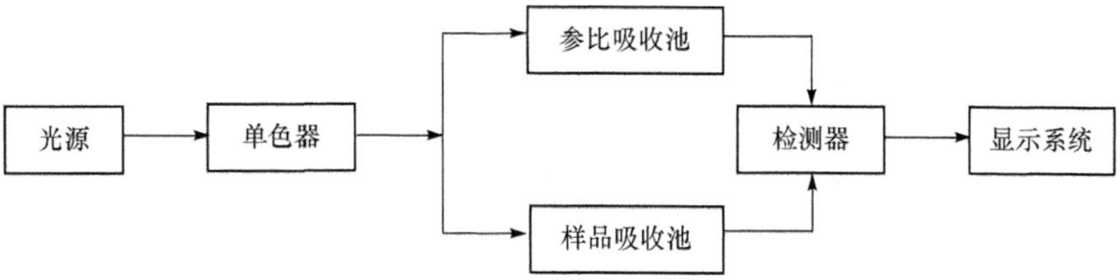

图 6-3　双光束分光光度计

实验十五　苯及其衍生物的紫外吸收光谱

一、实验目的

(1)学习紫外吸收光谱的测定方法。

(2) 了解苯及其衍生物的紫外吸收光谱的特征。

(3) 掌握紫外-可见分光光度计的使用。

二、实验原理

苯的紫外吸收光谱在紫外区(180～400 nm)有 3 个特征吸收带，均由$\pi\to\pi^*$跃迁产生。在 184 nm 附近有一个强吸收，为 E_1 吸收带，由于苯环内乙烯键上的电子被激发而产生$\pi\to\pi^*$跃迁，无振动，ε_{max}=68000；在 204 nm 处有一相对 E_1 带较弱的吸收带，为 E_2 吸收带，由苯环的共轭二烯引起，相当于共轭双键的 K 带，但有低分辨率的振动结构，ε_{max}=8000；在 256 nm 附近有一个弱吸收带(由一组非常清晰的 5～6 个亚峰组成)，是芳香化合物的特征吸收，为 B 带，ε=250。当苯处在气态时，这个吸收带具有很好的精细结构。

当苯环上连有取代基时，会影响苯的 3 个特征吸收带，其中影响较大的是 E_2 带和 B 带。由于取代基影响苯的电子分布，因此 B 带向长波移动，精细结构减弱。在极性溶剂中，苯及其同系物的 B 带的精细结构还会消失。

三、仪器与试剂

1. 仪器

Cary 50 紫外-可见分光光度计；5 mL 具塞试管；0.1 mL、0.5 mL、5 mL 刻度吸管。

2. 试剂

去离子水；乙醇；正己烷；0.1 mol/L HCl；0.1 mol/L NaOH。

四、实验步骤

1. 溶液配制

(1) 甲苯的正己烷溶液：在 5 mL 具塞试管中加入 0.04 mL 甲苯，用正己烷稀释至刻度，摇匀备用。

(2) 苯酚的正己烷溶液：称取 10 mg 苯酚于 5 mL 具塞试管中，用正己烷稀释至刻度，摇匀备用。

(3) 苯甲酸的正己烷溶液：称取 10.0 mg 苯甲酸于 5 mL 具塞试管中，先用少量乙醇溶解，然后用正己烷稀释至刻度，摇匀备用。

(4) 苯胺的正己烷溶液：在 5 mL 具塞试管中加入 0.005 mL 苯胺，用正己烷稀释至刻度，摇匀备用。

2. 测定苯蒸气及苯的衍生物的紫外吸收光谱图

(1) 苯蒸气：在石英吸收池中滴入 2 滴苯溶液，加盖，用空气作参比，在 220～400 nm

进行波长扫描，得到苯蒸气的紫外吸收光谱图。

(2)在具塞试管中加入甲苯的正己烷溶液 0.4 mL，用正己烷溶液稀释至刻度，摇匀。以正己烷为参比溶液，用石英吸收池，在紫外区(220～400 nm)进行波长扫描，测定甲苯的紫外光谱图。

(3)在具塞试管中加入苯酚的正己烷溶液 0.1 mL，用正己烷溶液稀释至刻度，摇匀。以正己烷为参比溶液，用石英吸收池，在紫外区(220～400 nm)进行波长扫描，测定苯酚的紫外光谱图。

(4)在具塞试管中加入苯甲酸的正己烷溶液 0.4 mL，用正己烷溶液稀释至刻度，摇匀。以正己烷为参比溶液，用石英吸收池，在紫外区(220～400 nm)进行波长扫描，测定苯甲酸的紫外光谱图。

(5)在具塞试管中加入苯胺的正己烷溶液 0.1 mL，用正己烷溶液稀释至刻度，摇匀。以正己烷为参比溶液，用石英吸收池，在紫外区(220～400 nm)进行波长扫描，测定苯胺的紫外光谱图。

3. 溶液的酸碱性对苯酚紫外吸收光谱的影响

(1)苯酚的水溶液：称取 10 mg 苯酚于 5 mL 具塞试管中，用去离子水稀释至刻度，备用。

(2)取 2 支 5 mL 具塞试管，各加入苯酚的水溶液 0.1 mL，分别用去离子水、0.1 mol/L NaOH 溶液稀释至刻度，摇匀。以去离子水为参比溶液，用石英吸收池，在 220～400 nm 进行波长扫描，得到苯酚的两张紫外吸收光谱图。

4. 溶液的酸碱性对苯胺紫外吸收光谱的影响

(1)苯胺的水溶液：在 5 mL 具塞试管中加入 0.005 mL 苯胺，用去离子水稀释至刻度，备用。

(2)取 2 支 5 mL 具塞试管，各加入苯胺的水溶液 0.1 mL，分别用去离子水、0.1 mol/L HCl 溶液稀释至刻度，摇匀。以去离子水为参比溶液，用石英吸收池，在 220～400 nm 进行波长扫描，得到苯胺的两张紫外吸收光谱图。

五、结果处理

1. 不同取代基对苯的吸收光谱的影响

取代基	—H	$—CH_3$	—OH	—COOH	$—NH_2$
λ_{max}/nm					
结论					

2. 溶液酸碱性对苯酚及苯胺吸收光谱的影响

溶液	0.1 mol/L HCl	H_2O	0.1 mol/L NaOH
苯酚 λ_{max}/nm			
苯胺 λ_{max}/nm			
结论			

六、思考题

(1) 讨论取代基对苯的 B 吸收带的影响。
(2) 为什么溶剂的极性会影响吸收光谱的精细结构？
(3) 为什么苯酚在中性和碱性条件下的吸收光谱不同，而苯胺在中性和酸性条件下的吸收光谱不同？

实验十六　有机化合物紫外吸收光谱的溶剂效应

一、实验目的

(1) 掌握有机化合物中几种主要的电子跃迁类型。
(2) 了解极性溶剂对 $\pi \to \pi^*$ 跃迁和 $n \to \pi^*$ 跃迁吸收峰位移的影响。

二、实验原理

溶剂对紫外-可见吸收光谱的影响较为复杂。改变溶剂的极性，会引起吸收带形状变化。例如，当溶剂的极性由非极性改变到极性时，精细结构消失，吸收带变平滑。

改变溶剂的极性，还会使吸收带的最大吸收波长发生变化。当溶剂极性增大时，$\pi \to \pi^*$ 跃迁产生的吸收带红移，而 $n \to \pi^*$ 跃迁产生的吸收带蓝移。

本实验通过对异丙叉丙酮在正己烷、乙腈、甲醇和去离子水等溶剂中紫外吸收光谱的测定，探究溶剂极性对有机化合物紫外吸收光谱的影响。

异丙叉丙酮的结构式如下：

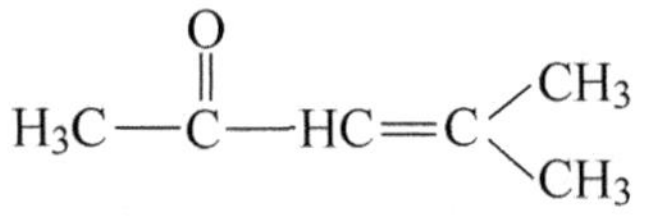

三、仪器与试剂

1. 仪器

Cary 50 紫外-可见分光光度计；0.1 mL、5 mL 刻度吸管；5 mL 具塞试管。

2. 试剂

异丙叉丙酮(A.R.)；正己烷(G.R.)；乙腈(G.R.)；甲醇(G.R.)；去离子水。

四、实验步骤

(1)取 0.01 mL 异丙叉丙酮溶液于具塞试管 a 中，用 5 mL 正己烷稀释至刻度，摇匀。用 1 cm 石英吸收池，以正己烷为参比溶液，在紫外区 220～400 nm 扫描样品 a 的吸收光谱，得到异丙叉丙酮的正己烷溶液的 $n \to \pi^*$跃迁的紫外吸收光谱图。

(2)从具塞试管 a 中取 0.01 mL 异丙叉丙酮的正己烷溶液于具塞试管 e 中，用 5 mL 正己烷稀释至刻度，摇匀。用 1 cm 石英吸收池，以正己烷为参比溶液，在紫外区 220～400 nm 扫描样品 e 的吸收光谱，得到异丙叉丙酮的正己烷溶液的$\pi \to \pi^*$跃迁的紫外吸收光谱图。

(3)取 0.01 mL 异丙叉丙酮溶液于具塞试管 b 中，用 5 mL 乙腈稀释至刻度，摇匀。用 1 cm 石英吸收池，以乙腈为参比溶液，在紫外区 220～400 nm 扫描样品 b 的吸收光谱，得到异丙叉丙酮的乙腈溶液的 $n \to \pi^*$跃迁的紫外吸收光谱图。

(4)从具塞试管 b 中取 0.01 mL 异丙叉丙酮的乙腈溶液于具塞试管 f 中，用 5 mL 乙腈稀释至刻度，摇匀。用 1 cm 石英吸收池，以乙腈为参比溶液，在紫外区 220～400 nm 扫描样品 f 的吸收光谱，得到异丙叉丙酮的乙腈溶液的$\pi \to \pi^*$跃迁的紫外吸收光谱图。

(5)取 0.01 mL 异丙叉丙酮溶液于具塞试管 c 中，用 5 mL 甲醇稀释至刻度，摇匀。用 1 cm 石英吸收池，以甲醇为参比溶液，在紫外区 220～400 nm 扫描样品 c 的吸收光谱，得到异丙叉丙酮的甲醇溶液的 $n \to \pi^*$跃迁的紫外吸收光谱图。

(6)从具塞试管 c 中取 0.01 mL 异丙叉丙酮的甲醇溶液于具塞试管 g 中，用 5 mL 甲醇稀释至刻度，摇匀。用 1 cm 石英吸收池，以甲醇为参比溶液，在紫外区 220～400 nm 扫描样品 g 的吸收光谱，得到异丙叉丙酮的甲醇溶液的$\pi \to \pi^*$跃迁的紫外吸收光谱图。

(7)取 0.01 mL 异丙叉丙酮溶液于具塞试管 d 中，用 5 mL 去离子水稀释至刻度，摇匀。用 1 cm 石英吸收池，以去离子水为参比溶液，在紫外区 220～400 nm 扫描样品 d 的吸收光谱，得到异丙叉丙酮的水溶液的 $n \to \pi^*$跃迁的紫外吸收光谱图。

(8)从具塞试管 d 中取 0.01 mL 异丙叉丙酮的水溶液于具塞试管 h 中，用 5 mL 去离子水稀释至刻度，摇匀。用 1 cm 石英吸收池，以去离子水为参比溶液，在紫外区 220～400 nm 扫描样品 h 的吸收光谱，得到异丙叉丙酮的水溶液的$\pi \to \pi^*$跃迁的紫外吸收光谱图。

五、结果处理

溶剂 / 跃迁	正己烷	乙腈	甲醇	水	位移方向
$\lambda_{max}(\pi \to \pi^*)$/nm					
$\lambda_{max}(n \to \pi^*)$/nm					

六、思考题

(1)分子中哪类电子跃迁会产生吸收光谱?

(2)异丙叉丙酮的紫外吸收光谱图上有几个吸收峰?它们分别属于什么类型的跃迁?为什么?

(3)为什么极性溶剂有助于 $n \to \pi^*$跃迁向短波方向移动,又有助于$\pi \to \pi^*$跃迁向长波方向移动?

(4)被测样品的浓度过大或过小,对测试结果有什么影响?如何解决?

实验十七　等吸收光度法测定水杨酸中苯甲酸的含量

一、实验目的

(1)学习并掌握利用等吸收光度法测定两组分混合物中一种组分含量的方法。

(2)学习波长的选择方法。

二、实验原理

分光光度法测定多组分混合物时,一般通过联立方程组的方法求出各组分含量。如果两组分的吸收光谱是完全分开的,可以采用单组分分析的方法进行测定。然而,对于吸收光谱相互重叠的两组分混合物来说,如果只需测定其中某一组分含量,可利用等吸收光度法。

对于含有 X 和 Y 两组分的试样,它们的吸收光谱相互重叠,如图 6-4 所示,测定 X 组分含量的同时还要消除干扰组分 Y 的影响,可以从 Y 的吸收光谱上选择两个适当的波长λ_1和λ_2,在这两个波长处,干扰组分 Y 具有相等的吸光度,即对组分 Y 来说

$$\Delta A_Y = A_{\lambda_2} - A_{\lambda_1} = 0$$

此时波长λ_2是组分 X 的最大吸收波长,而λ_1是干扰波长。这样就可以达到消除干扰的效果,而且可以从这两个波长测得 X 的吸光度差值ΔA_X来确定 X 组分的含量。因为对于干扰组分 Y 来说,在λ_1和λ_2这两个波长处吸光度相等,所以这个方法就是等吸光度测定法。

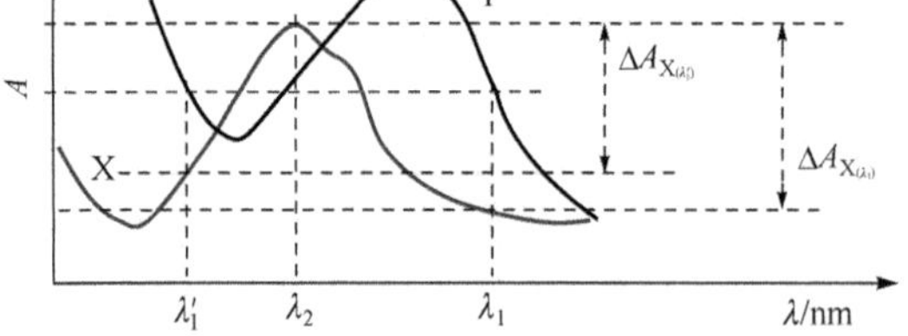

图 6-4　等吸收光度法波长选择示意图

由上可见，所选择的波长必须满足两个基本条件：

(1) 在λ_2和λ_1这两个波长处，干扰组分应具有相同的吸光度，即ΔA_Y等于零。

(2) 在λ_2和λ_1这两个波长处，待测组分 X 的吸光度差值ΔA_X足够大。

本实验中，水杨酸水溶液和苯甲酸水溶液的吸收光谱相互重叠，可测定水杨酸存在下苯甲酸的含量。

三、仪器与试剂

1. 仪器

Cary 50 紫外-可见分光光度计；100 mL、25 mL 容量瓶；10 mL 刻度吸管；烧杯。

2. 试剂

苯甲酸(A.R.)；水杨酸(A.R.)；无水乙醇；去离子水。

四、实验步骤

(1) 苯甲酸储备液：称取 30.00 mg 苯甲酸，用少量无水乙醇溶解，转移至 100 mL 容量瓶中，用去离子水稀释至刻度，摇匀。

(2) 水杨酸储备液：称取 10.00 mg 水杨酸，用少量无水乙醇溶解，转移至 100 mL 容量瓶中，用去离子水稀释至刻度，摇匀。

(3) 苯甲酸系列标准溶液的配制：分别量取 2.00 mL、4.00 mL、6.00 mL、8.00 mL、10.00 mL 苯甲酸储备液，分别置于 5 个 25 mL 容量瓶中，用去离子水稀释至刻度，摇匀。

(4) 水杨酸工作液：量取 4.00 mL 水杨酸储备液，置于 25 mL 容量瓶中，用去离子水稀释至刻度，摇匀。

(5) 苯甲酸水溶液吸收光谱图的绘制：用 1 cm 石英吸收池，以去离子水为参比溶液，在 220～400 nm 扫描苯甲酸水溶液(标准溶液之一)的紫外吸收光谱图，得到苯甲酸水溶液的最大吸收波长λ_2。

(6) 水杨酸水溶液吸收光谱图的绘制：用 1 cm 石英吸收池，以去离子水为参比溶液，在 220～400 nm 扫描水杨酸水溶液的紫外吸收光谱图。

(7) 将苯甲酸水溶液的吸收光谱图与水杨酸水溶液的吸收光谱图叠加在同一谱图上，此时可以看到谱图是相互重叠的；打印这张谱图，通过画图，在水杨酸上选择合适的波长λ_1及λ_2。波长确定后，在选择的波长λ_2、λ_1处，再用水杨酸溶液复测其吸光度是否相等。

(8) 苯甲酸水溶液的标准曲线的绘制：在所选择的测定波长λ_2及参比波长λ_1处，用 1 cm 石英吸收池，以去离子水为参比溶液，按照浓度由小到大测定苯甲酸系列标准溶液的吸光度差，仪器自动回归并画出苯甲酸水溶液的标准曲线，同时给出苯甲酸水溶液标准曲线的分析方程及相关系数。

(9) 未知样(混合物)中苯甲酸含量的测定：在得到的苯甲酸标准曲线下，测定含有水杨酸的未知样溶液在波长λ_2和波长λ_1的吸光度差，仪器根据已有的标准曲线自动计算出未知样中苯甲酸的含量。

五、结果处理

根据苯甲酸水溶液及水杨酸水溶液的吸收光谱图，确定波长λ_2和波长λ_1。

六、思考题

(1)本实验方法与普通的分光光度法有何异同?

(2)如需测定未知样溶液中苯甲酸及水杨酸两组分的含量,应如何设计实验？测定波长应如何选择?

实验十八　未知样品的结构分析

一、实验目的

(1)了解紫外-可见分光光度计的工作原理。

(2)了解鉴定未知样品的过程，掌握基本的化合物的鉴定方法。

二、实验原理

在定性分析时，可以利用标准样品和未知物在相同条件下进行波长扫描，对两者吸收光谱中特征吸收峰的位置、数目和吸收强度进行比较；如果没有标准样品，可以对照标准谱图库进行比较。

对于未知的有机化合物来说，根据所测得的吸收光谱图，首先确定有几个特征吸收峰，同时也要确定每个特征吸收峰的波长位置；然后计算每个吸收峰的吸光系数，根据这些信息及特征吸收峰的形状初步推断未知的有机化合物中发色团的跃迁类型及发色团之间的共轭关系。

三、仪器与试剂

1. 仪器

Cary 50 紫外-可见分光光度计；100 mL、25 mL 容量瓶；10 mL 刻度吸管；烧杯。

2. 试剂

无水乙醇；去离子水。

四、实验步骤

(1)未知样 $1^{\#}$储备液：称取 30.00 mg，用少量无水乙醇溶解，转移至 100 mL 容量瓶中，用去离子水稀释至刻度，摇匀。

(2) 未知样 2#储备液：称取 30.00 mg，用少量无水乙醇溶解，转移至 100 mL 容量瓶中，用去离子水稀释至刻度，摇匀。

(3) 分别量取 2.00 mL、8.00 mL 未知样 1#储备液，分别置于 2 个 25 mL 容量瓶中，用去离子水稀释至刻度，摇匀。

(4) 分别量取 2.00 mL、8.00 mL 未知样 2#储备液，分别置于 2 个 25 mL 容量瓶中，用去离子水稀释至刻度，摇匀。

(5) 未知样 1#溶液吸收光谱图的绘制：用 1 cm 石英吸收池，以去离子水为参比溶液，在 200～400 nm 扫描未知样 1#溶液的紫外吸收光谱图。

(6) 未知样 2#溶液吸收光谱图的绘制：用 1 cm 石英吸收池，以去离子水为参比溶液，在 200～400 nm 扫描未知样 2#溶液的紫外吸收光谱图。

(7) 分析未知样的紫外光谱。

五、思考题

(1) 对于一个待测的未知样品，如何选择溶剂？

(2) 说明紫外-可见分光光度计的特点及适用范围。

第 7 章　分子荧光光谱法

7.1　分子荧光光谱法的基本原理

当用一种波长的光照射某种物质时，物质分子处于激发态。如果激发态的分子在经历一个时间极短的碰撞及发射的去激发过程后，发射出一种比照射光波长较长的光，这种发射出来的光就称为荧光。当照射光停止照射时，荧光也随之很快消失。利用某些物质分子被光照射后所产生的、能够反映该物质特性的荧光进行定性分析和定量分析的方法称为分子荧光光谱法。

7.1.1　分子荧光的发生过程

分子荧光是一个光致发光的过程，简单来说，当荧光物质分子吸收了特定频率辐射(光照)，由基态跃迁至激发态，然后以无辐射跃迁的方式迅速回到第一电子激发态的最低振动能级；再伴随着光子的发射返回到基态的各振动能级，就产生了荧光。这一过程所发射的光子的能量，即荧光发射波长，对应第一电子激发态的最低振动能级与基态的各振动能级之间的能量差。

1. 分子的激发态

大多数分子含有偶数电子。在基态时，这些电子成对地存在于各个原子或分子轨道中，成对自旋，方向相反，电子净自旋等于零，其能级不受外界磁场影响而分裂，称为单线态。

当基态分子的一个成对电子吸收光辐射后，被激发跃迁到能量较高的轨道上，通常它的自旋方向不改变，激发态仍是单线态。如果电子在跃迁过程中还伴随着自旋方向的改变，这时便具有两个自旋不配对的电子，电子净自旋不等于 0 而等于 1，即分子在磁场中受到影响而产生能级分裂，这种受激态称为三线态。

2. 荧光的产生

一个分子的外层电子能级包括基态和各种激发态，而每个电子能级又包括一系列能量非常接近的振动能级。处于激发态的分子不稳定，在较短的时间内可通过以下不同途径释放多余的能量回到基态。

(1)振动弛豫：在溶液中，处于激发态的溶质分子与溶剂分子间发生碰撞，把一部分能量以热的形式迅速传递给溶剂分子，在 10^{-13}～10^{-11} s 内回到同一电子激发态的最低振动能级，这一过程称为振动弛豫。

(2)内转换：当激发态 S_{n+1} 的较低振动能级与 S_n 的较高振动能级的能量相当或重叠时，分子有可能从 S_{n+1} 的振动能级以无辐射方式过渡到 S_n 的能量相等的振动能级上，这一无辐射过程称为内转换。

(3)外转换：激发态分子与溶剂分子或其他溶质分子相互作用(如碰撞)而以非辐射形式转移掉能量回到基态的过程称为外转换。

(4)系间穿跃：当电子单线态的最低振动能级与电子三线态的较高振动能级重叠时，将发生导致电子自旋状态改变的 S-T 跃迁，这一过程称为系间穿跃。

(5)荧光发射：当激发态的分子通过振动弛豫-内转换的过程到达第一单线态的最低振动能级时，电子可通过辐射跃迁的方式回到基态的不同振动能级，产生发光，这一过程称为荧光发射。

7.1.2　荧光与分子结构的关系

实验证明，荧光通常发生在具有刚性平面的π电子共轭体系分子中。π电子共轭度和分子平面度增大，荧光就容易产生。因此，几乎所有对分析化学有用的荧光体系都含有一个以上的芳香基团，芳环数越多，荧光越强。能发荧光的纯无机物很少，通常是利用有机配位体与金属离子形成荧光配合物进行无机离子的分析。

7.1.3　分子荧光光谱

分子荧光光谱包括激发光谱和发射光谱两种。激发光谱是指发射单色器波长固定，激发单色器进行波长扫描所得到的荧光强度随激发光波长变化的曲线。发射光谱是指激发单色器波长固定，发射单色器进行波长扫描所得到的荧光强度随发射光波长变化的曲线。一般所说的荧光光谱仅指荧光发射光谱。这一光谱为分析指出了最佳的发射波长。

7.2　分子荧光光谱法的特点及应用范围

7.2.1　分子荧光光谱法的特点

分子荧光光谱法是一种常见的分析方法，较质谱法、光谱法、极谱法等应用得更广泛和普及，这得益于分子荧光光谱法所具有的三大特点：分析灵敏度高、选择性好、使用简便。

分子荧光光谱法的最大特点是灵敏度高(可达到 $10^{-12}\sim10^{-10}$ g/mL)，其分析灵敏度比分光光度法高两三个数量级。

7.2.2　分子荧光光谱法的应用范围

1. 有机物的荧光分析

很多有机化合物本身具有芳香环结构，可以产生荧光发射，因此可以用直接分子荧光光谱法进行分析。目前分子荧光光谱法已经广泛应用于酶和辅酶、农药、毒药、氨基酸、蛋白质、核酸、大环内酯类药物及食品添加剂的分析检测领域。另外，某些有机化合物(如脂肪族有机化合物)不产生荧光发射或只产生很弱的荧光发射，需要使用某些有机试剂与这些化合物进行反应，生成能产生较强荧光发射的物质再进行间接测定。

2. 无机元素的荧光分析

能直接产生荧光发射的化学元素并不很多，所以对无机物进行荧光分析大多采用间接测定法：用本身能产生荧光发射的有机试剂与被测定的元素生成配合物，形成配合物后会造成原有机试剂的荧光发射强度有可能增强、减弱或者发射峰的位置改变，这些都可以作为定性定量分析的依据。目前，可以用分子荧光光谱法测定的元素已经有将近 70 种。

7.3　分子荧光光谱法的分类和实验技术

7.3.1　分子荧光光谱法的分类

分子荧光光谱法根据被分析物的性质可以分为直接测定法和间接测定法两种。

1. 直接测定法

直接测定法是利用物质自身发射的荧光进行测定分析，一般适用于荧光发射较强的有机物。

2. 间接测定法

有些物质本身不发射荧光或只能发射出很微弱的荧光，无法满足直接检测的需要。这种情况下，就需要把这些物质转化成能发射出较强荧光的物质。一般来说，这类物质进行荧光检测时，首先需要将其与某些试剂(如荧光染料)结合，生成能够产生荧光发射的配合物，再进行测定。

7.3.2　荧光定性与定量分析

荧光定性与定量分析的方法与紫外-可见吸收光谱法相似。

1. 定性分析

定性分析时，将实验测得样品的荧光激发光谱和荧光发射光谱与标准荧光光谱图进行比较来鉴定样品成分。一般荧光定性分析的依据是荧光光谱峰的个数、位置、相对强度及轮廓。

2. 定量分析

进行荧光定量分析时，一般以激发光谱最大峰值波长为激发光波长，以荧光发射光谱最大峰值波长为发射波长，测量样品的荧光强度。对同一物质，荧光强度 F 与该物质的浓度 c 有以下关系：

$$F = 2.303\phi_f I_0 abc \tag{7-1}$$

式中：ϕ_f 为荧光过程的量子效率；a 为荧光分子的吸收系数；I_0 为入射光的强度；b 为试液的吸收光程。在 I_0 和 b 不变时，$2.303\phi_f I_0 ab$ 为常数，则式(7-1)可以表示为式(7-2)。

$$F=Kc \tag{7-2}$$

式(7-2)即可作为荧光定量检测的依据。

无论是直接测定法还是间接测定法，一般都采用标准(工作)曲线法。具体操作程序是，首先取各种已知量的荧光物质，配制成系列标准溶液，然后分别测定这些标准溶液的荧光强度。以荧光强度对标准溶液的浓度作图，得到标准(工作)曲线。在同样的条件下测定样品的荧光强度，从标准曲线上即可查出样品的浓度(或含量)。

7.4　荧光分光光度计

7.4.1　荧光分光光度计的组成及工作原理

常用的荧光分析仪器有紫外分析仪(目测荧光仪)、荧光光度计和荧光分光光度计三种。荧光分光光度计由光源、激发单色器、样品池、发射单色器、检测器及信号显示系统六部分组成。

图 7-1 是荧光分光光度计的示意图。其工作原理可简单描述为：光源发出的光束经激发单色器色散，提取所需波长单色光照射于样品上，由样品发出的荧光经发射单

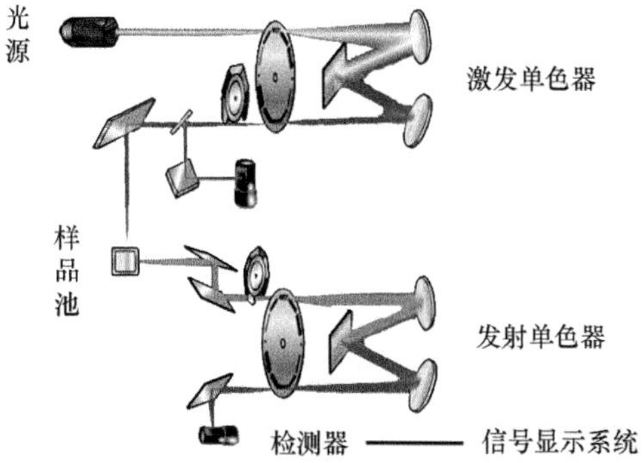

图 7-1　荧光分光光度计结构示意图

色器色散后照射于检测器上,检测器把荧光强度信号转变为电信号并经放大器放大后,由信号显示系统显示或记录。

7.4.2 荧光分光光度计操作规程

(1)打开主机电源。
(2)打开计算机,双击“Cary Eclipse”图标,进入后选择所进行的功能。
(3)点击“setup”,设置工作参数。
(4)按照样品状态,选择合适的样品架及附件并进行安装。
(5)将样品放入样品室,点击“start”,开始进行荧光光谱扫描。
(6)光谱扫描结束后,保存谱图及数据。
(7)先关闭主机电源,再关闭计算机。
(8)清洗样品池或石英片,做好实验后的卫生清扫工作。
以上操作规程适用于 Cary Eclipse 荧光分光光度计。

实验十九 荧光分析法测定维生素 B_2

一、实验目的

(1)学习和掌握荧光分析法测定维生素 B_2 的基本原理和方法。
(2)熟悉荧光分光光度计的结构及使用方法。
(3)掌握固体及液体试样的荧光测试方法。

二、实验原理

如图 7-2 所示,维生素 B_2 具有一个芳香环结构及π电子共轭体系,在 430～460 nm 蓝光的照射下发出绿色荧光,其峰值波长为 527 nm。维生素 B_2 的荧光在 pH=6～7 时最强,在 pH=11 时消失。

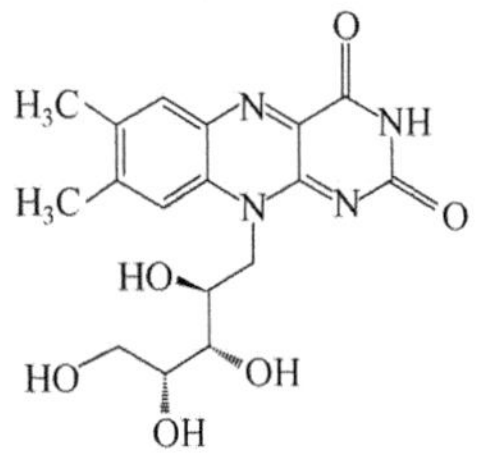

图 7-2 维生素 B_2 的结构式

三、仪器与试剂

1. 仪器

Cary Eclipse 荧光分光光度计。

2. 试剂

(1)维生素 B_2 标准溶液(10.0 mg/L):准确称取 10.0 mg 维生素 B_2,将其溶解于少量 1%乙酸(HAc)中,转移至 1 L 容量瓶中,用 1% HAc 稀释至刻度,摇匀。转移至棕色试剂瓶中,置阴凉处保存。

(2)待测液:取市售维生素 B_2 一片,用 1% HAc 溶解,定容到 1000 mL,储于棕色试剂瓶中，置阴凉处保存。

四、实验步骤

1. 液体样品测试

1) 标准系列溶液的配制

取 5 个干净的 25 mL 容量瓶，分别加入 1.00 mL、2.00 mL、3.00 mL、4.00 mL 和 5.00 mL 维生素 B_2 标准溶液，再分别加入 4.00 mL、3.00 mL、2.00 mL、1.00 mL 及 0.00 mL 1% HAc，用蒸馏水稀释至刻度，摇匀。

2) 维生素 B_2 发射光谱的制作

将激发单色器固定为 449 nm，发射单色器在 470～800 nm 进行波长扫描，分别制作 5 个标准样品的荧光发射光谱。

3) 标准曲线的制作

以维生素 B_2 标准溶液的浓度为横坐标，相应发射光谱的峰值荧光强度为纵坐标，绘制用于维生素 B_2 定量检测的标准曲线并得出相应的标准曲线方程。

4) 未知试样的测定

取待测液 2.50 mL 置于 25 mL 容量瓶中，加入 2.50 mL 1% HAc，用蒸馏水稀释至刻度，摇匀。用测定标准系列溶液时相同的条件，测量其荧光强度。将测定的荧光强度代入标准曲线方程，计算出未知试样中维生素 B_2 的浓度。

2. 固体样品测试

1) 制样

取适量维生素 B_2 样品，置于样品池石英片上，旋紧样品池的螺丝，使维生素 B_2 粉末在石英片上平铺一层，再将样品池置于固体样品架上。

2) 固体维生素 B_2 荧光发射光谱的制作

用与液体样品测试相同的参数设置，进行维生素 B_2 固体荧光发射光谱的测试。

五、思考题

(1) 荧光测定时，为什么激发光的入射与荧光的接收不在同一直线上，而呈一定角度？

(2) 改变激发波长，荧光发射光谱会有何变化？为什么？

实验二十　同步荧光法同时测定维生素 B_1 和维生素 B_2

一、实验目的

(1) 掌握同步荧光法同时测定维生素 B_1 和维生素 B_2 的基本原理和方法。

(2) 熟悉荧光分光光度计的结构及使用方法。

(3)学习同步荧光法的基本原理和实验方法。

二、实验原理

如图 7-3 所示，维生素 B_2 具有一个芳香环结构及π电子共轭体系，可以产生荧光发射。而维生素 B_1 也具有一个类似芳香环结构及π电子共轭体系，在碱性介质中氧化也可产生很强的荧光。实际操作中，二者往往共存于同一样品中，且光谱重叠，这给二者的同时检测带来了不小的麻烦。

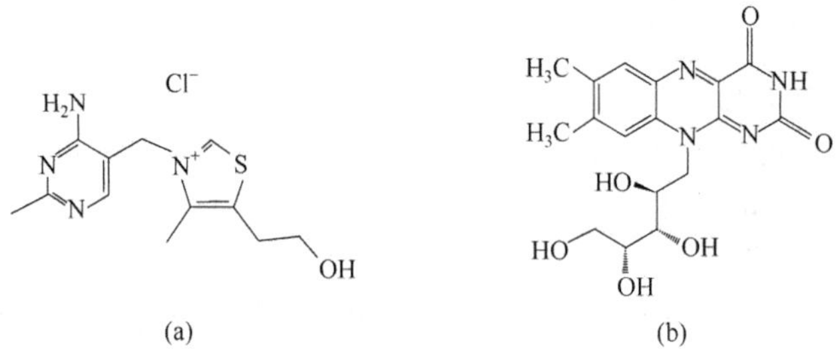

图 7-3　维生素 B_1(a)与维生素 B_2(b)的结构式

同步荧光法是一种高选择性、高灵敏度的光谱检测技术。在检测过程中，激发和发射单色器进行同速同步扫描，且两单色器之间保持一个恒定波长差，这种方法称为固定波长同步荧光法。本实验利用同步荧光法实现了对光谱的简化，并使谱带变窄，从而减少了维生素 B_1 和维生素 B_2 荧光光谱的重叠及散射光的干扰，达到对二者进行同时测定的目的。

三、仪器与试剂

1. 仪器

Cary Eclipse 荧光分光光度计；石英比色皿；容量瓶；试剂瓶；吸量管；烧杯。

2. 试剂

酚酞指示剂。

维生素 B 标准溶液：准确称取 12.5 mg 维生素 B_1 和维生素 B_2，分别用 0.01 mol/L 盐酸溶解、定容，再转入试剂瓶。其浓度均为 25 mg/L，避光冷藏。

碱性铁氰化钾溶液：1%铁氰化钾溶液 9 mL，用 15%氢氧化钠溶液稀释至 30 mL。

四、实验步骤

1. 维生素 B_1 和维生素 B_2 荧光光谱的扫描

(1)用吸量管取维生素 B_1 标准溶液 4 mL 于 50 mL 烧杯中，加碱性铁氰化钾溶液 4 mL，振摇 40 s，用 20%硫酸调至中性(可以酚酞指示)，再转入 50 mL 容量瓶中，用蒸馏水定容。在荧光分光光度计中扫描得到维生素 B_1 的激发光谱和发射光谱。

(2)按上述方法扫描维生素 B_2 的激发光谱和发射光谱。

(3)选取维生素 B_1 和维生素 B_2 荧光光谱进行谱图加和,观察它们相互干扰的情况。

2. 维生素 B_1 和维生素 B_2 同步荧光光谱的扫描

(1)分别取维生素 B_1 和维生素 B_2 标准溶液，按上述方法进行预处理，分别扫描它们的同步荧光光谱。具体参数设置如下:同步扫描波长差65 nm;起始波长250 nm;终止波长 650 nm。

(2)选取维生素 B_1 和维生素 B_2 同步荧光光谱进行谱图加和，观察它们相互干扰的情况。

(3)分别取维生素 B_1 和维生素 B_2 标准溶液 4 mL 加入同一烧杯中，按上述方法进行预处理，然后对此混合溶液进行同步荧光光谱扫描(参数同上)，绘制出它们的同步荧光光谱。

3. 标准曲线的绘制

(1)取维生素 B_2 标准溶液 2 mL 分别加入 6 个 50 mL 烧杯中,再分别加入 0.00 mL、2.00 mL、4.00 mL、6.00 mL、8.00 mL、10.00 mL 维生素 B_1 标准溶液，按上述方法进行预处理，转入 50 mL 容量瓶，用蒸馏水定容。再分别加入样品池进行同步荧光光谱扫描(参数同上)，绘制出它们的同步荧光光谱。最后进行谱图叠加。

(2)记录维生素 B_1 的峰值荧光强度，绘制标准曲线。

(3)取维生素 B_1 标准溶液 2 mL 分别加入 6 个 50 mL 烧杯中,再分别加入 0.00 mL、2.00 mL、4.00 mL、6.00 mL、8.00 mL、10.00 mL 维生素 B_2 标准溶液，按上述方法进行预处理，转入 50 mL 容量瓶，用蒸馏水定容。再分别加入样品池进行同步荧光光谱扫描(参数同上)，绘制出它们的同步荧光光谱。最后进行谱图叠加。

(4)记录维生素 B_2 的峰值荧光强度，绘制标准曲线。

4. 未知试样的测定

取待测液 2.50 mL 置于 50 mL 烧杯中，按上述方法进行预处理，转入 50 mL 容量瓶，用蒸馏水定容，摇匀。用测定标准系列溶液时相同的条件，扫描其同步荧光光谱，测量峰值强度。

5. 维生素 B_1 和维生素 B_2 三维荧光光谱的绘制(选做)

取维生素 B_1 和维生素 B_2 标准溶液各 6 mL，按上述方法进行预处理，转入 50 mL 容量瓶，用蒸馏水定容。然后加入样品池，在“参数设置”中选择“三维荧光光谱扫描”并设置：狭缝宽度 5 nm，扫描速度 Fast，绘制维生素 B_1 和维生素 B_2 三维荧光光谱。通过三维荧光光谱及等高图的分析，理解同步扫描荧光光谱法的测定原理。

五、数据记录及处理

记录不同浓度的维生素 B_1 和维生素 B_2 同步荧光峰高，并绘制出标准曲线，计算回归方程及相关系数。根据稀释的待测液的同步荧光峰高，从标准曲线上求得试样中维生素 B_1 和维生素 B_2 的浓度。

六、实验注意事项

(1) $\Delta\lambda$的选择。光谱重叠程度随$\Delta\lambda$的增大略有增加，对分析不利，但灵敏度明显提高(图 7-4)。本实验选择$\Delta\lambda$=65 nm，此时既可获得较高的灵敏度，重叠也不太严重。

(2) pH 对荧光强度的影响。图 7-5 表示荧光强度随 pH 变化的情况，显然选择 pH=7.0 的介质是适宜的。

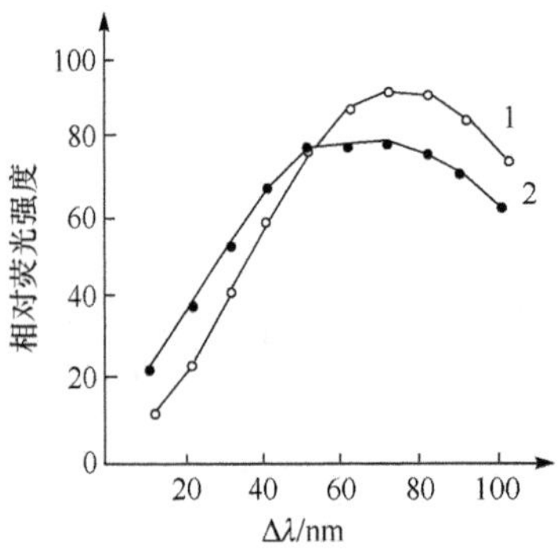

图 7-4　同步荧光峰强度随$\Delta\lambda$变化的情况

1. 维生素 B_1；2. 维生素 B_2

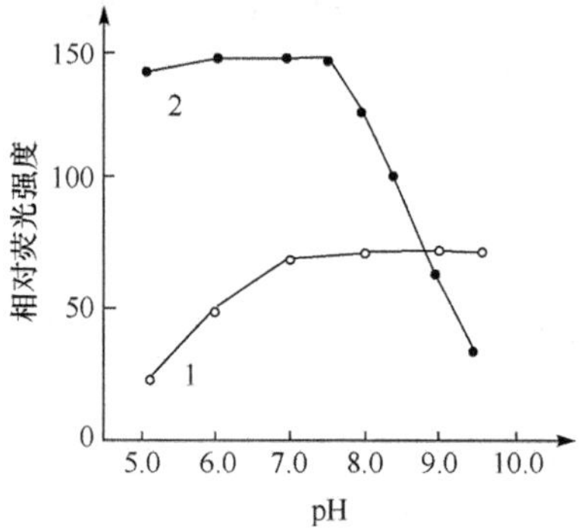

图 7-5　pH 对荧光强度的影响

1. 维生素 B_1；2. 维生素 B_2

七、思考题

(1) 在什么情况下可以考虑选用同步荧光法分析？

(2) 如何绘制维生素 B_1 和维生素 B_2 的同步荧光光谱？

实验二十一　利用荧光分析法测定硫酸奎宁的浓度

一、实验目的

(1) 了解荧光分光光度计的性能与结构，熟悉仪器的操作步骤。

(2) 掌握激发光谱和发射光谱的概念及测定方法，绘制硫酸奎宁的激发光谱和发射光谱，确定最大的荧光激发波长、发射波长。

(3) 掌握用标准曲线法进行荧光定量分析的方法，定量测定硫酸奎宁。

二、实验原理

(1) 硫酸奎宁的分子结构特征：硫酸奎宁是一种生物碱类抗心率失常药物。如图 7-6 所示，其分子具有喹啉环结构，可以产生较强的荧光，故可直接用荧光分析法对其进行定性定量分析。

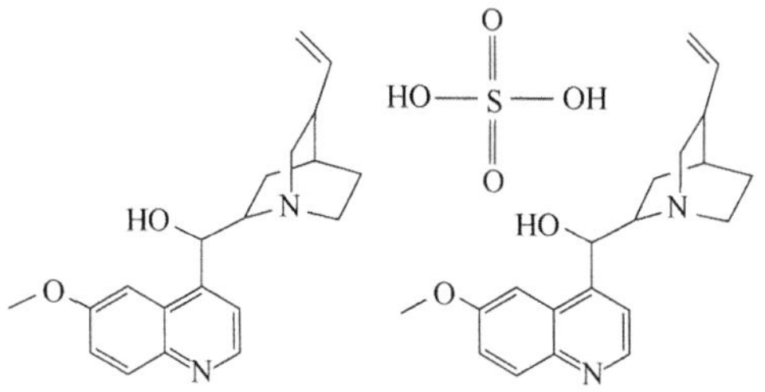

图 7-6　硫酸奎宁的分子结构

(2) 定量分析依据与方法：在稀酸溶液中，硫酸奎宁是强荧光物质，其荧光发射峰位置在 450 nm。在低浓度时，荧光强度与荧光物质的浓度成正比。

三、仪器与试剂

1. 仪器

Cary Eclipse 荧光分光光度计。

2. 试剂

(1) 100.0 μg/mL 硫酸奎宁储备液：用分析天平准确称取 10 mg 硫酸奎宁，置于 100 mL 容量瓶中，用 0.05 mol/L H_2SO_4 溶液稀释至刻度，转移至棕色试剂瓶中备用。

(2) 0.05 mol/L H_2SO_4 溶液。

(3) 未知试样：取市售奎宁药片 4～5 片，在研钵中研细，准确称取约 0.1 g，用 0.05 mol/L H_2SO_4 溶解后，转移至 1000 mL 容量瓶中，用 0.05 mol/L H_2SO_4 稀释至刻度，摇匀。取此溶液 2.0 mL 于 100 mL 容量瓶中，用 0.05 mol/L H_2SO_4 溶液稀释至刻度，摇匀备用。

四、实验步骤

(1) 标准系列溶液的配制。

取 6 个 25 mL 容量瓶，分别加入 10.0 μg/mL 奎宁标准溶液 0.00 mL、1.00 mL、2.00 mL、3.00 mL、4.00 mL、5.00 mL，用 0.05 mol/L H_2SO_4 溶液稀释至刻度，摇匀。

(2) 绘制荧光激发光谱和荧光发射光谱。

取浓度为 1.2 μg/mL 的标样，置于石英比色皿中。将激发波长固定在 350 nm，在 400～600 nm 扫描得到荧光发射光谱，从谱图中找出最高发射峰所对应的波长；将发射波长固定在 450 nm，在 200～400 nm 扫描即得荧光激发光谱，从谱图中找出最大激发波长值。

(3) 绘制标准曲线。

将激发波长固定在 350 nm，对系列标准溶液进行扫描得到荧光发射光谱，记录最大发射峰处的荧光强度，以荧光强度对标准溶液浓度作图，即得到标准曲线，计算可得到标准曲线方程。

(4) 未知试样的测定。

在标准系列溶液同样条件下，测量试样的荧光发射强度。

(5) 把测量得到的未知样的荧光强度代入标准曲线方程，计算得到未知样中硫酸奎宁的含量。

五、实验注意事项

(1) 硫酸奎宁溶液必须当天配制、避光保存。

(2) 溶液配制过程中应当规范操作各种容量仪器，防止误差；样品测定时，应按照从低浓度到高浓度的顺序，尽可能减少测量误差；仪器校正后制作标准曲线的参数应与测定样品时保持一致。

六、思考题

(1) 能否用 0.05 mol/L HCl 代替 0.05 mol/L H_2SO_4 稀释溶液？为什么？

(2) 如何绘制荧光激发光谱和荧光发射光谱？

(3) 哪些因素可能对奎宁荧光产生影响？

实验二十二　三聚氰胺的荧光性质研究

一、实验目的

(1) 掌握三聚氰胺荧光光谱的制作方法。

(2) 熟悉荧光分光光度计的结构及使用方法。

(3) 通过实验了解荧光增强和猝灭的实验现象。

二、实验原理

如图 7-7 所示，三聚氰胺具有一个类似芳香环结构及π电子共轭体系，同时其结构中含有能吸收紫外光的生色基团—NH_2，其激发态由环外氨基上的 n 电子激发转移到环上而产生。由于它的电子云几乎与芳环上的π轨道平行，因而实际上它共享了共轭π电子结构，同时扩大了共轭双键体系，从而产生了$\pi\rightarrow\pi^*$的电子跃迁。另外，三聚氰胺分子与水分子之间通过水分子中氧原子两对孤对电子中的一对与三聚氰胺分子形成氢键而缔合，形成链状结构，进而出现了发光基团—OH，在有一定

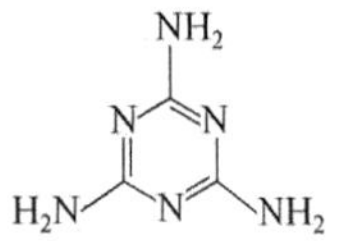

图 7-7　三聚氰胺的结构式

带宽的紫外光激发下吸收光子能量，产生 $n \to \pi^*$的电子跃迁，从而转变为受激发的单线态。激发态分子通过内转换过程把部分能量转移给周围分子，使较高激发态的电子很快回到最低激发态的最低振动能级。如果这种分子通过发射出相应的光子而回到基态的各个不同的振动能级，即可产生荧光，根据回到的振动能级的不同，荧光的波长就不同，从而形成荧光发射光谱。

当溶液中三聚氰胺的质量浓度很低时，可以观察到荧光强度和质量浓度的正比关系。但是随着溶液质量浓度的增加，三聚氰胺分子之间的距离逐渐减小，分子间的碰撞概率和无辐射跃迁的概率增大，而辐射跃迁的概率减小，导致荧光发射强度降低，引起荧光猝灭。另外，由于能量共振转移，三聚氰胺发射的荧光有一部分会被自身的基态分子吸收，其结果也会造成荧光强度下降。

三、仪器与试剂

1. 仪器

Cary Eclipse 荧光分光光度计；分析天平。

2. 试剂

三聚氰胺；蒸馏水。

四、实验步骤

1. 三聚氰胺标准系列溶液的配制

用分析天平称取 10 mg 三聚氰胺，加水稀释成质量浓度为 0.1%的溶液。再在此溶液基础上稀释得到质量浓度分别为 0.08%、0.06%、0.04%、0.02%、0.01%、0.005%、0.001%和 0.0005%、0.0001%的溶液。

2. 三聚氰胺发射光谱的制作

将激发波长固定在 240 nm，发射单色器在 260～460 nm 进行波长扫描，分别制作 10 个三聚氰胺标准溶液的荧光发射光谱。

3. 三聚氰胺质量浓度与其荧光发射强度关系的确定

以三聚氰胺标准溶液的浓度为横坐标，相应发射光谱的峰值荧光强度为纵坐标，绘制标准曲线，确定三聚氰胺质量浓度与其荧光发射强度的关系。

五、思考题

(1) 为什么当三聚氰胺的质量浓度达到一定的数值后，其荧光发射强度会随着其浓度的增大而降低（产生猝灭）？

(2) 为什么三聚氰胺可以产生荧光发射？

第 8 章　气相色谱法

8.1　气相色谱法的特点及应用范围

气相色谱法(gas chromatography, GC)是以气体作为流动相的色谱分离技术。气体具有黏度小、渗透性强及传质速率高的特点，因此气相色谱法具备以下特点：

(1)高效能。该法能在较短的时间内分析组成极为复杂的有机混合物，如石油产品、天然产物等。

(2)高选择性。可供选择的种类繁多的固定相及超长超细的柱管能将分子结构极为相近的组分分离，如顺反异构体和对映异构体。

(3)高灵敏度。仪器检出限可达 10^{-13}～10^{-11} g，适合微量和痕量分析。

(4)高效率。一般在几分钟或几十分钟内即可完成一个分析周期。

(5)应用范围广。该法适用于气体及易挥发、对热稳定的液体和固体分析。通常情况下，沸点在 400 ℃以下对热稳定的物质原则上可采用该法分析。而对于那些不能满足此要求的物质，若经过化学衍生后能够满足此要求，也可以采用该法分析。一般来说，15%的有机化合物能够采用气相色谱法分析。

8.2　气相色谱法的基本原理

色谱法是一种分离技术。它是基于组分在固定相和流动相间具有不同的分配系数，当两相做相对运动时，原来在分配系数上存在微小差异的组分在两相间经反复多次的分配后，随流动相流动的速度就会产生明显的区别，从而相互分离。气相色谱法采用气体(氮气、氢气、氦气或氩气)作流动相。样品混合物(气体、液体)以适当方式进入气化室气化后，由流动相带进分离柱内，在不断流动的流动相和色谱柱内的固定相间进行反复多次分配。混合物各组分分子结构及沸点的差异使其被固定相吸附或溶解的程度不同，即在两相间具有不同的分配系数，进而随流动相流动的速度不同而得到分离。检测系统将分离后的状况和各组分的多少转变成电信号并放大，再由数据处理系统直观地反映成色谱图，便于分析者进行定性或定量分析。

气相色谱仪一般由以下五部分组成。

(1)载气系统：提供气相色谱分离的流动相。

(2)进样系统：将待分析样品迅速气化，并与流动相混合。

(3)分离系统：由分离柱和柱温箱组成，将待分析样品各组分在一定温度下按分配系数差异相互分离。

(4)检测系统：将待分析物中各组分分离情况和每种组分的含量转换成电信号。

(5)数据处理系统：将检测系统检测到的电信号直观地绘制成色谱图，便于分析者进行定性、定量分析。

图 8-1 为气相色谱分析流程示意图。

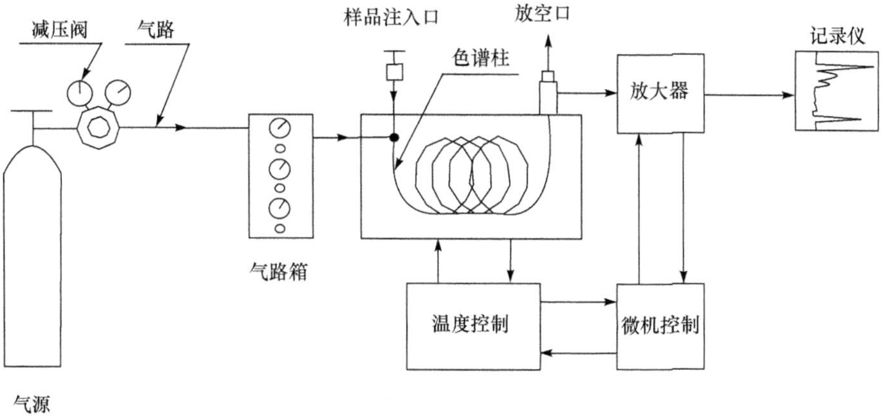

图 8-1　气相色谱分析流程示意图

8.3　气相色谱分析方法的建立和实验技术

完整的气相色谱分析方法一般包括样品预处理、仪器分析条件参数确定及定量结果计算和评价。

8.3.1　样品预处理

样品预处理的目的在于将原样品转变成含有待测成分、对热稳定、易挥发、易将待测成分与其他物质分离的供试样品(通常为气体或液体)。这一过程包括待测成分提取和净化两个方面。

1. 待测成分的提取

气体样品：提取方法有液-气萃取、固相微萃取及吸附-热解析等。

液体样品：提取方法有液-液萃取、固相萃取、顶空技术、微萃取及蒸馏等。

固体样品：提取方法有索氏提取、超声提取、微波萃取、超临界流体萃取及顶空技术等。

2. 提取液的净化

常用技术有磺化法、凝胶渗透净化、固相萃取、微萃取等。

8.3.2 分析条件确立

1. 固定相的选择

固定相的选择应遵循相似相溶的原理。相似相溶原理是指在结构或极性上相似的物质间具有较大的溶解度。

(1)分离非极性组分选择非极性固定相,组分按照沸点由低到高的顺序流出分离柱。

(2)分离极性组分选择极性固定相，组分按照沸点由低到高的顺序流出分离柱。

(3)分离中等极性组分采用中等极性固定相,组分基本按照沸点由低到高的顺序流出分离柱；沸点接近、极性不同的组分，极性组分后流出分离柱。

(4)分离非极性组分和极性组分(或易极化的组分)的混合物,通常采用极性固定相,沸点接近、极性不同的组分，极性组分后流出分离柱。

2. 色谱柱类型的选择

商品化气相色谱柱有填充柱和毛细管柱两种，毛细管柱柱效高、应用范围广，现已成为气相色谱分离中主流色谱柱类型，但一些气体的分析常采用填充柱。需要说明的是，分离组分数量多、极性组成复杂的未知有机混合物，通常选择毛细管柱。选择毛细管柱的基本原则如下。

(1)固定液极性的选择基本遵照上述固定相选择原则。

(2)液膜厚度选择可以按照如下原则进行：①对于低挥发性的高沸物，通常选择薄液膜色谱柱；②对于高挥发性的低沸物，通常选择厚液膜色谱柱。

(3)载气及线速选择。对于多组分复杂混合物，应尽量采用氢气或氦气作载气，载气线速度设定为 20～40 cm/s 适合多数物质分离，此时色谱分离柱效较高。而相比之下氮气作载气时适宜载气线速范围较窄，对复杂混合物分离柱效不佳。

(4)柱长和内径的选择。一般来说，在正确选择了固定液极性的前提下，一根毛细管色谱柱的柱效和总塔板数都很高，十几米或几十米的柱长就能取得满意的结果。为达到同样分离度可选用内径较粗、柱长较长的柱子，有利于提高定量分析的重现性和灵敏度。

3. 温度的选择

色谱系统中的温度主要为柱温、气化温度和检测器温度。

(1)柱温的选择。样品混合物中任何组分都有一个最佳柱温，在填充柱上约在其沸点温度，而在毛细管柱上约比其沸点低 50 ℃(此时峰形对称、柱效高)。如果样品沸程不宽，采用恒温操作效果良好。若沸程大于 80 ℃以上就必须采取程序升温操作。对于复杂多组分混合物，只有用毛细管柱程序升温操作，才能实现高效分离。

程序升温方式由样品性质决定。如果样品沸点分布均匀，可采用单级线性升温，否则应采用多级非线性升温。程序升温起始温度由样品中低沸点成分的沸点及仪器最低可控温度决定。而升温速度的选择要兼顾分离度和分析速度，即升温速度较低时，分离度增大，但高沸物保留时间过长，且峰宽变宽。而升温速度较高时，虽然分析时间短，但柱效及分离度降低。对于毛细管柱，升温速度在 0.5～10 ℃/min 为宜。程序升温终止温度主要由固定液的最高允许使用温度和高沸物沸点决定。

(2)气化温度的选择。气化室温度的选择取决于样品组分的沸点和热稳定性，应使待测成分迅速气化而不发生性质改变为准。气化温度可以稍高于样品高沸点组分的沸点。而对于挥发性和热稳定性较差的样品，气化温度设定值应低于样品沸点。

(3)检测器温度的选择。检测器温度应不低于气化室温度，至少比柱温高 20 ℃，以保证被分析物不会污染检测器。

8.4　气相色谱法的定性、定量分析方法

8.4.1　定性分析方法

气相色谱定性分析最常用的方法是保留值定性，最常见的保留值定性包括绝对保留值和相对保留值定性。另外，成熟的色谱-质谱联用技术已经成为色谱定性分析中一种极为有效的技术。

8.4.2　定量分析方法

常见的色谱定量分析方法有归一法、内标法和外标法。

1. 定量校正因子的确定

色谱分析中定量校正因子由式(8-1)求得。

$$f = \frac{m}{A} \tag{8-1}$$

式中：m 为标准溶液中该组分的质量；A 为该组分的响应值；f 为求得当前分析条件下该组分的质量绝对校正因子。当 m 采用不同单位时，所测得的校正因子可以是摩尔校正因子、体积校正因子等。需要说明的是，绝对校正因子只适用于当时的分析工作，不可引用。为了消除绝对校正因子测定时所受的影响，需用组分与参比物质的相对校正因子做定量分析，等量的参比物质和待测物应具有相近的响应值。

2. 归一法

归一法是指在适宜的色谱条件下，若样品中所有成分都能流出当前选择的分离柱，并且在检测器上都有明显的响应值，就可以将所有组分含量总和当成 1 或 100%，再求出单一组分占样品总量百分数的方法，由式(8-2)求得每一组分在样品中的含量(X_i, %)。

$$X_i = \frac{f_i A_i}{\sum A_i f_i} \times 100 \tag{8-2}$$

式中：X_i、A_i和f_i分别为组分i在样品中的含量(%)、信号峰面积和校正因子。归一法的优点是定量分析准确性高,在线性范围内计算结果准确性基本不受进样量严格限制；缺点是对于不需要定量的组分也要测定出校正因子，对于组成比较复杂的样品工作量较大。

3. 内标法

很多情况下定量分析的任务是样品中某些组分含量的测定，有时还需要进行样品预处理，归一法就不再适宜，而内标法非常适合分析此类样品。该法是向样品中加入一种样品中绝对不含有的参比物质(也称内标物)，通过测定待测物与内标物响应信号比值而求得样品中待测物含量。

具体操作过程如下：首先，选取内标物。内标物必须是样品中不存在的物质；内标物和待测物尽量具有相似的分子结构；在确定的色谱条件下，内标物与待测物色谱相应信号位置接近。其次，计算相对校正因子。准确称取一定量内标物与待测物标准物质，选一种合适的溶剂将两者在同一容器中配制成适宜浓度的标准溶液，以保证检测器对两者响应均在各自响应线性范围之内。将此溶液在确定的色谱条件下进样分析，即可得到两者的响应信号值。再由两者各自的浓度值计算出待测物和内标物的绝对校正因子，从而计算出待测物相对于内标物的相对校正因子。

准确称取一定量待测样品和内标物，置于另一容器中用相同的溶剂溶解，配制成组成均一的样品溶液，并在相同的色谱条件下进样分析，即可得到样品溶液中待测物和内标物响应信号值，再由式(8-3)计算出样品中待测物含量(X_i, %)。

$$X_i = \frac{A_i}{A_s} \times \frac{m_s}{m} \times f_{i/s} \times 100\% \tag{8-3}$$

式中：X_i为待测物在样品中的质量分数；A_i和A_s分别为样品溶液进样分析色谱图中待测物和内标物的响应信号峰面积值；m_s和m分别为样品溶液中内标物和样品的质量；$f_{i/s}$为待测物相对于内标物的相对校正因子。

4. 外标法

外标法是利用待测组分的纯物质配制成一系列不同浓度的标准溶液。在一定的色谱条件下取相同进样量进样分析，作出待测物响应信号对浓度的标准曲线。再将样品配制成样品溶液，取与标准溶液的进样量相同的量进样分析，即得到样品溶液中待测物的响应值，进而从标准曲线上求得样品溶液浓度值，并计算出样品中待测物的含量。该方法要求样品溶液中待测物浓度值必须在标准溶液浓度值范围内，否则应根据样品溶液色谱图待测物的响应值对标准溶液或样品溶液进行适当稀释，以保证满足上述要求。

归一法和内标法都是通过测定不同物质信号比值求得待测物的含量，两种分析方法对进样量在一定范围内没有严格要求。而外标法要求每次进样分析的进样量必须严格一致。

8.5　气相色谱仪操作规程

下面以 6890 GC 为例介绍气相色谱仪的操作规程。

1. 开机

(1)将气体钢瓶总阀打开，调整载气(氢气或氮气)、燃气(氢气)和助燃气(空气)输出压力分别为 0.4 MPa、0.3 MPa 和 0.4 MPa。

(2)开启色谱工作站。

(3)开启色谱仪主机电源，等待仪器通过自检。

(4)双击桌面的“仪器 1 联机”图标，或点击屏幕左下角“开始”，选择“程序”，选择“安捷伦化学工作站”，选择“仪器 1 联机”，则化学工作站自动与 6890 GC 通信，通信成功后，6890 GC 的遥控灯亮。

(5)从打开窗口的“视图”菜单中选择“方法和运行控制”画面，点击“化学工作站状态”，使其命令前有“√”标志。点击“全部菜单”，使其显示为“短菜单”来调用所需界面。

2. 6890 GC 配置编辑

1)进入配置画面

点击“仪器”菜单，选择“GC 配置…”，在“连接”画面下输入 GC 名称，如“GC6890”，可在注释处输入 6890 GC 的配置，如“6890 with ECD FPD”。点击“获得 GC 配置”按钮获得 6890 GC 的配置。

2)柱参数设定

点击“色谱柱”按钮，进入柱参数设定画面，在“+/–”下方第一行空白处双击鼠标，进入“从目录选择色谱柱 1”画面，点击“向目录添加色谱柱”按钮进入柱库，从中选择要安装的柱子，如“19091J-413”。然后点击“确定”，则该柱被加到目录中，选中它，点击“确定”。点击该柱对应的下拉式箭头，选择连接的进样口、检测器及加热类型，如前进样口、前检测器、柱箱。用同样方法添加其他柱子。

3)其他项设定

点击“其他”可进入其他项设定。选择压力单位：psi(1 psi=6.894 76×10^3 Pa)；输入柱子的最大耐高温，如 325 ℃(19091J-413 柱)。若用进样阀进样，在阀类型区域选择阀号，并选择类型为“开关阀”(仪器上有几个阀就选几个，与时间表配合使用进行阀进样)，点击“确定”退出配置画面。

3. 数据采集方法编辑

1) 编辑完整方法

从“方法”菜单中选择“编辑完整方法…”项，选中除“数据分析”外的三项，点击“确定”进入下一画面。

2) 方法信息

在“方法注释”中输入方法的信息(如 this is for test!)，点击“确定”进入下一画面。

3) 进样器设置

如果未使用自动液体进样器 7683B，则在“选择进样源/位置”画面中选择“手动”，并选择所用进样口的物理位置(前或后或两个)。如果使用自动液体进样器，则选择“GC 进样器”。点击“确定”进入下一画面。

4) 柱模式设定

在“方法编辑”画面中，点击“色谱柱”图标，选择控制模式(“流速”或“压力”)。例如，压力，25 psi；或流速，6.5 m/min。

5) 分流/不分流进样口参数设定

在“方法编辑”画面中，点击“进样口”图标，进入进样口设定画面。点击“SS-前”或“SS-后”进入毛细柱进样口设定画面。

点击“模式”右方的下拉箭头，选择进样方式为“不分流”(分流方式，分流)。

在空白框内输入进样口的温度(如 250 ℃)，然后选中左边的所有方框。

选择“隔垫吹扫流量模式”为“标准”，并输入隔垫吹扫流量，如 3 m/min。对于特殊应用也可选择“关闭”，进行关闭。

在“分流出口吹扫流量”下边空白框内输入吹扫流量(如 0.5 min 后 40 m/min)。

选择分流方式，则要输入分流比或分流流量。

6) 柱温箱温度参数设定

在“方法编辑”画面中，点击“柱温”图标，进入柱温参数设定画面。在空白表框内输入温度，选中“柱温箱温度为开”左边的方框；℃/min 为升温速率；输入柱子的平衡时间，如 1 min。

7) 检测器参数设定

在“方法编辑”画面中，点击“检测器”图标，进入检测器参数设定画面。根据选定的检测器种类设定检测器温度、所需气体流量及放大器开关等参数。

8) 信号通道设置

在“方法编辑”画面中，点击“信号”图标，进入信号参数设定画面。在此画面内设定该通道信号所对应的检测器、信号性质、采集区间、采集数据频率及是否存储数据等参数。

4. 数据采集

在“仪器控制”菜单中点击样品信息，编辑待测样品文件名称、样品名称等相关信息。点击“开始运行”，如采用自动进样方式，会退出此面板并开始采集；如采用手动进样方式，需按提示，先在 GC 面板按“预运行键”，然后进样，在 GC 面板上按 Start 键。

实验二十三　气相色谱分离条件的选择及定量校正因子的测定

一、实验目的

(1)了解气相色谱仪的结构及各部分的功能。
(2)学习气相色谱分离条件优化的基本原则。
(3)学习定量校正因子的测定。

二、实验原理

1. 气相色谱仪工作原理

一般来说，气相色谱仪由载气系统、进样系统、分离系统、检测系统和数据处理系统五部分组成。载气携带被进样系统气化的样品蒸气进入分离系统，在载气和色谱柱内的固定相间进行分配，按照样品混合物中各种成分在两相间分配系数由小到大的顺序流出色谱柱，检测器将这些成分的物理或化学性质的变化转换成电信号，再由数据处理系统记录成色谱图，提供定性和定量分析依据。

2. 定量分析校正因子的测定

试样中各组分经色谱柱分离后进入检测器被检测，在一定操作条件下，被测组分的质量(m_i)或其在载气中的浓度与检测器信号(色谱图上表现为峰面积 A_i 或峰高 h_i)成正比

$$M_i = f_i'A_i \tag{8-4}$$

这就是色谱定量分析的依据。式中：f_i' 为比例常数，称为被测组分的绝对校正因子。由于同一检测器对不同种物质具有不同的响应值,不能直接用峰面积计算物质的含量。为了使检测器产生的信号能准确真实地反映被测物质的含量,需要对响应值进行校正，这就是定量校正因子的意义。根据式(8-4)得

$$f_i' = m_i/A_i \tag{8-5}$$

可见，f_i' 就是单位峰面积所代表的物质质量，主要由仪器的灵敏度决定。由于 f_i' 与色谱操作条件有关，不易准确测定，因此在色谱定量分析中，采用相对校正因子 f_i，即被测物质与标准物质的绝对校正因子的比值

$$f_i = \frac{f_i'}{f_s'} = \frac{m_i / A_i}{m_s / A_s} = \frac{m_i A_s}{m_s A_i} \tag{8-6}$$

式中：f_s'、m_s 和 A_s 分别为标准物质的绝对校正因子、质量和峰面积。按被测组分所使用的不同计量单位，校正因子可分为质量校正因子和体积校正因子等（通常将“相对”二字去掉）。测定相对校正因子 f_i 时，必须先准确称取被测物质和标准物质，混合均匀后在一定的操作条件下进行色谱测定，然后测量响应的峰面积 A_i 和 A_s，再按式(8-6)计算 f_i 值。

三、仪器与试剂

1. 仪器

6890 GC 附氢火焰离子化检测器，Chemstation 化学工作站软件；色谱柱：毛细管气相色谱柱（FFAP），50 m×0.25 mm×0.25 μm。

2. 试剂

丙酮、异戊醇、异丁酸、异丁酸异戊酯、乙酸丁酯，均为分析纯。

四、实验步骤

(1)按照 8.5 节所述仪器启动程序开启色谱仪，并按照下列参考条件设置分析参数。

(2)色谱分析参考条件。气化温度：200 ℃；检测温度：250 ℃。载气（高纯氮气）：1.0 mL/min；氢气：30 mL/min；空气：300 mL/min；补充气：30 mL/min；0.5 min 不分流进样后 30 mL/min 分流分析；进样量：0.5 μL。

(3)标准溶液的配制：分别取异戊醇、异丁酸、异丁酸异戊酯、乙酸丁酯各 50 μL 于 5 支具塞刻度试管中，用丙酮稀释至 5 mL，制成单一组分标准溶液；在另一支具塞刻度试管中加入上述四种物质各 50 μL，用丙酮稀释至 5 mL，制成混合标准溶液。

(4)先将仪器设定在较高柱温条件下，进混合样品分析，待出现四个被测物质信号后观察分离情况和分析时间；再将仪器设定在较低柱温条件下，待出现三个被测物质信号后再将分离温度设在更高温度，观察分离情况和分析时间。

(5)采用程序升温的方法设定分离温度，即先将仪器设定在较低分离温度，再按照一定的升温速率将分离温度升高到较高温度，观察分离情况和分析时间。将三次分析所得的色谱图进行比较，找出变化规律。

(6)确定较佳分离温度条件后，分别进单一组分标准溶液，根据每一组分的绝对保留时间，确定在当前条件下混合样品色谱图中每一信号对应物质的归属，并计算每一组分的绝对校正因子和相对于乙酸丁酯的相对校正因子。

(7)根据混合样品中每一组分质量和相应的峰面积计算每一组分的绝对校正因子和相对于乙酸丁酯的相对校正因子，并将该结果与上面的数据进行比较。

(8)根据测得的相对校正因子值计算样品溶液中除内标物外的成分含量。

五、实验注意事项

在使用单一组分标准溶液测定绝对校正因子的操作过程中，一定要保证等量进样，否则误差更大；计算校正因子时所用的量的单位一定要统一。

六、思考题

(1)本实验应选择何种极性色谱柱固定相?

(2)单一组分溶液进样分析测定相对校正因子的误差来源有哪些？如何消除这些误差?

(3)程序升温气相色谱法有何优点?

实验二十四　人工合成冰片中龙脑含量的测定

一、实验目的

(1)了解气相色谱法在药物分析中的具体应用。

(2)了解色谱定量分析的基本步骤。

(3)掌握分离度和理论塔板数的计算方法。

二、实验原理

样品中的龙脑经有机溶剂溶解提取后用气相色谱仪检测，用内标法定量。

三、仪器与试剂

1. 仪器

6890 GC 附氢火焰离子化检测器，Chemstation 化学工作站软件；色谱柱：毛细管气相色谱柱，聚乙二醇 20 mol/L，30 m×0.32 mm×0.25 μm。

2. 试剂

龙脑标准品；水杨酸甲酯；乙酸乙酯。

四、实验步骤

(1)按照8.5节所述仪器启动程序开启色谱仪，并按照下列参考条件设置分析参数。

(2)色谱分析参考条件。柱温：140 ℃；气化温度：200 ℃；检测温度：230 ℃。载气(高纯氮气)：1.0 mL/min；氢气：30 mL/min；空气：300 mL/min；补充气：30 mL/min；0.5 min 不分流进样后 30 mL/min 分流分析；进样量：0.5 μL。

(3)标准溶液的配制和校正因子的测定。称取龙脑标准品 20 mg，用乙酸乙酯稀释至 10 mL，充分摇匀。在确定的色谱条件下进样分析得到龙脑的保留时间；再取水杨酸甲酯 50 mg，加入上述溶液中充分摇匀。再次进样分析，得到水杨酸甲酯的保留时间。重复进样三次，考察两种成分信号值之比的重现性。

(4)色谱条件的检验。两种成分的分离度应大于 2，龙脑的理论塔板数应大于 2000。

(5)样品制备。称取样品 20 mg，加入水杨酸甲酯 50 mg，以乙酸乙酯稀释至 10 mL，充分摇匀后进样分析，得到待测成分和内标物的峰面积值。重复进样三次，考察两种成分信号值之比的重现性。

五、数据处理

1. 理论塔板数(n)和分离度(R)的计算

$$n = 5.54 \times \left(\frac{t_R}{Y_{1/2}}\right)^2 \tag{8-7}$$

$$R = \frac{t_{R_2} - t_{R_1}}{\frac{1}{2}(Y_1 + Y_2)} \tag{8-8}$$

2. 相对校正因子的求算

按照标准溶液中各成分的浓度和相应的峰信号值计算出各成分的校正因子，再与内标物的校正因子做比值得出各成分的相对校正因子，将三次测得的值取平均值。

3. 样品定量

根据样品中待测成分和内标物的信号及内标物的量计算出待测成分的绝对含量，将三次测得的值取平均值。

六、实验注意事项

(1)测定龙脑相对于水杨酸甲酯的相对校正因子时必须在一个标准溶液中进行。

(2)色谱分离条件必须满足实验步骤(4)中相关要求。

七、思考题

(1)本实验中规定目标化合物与内标物之间的分离度及目标化合物的理论塔板数有何必要性？

(2)本实验定量结果计算还可以采取哪种定量方式？

(3)影响本实验定量准确度的因素有哪些？

实验二十五　气相色谱法测定水中硝基苯

一、实验目的

(1)掌握水中硝基苯类化合物的提取与浓缩方法。

(2)掌握气相色谱外标法定量分析的基本步骤。

二、实验原理

水中硝基苯类化合物经二氯甲烷萃取、浓缩及干燥后，用配有氢火焰离子化检测器的气相色谱仪测定，外标法定量。

三、仪器与试剂

1. 仪器

6890 GC 附氢火焰离子化检测器，Chemstation 化学工作站软件；色谱柱：5%苯基甲基硅氧烷石英毛细管色谱柱，30 m × 0.32 mm × 0.25 μm；旋转蒸发仪；500 mL 分液漏斗；一般实验室常用设备。

2. 试剂

二氯甲烷(液相色谱纯)；无水硫酸钠(A.R.，使用前 650 ℃灼烧 4 h，冷却后置于干燥器中备用)；硝基苯标准物质(A.R.)。

四、实验步骤

(1)按照8.5节所述仪器启动程序开启色谱仪,并按照下列参考条件设置分析参数。

(2)色谱分析参考条件。色谱柱箱温度:60 ℃保持4 min,以20 ℃/min升至220 ℃,保持3 min;气化室温度:220 ℃;检测器温度:250 ℃。载气(高纯氮气):1.0 mL/min;氢气：30 mL/min；空气：300 mL/min；补充气：30 mL/min；0.5 min 不分流进样后 30 mL/min 分流分析；进样量：1 μL。

(3)标准曲线绘制。用二氯甲烷将硝基苯类标准物质配制成 5 μg/mL、10 μg/mL、20 μg/mL、40 μg/ mL、80 μg/ mL、160 μg/mL 的标准系列溶液，在上述色谱条件下分别吸取 1 μL 进样采集色谱图，以各组分峰面积对相应浓度绘制标准曲线。

(4)试样的制备。量取待测水样 500 mL(视样品浓度酌情而定)于分液漏斗中，加入 25 mL 二氯甲烷充分振摇提取 2 min。静置分层后将水相转移至另一分液漏斗中，再以相同量二氯甲烷萃取一次。合并二氯甲烷相以无水硫酸钠干燥后，在室温下旋转蒸发至近干，以二氯甲烷定容至 2 mL 得到试样溶液，待测。

(5)空白实验。以实验室用水代替水样进行提取、浓缩和定容操作制得空白试样。

五、数据处理

为保证数据准确性，建议每个样品进样次数至少两次，取色谱信号值平均值进行计算。将试样溶液以与标准溶液相同进样量进样分析测得硝基苯色谱信号后，按照外标法计算求得试样溶液中硝基苯浓度值，再用式(8-9)计算水样中硝基苯含量：

$$c = \frac{V_s \times c_s}{V} \tag{8-9}$$

式中：c 为待测水样中硝基苯含量；c_s 为试样溶液中硝基苯浓度：V 为量取待测水样体积；V_s 为试样溶液体积。

六、实验注意事项

(1)标准溶液系列浓度值应处于当前实验条件下检测器对待测物响应线性范围内。

(2)外标法定量分析应保证试样溶液测定值在标准溶液系列浓度值范围内。

七、思考题

(1)本实验中，如果测得试样溶液的硝基苯浓度值不在标准系列溶液浓度范围内，应采取哪些措施解决？

(2)引起本实验测定结果准确度的误差因素有哪些？如何减少这些误差？

(3)本实验中色谱分析部分可否采用电子捕获检测器？为什么？

实验二十六　气相色谱法测定豆蔻中桉油精的含量

一、实验目的

(1)了解气相色谱仪的基本构造和操作方法。

(2)掌握挥发油提取基本操作。

(3)掌握单点外标法定量操作的基本步骤。

二、实验原理

样品中待测物桉油精经挥发油提取法提取(图 8-2)，用正己烷吸收并定容，气相色谱法单点外标测定含量。

本方法适用于从固体样品基质中提取在较高温度下能与水共沸的挥发性有机物。一定量含有待测物的样品与水放入提取瓶中加热至沸后，与水蒸气经过萃取器，到冷凝器内冷凝后，由萃取器内标有刻度处的有机相吸收，一定时间后即可将待测物全部转移到有机相中。

三、仪器与试剂

1. 仪器

6890 GC 附氢火焰离子化检测器，Chemstation 化学工作站软件；色谱柱：5%苯基甲基硅氧烷石英毛细管色谱柱，30 m × 0.32 mm × 0.25 μm；如图 8-2 所示的挥发油提取器；一般实验室常用设备。

2. 试剂

正己烷(液相色谱纯)；无水硫酸钠(A.R.，使用前 650 ℃灼烧 4 h，冷却后置于干燥器中备用)；桉油精标准物质(纯度不小于 98%)。

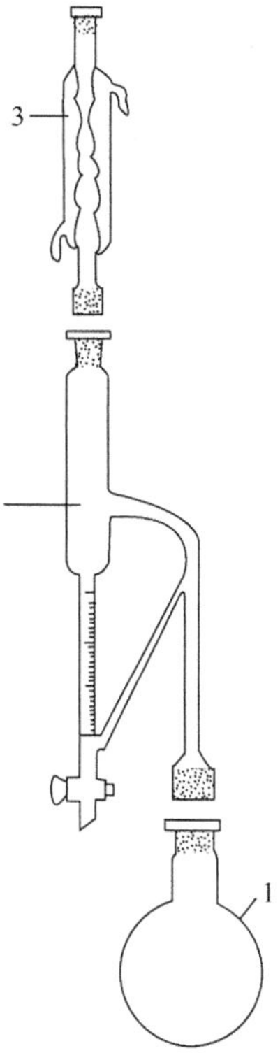

图 8-2　挥发油提取装置示意图
1. 提取瓶；2. 萃取器；3. 冷凝器

四、实验步骤

(1)按照 8.5 节所述仪器启动程序开启色谱仪，并按照下列参考条件设置分析参数。

(2)色谱分析参考条件。色谱柱箱温度：70 ℃保持 8 min，以每分钟 20 ℃升至 220 ℃，保持 3 min，气化室温度：220 ℃；检测器温度：250 ℃。载气(高纯氮气)：1.0 mL/min；氢气：30 mL/min；空气：300 mL/min；补充气：30 mL/min；0.5 min 不分流进样后 30 mL/min 分流分析；进样量：1 μL。

(3)标准溶液的配制。取桉油精标准物质适量，以正己烷为溶剂配制成浓度为 25 mg/mL 的标准溶液。

(4)样品溶液的制备。准确称取粉碎后过 3 号筛豆蔻仁粉末不少于 2.50 g，置于提取瓶中，加入 200 mL 水，连接萃取器。自萃取器上端加水至 3 mL 刻度处，再加正己烷 2～3 mL，连接回流冷凝管后将提取瓶加热至沸。保持沸腾 2 h 后放冷，分取正己烷相；萃取器壁以正己烷洗涤后与前述正己烷相合并，经无水硫酸钠干燥后定容至 10 mL 待测。

五、数据处理

将实验步骤(3)和实验步骤(4)的标准溶液和样品溶液分别等量进样分析，记录色谱图即可得到各自的色谱信号值，再根据式(8-10)计算样品中桉油精含量。

$$X/\% = \frac{A \times c_s \times V \times 100}{A_s \times m \times 1000} \tag{8-10}$$

式中：X 为样品中桉油精质量分数；A 为样品溶液桉油精色谱信号面积值；A_s 为标准

溶液桉油精色谱信号面积值；c_s 为标准溶液桉油精浓度值，mg/mL；V 为样品溶液定容体积，mL；m 为豆蔻仁粉末称样量，g。

六、实验注意事项

(1)挥发油提取器为玻璃制品，使用中注意轻拿轻放，尤其是萃取器部分。

(2)为保证提取效率，提取瓶加热回流程度应保证回流蒸气不低于回流冷凝管内1/5 高度。

(3)提取过程中操作者应随时观察回流情况,并采取适当措施保证样品粉末与沸水充分接触。

七、思考题

(1)本实验中数据处理采用单点外标法，如何绘制标准曲线？如何保证定量准确性？

(2)影响本实验测定结果准确度的因素有哪些？如何减少这些因素造成的误差？

(3)本实验数据处理还可以采用哪种定量方式？试简要说明实施过程。

第 9 章　高效液相色谱法

9.1　高效液相色谱法的特点及应用范围

高效液相色谱法(high performance liquid chromatography, HPLC)是20世纪60年代末 70 年代初在经典液相色谱的基础上引入气相色谱的理论，采用高压输液泵、高效固定相和高灵敏度检测器等先进技术而发展起来的一种新型分离分析技术。高效液相色谱具有分析速度快、分离效率高、灵敏度高、操作自动化和应用范围广等特点。高效液相色谱可分离分析占有机物总数近 80%的高沸点、热不稳定、生物活性、高分子化合物及无机离子型化合物，如今已成为化学化工、生物、医药、环境、食品等领域最重要的分离分析和分离纯化手段。

9.2　高效液相色谱法的基本原理

9.2.1　分离原理

高效液相色谱是将经典液相色谱法与气相色谱法的基本原理和实验方法相结合而产生的，气相色谱的基本概念、保留值与分配系数的关系、塔板理论及速率理论都可应用，所不同的是流动相的性质。高效液相色谱采用液体作为流动相，利用物质在固定相和流动相两相中吸附或分配系数的差别最终实现分离。当两相做相对移动时，被测物质在两相之间进行反复多次分配，使得原来微小的性质差异被放大，达到分离、分析及测定的目的。

9.2.2　固定相和流动相

1. 固定相

根据固定相是否可以承受高压，将其分为刚性固体和硬胶两类。刚性固体可以承受较高压力，一般以二氧化硅为基质，若在二氧化硅表面键合上各种官能团，则称为化学键合固定相，其应用范围很广。硬胶承受压力较低，是由苯乙烯与二乙烯基苯交联而成，在离子交换色谱和尺寸排阻色谱中应用较多。

根据固定相孔隙的深浅，将其分为表面多孔型和全多孔型两类。表面多孔型固定相是在球形玻璃珠表面包覆一层 1～2 μm 厚的多孔活性物质，如硅胶、氧化铝、离子交换剂、聚酰胺、分子筛等，直径为 25～70 μm。全多孔型固定相由直径为数纳米的硅胶或氧化铝颗粒凝聚而成，其比表面积大，柱容量大，孔浅，传质速率很快，柱效高，分离效果好，适用于复杂样品、痕量组分的分离分析，是目前应用最广泛的固定相。

2. 流动相

液相色谱中的流动相是液体，由洗脱剂和调节剂两部分组成，洗脱剂的作用是将吸附或溶解在固定相中的样品溶解洗脱下来，调节剂的作用是调节流动相的极性和强度，以改变组分在色谱柱中的移动速度和分离状态。由于液相色谱中的流动相和组分之间存在程度不等的亲和力，色谱分离过程实际上是组分在流动相和固定相两相间竞争分配的结果，因此流动相的选择直接影响组分的分离情况。

色谱分析中流动相的选择一般遵循相似相溶原则。对于复杂样品，为了获得溶剂强度适当的流动相，往往需要采用两种以上的混合溶剂作流动相，经过反复多次实验，确定各自的比例。也可以将两种或两种以上的溶剂随着时间的改变按一定的比例混合，以连续改变流动相的极性、pH 或离子强度，从而改变被分离组分的相对保留值，以提高分离效果和缩短分离时间，这种方法称为梯度洗脱。

9.3 高效液相色谱分析方法的建立和实验技术

当用高效液相色谱法解决一个样品的分析问题时，往往可以选择几种不同的方法，而每一种分析方法的建立又是由多种因素决定的，除了了解样品的性质及实验室具备的条件外，对液相色谱分离理论的理解、对前人从事过的相近工作的借鉴及分析工作者自身的实践经验都对分析方法的建立起着重要的作用。

建立一种高效液相色谱分析方法，必须解决以下问题：

(1) 根据被分析样品的特性，选择一种适用方法。

(2) 选择一根适用的色谱柱(固定相种类及粒径、孔径)，确定柱的规格(柱内径和柱长)。

(3) 选择适当的分离操作条件(流动相的组成、流速及洗脱模式)，优化分离条件。

(4) 根据获得的色谱图进行定性分析和定量分析。

上述过程如图 9-1 所示。

9.3.1 样品的性质及柱分离模式的选择

当进行高效液相色谱分析时，如果不了解样品的性质和组成，就会在液相色谱分离模式的选择上遇到困难。因此，应首先了解样品的性质，包括溶解性、相对分子质量大小及可能的分子结构等，然后选择高效液相色谱的分离模式，以完成对样品的分析。

1. 样品的溶解性

根据样品在有机溶剂和水中的溶解度大小，可以初步判断样品的极性。

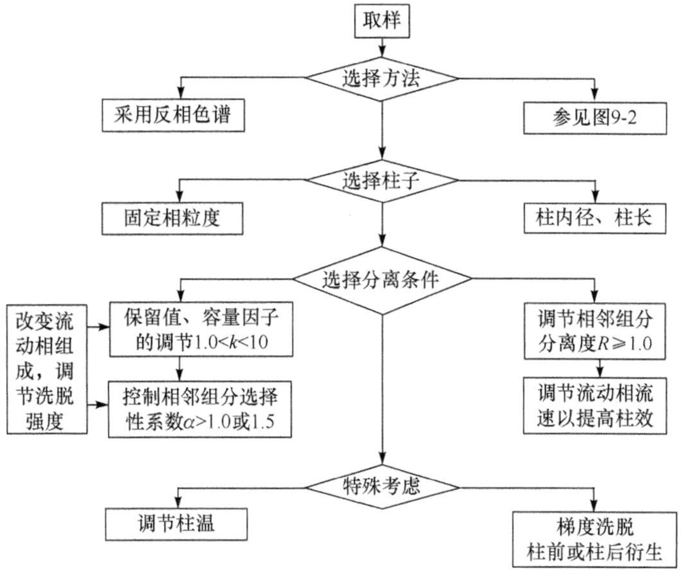

图 9-1　建立液相色谱分离分析方法的一般步骤

若样品溶于非极性溶剂如戊烷、己烷、庚烷等，表明样品为非极性化合物，通常可选用吸附色谱法、正相分配色谱法或正相键合相色谱法进行分析。若样品溶于极性溶剂如二氯甲烷、氯仿、乙酸乙酯、甲醇、乙腈等，表明样品为极性化合物，通常可选用反相分配色谱法或反相键合相色谱法进行分析。

若样品溶于水，可首先检查水溶液的 pH。若呈中性，样品为非离子型组分，可选用键合相色谱法进行分析；若呈弱酸性，可采用抑制样品电离的方法，在流动相中加入 H_2SO_4、H_3PO_4 调节 pH=2～3，再用反相键合相色谱法进行分析；若呈弱碱性，则可向流动相中加入阳离子型反离子，再用离子对色谱法进行分析；若呈强酸性或强碱性，则可用离子色谱法进行分析。

2. 样品的相对分子质量范围

对油溶性样品，若相对分子质量小于 2000，且相对分子质量差别不大，应首先判定样品是非离子型还是离子型。若为非离子型，应考虑是否为同分异构体或具有不同极性，此时可采用吸附色谱法或键合相色谱法进行分析；若为离子型，则可选用离子对色谱法进行分析。若相对分子质量小于 2000，但相对分子质量差别很大，则只能选用凝胶渗透色谱法或键合相色谱法进行分析。若相对分子质量大于 2000，最好采用凝胶渗透色谱法进行分析。

对水溶性样品，若相对分子质量小于 2000，且相对分子质量差别不大，可以用吸附色谱法或分配色谱法。若相对分子质量差别较大，可选用凝胶过滤色谱；若相对分子质量差别较大且呈离子型，对强电离的可以用离子对色谱法，对弱电离的可以用离子色谱法进行分析。若相对分子质量大于 2000，则只能用凝胶过滤色谱法。

3. 样品的分子结构和分析特性

1) 同系物的分离

同系物具有相同的官能团，因此表现出相同的分析特性，其相对分子质量有规律地增加，可采用吸附色谱法、分配色谱法或键合相色谱法进行分析。随着相对分子质量的增加，同系物的保留时间增大。一般不需要通过提高柱效的方法来改善各组分的分离度。

2) 同分异构体的分离

对于顺反异构体或芳香族取代基位置不同的邻、间、对异构体，可选用吸附色谱法进行分离。对于多环芳烃异构体，可以选用反相键合相色谱法进行分离。

3) 对映异构体的分离

通常的高效液相色谱方法无法将对映异构体分离，必须使用具有光学活性的固定相(如键合β-环糊精或含手性基的杯芳烃衍生物)或在流动相中加入手性选择剂，才能将它们分离。

4) 生物大分子的分离

对蛋白质、核酸等生物大分子，可采用反相键合相色谱进行分析，但是流动相中的甲醇、四氢呋喃和乙腈等会使蛋白质分子变性而丧失生物活性，因此更宜采用凝胶过滤色谱法或亲和色谱法进行分析。

综上所述，应充分考虑样品的溶解度、相对分子质量、分子结构和极性的差别，确定高效液相色谱的分离模式。其选择指南参见图 9-2。

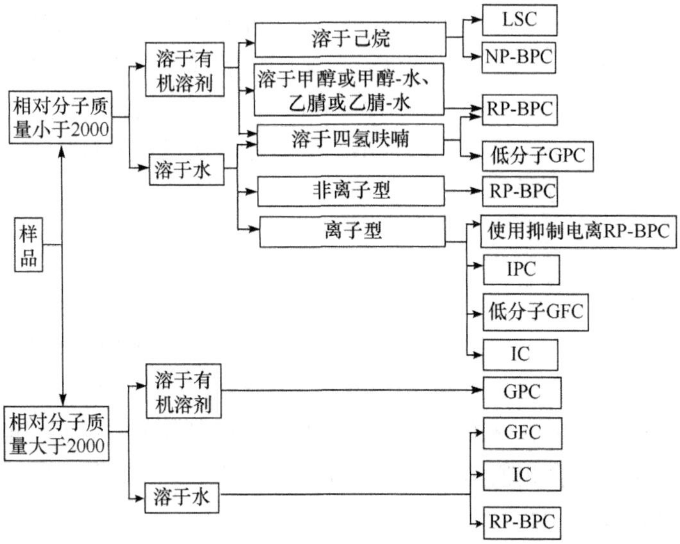

图 9-2　高效液相色谱分离模式选择指南

LSC. 液固色谱法；NP-BPC. 正相键合相色谱法；RP-BPC. 反相键合相色谱法；GPC. 凝胶渗透色谱法；GFC. 凝胶过滤色谱法；IPC. 离子对色谱法；IC. 离子色谱法

9.3.2　分离操作条件的选择和优化

1. 流动相的选择和优化

流动相的选择首先取决于分离方式。对于正相色谱，常用的是正己烷、正庚烷等非极性溶剂，分离时需加入少量极性溶剂，如异丙醇、甲醇等；对于反相色谱，常用的是乙腈、甲醇、水等极性溶剂，有时需加入少量非极性溶剂。流动相的选择还必须与检测器匹配，当采用紫外检测器时，应注意每种溶剂的紫外截止波长，即该溶剂只能在大于其紫外截止波长下使用。

2. 洗脱模式的选择

高效液相色谱中流动相有两种洗脱模式,一种是等强度洗脱,另一种是梯度洗脱。等强度洗脱是指流动相组成不随分析时间而变化,这种方式适用于较简单的样品分析；梯度洗脱是指流动相的组成按照设定的程序随分析时间而变化，适用于复杂样品的分析。由于流动相组成的变化导致其极性、溶解性、黏度等性质不断变化，因此流动相的洗脱能力或强度也在变化，从而可以使各组分在各自合适的洗脱强度下被洗脱出色谱柱，提高分离效果，缩短分析时间。梯度洗脱的方式可以是线性或非线性的，二元或多元的，根据待分析的样品而定。

3. 衍生化技术

衍生化就是将用通常检测方法不能直接检测或检测灵敏度低的物质与某种物质(称为衍生化试剂)反应，使其生成易检测的化合物。按衍生化的方式分为柱前衍生和柱后衍生。柱前衍生是先将被测物转变成可被检测的衍生物后再通过色谱柱分离，可分为在线衍生或离线衍生。在线衍生是将被测物和衍生化试剂分别通过两个输液泵送到混合器里混合并使其立即反应，随后进入色谱柱；离线衍生是先将被测物与衍生化试剂反应，再将衍生产物作为样品注入色谱柱进行分离。柱后衍生是先将被测物进行色谱分离，再将从色谱柱中流出的溶液与衍生化试剂在线混合生成可检测的衍生物，然后导入检测器。以上衍生化方法均可称为化学衍生法。还有一种称为光衍生法，即不需要化学试剂，只需将被测物接受特定光源的辐照，即可改变其性质，从而实现被检测的目的。

根据衍生物的性质，可以将衍生化法分为可见光衍生化法、荧光衍生化法、电化学衍生化法等。

4. 检测条件的选择和优化

检测条件的选择除以上所述外,还包括色谱柱的种类和参数的选择、柱温的选择、流动相的流速大小的选择、检测器种类及其参数的确定等。

9.4 高效液相色谱仪

9.4.1 高效液相色谱仪分析流程

高效液相色谱仪分析流程如图 9-3 所示。

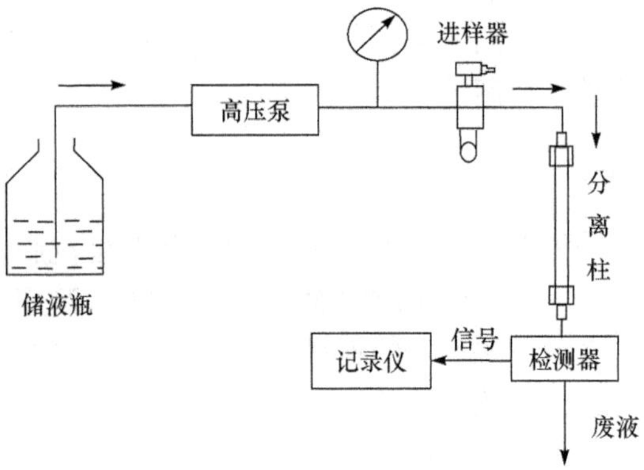

图 9-3 高效液相色谱仪分析流程示意图

9.4.2 高效液相色谱仪的组成及功能

高效液相色谱仪主要由输液泵、进样器、色谱柱、检测器和色谱工作站五部分组成。

1. 输液泵

在高效液相色谱法中使用了颗粒直径很小的色谱柱填料，要使流动相以一定的流速流过色谱柱，就必须用高压输液泵。

2. 进样器

高效液相色谱中普遍使用的是六通阀进样，在不停流的情况下将样品注入色谱柱。六通阀上可装不同体积的定量管（又称定量环），如 10 μL、20 μL 等。进样方式分为部分装液法和完全装液法两种。部分装液法是依靠微量注射器准确量取样品，进样量应不大于定量环体积的 50%，此法进样的准确度和重复性取决于注射器取样的熟练程度，易产生峰展宽，且不同的操作人员会有不同程度的误差。完全装液法进样时，进样量至少应为定量环体积的 3 倍，这样才能完全置换定量环内的流动相，消除管壁效应，确保进样的准确度及重复性。图 9-4 是六通阀的工作原理。

3. 色谱柱

色谱柱是色谱仪的心脏，因为它直接决定着色谱分离的成败。对色谱柱的要求是

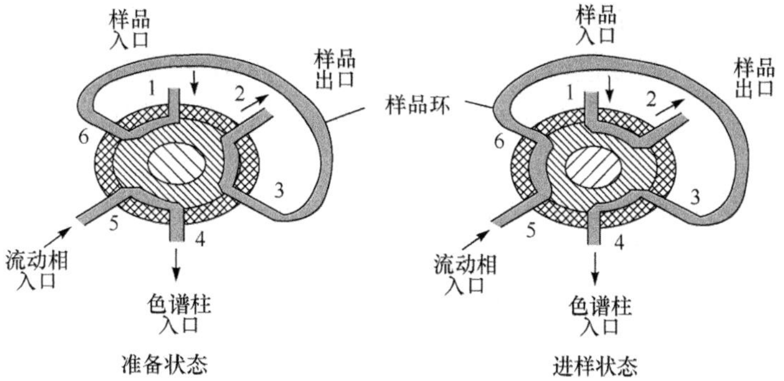

图 9-4　六通阀进样原理示意图

数字 1～6 分别代表六通阀的六个通路

柱效高、选择性好、分析速度快。高效液相色谱仪的色谱柱通常采用不锈钢柱，内填颗粒直径为 3 μm、5 μm 或 10 μm 的固定相。柱长一般不超过 30 cm，分析柱的内径通常为 0.4～0.6 cm，制备柱可以达到 2.5 cm 或更多。

4. 检测器

高效液相色谱仪常用检测器有紫外检测器、荧光检测器、示差折光检测器、蒸发光散射检测器、电化学检测器等。

5. 色谱工作站

高效液相色谱的分析结果已经普遍使用专用的色谱工作站进行数据处理和存储，不同的生产厂家都配置了专用的硬件接口和软件系统。色谱工作站一般由计算机、打印机和专用软件组成，可以实现仪器的自行诊断功能、全部操作参数控制功能、智能化数据处理和谱图处理功能，还能实现计量认证和网络运行等功能。

9.4.3　高效液相色谱仪操作流程

下面以 1200 HPLC 为例说明高效液相色谱仪操作流程。

(1)开启主机及各部分电源开关。

(2)在计算机桌面上，点击“Bootp(2)”，打开 3590E 电源开关(注：此步骤是因为该色谱仪配有 2000ES 蒸发光散射检测器)。

(3)在计算机桌面上，点击“仪器 2 联机”，打开色谱工作站。

(4)添加溶剂，修改“溶剂瓶填充量”。

(5)逆时针方向打开“purage”阀，点击“泵设置”，将流速设为 5.0 mL/min，启动泵。

(6)点击“泵设置”，将流速设为小于 1.5 mL/min，关闭“purage”阀。

(7)用选定的流动相冲洗、平衡柱子及检测器。

(8)点击“编辑完整方法”或“调用方法”，编辑或调用方法。

(9)将样品瓶放入自动进样盘，点击“序列”，编写序列表或使用单次进样。

(10)点击“开始”，仪器自动进行样品分析，待色谱图和报告页面弹出后，测试结束。

(11)若使用蒸发光散射检测器,在色谱柱和检测器连接之前,编辑或调用方法后，按下“RUN”对应的按钮，运行方法，待漂移管和光池温度达到设定值时，连接好柱子，信号稳定后，按(9)、(10)所示开始测试。

(12)用有机相比例逐渐增大的流动相冲洗柱子 1 h 以上，若使用盐缓冲溶液作流动相，则需用同比例的水冲洗柱子至少 30 min，然后逐渐减小水的比例，增大有机相的比例，再冲洗 1 h 以上。

(13)使用蒸发光散射检测器时，须先断开色谱柱与检测器的连接，维持工作状态 20 min，降温，当检测器温度低于 70 ℃时，按下“standby”对应的按钮，关闭检测器。若流动相具有腐蚀性，则需先用不具有腐蚀性的流动相冲洗 30 min 以上。

(14)关闭工作站，关闭主机及各部分电源，关闭总电源。

实验二十七　高效液相色谱法分离测定硝基苯酚异构体

一、实验目的

(1)了解高效液相色谱法分离的基本操作方法。

(2)掌握液相色谱定性及定量分析方法。

二、实验原理

邻硝基苯酚、间硝基苯酚、对硝基苯酚互为官能团位置异构体，分子极性不同，在固定相和流动相中的分配比不同，故可以采用色谱法进行分离。在反相色谱中，流动相的极性大于固定相的极性，因此极性弱的化合物与固定相之间的作用强，保留时间长，极性强的化合物与流动相的作用强，保留时间短。

本实验以疏水性的烷基键合硅胶微球为固定相，甲醇-水-乙酸为混合流动相，利用紫外-可见光检测器进行检测。用标准物质与未知样品中相应色谱峰的保留时间对照法进行色谱定性分析，用外标法进行定量分析。

三、仪器与试剂

1. 仪器

高效液相色谱仪，配紫外-可见光检测器或二极管阵列检测器。

2. 试剂

水(二次蒸馏水)；甲醇和冰醋酸均为色谱纯；邻硝基苯酚、间硝基苯酚、对硝基苯酚标准物质。

3. 色谱条件

色谱柱：C_8或C_{18}键合多孔硅胶微球色谱柱，150 mm×4.6 mm×5 μm。
流动相：甲醇-水-乙酸(40∶55∶5，体积比)；流动相流速：1 mL/min。
检测波长：254 nm；进样量：20 μL。

四、实验步骤

(1)标准溶液的配制：以二次水为溶剂，分别配制浓度为 0.1～0.5 mg/mL 的邻硝基苯酚、间硝基苯酚、对硝基苯酚的标准溶液。分别移取适量上述各标准溶液，配制混合标准系列溶液。

(2)开启色谱仪，设置色谱条件并运行，平衡色谱柱及检测器。

(3)待色谱柱及检测器充分平衡后，进样分析：①邻硝基苯酚、间硝基苯酚、对硝基苯酚标准溶液的进样分析；②未知样品的进样分析，若未知样分离不理想，改变色谱条件(如流动相配比、流速等)使其接近完全分离；③混合标准系列溶液的进样分析。

(4)充分冲洗色谱系统后，关机。

五、数据处理与分析

(1)依据邻硝基苯酚、间硝基苯酚、对硝基苯酚标准物质的保留时间，对未知混合样品中的色谱峰进行定性指认。

(2)绘制标准曲线，并计算未知混合样品中三种异构体的含量。

六、实验注意事项

(1)实验用水应为新鲜制备的，特别是夏季，以防止将水中滋生的微生物引入色谱系统。

(2)实验结束后，应用甲醇-水(60∶40，体积比)为流动相至少冲洗色谱柱 30 min。

七、思考题

(1)从色谱峰的保留时间，是否可以判断出邻硝基苯酚、间硝基苯酚、对硝基苯酚三种异构体的极性顺序？

(2)如何判断色谱峰之间已完全分离？

(3)用外标法进行定量分析应注意什么？

实验二十八　高效液相色谱法测定蔬菜中喹诺酮类抗生素

一、实验目的

(1)学习蔬菜中喹诺酮类抗生素的超声萃取技术。
(2)掌握高效液相色谱-荧光法测定蔬菜中喹诺酮类抗生素的方法。

二、实验原理

喹诺酮类抗生素主要有诺氟沙星、环丙沙星、洛美沙星和恩诺沙星等，是一类光谱抗菌药物，主要用于人类和动物的治疗。抗生素使用后只有少部分残留在体内，85%以上以药物原形排出，成为新的环境污染物。环境中的抗生素通常是痕量级的，因此采用的检测方法应具有很高的灵敏度。

荧光检测器的灵敏度比紫外检测器高两个数量级，是一种高灵敏度和高选择性的检测器，因此成为检测痕量物质的有力工具。

本实验先采用酸化乙腈对蔬菜中残留的喹诺酮类抗生素进行超声萃取，再用正己烷进行脱脂净化，最后用高效液相色谱-荧光法测定抗生素含量。

三、仪器与试剂

1. 仪器

高效液相色谱仪(配荧光检测器)；超声波清洗器；氮吹仪；酸度计。

2. 试剂

水(二次蒸馏水)；乙腈、甲醇，均为色谱纯；氢氧化钠、盐酸、磷酸、三乙胺、正己烷等均为分析纯；喹诺酮类抗生素诺氟沙星、环丙沙星、洛美沙星和恩诺沙星标准品。

3. 色谱条件

色谱柱：ODS柱(或其他C_{18}柱)，250 mm×4.6 mm×5 μm。
流动相：乙腈：0.08 mol/L 磷酸=15：85(体积比)，用三乙胺调节pH为2.5。
检测器：荧光检测器，激发波长280 nm，发射波长450 nm。
流速：1.0 mL/min；柱温：25 ℃；进样量：10 μL。

四、实验步骤

(1)溶液配制。
酸化乙腈溶液：准确移取250 mL乙腈和2 mL盐酸，充分混合后备用。

标准品储备液：准确称取 0.0100 g 标准品溶于 0.05 mol/L 氢氧化钠溶液中，定容于 100 mL 容量瓶中，制成 100 μg/mL 的储备液，避光保存。

标准溶液：用流动相将标准品储备液稀释成 0.10 μg/mL、0.20 μg/mL、0.50 μg/mL、1.0 μg/mL、1.5 μg/mL、2.0 μg/mL、3.0 μg/mL、4.0 μg/mL 的混合标准系列溶液，备用。

(2)样品预处理。

将风干后的蔬菜样品研磨，准确称取 2.0000 g 于 50 mL 离心管中，加入 10 mL 酸化乙腈溶液，超声萃取 10 min，离心分离，收集上清液，残渣用上述方法反复提取 2 次，合并上清液。用 20 mL 正己烷进行液-液萃取，除去脂类物质，收集下清液，重复萃取 1 次，合并下清液，用氮吹仪吹至近干，用流动相定容至 5 mL，进样前用针头过滤器过滤。

(3)开启色谱仪，设置色谱条件并运行，平衡色谱柱及检测器。

(4)待色谱柱及检测器充分平衡后，进样分析。

(5)关机。

五、数据处理与分析

(1)绘制标准曲线。

(2)计算蔬菜中喹诺酮类抗生素的含量。

六、实验注意事项

(1)标准品储备液应选用配聚四氟乙烯塞子的容量瓶。

(2)实验结束后应及时冲洗净体系内残留的磷酸溶液。

七、思考题

(1)荧光检测器的检测原理是什么?

(2)本实验中影响定量分析结果的因素可能有哪些?

(3)为什么可以用酸化乙腈萃取此类抗生素?

实验二十九　可乐、咖啡、茶叶中咖啡因的高效液相色谱分析

一、实验目的

(1)掌握可乐、咖啡、茶叶中咖啡因的提取方法。

(2)掌握标准曲线定量方法。

二、实验原理

咖啡因的化学名称是 1，3，7-三甲基黄嘌呤，是一种生物碱，可以由茶叶或咖啡中提取而得，具有兴奋大脑皮层的作用。咖啡中含咖啡因 1.2%～1.8%，茶叶中含 2.0%～

4.7%，可乐饮料、阿司匹林药片中均含有咖啡因，其分子式为 $C_8H_{10}O_2N_4$，结构式为

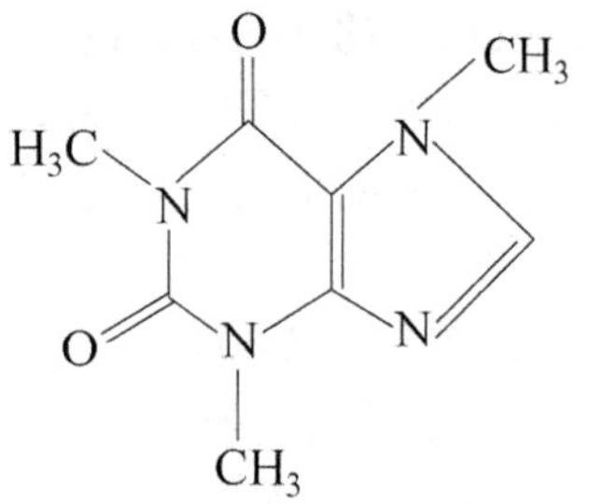

可乐型饮料脱气后，用水提取、氧化镁净化；不含乳的咖啡及茶叶液体饮料制品用水提取、氧化镁净化；含乳的咖啡及茶叶液体饮料制品经三氯乙酸溶液沉降蛋白；咖啡、茶叶及其固体饮料制品用水提取、氧化镁净化；然后经 C_{18} 色谱柱分离，用紫外检测器检测，外标法定量。

三、仪器与试剂

1. 仪器

高效液相色谱仪，配紫外检测器或二极管阵列检测器；超声波清洗器；感量为 0.1 mg 天平；0.45 μm 微孔水相滤膜。

2. 试剂

氧化镁、三氯乙酸、甲醇为色谱纯；咖啡因标准品(纯度≥99%)。

3. 色谱条件

色谱柱：C_{18} 柱(粒径 5 μm，柱长 150 mm×直径 3.9 mm)或同等性能的色谱柱。
流动相：甲醇：水=24：76(体积比)。
流速：1.0 mL/min；检测波长：272 nm；柱温：25 ℃；进样量：10 μL。

四、实验步骤

1. 溶液配制

(1)三氯乙酸溶液(10 g/L)：称取 1 g 三氯乙酸于 100 mL 容量瓶中，用水定容。

(2)咖啡因标准储备液(2.0 mg/ mL)：准确称取咖啡因标准品 20 mg(精确至 0.1 mg)于 10 mL 容量瓶中，用甲醇溶解定容。放置于 4 ℃冰箱，有效期为六个月。

(3)咖啡因标准中间液(200 μg/ mL)：准确吸取 5.0 mL 咖啡因标准储备液于 50 mL 容量瓶中，用水定容。放置于 4 ℃冰箱，有效期为一个月。

(4)咖啡因标准系列溶液：分别吸取咖啡因标准中间液 0.5 mL、1.0 mL、2.0 mL、5.0 mL、10.0 mL 至 10 mL 容量瓶中，用水定容。该标准系列溶液浓度分别为 10.0 μg/mL、

20.0 μg/mL、40.0 μg/mL、100 μg/mL、200 μg/mL。临用时配制。

2. 试样制备

1) 可乐型饮料

脱气：样品用超声波清洗器在 40 ℃下超声 5 min。

净化：称取 5 g(精确至 0.001 g)样品，加水定容至 5 mL(使样品溶液中咖啡因含量在标准曲线范围内)，摇匀，加入 0.5 g 氧化镁，振摇，静置，取上清液经微孔滤膜过滤，备用。

2) 不含乳的咖啡及茶叶液体制品

称取 5 g(精确至 0.001 g)样品，加水定容至 5 mL(使样品溶液中咖啡因含量在标准曲线范围内)，摇匀，加入 0.5 g 氧化镁，振摇，静置，取上清液经微孔滤膜过滤，备用。

3) 含乳的咖啡及茶叶液体制品

称取 1 g(精确至 0.001 g)样品，加入三氯乙酸溶液定容至 10 mL(使样品溶液中咖啡因含量在标准曲线范围内)，摇匀，静置，沉降蛋白，取上清液经微孔滤膜过滤，备用。

4) 咖啡、茶叶及其固体制品

称取 1 g(精确至 0.001 g)经粉碎低于 30 目的均匀样品于 250 mL 锥形瓶中，加入约 200 mL 水，沸水浴 30 min，不时振摇，取出流水冷却 1 min，加入 5 g 氧化镁，振摇，再放入沸水浴 20 min，取出锥形瓶，冷却至室温，转移至 250 mL 容量瓶中，加水定容至刻度(使样品溶液中咖啡因含量在标准曲线范围内)，摇匀，静置，取上清液经微孔滤膜过滤，备用。

3. 样品分析

(1) 开启色谱仪，设置色谱条件并运行，平衡色谱柱及检测器。待色谱柱及检测器充分平衡后，进样分析。

(2) 将标准系列溶液分别注入液相色谱仪中，测定相应的峰面积，以标准溶液的浓度为横坐标，以峰面积为纵坐标，绘制标准曲线。

(3) 将试样溶液注入液相色谱仪中，以保留时间定性，同时记录峰面积，根据标准曲线得到待测液中咖啡因的浓度，平行测定次数不少于两次。

(4) 测试完毕，用有机相冲洗色谱柱，关机。

五、数据处理与分析

(1) 绘制标准曲线。

(2) 计算可乐、咖啡、茶叶中咖啡因的含量。

试样中咖啡因含量计算公式如下：

$$X=\frac{c_xV}{m}\times\frac{1000}{1000}$$

式中：X 为试样中咖啡因的含量，mg/kg；c_x 为试样溶液中咖啡因的质量浓度，μg/mL；V 为被测试样总体积，mL；m 为称取试样的质量，g；1000 为换算系数。

计算结果以重复性条件下获得的两次独立测定结果的算术平均值表示，结果保留三位有效数字。

六、实验注意事项

不同品牌的茶叶、咖啡、可乐中咖啡因的含量不同，取样时可适当增减。

七、思考题

(1) 在样品处理过程中，加入氧化镁有什么作用?

(2) 可否不用超声脱气，直接测定茶水中的咖啡因含量?

(3) 标准曲线法定量分析的优缺点是什么?

实验三十　高效液相色谱法测定酸枣仁皂苷 A 的含量

一、实验目的

(1) 掌握蒸发光散射检测器的使用方法。

(2) 了解高效液相色谱在药物分析中的应用。

二、实验原理

酸枣仁皂苷来源于鼠李科植物酸枣的种子，具有养肝、宁心、安神、敛汗的功效，主治虚烦不眠、惊悸怔忡、烦渴、虚汗等症。其结构式如下：

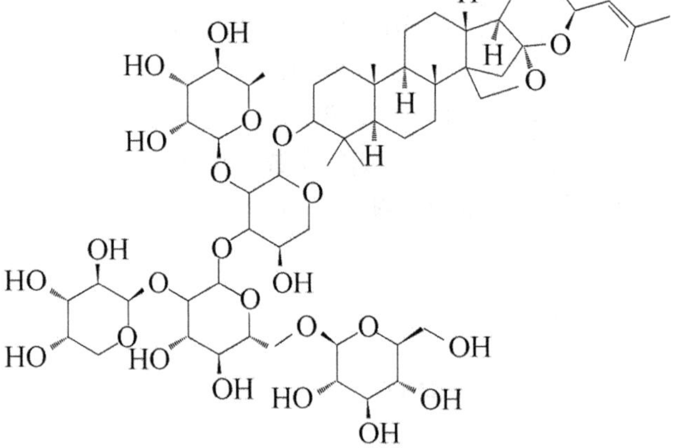

由于酸枣仁皂苷紫外吸收极弱，因此采用蒸发光散射检测器，其检测灵敏度远大于紫外检测器。

三、仪器与试剂

1. 仪器

高效液相色谱仪，配蒸发光散射检测器。

2. 试剂

乙腈(色谱纯)；水(二次蒸馏水)；酸枣仁皂苷对照品。

3. 色谱条件

色谱柱：C_{18}反相键合色谱柱，(15～25) cm×4.6 mm×5 μm。
流速：1 mL/min；漂移管温度：110 ℃；气体流量：3.0 L/min；进样量：10 μL。
流动相：乙腈为流动相 A，水为流动相 B。
梯度洗脱程序如下：

时间/min	流动相 A/%(体积分数)	流动相 B/%(体积分数)
0～15	20→40	80→60
15～28	40	60
28～30	40→70	60→30
30～32	70→100	30→0

四、实验步骤

(1) 对照品溶液的制备。
准确称取酸枣仁皂苷 A 对照品适量，用甲醇配成浓度为 0.1 mg/mL 的溶液。
(2) 供试品溶液的制备。
准确称取粉末样品约 1 g，至索氏提取器中，加石油醚(60～90 ℃)适量，加热回流 4 h，弃去石油醚液，药渣挥去溶剂，转移至锥形瓶中，加入 70%乙醇 20 mL，加热回流 2 h，滤过，药渣用 70%乙醇洗涤，合并洗液与滤液，回收溶剂至干，残渣加甲醇溶解，转移至 5 mL 容量瓶中，稀释至刻度，摇匀，过滤，取续滤液，即得。
(3) 开启色谱仪，设置色谱条件并运行，平衡色谱柱及检测器。
(4) 进样分析。分别移取 10 μL 供试品溶液和 5 μL、20 μL 对照品溶液进样分析，记录色谱图。
(5) 关机。

五、数据处理与分析

利用外标两点法对数方程，计算供试品中酸枣仁皂苷 A 的含量。

六、实验注意事项

测定过程中，以酸枣仁皂苷 A 计算理论塔板数不低于 2000。

七、思考题

(1) 如何根据流动相确定漂移管温度？

(2) 如何得到外标两点法对数方程？

(3) 若采用快速溶剂萃取法进行供试品溶液的制备，应如何设计样品处理过程？

第 10 章　离子色谱法

10.1　离子色谱法的特点及应用范围

离子色谱法(ion chromatography, IC)是以离子型化合物为分析对象,利用离子交换原理和液相色谱技术分离测定能在水中解离成有机和无机离子的一种液相色谱方法。离子色谱法具有方便快速、灵敏度高、选择性好、色谱柱的容量高且稳定性好等优点,目前在环境、食品、卫生、石油化工、水及地质等领域已有广泛的应用。

10.2　离子色谱法的基本原理

离子色谱是利用不同离子对固定相亲和力的差别实现分离。离子色谱的固定相是离子交换树脂,树脂外是一层可解离的无机基团,由于可解离的基团不同,离子交换树脂又分为阳离子交换树脂和阴离子交换树脂。流动相为电解质溶液,又称淋洗液,当流动相将样品带到分离柱时,离子交换树脂上可以解离的离子和流动相中具有相同电荷的溶质离子之间进行可逆交换,由于样品离子对离子交换树脂的相对亲和力不同而得到分离。由分离柱流出的各种离子,经电化学或光化学检测器,即可得到一个个色谱峰。

离子色谱法基本术语的定义与高效液相色谱法相同,仍然用柱色谱理论形象地描述色谱峰的迁移和扩展。离子色谱依据分离方式的不同主要分为离子交换色谱、离子排斥色谱和离子对色谱三种,其分离机理主要是离子交换。这三种离子色谱分离柱的柱填料的交换树脂骨架都是采用苯乙烯-二乙烯基苯的共聚物,但每种方式中交换树脂的离子交换容量和功能各不相同。

10.3　离子色谱仪

离子色谱仪由高压输液泵、进样器、色谱柱、检测器和数据系统组成。此外,还可根据需要配置流动相在线脱气装置、梯度洗脱装置、自动进样系统、流动相抑制系统、柱后反应系统和全自动控制系统等。

10.3.1　离子色谱仪的装置示意图及工作过程

图 10-1 是离子色谱常见的两种配置示意图,(a)是非抑制型离子色谱仪,(b)是抑

制型离子色谱仪。离子色谱仪的基本构成及工作原理与液相色谱仪相同。

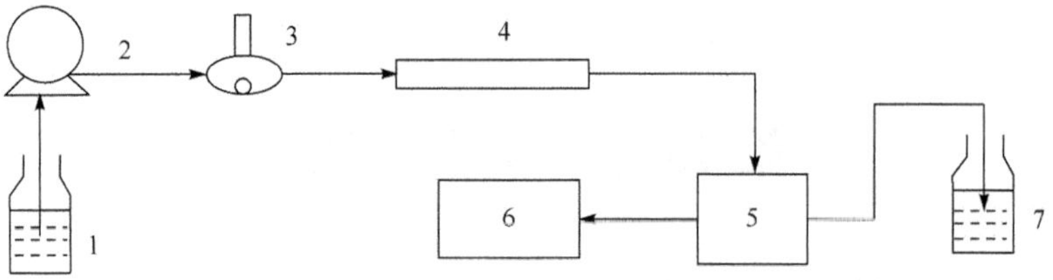

(a)

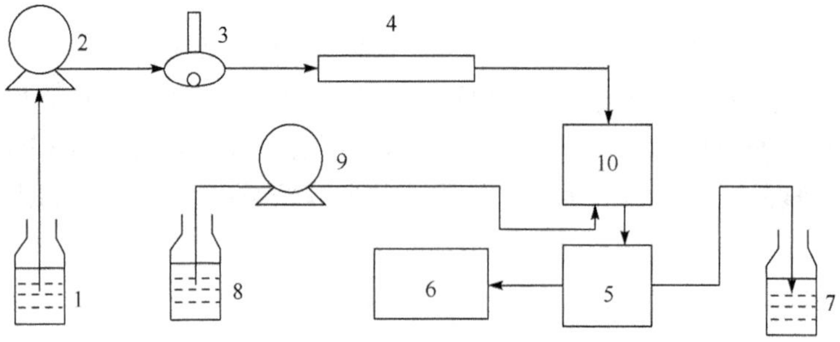

(b)

图 10-1　非抑制型(a)和抑制型(b)离子色谱仪的结构示意图

1. 流动相容器；2. 流动相输液泵；3. 进样器；4. 色谱柱；5. 检测器；6. 工作站；7. 废液瓶；8. 再生液容器；9. 再生液输液泵；10. 抑制器

10.3.2　离子色谱仪的工作过程

离子色谱仪的工作过程是：流动相(淋洗液)被输液泵 2 以一定的流速(或压力)输送入分析系统中，样品首先经过进样器进样，被流动相带入色谱柱中进行分离，然后已经分离的各组分随流动相依次进入检测器进行检测分析,最后通过工作站进行处理,得到结果。抑制型离子色谱仪则在检测器和色谱柱之间增加了一个抑制系统，即将再生液用另一个高压泵 9 输送至抑制器，再生液在这里降低了流动相的背景电导，然后进入检测器对流出液进行检测，检测器再将检测信号送至数据系统进行记录、分析或保存得到结果。非抑制型离子色谱仪的结构相对简单，少了再生液容器及输送再生液的高压泵和抑制器。

10.3.3　离子色谱仪的组成及功能

1. 流动相输运系统

离子色谱仪的输液系统包括储液罐、高压输液泵、梯度淋洗装置等，与高效液相色谱仪的输液系统基本相似。

2. 进样器

进样器是能够准确地将样品送入色谱系统的装置，依据进样方式不同分为手动进样和自动进样两种，与高效液相色谱仪的进样系统基本相同。

3. 色谱柱

离子色谱虽然是高效液相色谱的一种，但是色谱柱填料与高效液相色谱的不同。离子色谱柱填料的粒度一般为 5～25 μm，比高效液相色谱的柱填料略大，因此其压力比高效液相色谱的小，一般为单分散，而且呈球状。

4. 柱温箱

离子色谱仪通常需要配柱温箱，将离子色谱柱、电导池和抑制器置于恒温箱中。这是因为离子交换柱和抑制器中所进行的离子交换反应、电导池中柱流出物中的离子迁移率都对温度很敏感，有时温度对分离也会产生很大的影响。通常柱温箱可在 20～60 ℃恒温，在无特别需要时，一般将柱温箱设定略高于室温，如 30～40 ℃。

5. 抑制器

对于抑制型离子色谱仪，抑制系统是极其重要的一个部分，也是离子色谱有别于高效液相色谱的最重要特点。在离子色谱中，电导检测是最主要的检测方式，由于离子色谱淋洗液为强电解质溶液，淋洗液本身具有很高的检测信号，通常样品离子的浓度比淋洗液电解质的浓度小得多，因此样品离子的检测信号与淋洗液相比小得多，这就使得样品离子所产生的信号很难识别。为了解决这一问题，可以在分离柱后接上一个抑制器，用于降低淋洗液本身的电导，同时提高被测离子的检测灵敏度。

1) 树脂填充抑制柱

该抑制系统采用高交换容量的阳离子树脂填充柱(阴离子抑制)，通过硫酸将树脂转化为氢型。它抑制容量不高，需要定期再生，而且死体积较大，对弱酸根离子由于离子排斥的作用，往往无法准确定量。这类抑制器目前已经基本不用。阳离子抑制的情况与此正好相反，它采用高交换容量的阴离子树脂作填充柱。

图 10-2 说明了离子色谱中化学抑制器的工作原理。图中的样品为阴离子 F^-、Cl^-、SO_4^{2-}的混合溶液，淋洗液为 NaOH。在抑制器中，发生如下两个反应：

$$R—H^+ + Na^+OH^- \longrightarrow R—Na^+ + H_2O$$

$$R—H^+ + Na^+A^- \longrightarrow R—Na^+ + H^+A^-$$

式中：R 为离子交换树脂；OH^-为淋洗液离子；A^-为待测阴离子。

淋洗液中的OH^-与离子交换树脂上的H^+结合生成水，样品阴离子则变成相应的酸。被测离子的反离子(阳离子)与淋洗液中的 Na^+一同进入废液，因而消除了大的系统峰。样品离子在低电导背景的水溶液中进

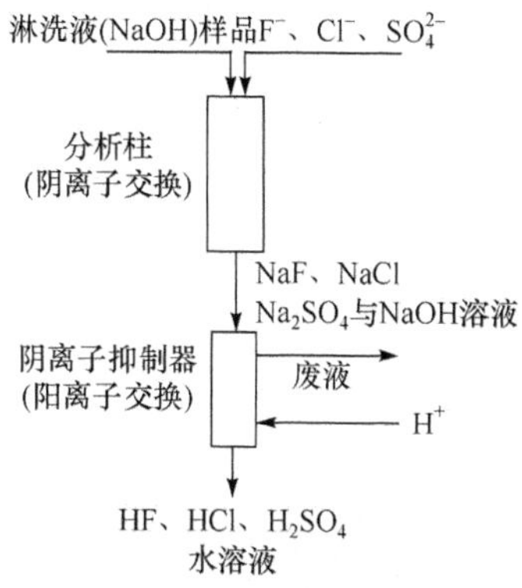

图 10-2　化学抑制器的工作原理

入电导池，而不是高背景的 NaOH 溶液。由于电导检测器是检测溶液中阴离子和阳离子的电导总和，而阳离子中 H^+的摩尔电导最高，因此样品阴离子与其摩尔电导总和也被大大提高。

2) 纤维抑制器

采用阳离子交换的中空纤维作为抑制器，外通硫酸作为再生液，可对淋洗液进行连续再生，这种抑制器的死体积较大，抑制容量也不高。

3) 微膜抑制器

采用阳离子交换平板薄膜，中间通过淋洗液，而两外侧通硫酸再生液。这种抑制器的交换容量较高，死体积很小，可进行梯度淋洗。

微膜抑制器的工作原理如图 10-3 所示，这种膜具有对阳离子的可透性，并具有对阴离子的阻挡作用。来自再生液中的离子通过阳离子交换膜进入淋洗液并与淋洗液中的 OH^-反应生成水。为了保持淋洗液和再生液的电中性，化学计量的 Na^+反向移动，即从淋洗液进入再生液。最后 Na^+被反向流动的再生液带入废液。

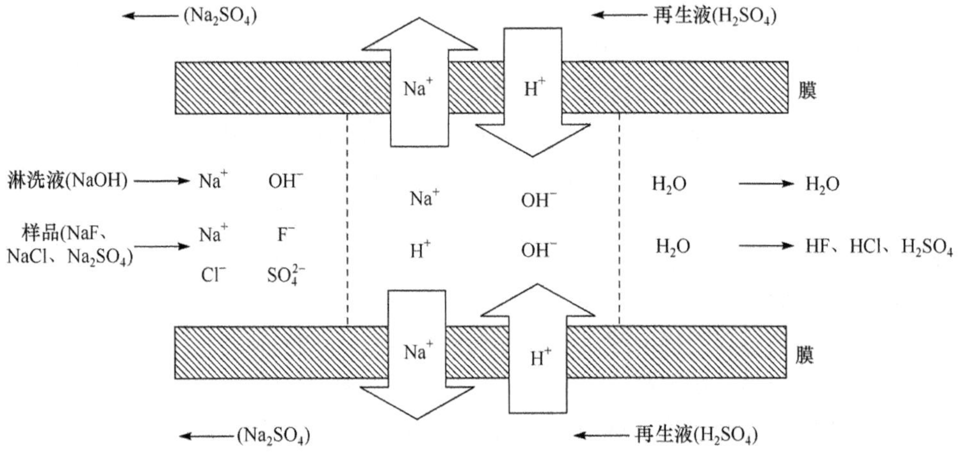

图 10-3　微膜抑制器的工作原理

4) 自动连续再生电解抑制器

自动连续再生电解抑制器是目前最先进的抑制器，它是微膜抑制器的改进和完善。阴离子电解抑制器和阳离子电解抑制器的结构与工作原理类似，下面以阴离子电解抑制器为例说明它的工作原理。如图 10-4 所示，在微膜抑制器中加入两根铂电极，通过电极电解纯水，发生如下电极反应：

阳极：$3H_2O \longrightarrow 2H_3O^+ + \frac{1}{2}O_2 + 2e^-$

阴极：$2H_2O + 2e^- \longrightarrow 2OH^- + H_2$

NaOH 淋洗液自上而下通过抑制器中两片阳离子交换膜之间的通道。在阳极电解水产生的 H^+通过阳离子交换膜进入淋洗液，与淋洗液中的 OH^-结合生成水。在电场的作用下，Na^+通过阳离子交换膜到废液。自动连续再生电解抑制器有如下优点：对淋洗液抑制所需的 H^+和 OH^-由水的电解连续提供，不需用化学试剂和再生抑制器；抑制器开机后平衡快，并一直处于平衡状态(恒电流)；抑制容量大，基线漂移小；电解水不断提供 H^+和 OH^-，再加上电场引力，能满足高容量分离柱所用的淋洗液浓度和梯度淋洗。

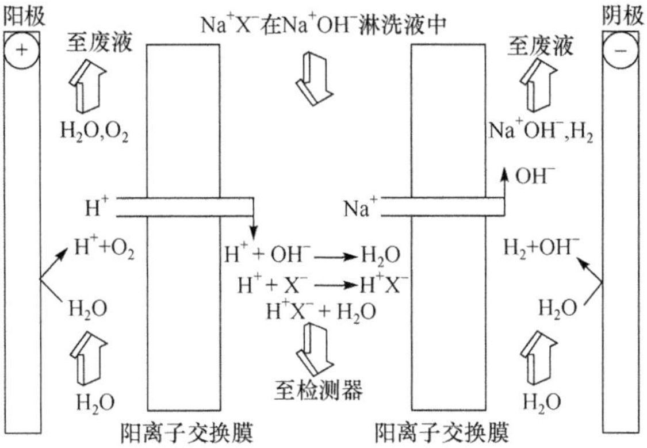

图 10-4　阴离子电解抑制器的工作原理

6. 检测系统

离子色谱最常用的检测方法是光学法和电化学法。光学法最常用的检测器是荧光检测器和紫外-可见光吸收检测器，电化学法最常用的检测器是电导检测器和安培检测器。离子色谱检测器的选择主要依据被测定离子的性质、淋洗液的种类等因素。

10.4　离子色谱分析方法的建立和实验技术

10.4.1　定性分析

(1)利用已知标准样定性，同液相色谱法。

(2)改变流动相组成时，利用被测组分的保留值变化规律进行定性分析。

在离子色谱中，每种化合物的保留值随流动相组成的变化、固定相的不同而改变，不同的化合物其变化规律是不同的。因此，人们常通过改变流动相组成等参数，使一组化合物得到好的分离，也可以根据某一化合物在特定条件下的保留值变化规律反过来推测它为何类化合物。

(3)收集色谱柱流出的各组分，再用其他化学或物理方法进行定性分析。

10.4.2　定量分析

常用的定量分析方法有外标法、内标法。

10.4.3　样品的制备

由于许多样品无法直接采用采样、稀释、过滤后直接进样的模式进行离子色谱分析，因此需要采用合适的方法，对样品进行预处理后方能实现离子色谱分析。

1. 膜处理法

1) 滤膜或砂芯处理法

滤膜过滤样品是离子色谱分析最常用的水溶液样品预处理方法。一般情况下，如果样品中含有颗粒态的物质,可以通过 0.45 μm 或 0.22 μm 微孔滤膜过滤后直接进样。由于普通的滤膜一般不耐高压，因此使用滤膜对样品进行过滤只能离线进行处理。在线过滤处理样品必须采用砂芯滤片并放置于仪器管路中才能进行。使用滤膜过滤样品的方法只能去除不溶性的大颗粒状物质，但不能去除极小颗粒物、金属水溶性离子和一些可溶性的有机大分子化合物。这些物质一旦进入离子色谱仪的分离检测系统就会对色谱柱造成污染，进而干扰样品的测定。

2) 电渗析处理法

与滤膜处理法相比，电渗析处理法不仅可以有效去除颗粒物杂质，还对有机污染物和重金属离子型污染物具有一定的选择性。因此，电渗析处理法是有效处理复杂基体样品的方法之一。

3) 电解中和法

电解中和法采用外加水电解产生的 H^+ 和 OH^- 在电化学电解中和器中能与高浓度的碱和酸发生中和反应的原理对样品进行预处理。使用电化学再生抑制器装置，通过电解抑制外加水的离子色谱电导池的馏分作为外加水电解的再生液，就可以对高浓度碱样品中的痕量阴离子进行分析，同样的方法也可以实现对高浓度酸样品中痕量阳离子的分析。

4) 超滤膜与纳滤膜

超滤膜是国内应用最为广泛和使用频率最高的膜品种和膜技术之一。为了防止样品之间的交叉污染，通常会对含有大分子的生化样品进行一次性滤过处理。纳滤膜具有纳米级微孔结构的分离层表面，滤过作用介于反渗透膜和超滤膜之间，一般可以截留相对分子质量为 10^2～2×10^3、直径在 1 nm 左右的杂质粒子。

2. 化学反应基体消除法

化学反应基体消除法是利用样品中待测组分和干扰基体之间化学性质的不同，当它们与相同的化学试剂进行反应时具有不同的化学计量关系和化学反应性能，由此可以将它们分离。主要用到的化学反应类型包括氧化还原反应、离子交换反应、沉淀反应和配位反应等。采用这种方法注意必须事先弄清楚待测组分和干扰基体的基本化学状态及其存在形式，才能选用适当的化学反应进行分离，并且尽量避免在反应过程中产生新的干扰组分。

化学反应基体消除法具有仪器设备简便易得和操作简单灵活的优点，适用于分离待测组分和干扰基体化学组成较明确、具有相对固定的化学计量关系的样品。缺点是在反应过程中容易引入其他干扰杂质，有时操作耗时较长，可以解决的问题具有一定局限性。

3. 固相萃取法

固相萃取法是针对溶液中不同的污染物采用反相萃取、离子交换萃取和螯合树脂萃取等多种方式进行分离提纯的方法，也是离子色谱应用比较广泛的一种样品预处理方法。

4. 分解处理法

膜处理法和固相萃取法只能处理溶液样品，对于固体样品也必须先将其转化成溶液才能进行分析处理，因此具有局限性。分解处理法一般情况下用来测定固体样品中的非金属元素，具体做法是：首先将固体样品进行分解（还有极个别的样品必须先进行浸出处理后才能使用这种方法），然后将样品中的非金属元素转化为相应的酸，最后用离子色谱法测定相应酸根的含量。这时测定得到的酸根含量实际上是该固体化合物所对应的元素中所有形态的含量总和。因此，如何将样品分解，对应元素的酸如何吸收，是离子色谱处理固体样品的关键。

10.5　离子色谱仪操作规程

1. 开机

(1) 打开氮气总阀，将分压表调至 0.2 MPa。再调节淋洗液瓶上分压表的分压至 6 psi。

(2) 接通主机电源和计算机电源。

2. 运行前准备

(1) 旋松右泵头上的快速冲洗阀，约拧松两圈，点击主机控制面板左下方“prime”，提示“open waste value”，点击“Ok”，排出管路中存在的气泡，约排出 20 mL 溶液后点击“pump”模块下“Off”键，再旋紧右泵头快速冲洗阀。

(2) 旋松左泵头上的废液阀，约拧松两圈，照第 (1) 条同法操作排出泵头中残留的气泡，约 30 s 后点击“Off”键停泵，旋紧废液阀。

(3) 双击计算机屏幕右下状态栏“Chromeleon 服务器监视”图标，弹出窗口中点击“启动”。启动桌面的变色龙工作站。

(4) 在控制面板“泵设置”模块中设定泵流速。按下“开”开泵。待压力上升至 1000 psi 以上，设定“CR-TC”为“On”，并设定“EGC KOH”的起始浓度，使捕获柱和发生器开始工作。等压力基本稳定后，“SRS Current”输入抑制器电流值，设置完后按回车。

(5)设置柱温箱和电导检测池的温度。

(6)等待仪器稳定，采集基线，等待系统平衡。

3. 进样操作

(1)待基线平稳后，且总电导在正常范围内停止基线采集。

(2)编辑序列。

(3)点击工具栏中的快捷键“开始/停止批处理”，弹出需要运行的序列，点击“开始”。启动样品序列，系统提示进样，手动进样后点击“确定”，开始采集。

(4)数据处理，报告输出。

4. 关机及关机后处理

(1)分析结束后用淋洗液冲洗流路约 20 min。

(2)先关抑制器电流，再关闭淋洗液发生器的 EGC 和 CR-TC，然后关泵，关闭主机电源，最后关闭淋洗液压力表、气瓶主阀、气瓶减压阀。

(3)在抑制器中注入 5 mL 超纯水。

实验三十一　自来水中常见阴离子含量的测定

一、实验目的

(1)掌握离子色谱法的基本原理。

(2)了解离子色谱仪的基本结构、性能和使用方法。

(3)学习用阴离子交换色谱法分析无机阴离子。

二、实验原理

分析无机阴离子通常用阴离子交换柱，填料通常为季铵盐交换基团，样品阴离子以静电相互作用进入固定相的交换位置，又被带负电荷的淋洗离子交换下来进入流动相。不同阴离子与交换基团的作用力大小不同，在固定相中的保留时间也就不同，从而彼此分离。自来水中主要是 F^-、Cl^-、NO_3^-、SO_4^{2-} 等常见无机阴离子，这些离子在一般的离子交换柱上均能得到分离。本实验用峰面积标准曲线法定量。

三、仪器与试剂

1. 仪器

离子色谱仪；阴离子交换柱；阴离子保护柱；阴离子电解抑制器；溶剂过滤器；

自动进样器。

2. 试剂

F^-、Cl^-、NO_3^-、SO_4^{2-} 标准储备液(1000 mg/L)；水样：打开自来水管放流约 1 min 后，用洗净的试剂瓶接约 100 mL。

四、实验步骤

(1)标准溶液配制：从 F^-、Cl^-、NO_3^-、SO_4^{2-} 标准储备液中移取溶液到 50 mL 容量瓶中，配制成如下 5 个浓度的标准溶液：

离子 \ 浓度/(mg/L)	1	2	3	4	5
F^-	0.1	0.5	1.0	2.0	5.0
Cl^-	0.1	0.5	1.0	5.0	10.0
NO_3^-	1.0	5.0	10.0	20.0	30.0
SO_4^{2-}	1.0	5.0	10.0	20.0	40.0

(2)按操作规程开机。

(3)标准曲线的绘制：待基线稳定后，分别注入标准系列溶液分析，绘制离子色谱标准曲线。

(4)样品测定：用 0.22 μm 微孔滤膜过滤样品，进样测量，重复测量 3 次。

(5)测试结束后，按操作规程关机。

五、数据处理与分析

(1)以峰面积为纵坐标，离子浓度为横坐标，绘制标准曲线，分析得到不同离子的线性方程。

(2)根据所建立的线性方程，计算样品中各离子的含量。

(3)将测试结果填入下表，并计算三次测量的平均值。

待测离子	第一次测量值	第二次测量值	第三次测量值	平均值
F^-				
Cl^-				
NO_3^-				
SO_4^{2-}				

六、实验注意事项

(1) 不要在未打开泵的情况下开启淋洗液发生器和抑制器。

(2) 分析柱和保护柱要用淋洗液保存，不能用纯水保存，长时间不用时应卸下并用堵头堵死。

(3) 待仪器基线稳定后，再进行分析。

(4) 建立标准曲线时，按照浓度由低到高的顺序进行。

七、思考题

(1) 离子色谱仪的工作原理是什么?

(2) 简述离子色谱的分析流程。

实验三十二　蔬菜中阴离子的离子色谱分析

一、实验目的

(1) 掌握离子色谱法的基本原理。

(2) 了解离子色谱法测定蔬菜中阴离子的实验方法。

(3) 了解离子色谱仪的基本结构、性能和使用方法。

二、实验原理

离子色谱法是在离子交换树脂柱中利用固定相对样品中的不同离子具有不同的吸附选择性而使其逐渐分离的方法。离子色谱仪的工作过程是：淋洗液被高压泵输入分析系统中，携带样品的溶液进入色谱柱中进行样品离子分离，然后进入检测器进行检测，检测器将检测信号输送至数据处理系统进行记录、分析，得到检测结果。本实验用峰面积标准曲线法定量。

三、仪器与试剂

1. 仪器

离子色谱仪；阴离子交换柱；阴离子保护柱；阴离子电解抑制器；溶剂过滤器；微量进样器；电子天平；超声波清洗器。

2. 试剂

Cl^-、NO_3^-、NO_2^-、SO_4^{2-} 标准储备液(1000 mg/L)；KOH 溶液(5 mol/L)。

四、实验步骤

(1) 样品制备：新鲜蔬菜取可食部分切碎，用食品加工机粉碎，混合均匀。称取 5 g

试样于 100 mL 烧杯中，加入 80 mL 水，在超声波清洗器中超声提取 30 min，转移到 100 mL 容量瓶中，用水定容，摇匀。

(2)混合标准溶液的配制：取 Cl^-、NO_3^-、NO_2^-、SO_4^{2-} 标准储备液 1 mL 于 100 mL 容量瓶中，加入 0.5 mL 5 mol/L KOH 溶液，用水定容，摇匀，得到 10.0 mg/L 标准溶液。用同样方法分别配制浓度为 5.0 mg/L、1.0 mg/L、0.5 mg/L、0.1 mg/L 的标准溶液。

(3)按操作规程开机，使仪器处于工作状态。

(4)设备工作条件：设置流速、抑制器电流和柱温箱温度等工作参数。

(5)建立标准曲线：将配制好的标准溶液由低浓度到高浓度依次进样分析，绘制标准曲线。

(6)样品测定：用 0.22 μm 微孔滤膜过滤样品，进样测量。

(7)实验结束后，按操作规程关机。

五、数据处理与分析

(1)以峰面积为纵坐标，离子浓度为横坐标，绘制标准曲线，分析得到不同离子的线性方程。

(2)根据所建立的线性方程，计算样品中各离子的含量。

(3)用以下公式计算含量，并将结果填入下表。

$$离子含量/(mg/kg) = 待测组分浓度 \times 样品体积/样品质量$$

待测离子	保留时间/min	浓度/(mg/L)	含量/(mg/kg)
Cl^-			
NO_3^-			
NO_2^-			
SO_4^{2-}			

六、实验注意事项

实验注意事项同实验三十一。

七、思考题

(1)离子色谱仪配置的检测器有哪几种？各有什么特点？

(2)简述离子色谱法的分离机理。

(3)离子色谱抑制器的工作原理是什么？在实验过程中有什么作用？

实验三十三　啤酒中一价阳离子的定量分析

一、实验目的

(1)熟悉离子色谱仪的结构组成及基本操作。

(2)掌握离子色谱仪的操作要领。

(3)学习用阳离子交换色谱分析一价阳离子的方法。

二、实验原理

食品中通常含 Na^+、NH_4^+和 K^+等一价阳离子和 Ca^{2+}、Mg^{2+}等二价阳离子。这些离子可用阳离子交换柱分离。淋洗剂通常是能提供 H^+作淋洗离子的物质(如硝酸、有机酸等)。因为静电相互作用，样品阳离子被交换到填料交换基团上，又被淋洗离子交换进入流动相，这种过程反复进行，与阳离子交换基团作用力小的阳离子在色谱柱中的保留时间短，先流出色谱柱，于是不同性质的阳离子得到分离。本实验用峰面积标准曲线法定量。

三、仪器与试剂

1. 仪器

离子色谱仪；阳离子交换柱；阳离子保护柱；阳离子抑制器；溶剂过滤器；微量进样器；淋洗液发生器。

2. 试剂

Na^+、NH_4^+、K^+标准储备液(1000 mg/L)；啤酒样品：市售啤酒用 0.45 μm 微孔滤膜过滤，必要时稀释至合适浓度后进样。

四、实验步骤

(1)混合标准溶液的配制：取 Na^+、NH_4^+和 K^+标准储备液 1 mL 于 100 mL 容量瓶中，用水定容，摇匀，得到 10.0 mg/L 混合标准溶液。用同样方法分别配制浓度为 5.0 mg/L、1.0 mg/L、0.5 mg/L、0.1 mg/L 的标准溶液。

(2)按操作规程开机，使仪器处于工作状态。

(3)设备工作条件：设置流速、抑制器电流和柱温箱温度等工作参数。

(4)建立标准曲线：将配制好的标准溶液由低浓度到高浓度依次进样分析，绘制标准曲线。

(5)样品测定：连续进样测量 3 次。

(6)实验结束后，按操作规程关机。

五、数据处理与分析

(1)以峰面积为纵坐标，离子浓度为横坐标，绘制标准曲线，分析得到不同离子的线性方程。

(2)根据所建立的线性方程，计算样品中各离子的含量。

(3)将测试结果填入下表，并计算三次测量的平均值。

待测离子	第一次测量值	第二次测量值	第三次测量值	平均值
Na^+				
NH_4^+				
K^+				

六、实验注意事项

(1)待仪器基线稳定后，再进行分析。

(2)建立标准曲线时，按照浓度由低到高的顺序进行。

(3)样品浓度如超过线性范围，可用超纯水稀释到合适的浓度后再进行分析。

七、思考题

(1)离子色谱有哪几种类型？它们的分离机理分别是什么？

(2)离子色谱仪由哪几部分构成？它们的作用分别是什么？

实验三十四　矿泉水中多种阳离子的测定

一、实验目的

(1)掌握离子色谱法的基本原理。

(2)了解离子色谱仪的基本结构、性能和使用方法。

(3)学习离子色谱仪检测阳离子的方法。

二、实验原理

实验原理同实验三十二。

三、仪器与试剂

1. 仪器

离子色谱仪；阳离子交换柱；阳离子保护柱；阳离子抑制器；溶剂过滤器；微量

进样器。

2. 试剂

阳离子标准溶液：用优级纯硝酸盐分别配制浓度为 1000 mg/L 的 Na^+、NH_4^+、Ca^{2+}、Mg^{2+}和 K^+的储备液；水样：市售矿泉水。

四、实验步骤

(1)按下表配制 5 种离子的混合标准溶液。

离子＼浓度/(mg/L)	1	2	3	4	5
Na^+	0.1	0.3	0.5	1.0	1.5
NH_4^+	0.1	0.3	0.5	1.0	1.5
Ca^{2+}	0.1	1.0	2.0	5.0	8.0
Mg^{2+}	0.1	0.3	0.5	1.0	1.5
K^+	0.1	0.3	0.5	1.0	1.5

(2)按操作规程开机，使仪器处于工作状态。

(3)设备工作条件：设置流速、抑制器电流和柱温箱温度等工作参数。

(4)建立标准曲线：将配制好的标准溶液由低浓度到高浓度依次进样分析，绘制标准曲线。

(5)样品测定：用 0.45 μm 微孔滤膜过滤样品，进样测量。

(6)实验结束后，按操作规程关机。

五、数据处理与分析

(1)以峰面积为纵坐标，离子浓度为横坐标，绘制标准曲线，分析得到不同阳离子的线性方程。

(2)根据所建立的线性方程，计算样品中各离子的含量。

六、实验注意事项

实验注意事项同实验三十三。

第 11 章　毛细管电泳技术

毛细管电泳(capillary electrophoresis，CE)又称高效毛细管电泳(HPCE)，作为一种全新的分析分离技术在 20 世纪 80 年代后期获得了高速发展，是现代分析化学中在高效液相色谱的巨大成功后又一引起分离科学工作者极大关注的技术。它是以高压电场作为驱动力，以毛细管为分离通道，依据样品中不同组分之间淌度和分配系数等的差异而实现分离的一类液相分离技术。毛细管电泳技术的高速发展得益于其本身强大的优势，它具有分离速度快、效率高、对于实验试剂超低的需求量、操作模式多且灵活、环境友好等优点，可用于生化分析、环境分析、药物分析、食品分析及侦破学分析等众多领域。

11.1　毛细管电泳技术的基本原理

毛细管电泳是在高压电场的驱动下，被测样品在毛细管分离通道中依据各组分之间淌度和分配行为的差异而完成分离的一类液相分离技术。在电解质溶液中，带电粒子由于所带电性不同，经电场作用后以不同的速度向其所带电荷相反方向迁移的现象称为电泳。石英材质的毛细管是毛细管电泳中最常使用的，当管内溶液 pH>3 时，其内表面带有负电，和溶液接触后形成双电层，并且使管内溶液带上正电荷。在高电压作用下，带正电荷的管内溶液整体地朝负极方向迁移形成电渗流(EOF)。电泳和 EOF 两种速度的矢量和决定了带电粒子在毛细管内的迁移速度。正离子由于与电渗流同方向，矢量和最大，故最先流出；中性粒子不受电场影响，所以电泳速度为“零”，故其迁移速度和方向均与电渗流相同；负离子与电渗流方向相反，但因一般情况下电渗流速度相对高于电泳速度，所以它的速度矢量和最小，将是最后流出的离子。如上所述，各种粒子不同的迁移速度和电渗流共同的作用实现了样品中组分的分离。这就是毛细管电泳的分离原理(图 11-1)。

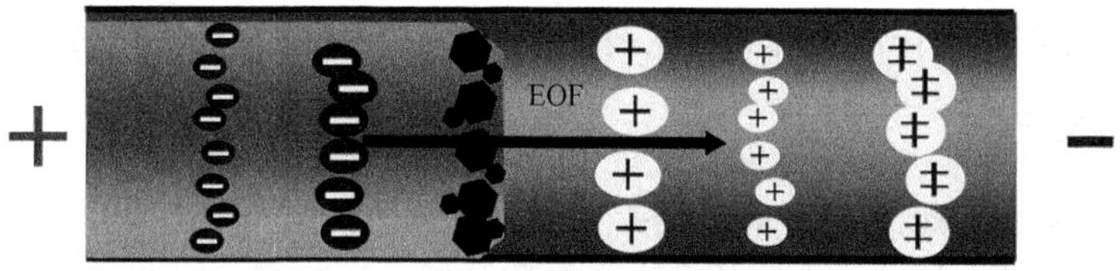

图 11-1　毛细管电泳分离原理

11.2 影响毛细管电泳分离的因素

11.2.1 温度

温度可以影响电渗流大小，影响分离效率和分离的重现性。大多数生物化学样品需要室温或更低的温度。温度升高，溶液黏稠度降低，EOF 变大，使分析时间减短，提高分析效率。但温度过高时，毛细管内焦耳热增大，柱效降低，使分离效率降低。

11.2.2 缓冲溶液

实验中所需的 pH 环境是决定缓冲试剂的主要因素，在相同的 pH 下，采用不同缓冲试剂所得到的电泳分离效果也不尽相同，有的可能大相径庭。毛细管电泳中常用的缓冲溶液有：磷酸盐、硼砂或硼酸、乙酸盐等。缓冲溶液浓度直接影响电泳介质的离子强度，进一步改变 EOF 的大小。离子强度随着缓冲溶液浓度升高而增加，导致电渗流减小，组分在溶液中迁移速率变慢，这种情况可以有效分离迁移时间短的组分，提高分析效率。同时，缓冲溶液浓度的提高可以变相达到样品富集的效果，增加样品的容量，从而提高分析灵敏度。但是，缓冲溶液浓度太高所带来的热效应会使样品组分峰形扩展，影响分离效果。尤其在酶反应分析中会直接导致酶的活性降低甚至失活。

11.2.3 pH

缓冲体系 pH 的选择要从两个方面考虑，一个是样品的性质，另一个是分离效率。不同样品对应不同的最佳分离 pH，如在酶反应体系中，缓冲溶液的 pH 必须控制在 7～9，否则就会影响酶反应的进行。pH 影响毛细管内壁硅羟基的质子化程度，pH 为 4～10，随着 pH 的增大，毛细管表面电离度增多，电荷密度增多，管壁ζ电势增大，电渗流随之升高；pH<3 时，表面硅羟基完全被 H^+中和，使毛细管表面呈电中性，从而使得电渗流为零。

11.2.4 添加剂

添加剂可以有效改善分离效果，如中性盐、两性离子、表面活性剂及有机溶剂等，通过与管壁发生可逆或不可逆吸附作用影响管壁电荷分布，进而引起电渗流明显变化。表面活性剂常用作电渗流的改性剂，通过改变浓度来控制电渗流的大小和方向。

11.2.5 分离电压

分离电压影响分离效率和分析速度。当毛细管长度确定后，样品的迁移速度与分离电压呈一定比例，故分离电压的升高会导致分析时间缩短，但电压的升高带来的负面效应是焦耳热增大，电泳谱图基线稳定性变差，分离的灵敏度降低；分离电压降低，分离效果提高，但分析时间增加，引起峰形展宽，导致分离效率降低。因此，选择合适的分离电压对分离效率有关键作用。

11.3　毛细管电泳的分离模式

毛细管电泳有多种分离模式，根据采用的分离介质和运用的分离方法不同，可以划分为以下几种。

11.3.1　毛细管区带电泳

毛细管区带电泳(capillary zone electrophoresis，CZE)是目前应用领域最广泛和使用最普及的模式，应用领域囊括了蛋白质、多肽、氨基酸分子等大多数带电粒子的分离。CZE 的电泳介质已经从普通的电解质水溶液发展到目前的无电解质溶剂。

11.3.2　胶束电动毛细管色谱

胶束电动毛细管色谱(micellar electrokinetic capillary chromatography, MECC)是通过向溶液中添加表面活性剂，当其浓度大于临界胶束浓度时，在运动的缓冲液中就形成内部具有疏水性、外表带负电荷的胶束。MECC 利用具有不同疏水性的粒子在水相和胶束相分配比例不同使 CE 能分离中性物质，扩大了 CE 的应用领域。

11.3.3　毛细管凝胶电泳

毛细管凝胶电泳(capillary gel electrophoresis, CGE)是采用具有分子筛效果的凝胶作为支持物添加到毛细管中，能够有效降低样品组分的扩散，在电泳谱图中可以得到尖锐的组分峰形，大大提高了分离效率。

11.3.4　毛细管等电聚焦

毛细管等电聚焦(capillary isoelectric focusing, CIEF)主要利用有 pH 梯度的介质分离蛋白质这类两性物质。在电场作用下，驱使不同等电点的蛋白质迁移至等电点位置。此方法具有超高的分辨率，因为被分离物质之间的等电点只要有微弱的差别就可以实现分离。CIEF 已经在蛋白质等电点的测量、异构体高效分离等方面取得了显著的成绩。

11.3.5　毛细管等速电泳

毛细管等速电泳(capillary isotachophoresis，CITP)是唯一一种不连续的分离系统。通过先导电解质和后继电解质联用，淌度不同的组分得以分离。此方法目前已不多见，是早年常用技术。

11.3.6　毛细管电色谱

毛细管电色谱(capillary electrochromatography，CEC)集中了 HPLC 的高选择性和 CE 的高效性，原理是将 HPLC 中固定相微粒添加到毛细管中，在电渗流驱动下，样品流经固定相微粒时发生相互作用而实现分离。

11.3.7　毛细管筛分电泳

毛细管筛分电泳(capillary sieving electrophoresis，CSE)是在毛细管内填充多聚物作为分离介质，如甲基纤维素对分子的泳动起阻碍作用。其作用机制类似于平板电泳凝胶的筛网作用，大分子比小分子所受的阻碍大，泳动速度减慢。

11.3.8　非水毛细管电泳

非水毛细管电泳(nonaqueous capillary electrophoresis，NACE)是利用非水溶剂替代水作为电解液的分析方法。在 NACE 中，改变溶剂可调控电渗流，进而改变样品的迁移速度以实现分离。其用于对疏水物质、在水溶剂中淌度相近的物质及在水溶液中难以反应的物质进行分离分析。

11.4　毛细管电泳仪

毛细管电泳仪的结构并不复杂，其仪器装置如图 11-2 所示，主要有高压电源、毛细管柱、检测器，以及两个供毛细管两端插入且可与电源相连的缓冲液槽。

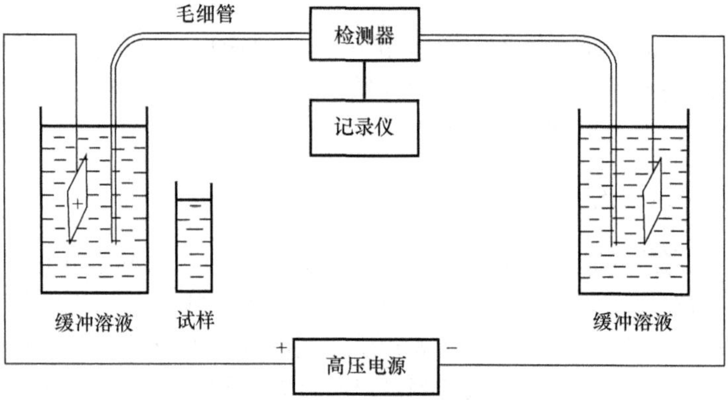

图 11-2　毛细管电泳仪结构示意图

毛细管是毛细管电泳仪的核心部件，是内径为 25～100 μm、外径为 375 μm 的弹性(聚酰亚胺)涂层熔融石英管。毛细管的特点是：容积小，侧面积/截面积的值大，因而散热快、可承受高电场。高压电源供给 Pt 电极上的电压可达 5～30 kV。

由于 CE 分离使用的毛细管非常细，进样量为微升甚至纳升级别，因此对检测器的灵敏度有非常严苛的要求。目前常用的 CE 检测器有：

(1)紫外(UV)检测器：UV 检测器是毛细管电泳中应用最普及、使用频率最高的检测器。

(2)激光诱导荧光(LIF)检测器：LIF 检测器以超高的灵敏度而著称，使用领域也很广泛。

(3) CE/MS 联用：质谱是一种渐趋成熟，高专属性、高灵敏度的检测手段。CE 与 MS 联用，实现柱后检测，成为一种强有力的检测手段。

(4) 电化学(EC)检测器：EC 检测器选择性好，灵敏度高，但电极的制作和设计较困难，使应用受到限制。

(5) 化学发光(CL)检测器：CL 检测器具有灵敏度高、反应速度快、线性范围宽等特点。

CE 可与多种检测手段连用，但由于 CE 对灵敏度要求很高，因此激光诱导荧光、电化学、化学发光、质谱等具有高灵敏度的检测方法有更理想的应用前景。此外，研究人员也开始对灵敏度高、操作简洁的间接检测法给予了很高的关注。

实验三十五　毛细管电泳法测定食品中的添加剂

一、实验目的

(1) 掌握毛细管电泳法的测定原理。

(2) 熟悉毛细管电泳-紫外检测系统的结构和操作方法。

(3) 掌握用毛细管电泳法测定食品中多种添加剂含量的方法。

二、实验原理

实验原理见 11.1 节。

三、仪器与试剂

1. 仪器

高效毛细管电泳仪；内径 75 μm 弹性石英毛细管；pH 计；超声波清洗器；离心机；捣碎机；0.22 μm 微孔滤膜等。

2. 试剂

胆酸钠、磷酸二氢钾、硼砂、咖啡因、甜精、阿力甜、天门冬氨酯、脱氢乙酸、苯甲酸、山梨酸、糖精、乙酰舒泛钾，均为分析纯。

缓冲溶液：将 2.16 g 脱氧胆酸钠溶解在 100 mL 1∶1(体积比)混合的 0.02 mol/L 和 0.02 mol/L 硼酸钠钾溶液中，调节溶液的 pH 为 8.6。该溶液在使用前用 0.22 μm 微孔滤膜过滤，超声脱气 5 min 备用。

标准溶液(150 μg/mL)：分别取 1 mg/mL 储备液 150 μL，然后加入 850 μL 水，混匀即可得 150 μg/mL 的标准溶液。

混合标准液：将咖啡因、甜精、阿力甜、天门冬氨酯、脱氢乙酸、苯甲酸、山梨酸、糖精、乙酰舒泛钾标准溶液混合，配制浓度为 10 μg/mL 的混合标准溶液，其中脱氢乙酸为内标物，使用前用 0.22 μm 微孔滤膜过滤，备用。

待测食品样品：市售饮料、果冻。

四、实验步骤

1. 样品的预处理

市售饮料：样品用去离子水适度定量稀释，加入最终浓度为 10 μg/L 的脱氢乙酸作为内标物，经超声脱气除去二氧化碳，用 0.22 μm 微孔滤膜过滤，待测。

市售果冻：取 5 g 市售果冻样品，加水研磨，置于 25 mL 具塞量筒中，加水定容，剧烈振荡后，分别取均匀的样品 3 份放入 4 mL 离心管中，4000 r/min 离心 10 min。取上清液，加入最终浓度为 10 μg/L 的脱氢乙酸作为内标物，用 0.22 μm 微孔滤膜过滤，待测。

2. 毛细管电泳操作条件

内径 75 μm 弹性石英毛细管 60 cm，有效长度 50 cm；分离电压 20 kV；检测波长 220 nm；为了提高重现性，两次进样之间用 0.1 mol/L NaOH 溶液冲洗 2 min，用水冲洗 2 min，最后用缓冲溶液冲洗 2 min，缓冲溶液电平衡 5 min。10 cm 高差进样 5 s。

3. 标准曲线的绘制

将 8 种食品添加剂分别配制成一系列不同浓度的标准溶液（10 μg/mL、20 μg/mL、30 μg/mL、40 μg/mL、50 μg/mL），在毛细管电泳操作条件下测定。以添加剂的浓度为横坐标、峰面积为纵坐标，绘制 8 种食品添加剂的标准曲线。

4. 样品测定

在毛细管电泳条件下分别对市售饮料和果冻进行测定，采用外标法定量。

五、数据处理与分析

(1)绘制 8 种食品添加剂的标准曲线，并填表 11-1。

表 11-1　各组分标准曲线

添加剂	线性方程 $y=ax+b$	线性相关系数 R^2
咖啡因		
甜精		
阿力甜		

续表

添加剂	线性方程 $y=ax+b$	线性相关系数 R^2
天门冬氨酯		
山梨酸		
苯甲酸		
糖精		
乙酰舒泛钾		

(2)对于样品的分析，由电泳图谱可知各个样品中有哪些食品添加剂检出，采用内标法定量，计算样品中各检出添加剂的浓度。

六、实验注意事项

(1)毛细管电泳仪需要放置在环境干燥的室内，防止环境湿度过高导致高压放电。

(2)电泳缓冲溶液需要经常更换，连续过长时间使用会导致电渗流和离子淌度发生变化。

(3)样品和缓冲溶液需要用 0.22 μm(或 0.45 μm)微孔滤膜过滤后使用。

(4)在分离过程中，毛细管的功率应低于 0.05 W/cm，以免损坏毛细管。

(5)在电泳分离运行过程中，不得打开仪器盖，只有在关闭电压情况下才能打开仪器盖。

(6)做完实验后，需要用去离子水冲洗毛细管 5～10 min，并将毛细管两端置于去离子水中保存。如果长期不用，应将毛细管用氮气吹干后再保存。

七、思考题

(1)毛细管电泳技术分离的基本原理是什么?

(2)毛细管电泳技术如何进行定性和定量分析?

(3)实验中的样品溶液和缓冲溶液为什么均需要用微孔滤膜过滤后进入毛细管?

(4)讨论电渗流在毛细管内的形成机理及在毛细管电泳技术中的作用。

(5)相对于经典电泳，试讨论毛细管电泳技术的优势。

(6)为保证毛细管电泳分离分析的重现性，需要注意哪些因素?

实验三十六　爆炸残余物的毛细管电泳技术分析

一、实验目的

(1)掌握毛细管电泳法的测定原理。

(2)熟悉毛细管电泳-间接紫外检测原理。

(3)熟悉胶束电动毛细管色谱的分离原理。

(4)掌握用毛细管电泳法测定爆炸残余物的方法。

二、实验原理

胶束电动毛细管色谱(MEKC)是电泳技术和色谱技术的巧妙结合，其分离原理是在电泳缓冲溶液中加入表面活性剂，以其形成的胶束为准固定相，以胶束增溶为分配原理，依据溶质分子在胶束准固定相和水溶液相间的分配差异而实现分离。

在 MEKC 中，作为假固定相的胶束是指在电泳缓冲溶液中添加的表面活性剂的浓度超过其临界胶束浓度(CMC)时形成的有序排列(胶束状)的分子聚集体，常用的是阴离子型、阳离子型、非离子型和两性离子表面活性剂。因为胶束的化学结构影响分析物和胶束的相互作用，进而影响整个分析过程，所以胶束作为假固定相在分离过程中起着非常重要的作用。

无机炸药是指由无机化合物所构成的炸药，如硝铵炸药、黑火药、氯酸盐炸药和雷汞等。这些炸药含有钠盐、铵盐、氯化物、高氯化物、硝酸盐、硫酸盐等，这些物质的检测对于无机爆炸残余物成分的鉴定具有很重要的作用。以上提及的无机离子在紫外光区吸收都非常弱甚至没有吸收，因此间接紫外吸收法更适用于这些离子的分离实验。炸药中，有机化合物也占有很大比例，如三硝基甲苯、苦味酸、黑索金、特屈儿，还有大量的硝基化合物等。由于爆炸残余物中有机组分在通常的电泳条件下是中性组分，因此采用胶束电动毛细管色谱，在含有十二烷基磺酸钠(SDS)的硼砂缓冲溶液中进行分离。

三、仪器与试剂

1. 仪器

高效毛细管电泳仪；熔融石英毛细管(50 μm i.d.；365 μm o.d.；50 cm/41 cm)；pH 计；超声波清洗器；离心机；0.22 μm 微孔滤膜等。

2. 试剂

α-羟基异丁酸(HIBA)、咪唑、冠醚、十六烷基三甲基溴化铵(CTAB)、SDS、硼砂、铬酸钠、氯化钠、氯化铵、氯化钾、硫酸镁、硫酸钠、硝酸钾、氯酸钠、亚硝酸钠，均为分析纯；三硝基甲苯(TNT)、黑索金(RDX)、太安(PETN)、特屈儿(Tetryl)、奥克托今(HMX)为标准品；实验用水为去离子水。所有实验用溶液均用 0.22 μm 微孔滤膜过滤。

四、实验步骤

1. 毛细管电泳操作条件

内径 50 μm 弹性石英毛细管 50 cm，有效长度 41 cm；初次使用的毛细管依次用 0.1 mol/L NaOH、H_2O 和缓冲溶液冲洗 10 min，两次电泳之间用缓冲溶液冲洗 5 min，之后缓冲溶液电平衡 5 min。

2. 无机阳离子测定

无机阳离子标准样品储备液：氯化钠、氯化铵、氯化钾、硫酸镁分别用去离子水配制，浓度为 100 mg/L，测试时用缓冲溶液稀释至一定浓度。缓冲溶液为 6 mmol/L 咪唑、17.5 mmol/L HIBA、4 mmol/L 冠醚，调节 pH 为 4.4，使用前用 0.22 μm 微孔滤膜过滤，备用。分离电压为 25 kV，检测波长为 215 nm，10 kV 电动进样 3 s。

3. 无机阴离子测定

无机阴离子标准样品储备液：氯化钠、硫酸钠、硝酸钾、氯酸钠、亚硝酸钠分别用去离子水配制，浓度为 100 mg/L，测试时用缓冲溶液稀释至一定浓度。缓冲溶液为 70 mmol/L Na_2CrO_4、10 mmol/L $Na_2B_4O_7$、0.5 mmol/L CTAB，调节 pH 为 9.34，使用前用 0.22 μm 微孔滤膜过滤，备用。分离电压为−10 kV，检测波长为 254 nm，−10 kV 电动进样 3 s。

4. 有机化合物测定

TNT、RDX、PETN、HMX、Tetryl 分别溶于丙酮，配制为 100 mg/L 标准样品储备液，测试时用缓冲溶液稀释至一定浓度。电泳缓冲溶液为 25 mmol/L $Na_2B_4O_7$-25 mmol/L SDS，调节 pH 为 9.15，使用前用 0.22 μm 微孔滤膜过滤，备用。分离电压为+20 kV，检测波长为 214 nm，高差 10 cm 进样 3 s。

5. 标准曲线的绘制

将 4 种阳离子、5 种阴离子和 5 种有机组分分别配制成一系列不同浓度的标准溶液(0.5 μg/mL、1 μg/mL、2 μg/mL、4 μg/mL、6 μg/mL、8 μg/mL、10 μg/mL)，在毛细管电泳操作条件下测定。以添加剂的浓度为横坐标、峰面积为纵坐标，绘制各种组分的标准曲线。

五、数据处理与分析

绘制各组分的标准曲线(线性方程、线性相关系数、浓度范围及检出限)，并填表 11-2。

表 11-2　各组分标准曲线

组分	线性方程	线性相关系数	浓度范围	检出限
Na^+				
Mg^{2+}				
K^+				
NH_4^+				
SO_4^{2-}				
Cl^-				
ClO_3^-				
NO_3^-				
NO_2^-				
HMX				
TNT				
PETN				
RDX				
Tetryl				

六、实验注意事项

(1)使用胶束电动毛细管色谱,注意缓冲溶液中应加入大于临界胶束浓度的表面活性剂，以形成稳定的胶束准固定相。

(2)样品和缓冲溶液瓶需要加盖,同时尽量降低进样温度,使用有机溶剂时要特别注意溶剂挥发问题。

七、思考题

(1)毛细管电泳-间接紫外检测的基本原理是什么?

(2)毛细管电泳-间接紫外检测的波长如何确定?

(3)胶束电动毛细管色谱技术可以检测哪些物质?

(4)影响胶束电动毛细管色谱检测结果的因素有哪些?

(5)毛细管电泳的分离模式有哪些？试讨论各分离模式的优缺点。

实验三十七　毛细管电泳法检测蜂蜜中残留的抗生素

一、实验目的

(1)掌握毛细管电泳法的测定原理。

(2)熟悉毛细管电泳-紫外检测原理。

(3)掌握用毛细管电泳法测定蜂蜜中残留抗生素的方法。

二、实验原理

食品中的抗生素过多会损害人体健康。抗生素由于被广泛用于饲料添加剂和各种动物药物中，因而在畜牧产品和蜂蜜制品中会有残留。此外，一些四环素类抗生素如金霉素和土霉素用作食品保鲜剂以延长富含蛋白质的食品、冷冻食品等的保质期。采用 CE 对食品中抗生素残留量进行检测，原理同实验三十五。

三、仪器与试剂

1. 仪器

高效毛细管电泳仪；熔融石英毛细管(50 μm i.d.；365 μm o.d.；57 cm/50 cm)；pH 计；超声波清洗器；离心机；0.20 μm 的微孔滤膜等。

2. 试剂

四环素(TC)、土霉素(OTC)、多西环素(DOC)、金霉素(CTC)和氯霉素(CP)5 种抗生素为标准品；乙腈、*N*，*N*-二甲基甲酰胺(DMF)、二甲基亚砜(DMSO)、乙二胺、*N*-甲基吗啡啉、磷酸氢二钠及柠檬酸，均为分析纯。所有溶液均用去离子水配制，并经 0.22 μm 微孔滤膜过滤。

标准样品溶液：分别准确称取 5 种抗生素各 10.0 mg，置于 100 mL 容量瓶中，用 0.02 mol/L 磷酸氢二钠-0.01 mol/L 柠檬酸缓冲液(pH=3.2，含体积分数为 12%的乙腈)定容。置于 4 ℃冰箱中保存，备用。

样品溶液：准确称取蜂蜜样品 10.0 g，用温水溶解后，转移到 100 mL 容量瓶中，冷却到室温后用重蒸水定容，混匀。用离心管取 2.0 mL，1000 r/min 离心 5 min，取上清液进行毛细管电泳分析。

四、实验步骤

1. 毛细管电泳操作条件

内径 50 μm 弹性石英毛细管 57 cm，有效长度 50 cm；初次使用的毛细管依次用 0.1 mol/L NaOH、H_2O 和缓冲溶液冲洗 10 min，两次电泳之间用缓冲溶液冲洗 5 min，之后缓冲溶液电平衡 5 min。

电泳缓冲溶液为 0.02 mol/L 磷酸氢二钠-0.01 mol/L 柠檬酸，添加体积分数为 12%的乙腈，并调节 pH 至 3.2。紫外检测波长为 270 nm。10 cm 高差进样 5 s。

2. 标准曲线的绘制

配制浓度为 0.030 mg/L、0.075 mg/L、0.15 mg/L、0.30 mg/L、0.45 mg/L、0.60 mg/L、0.75 mg/L 的标准样品溶液，在确定的电泳条件下做电泳分析。以峰面积为纵坐标、样品浓度为横坐标，绘制标准曲线。

3. 蜂蜜中抗生素残留量的检测

在毛细管电泳条件下对市售蜂蜜进行测定，采用外标法定量。

五、数据处理与分析

绘制各组分的标准曲线(线性方程、线性相关系数、浓度范围及检出限)并填表 11-3。

表 11-3 各组分标准曲线

组分	线性方程	线性相关系数	浓度范围	检出限
四环素				
土霉素				
多西环素				
金霉素				
氯霉素				

六、实验注意事项

(1) 样品和缓冲溶液瓶需要加盖，同时尽量降低进样温度，使用有机溶剂时要特别注意溶剂挥发问题。

(2) 缓冲溶液的种类和 pH 的选择对提高分离效率很重要，四环素类抗生素和氯霉素的等电点(pI)为 4～6，故它们在 pH 2～8 较稳定。而磷酸氢二钠-柠檬酸的 pH 缓冲范围为 2.6～7.6，且磷酸盐和柠檬酸在短波长下光吸收低，不会增加基线噪声，降低了可检测浓度，因此选用磷酸氢二钠-柠檬酸缓冲体系。

(3) 温度对电渗流有影响，在电泳分析过程中要控制恒温。

七、思考题

(1) 在毛细管电泳的缓冲溶液中添加有机溶剂有哪些作用?

(2) 毛细管电泳-紫外检测的波长如何确定?

(3) 缓冲溶液的种类和 pH 选择应依照哪些原则?

(4) 如何确定蜂蜜样品中含有哪种抗生素? 抗生素的含量如何获得?

实验三十八 毛细管电泳法检测茶叶中多酚类化合物

一、实验目的

(1) 掌握毛细管电泳法的测定原理。

(2) 熟悉毛细管电泳-紫外检测原理。

(3) 掌握用毛细管电泳法测定茶叶中多酚类化合物的方法。

二、实验原理

茶叶中含有许多对人体有保健作用的功效成分，除了丰富的维生素和矿物质外，还含有茶蛋白、茶多酚、茶多糖、咖啡因、茶叶皂甙、氨基酸、茶色素等。其中，茶多酚是对人体健康最有益的物质之一，是茶叶中酚类物质及其衍生物的总称，主要包括儿茶素类、黄酮、黄酮醇类、花青素类、花白素类和酚酸及缩酚酸类。茶多酚类化合物具有强抗氧化性和降糖、减肥、抗动脉粥样硬化、抗衰老、抗辐射等作用，目前其肿瘤化学预防作用及抗 HIV 作用也引起了人们的广泛关注。采用 CE 测定茶叶中多酚类化合物，原理同实验三十五。

三、仪器与试剂

1. 仪器

高效毛细管电泳仪；熔融石英毛细管(75 μm i.d.；365 μm o.d.；57 cm/50 cm)；pH 计；超声波清洗器；离心机；0.22 μm 微孔滤膜等。

2. 试剂

标准对照品儿茶素(catechin)、表儿茶素(epicatechin)、槲皮素(quercitin)、山柰酚(kaempferol)和杨梅素(myricetin)。其他试剂均为分析纯；所有溶液均用去离子水配制，并经 0.22 μm 微孔滤膜过滤。

标准品溶液：儿茶素、表儿茶素、槲皮素、山柰酚和杨梅素储备液(1.0 mg/mL)均用乙醇配制，10 ℃冰箱中保存，备用。用于条件实验的标准溶液由储备液用乙醇稀释得到。

运行电解质溶液：运行电解质溶液为含有 10 mmol/L $Na_2B_4O_7$、5 mmol/L β-环糊精(β-CD)和 8%(体积分数)乙腈的缓冲溶液(pH 9.11)。

样品溶液：称取一定量经干燥粉碎的茶叶样品或添加了一定量目标物标准品的茶叶样品，加入 40 mL 甲醇和 4 mL 盐酸，85 ℃下水浴回流 1.5 h，过滤并用少量甲醇多次洗涤残渣，合并滤液与洗涤液，减压蒸馏至近干，残渣用甲醇溶解并定容到 50 mL。

所有溶液在使用前均用 0.22 μm 微孔滤膜过滤。

四、实验步骤

1. 毛细管电泳操作条件

内径 75 μm 弹性石英毛细管 57 cm，有效长度 50 cm；初次使用的毛细管依次用 0.1 mol/L NaOH、H_2O 和缓冲溶液冲洗 10 min，两次电泳之间用缓冲溶液冲洗 5 min，之后缓冲溶液电平衡 5 min。

电泳缓冲溶液为 10 mmol/L $Na_2B_4O_7$、5 mmol/L β-CD 和 8%乙腈的缓冲溶液(pH 9.11)。紫外检测波长为 200 nm。10 cm 高差进样 5 s。

2. 标准曲线的绘制

配制浓度为 2.0 μg/mL、10 μg/mL、25 μg/mL、50 μg/mL、75 μg/mL、100 μg/mL、125 μg/mL、150 μg/mL 的儿茶素、表儿茶素、山柰酚、杨梅素和槲皮素的标准品混合溶液，在确定的电泳条件下做电泳分析。以各组分的相对峰面积 A 为纵坐标，标准溶液的浓度 c 为横坐标进行回归分析，绘制各组分的标准曲线。

3. 样品分析

在选定的最佳电泳条件下，分别对几种市售茶叶中的儿茶素、表儿茶素、山柰酚、杨梅素和槲皮素进行分析测定。同时，在茶叶样品中添加一定量的儿茶素、表儿茶素、山柰酚、杨梅素和槲皮素标准品后，再按上述方法处理样品和测定，对各样品进行加标回收实验。

五、数据处理与分析

绘制各组分的标准曲线(线性方程、线性相关系数、浓度范围及检出限)并填表 11-4。

表 11-4　各组分标准曲线

组分	线性方程	线性相关系数	浓度范围	检出限
儿茶素				
表儿茶素				
山柰酚				
杨梅素				
槲皮素				

市售茶叶中儿茶酚的含量采用外标法定量计算。

六、实验注意事项

(1) 缓冲溶液种类的选择对提高分离效率很重要。由于被测组分均含有羟基，可以与硼原子配位并电离而带负电荷，实验可选择毛细管区带电泳分离模式和硼砂缓冲溶液为电解质溶液。

(2) 分离电压、毛细管柱温和压力进样时间对分离检测均有影响，在电泳分析过程中要控制恒温，优化分离电压和进样时间。

七、思考题

(1) 在电泳缓冲溶液中添加β-环糊精和有机溶剂有哪些作用?

(2) 如何确定茶叶样品中含有哪种儿茶酚？儿茶酚化合物的含量如何获得?

第 12 章 薄层色谱法

12.1 薄层色谱法的特点及应用范围

薄层色谱(thin layer chromatography, TLC)是一种在薄层板上进行色谱分离和分析的方法，其应用范围相当广泛，可快速分离脂肪酸、类固醇、氨基酸、核苷酸、生物碱及其他多种物质，并可对待测组分进行定性分析、官能团鉴定、定量分析、制备纯物质或基准物等，涉及化学化工、医药卫生、环境监测、临床诊断、生物化学、食品化学等多个领域。该方法具有以下特点：

(1)操作方便，设备简单，分离效果好、速度快。

(2)对分离样品的性质没有限制，灵敏度较高。

(3)薄层色谱具有多路柱效应，一个薄层板可同时分离多个样品。

(4)分辨率较高，固定相和流动相的选择范围广，所需展开剂量极少。

(5)含有样品的薄层板可重复扫描检测，可提供样品的原始色彩图像。

(6)可与其他技术联用，进一步提高灵敏度和检测限。

12.2 薄层色谱法的基本原理

薄层色谱法依其所采用的薄层材料性质和物理、化学原理的不同，可分为吸附薄层色谱、分配薄层色谱、离子交换薄层色谱和排阻薄层色谱等。吸附薄层色谱通常是把硅胶、氧化铝等固定相均匀地涂布在玻璃板或金属板上，经活化处理后将样品溶液点在薄层板上。然后把薄层板的一端浸入展开剂中进行展开。根据各组分在固定相及流动相中有不同的吸附、溶解等能力，经过固定相及流动相对组分的吸附、解吸、再吸附、再解析等多次反复作用，溶质随着展开剂移动。吸附力强的溶质随展开剂移动慢，吸附力弱的溶质随展开剂移动快，使各组分在薄层板上表现出不同的移动速度，从而得到分离。

薄层色谱常以比移值 R_f 值作为组分定性的参数，R_f 值定义为一个化合物斑点中心在吸附剂上移动的距离与溶剂自样品原点至前沿移动的距离的比值(图 12-1)：

$$R_f=\frac{\text{原点中心到展开后的组分斑点中心距离}(a)}{\text{原点中心到溶剂前沿距离}(b)}$$

R_f 与化合物种类、吸收剂性质、温度、展开剂及实验条件等因素有关。

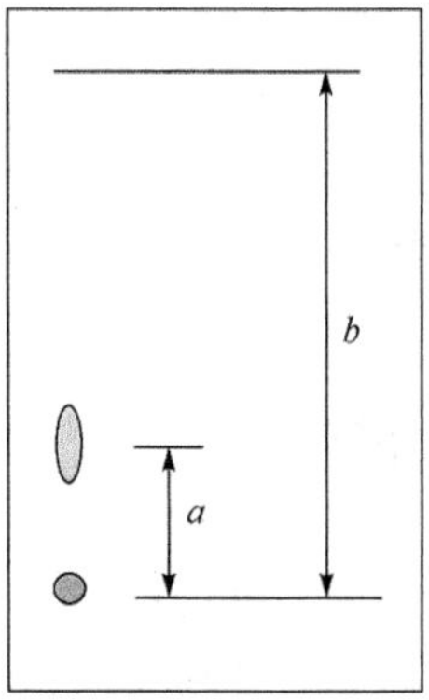

图 12-1 R_f值示意图

测定组分比移值时须将已知的组分与混合试样在同一实验条件下进行层析，根据斑点位置，分别确定各组分的比移值。对单个组分来说，应是比移值越大越好，而对混合组分的分离来说,则要求各组分比移值的差越大越好。

展开剂是影响色谱分离度的重要因素。一般来说，展开剂的极性越大，对特定化合物的洗脱能力也越大。常用展开剂按照极性从小到大的顺序排列大概为：石油醚<己烷<甲苯<苯<氯仿<乙醚<四氢呋喃<乙酸乙酯<丙酮<乙醇<甲醇<水<乙酸。

12.3 薄层色谱扫描仪

12.3.1 薄层色谱扫描仪的结构

薄层色谱扫描仪主要由主机及计算机组成，其结构如图 12-2 所示。主机内有电子系统、光学系统和机械单元，薄层扫描及参数设定、数据处理等均由计算机控制完成。光学系统包括光源、单色器、滤光片等，其光源类型有钨灯(可见光区，370～800 nm)、氘灯(紫外区，190～450 nm)及汞灯(220～650 nm)。检测方式为吸收法、反射法、荧光法或透射法；扫描方式为线性扫描、线性-飞点扫描、斑点轨迹优化。

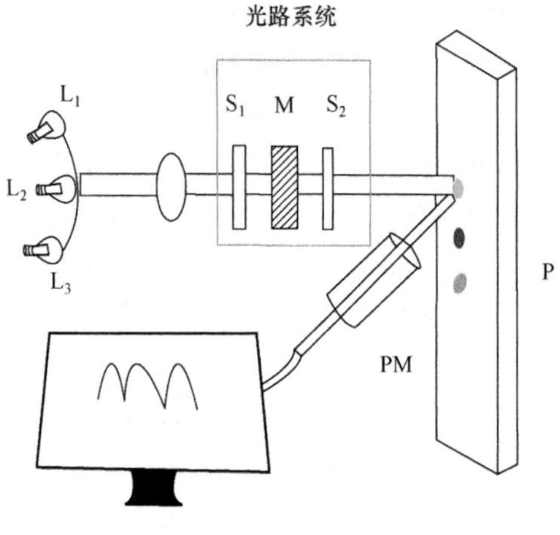

图 12-2 薄层色谱扫描仪结构示意图

L_1. 氘灯；L_2. 卤钨灯；L_3. 汞灯；S. 狭缝；P. 薄层板；M. 透镜、单色器或滤光片；PM. 光电倍增管

12.3.2　薄层色谱扫描仪的工作原理

薄层色谱扫描仪的工作原理是：用一束长、宽可以调节的一定波长、一定强度的光照射到薄层斑点上进行整个斑点的扫描，通过仪器测量斑点或被斑点反射的光束强度的变化，从而达到定量的目的。

当光照射到由许多细小颗粒组成的薄层板表面时，会产生相当多的散射光，因此在检测时，样品量与测得值之间呈非线性关系，特别是检测高浓度的样品时，较难进行定量检测。为了解决这个问题，主要采用以下三种方法：

(1) 在测量时，样品有一定的线性范围，在线性范围内和测量值间尽量选择低浓度范围的样品进行检测。

(2) Kubelka-Munk 方程：光在照射到物质表面时，光路比较复杂，Kubelka 及 Munk 推导出简化的方程式，应用于薄层扫描。

(3) 利用非线性方程定量：利用计算机先求出非线性方程，然后在测定样品时将测定值输入计算机，由此方程求出样品浓度。

12.3.3　薄层色谱扫描仪操作规程

以 CD-60 型薄层色谱扫描仪为例介绍薄层色谱扫描仪操作规程。

(1) 把处理好的硅胶板放在仪器内的卡槽中，并夹紧。

(2) 连接电源，此时主开关的绿灯亮，表示电源已接通。

(3) 双击桌面上的 DESAGA 图标，机器将进行初始化，即自检。

(4) 点击 ProQuant 1 对话框最下行的“编辑方法”，按检测要求编辑参数。

(5) 点击 ProQuant 1 对话框上的“开始扫描”，开始对样品进行扫描。

(6) 扫描结束后处理吸收峰。双击吸收峰将其放大，点击“斑点列表”可查看斑点的峰高、峰面积、*Y* 轴位置等信息。

(7) 计算：在结果列表中，点击标准曲线类型，根据 RSD、Corr 及样品、标准品信息选择。应选择 RSD 小、标准品均在正向的标准曲线。

(8) 保存结果。

实验三十九　薄层色谱法测定两种硝基苯胺异构体中的邻硝基苯胺

一、实验目的

(1) 掌握薄层色谱法的基本原理和操作技术。

(2) 掌握 CD-60 薄层色谱扫描仪的使用方法。

(3) 学习薄层色谱法定性、定量测定邻硝基苯胺的原理和方法。

二、实验原理

邻硝基苯胺的结构式如图 12-3 所示。它的异构体是间硝基苯胺和对硝基苯胺。

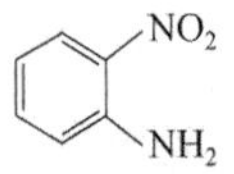

图 12-3　邻硝基苯胺的结构式

邻硝基苯胺是印染、橡胶、制药、塑料和油漆等行业的重要原料，是染料工业的中间体，也用于农药多菌灵的生产等。其毒性比苯胺大，可通过皮肤和呼吸道吸收，是一种强烈的高铁血红蛋白形成剂，形成的高铁血红蛋白造成组织缺氧，出现发绀，长期大量接触可引起中枢神经系统、心血管系统及肝脏的损害，被认为对人体有很强的致癌性。我国把苯胺类化合物列入环境中的重点污染物，并规定最高容许排放浓度为 5 mg/L。

薄层色谱法分离测定邻硝基苯胺和对硝基苯胺是以硅胶 G 为固定相，组分通过环己烷∶乙酸乙酯(9∶1，体积比)展开剂展开后，用 CD-60 薄层色谱扫描仪，在扫描波长为λ=520 nm、扫描方式为反射式条件下进行扫描。测定斑点的积分值，通过积分面积求出未知物的含量，即

$$样品浓度=\frac{标准品浓度\times 样品积分面积}{标准品积分面积}$$

三、仪器与试剂

1. 仪器

薄层板除另有规定外，一般用 10 cm×20 cm 或 20 cm×20 cm 规格的玻璃板，要求光滑、平整，洗净后不附水珠，晾干；点样器：微量注射器或定量毛细管；展开室：应使用适合薄层板大小的玻璃制薄层色谱层析缸，并有严密盖子，除另有规定外，底部应平整光滑，便于观察；烘箱；CD-60 薄层色谱扫描仪；电热板；涂布器。

2. 试剂

固定相或载体：用硅胶 G 作固定相，其颗粒大小一般要求直径为 10～40 μm。用适量羧甲基纤维素钠水溶液(0.5%～0.7%)调成糊状，均匀涂布于玻璃板上。展开剂：环己烷∶乙酸乙酯(9∶1，体积比)；样品溶液：0.5%邻硝基苯胺、0.5%对硝基苯胺的苯溶液；标准品为 0.25%邻硝基苯胺。

四、实验步骤

1. 薄层板制备

除另有规定外，将 1 份固定相和 3 份 0.5%～0.7%羧甲基纤维素钠水溶液在研钵中向同一方向研磨混合，去除表面的泡后，倒入涂布器中，在玻璃板上平稳地移动涂布器进行涂布(厚度为 0.2～0.3 mm)。取下涂好薄层的玻璃板，置水平台上于室温下晾干，后在 110 ℃烘 30 min，置于干燥箱中备用。使用前检查其均匀度(可通过透射光

和反射光检视）。在层析缸中加入展开剂约 70 mL，预饱和 20 min。

2. 点样

用点样器在活化好的薄层板上点样，一般为圆点，点样基线距底边 1～1.5 cm，点样直径为 2～4 mm，点间距离为 0.9～1.5 cm。用微量注射器分别将标准品 2 μL、样品 2 μL 点在同一薄层板上。点间距离可视斑点扩散情况以不影响检出为宜。点样时注意勿损伤薄层表面。

3. 展开

将点好样品的薄层板放入层析缸的展开剂中，浸入展开剂的深度为距薄层板底边 1.0～1.5 cm（切勿将样点浸入展开剂中），密封缸盖，展开至规定距离（一般为 7～9 cm）后，取出薄层板，晾干，待测。

4. CD-60 薄层色谱扫描仪操作步骤

由于影响薄层扫描结果的因素很多，故应在保证样品的斑点在一定浓度范围内呈线性的情况下，将样品与标准品在同一块薄层上展开后扫描，得到分离度和重现性好的薄层色谱，才能获得满意的结果。

CD-60 薄层色谱扫描仪操作步骤如下：

（1）连接电源。此时主开关的绿灯亮，表示电源已接通。将处理好的硅胶板放在仪器内的卡槽中，并夹紧。

（2）双击桌面上的 DESAGA 图标，仪器将进行初始化，即自检。

（3）记录 X、Y 值，点击 ProQuant 1 对话框最下行的“编辑方法”，输入 X、Y 值，选择测量方式（反射法），光标尺寸调至 0.2 mm×4 mm 的位置上。

（4）选择钨灯作光源，输入扫描方式及扫描波长 λ=520 nm。

（5）点击 ProQuant 1 对话框上的“开始扫描”，开始对样品进行扫描。

（6）扫描结束后处理吸收峰。双击吸收峰将其放大，点击“斑点列表”可查看斑点的峰高、峰面积、Y 轴位置等信息。

（7）计算：根据标准品及样品的积分面积，用对比法计算出样品中待测物质的含量。

（8）保存结果。

五、数据处理与分析

将组分分离测定结果填入表 12-1。

表 12-1　组分分离测定结果

样品编号	展开剂前沿距离	样品移动距离	R_f	组分含量/%
标准品				
邻硝基苯胺				
对硝基苯胺				

六、实验注意事项

(1) 制板时，一定要将吸附剂逐渐加入溶剂中，边加边搅拌。如果颠倒添加顺序，把溶剂加入吸附剂中，容易产生结块。

(2) 点样时，所用毛细管管口要平整，点样动作要轻快敏捷，否则易使斑点过大，产生拖尾、扩散等现象，影响分离效果。

(3) 快速测定，避免斑点扩散，影响结果。

七、思考题

(1) 薄层色谱有哪些应用？

(2) 邻硝基苯胺及对硝基苯胺 R_f 的大小顺序是什么？试加以说明。

实验四十　薄层色谱法快速鉴别饮料中的几种添加剂

一、实验目的

掌握薄层色谱法鉴别饮料中添加剂的基本原理和方法。

二、实验原理

市场上饮料的品种非常多，包括固体和液体饮料。许多生产厂家为了防止其中成分变质和腐败，几乎不可避免地要添加防腐剂，如苯甲酸和山梨酸；为了增加甜度，有时也使用一些甜味剂，如糖精、甘精等。这些添加剂多数存在一定的毒性。在食品卫生检查中，为了判断食品中是否含有这些添加剂，通常采用薄层色谱法进行鉴别。本实验选择不含脂肪、蛋白质的液体软饮料，样品经分离处理，与标准品同时点样于薄层板上，于层析缸中展开。糖精和甘精的展开剂为苯：乙酸乙酯：甲酸=5：10：2(体积比)；脱氢乙酸、山梨酸、苯甲酸的展开剂为苯：乙酸=20：0.7(体积比)。用甲基红和溴甲酚绿的乙醇溶液(3：2，体积比)喷板显色，观察斑点位置并计算各斑点的 R_f 值，根据各组分的比移值不同进行鉴别。

三、仪器与试剂

1. 仪器

薄层板涂布器；玻璃板(5 cm×15 cm)，要求光滑、平整，洗净后不附水珠，晾干；点样器：微量注射器(10 μL)或定量毛细管；展开室：应使用适合薄层板大小的玻璃制薄层色谱层析缸，并有严密盖子；烘箱；显色喷雾器；紫外分析仪(254 nm)。

2. 试剂

固定相或载体：薄层色谱用硅胶 G，其颗粒大小一般要求直径为 10～40 μm；甜味剂糖精、甘精；防腐剂苯甲酸、山梨酸、脱氢乙酸；苯、乙酸乙酯、甲酸、乙酸、乙醇、甲基红、溴甲酚绿，均为分析纯；展开剂：苯：乙酸乙酯：甲酸=5：10：2，苯：乙酸=20：0.7；样品溶液：各类饮料；标准品溶液分别为糖精和甘精混合溶液 1 mg/mL，苯甲酸、山梨酸、脱氢乙酸混合溶液 1 mg/mL。

四、实验步骤

1. 样品处理

不含脂肪、蛋白质液体软饮料样品如果汁、可乐、矿泉水、汽水等，稀释 10～50 倍，取 8 mL 溶液于试管中，然后加 3 g NaCl、3 滴 10% H_2SO_4 和 1 mL 乙酸乙酯，振摇 1 min 后离心分离，取乙酸乙酯层，备用。

2. 薄层板制备

此步骤同实验三十九。

3. 点样

用点样器在活化好的薄层板上点样，一般为圆点，点样基线距底边 1～1.5 cm，点样直径为 2～4 mm，点间距离为 0.9～1.5 cm。用微量注射器分别将糖精和甘精混合标准品溶液 1 μL、样品溶液 1 μL 点在同一薄层板上，并在另一薄层板上点上山梨酸、苯甲酸和脱氢乙酸混合标准品溶液及样品溶液。点间距离可视斑点扩散情况以不影响检出为宜。

4. 展开

将甜味剂样品薄层板置于苯-乙酸乙酯-甲酸（5：10：2，体积比）混合液饱和的层析缸内展开；将防腐剂样品薄层板置于苯-乙酸（20：0.7，体积比）混合液饱和的层析缸内展开。浸入展开剂的深度为距薄层板底边 1.0～1.5 cm，密封缸盖，展开 30 min 后，取出薄层板用电吹风吹干。用紫外分析仪（253.7 nm）可观察到糖精色斑。

5. 显色

将薄层板放在 70 ℃烘箱 30 min，再用 0.2%甲基红乙醇溶液和 0.1%溴甲酚绿乙醇溶液（3：2，体积比）喷板显色，观察斑点位置并计算各斑点的 R_f 值。

五、数据处理与分析

被测组分的 R_f 值及顺序分别见表 12-2 和图 12-4。

表 12-2　被测组分的 R_f 值

添加剂	展开剂	R_f
糖精	苯：乙酸乙酯：甲酸=5：10：2	
甘精	苯：乙酸乙酯：甲酸=5：10：2	
脱氢乙酸	苯：乙酸=20：0.7	
山梨酸	苯：乙酸=20：0.7	
苯甲酸	苯：乙酸=20：0.7	

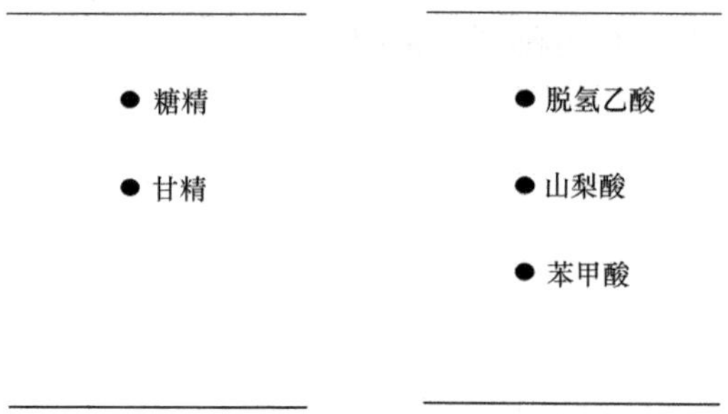

图 12-4　被测组分的 R_f 值顺序

六、实验注意事项

对低脂肪含量的固体饮料如果汁精等，可称取 20 g 样品加入 20 g 蒸馏水、1%氨水和 1%盐酸溶液，然后粉碎匀浆再离心分离，取上清液按样品处理程序进行实验，可得到相近结果。

七、思考题

(1) 如何用薄层色谱法对被测组分进行定量分析？

(2) 影响 R_f 值的主要因素有哪些？

(3) 脱氢乙酸、山梨酸、苯甲酸 R_f 的大小顺序是什么？试加以说明。

实验四十一　薄层色谱法测定黄连中盐酸小檗碱的含量

一、实验目的

(1) 学习薄层色谱法测定黄连中盐酸小檗碱含量的基本原理。

(2) 掌握薄层色谱法的基本操作技术。

二、实验原理

小檗碱常以盐酸盐的形式存在于植物中(如黄连的干燥根茎)，为黄色结晶体，其结构式如图 12-5 所示。

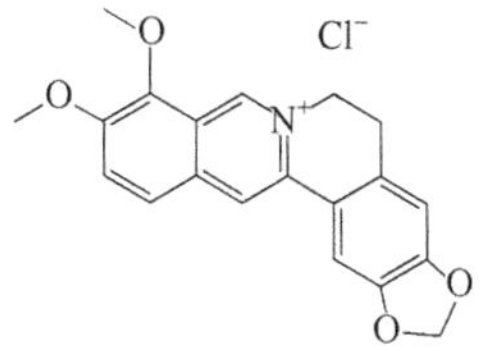

图 12-5 盐酸小檗碱的结构式

游离小檗碱在冷水中以 1∶20 溶解；热水中 1∶8；冷乙醇中 1∶100；热乙醇中 1∶12；盐酸盐中 1∶30；硫酸盐中 1∶15。它对痢疾杆菌、大肠杆菌、肺炎双球菌、金黄色葡萄球菌、链球菌、伤寒杆菌及阿米巴原虫有抑制作用。临床主要用于肠道感染及菌痢等，并有较强的体内外抗肿瘤活性。本实验以黄连中的盐酸小檗碱为分析对象，在酸性条件下，用甲醇提取样品中的盐酸小檗碱，经过滤、浓缩、薄层色谱分离，用紫外分析仪观察确定荧光的斑点位置。采用 CD-60 薄层色谱扫描仪，在激发波长 λ=366 nm 条件下进行荧光扫描。将扫描得到的谱图和积分数据采用外标两点法进行定量计算。

外标两点法是通过扫描标准品的积分面积得出 F_1 和 F_2，然后通过扫描样品点的面积求得样品的质量。外标两点法用于不通过零点的标准曲线，其计算公式为

$$C_{样品} = F_1 A_{样品} + F_2$$

$$F_1 = \frac{C_1 - C_2}{A_1 - A_2},\quad F_1 = \frac{1}{2}(C_1 + C_2) - \frac{1}{2}(A_1 + A_2)$$

式中：C 为某组分的浓度或质量；A 为测出的该组分的面积值；F_1 为比例常数，即直线的斜率；F_2 为直线与纵坐标(图 12-6)或横坐标(图 12-7)的截距。

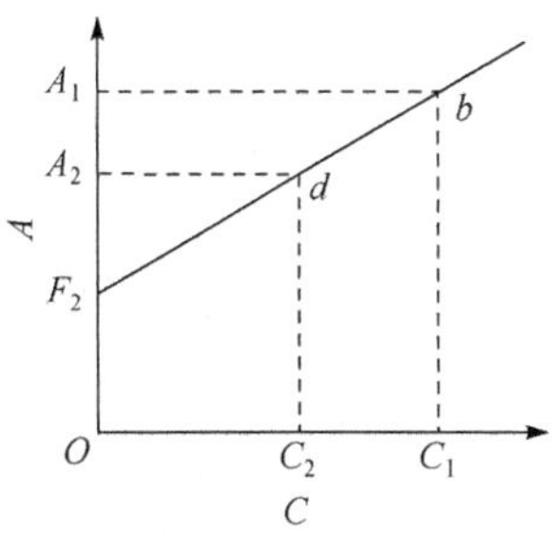

图 12-6 外标两点法 I

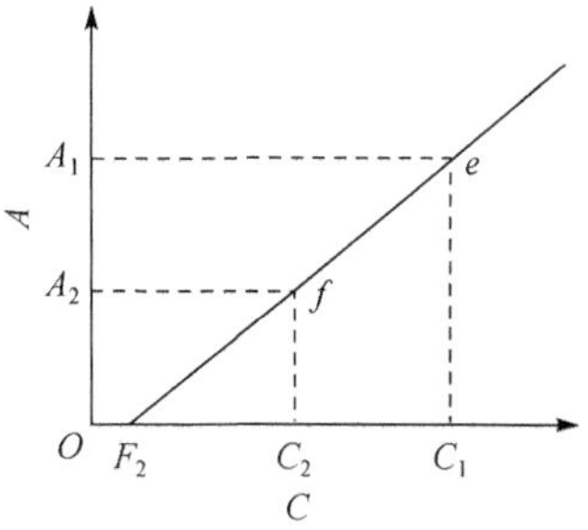

图 12-7 外标两点法 II

三、仪器与试剂

1. 仪器

微量注射器；玻璃板(10 cm×20 cm，厚 0.5 mm)；展开仪；紫外分析仪；水浴锅；超声仪；磁力搅拌器；pH 计；研钵；分析天平；CD-60 薄层色谱扫描仪。

2. 试剂

硅胶 GF_{254}；0.7%羧甲基纤维素钠(A.R.)；盐酸(A.R.)；甲醇；盐酸小檗碱标准品；展开剂：苯：乙酸乙酯：异丙醇：甲醇：水(6：3：1.5：1.5：0.3，体积比)；浓氨水；黄连药材。

四、实验步骤

1. 自制薄层板

称取 20 g 粒径为 10～40 μm 硅胶 GF_{254} 于 100 mL 烧杯中，在搅拌器上边搅拌边加入 0.7%羧甲基纤维素钠水溶液 50～60 mL，按同一方向研磨混合，调成糊状，均匀涂布于玻璃板上(玻璃板应光滑、平整，洗净后不附水珠)。涂成厚度为 0.20～0.30 mm 的均匀薄层，然后将薄层板放在水平板上晾干，基本收干后移入烘箱内加热活化，缓慢升温至 105～110 ℃烘 30 min。表面应均匀、平整、光滑、无麻点、无气泡、无破损及污染。

2. 配制标准品溶液和黄连样品处理

称量盐酸小檗碱标准品，用甲醇溶解配制成浓度为 0.04 mg/mL 的溶液，作为标准品溶液。将黄连样品除去须根及泥沙，干燥，除去残留须根，研磨成粉末。取本品粉末约 0.1 g，准确称量，置于 100 mL 容量瓶中，加入盐酸-甲醇(1：100，体积比)约 95 mL，60 ℃水浴中加热 15 min，取出，超声处理 30 min，室温放置过夜，加甲醇定容(用 pH 计测溶液 pH=1)，摇匀，过滤，滤液作为样品溶液。

3. 薄层色谱

(1) 点样：点样基线距底边 10～15 mm，圆点状直径一般不大于(2±1) mm，接触点样时注意勿损伤薄层表面。点间距离可视斑点扩散情况以相邻斑点互不干扰为宜，一般不少于 8 mm。吸取样品溶液 1 μL、标准品溶液 1 μL 与 3 μL，样点从左到右交叉点于同一硅胶 GF_{254} 薄层板上。

(2) 展开：将适量展开剂苯：乙酸乙酯：异丙醇：甲醇：水(6：3：1.5：1.5：0.3)于层析缸中，另缸加入等体积的浓氨水，预平衡 15～30 min。溶剂蒸气预平衡后，迅速将点好样品的薄层板放入展开，浸入展开剂的深度为距原点 5 mm 为宜，立即密闭，展开。上行展开 9 cm。溶剂前沿达到规定的展距后，取出薄层板，晾干，待检测。

(3) 确定斑点位置：将薄层板放在 λ=254 nm 的紫外灯下定性定位，在黄绿色荧光背景下，盐酸小檗碱呈黑色斑点。

4. 薄层色谱扫描仪定量测定步骤

(1) 薄层色谱扫描条件。扫描方式：线性单波长扫描；方法：荧光扫描；测定波长

λ=366 nm；光束狭缝宽度 6 mm，高度 2～3 mm；测量样品与标准品荧光强度的积分面积，根据积分面积用外标两点法定量计算。

(2) 定量扫描测定。参照 12.3.3 小节进行荧光扫描。

五、数据处理与分析

样品中盐酸小檗碱测定结果见表 12-3。

表 12-3　样品中盐酸小檗碱测定结果

样品编号	展开剂前沿距离	样品移动距离	R_f	分离度 (R)	组分含量/%
标准品					
盐酸小檗碱					

本品含小檗碱以盐酸小檗碱 $C_{20}H_{18}ClNO_4$ 计，不得少于 3.6%。

黄连中盐酸小檗碱含量为

$$w/\% = \frac{\overline{M} \times 100 \times 10^{-3} \times 0.04}{0.1000} \times 100$$

六、实验注意事项

(1) 分离度：用于鉴别时，标准品溶液与样品溶液中相应的主斑点应显示两个清晰分离的斑点。用于限量检查和含量测定时，要求定量峰与相邻峰之间有较好的分离度，分离度 (R) 的计算公式为

$$R = 2\frac{d_2 - d_1}{W_1 - W_2}$$

式中：d_2 为相邻两峰中后一峰与原点的距离；d_1 为相邻两峰中前一峰与原点的距离；W_1 和 W_2 分别为相邻两峰各自的峰宽。除另外规定外，分离度应大于 1.0。

(2) 显色与检视：样品含有荧光的物质可在 365 nm 紫外光灯下观察荧光色谱。对于可见光下无色但紫外光下有吸收的成分可用带有荧光剂的硅胶板，在 254 nm 紫外灯下观察荧光板上的荧光猝灭物质形成的色谱。

(3) 重现性：同一样品溶液在同一薄层板上平行点样的待测成分的峰面积测量值的相对标准偏差应不大于 3.0%；需显色后测定的相对标准偏差应不大于 5.0%。

实验四十二　高效薄层色谱法快速分离和测定胡萝卜中 β-胡萝卜素和番茄红素的含量

一、实验目的

(1) 初步了解高效薄层色谱法的特点。

(2) 掌握用高效薄层色谱法分离和测定胡萝卜中β-胡萝卜素和番茄红素的基本原理。

二、实验原理

本实验利用石油醚、乙酸乙酯等弱极性溶剂将β-胡萝卜素(图 12-8)和番茄红素(图 12-9)从植物材料中浸提后，以高效薄层板为固定相，通过展开剂 a(正己烷：乙酸乙酯：丙酮：甲醇= 8：2：1：1)、展开剂 b(石油醚：乙醇=99.5：0.5)展开，根据被分离组分对吸附剂吸附能力的差异，进行色谱分离。通过薄层色谱仪，以 425 nm 为测定波长，390 nm 为参比波长扫描测定斑点的积分面积，用外标两点法计算其含量。

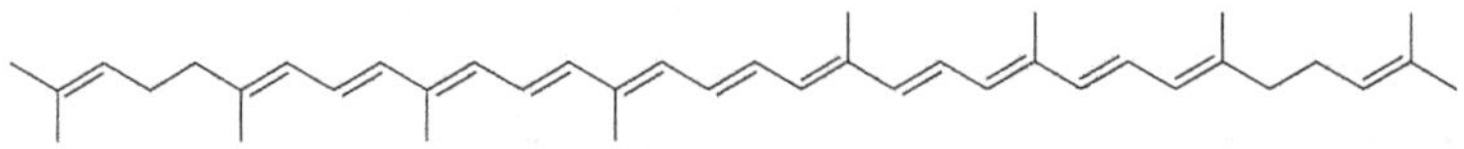

图 12-8　β-胡萝卜素的结构式

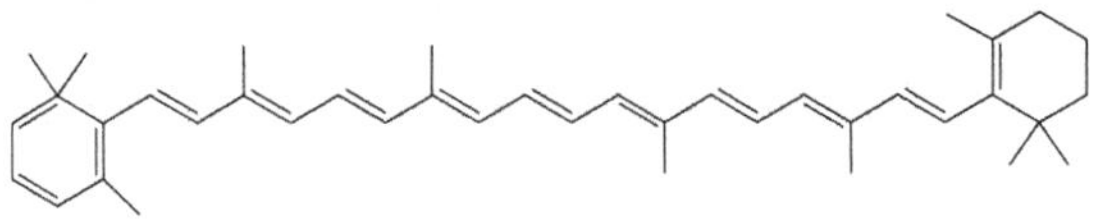

图 12-9　番茄红素的结构式

三、仪器与试剂

1. 仪器

CD-60 薄层色谱扫描仪；DC-Lift200 薄层色谱展开仪；微量注射器或定量毛细管；台式干燥箱；电子天平；研钵；玻璃板(10 cm×20 cm，5 cm×10 cm)，要求光滑、平整，洗净后不附水珠，晾干；冷凝管；5 mL 容量瓶；电热板；涂布器；磁力搅拌器；圆底烧瓶；移液管；漏斗；烧杯；胶头滴管；量筒；玻璃棒；滤纸；铁架台等。

2. 试剂

市售新鲜胡萝卜；高效薄层层析硅胶；0.4%羧甲基纤维素钠；β-胡萝卜素标准品(0.3 mg/mL)；番茄红素标准品(0.3 mg/mL)；石油醚(60～90 ℃)；乙酸乙酯；丙酮；甲醇；无水乙醇；正己烷；展开剂 a(正己烷：乙酸乙酯：丙酮：甲醇=8：2：1：1)；展开剂 b(石油醚：乙醇=99.5：0.5)，以上试剂均为分析纯。

四、实验步骤

1. 高效薄层板的制备

将 1 份高效薄层层析硅胶和 3 份 0.4%羧甲基纤维素钠溶液混合，在研钵中向同一方向研磨混合，去除表面的泡后，倒入涂布器中，通风条件下自然晾干后，在烘箱 110 ℃下活化 1 h，取出冷却至室温。备用。

2. 胡萝卜干品及样品的制备

将市售新鲜胡萝卜洗净，用榨汁机榨成浆糊状，放入烘箱中在 40～60 ℃下烘干，取出后研成粉末，密闭避光储存。称取 0.5 g 胡萝卜的干粉末于干燥的圆底烧瓶中，加入 10 mL 乙酸乙酯，放入磁子，在 60 ℃水浴中加热搅拌 1 h，冷却至室温，将滤液倾斜倒入干燥的烧杯中，再向烧瓶中加入 10 mL 乙酸乙酯，重复上述操作两次，合并三次的滤液，过滤得二次滤液，用乙酸乙酯洗净滤纸上的色素，并入二次滤液中，在 60 ℃水浴中蒸发至 1～2 mL，转入 2 mL 容量瓶中得到样品。

3. 点样

用 0.1 μL 点样器吸取样品在活化好的高效薄层板上点样，取标准品溶液 0.1 μL 与 0.5 μL，从左到右交叉点于同一薄层板上。点样直径为 0.5～1 mm，点间距离为 0.5～1.0 cm，每个样品与标准品分别点两个平行的斑点。

4. 展开

将点好样品的高效薄层板于展开剂 a 中进行一次展开，展开距离为 35 mm。晾干后在展开剂 b 中进行二次展开，密封缸盖。展开至规定距离 80 mm，取出薄层板，晾干，待测。

5. CD-60 薄层色谱扫描仪操作步骤

选择反射双波长扫描方式对色谱斑点进行检测。

(1) 连接电源，此时主机开关绿灯亮，将处理好的硅胶板放在仪器内的卡槽中，并夹紧。

(2) 双击桌面上的 DESAGA 图标，仪器将进行初始化，即自检。

(3) 记录 X、Y 值，点击 ProQuant 1 对话框最下行的“编辑方法”，输入 X、Y 值，选择测量方式(反射法)，光标尺寸调至 0.1 mm×2 mm 的位置上。

(4) 选择钨灯光源，采用双波长线性扫描方式，扫描波长为 460 nm，参比波长为 390 nm。

(5) 点击 ProQuant 1 对话框上的“开始扫描”。

(6) 扫描结束后，双击吸收峰将其放大，点击“斑点列表”可查看斑点的峰高、峰面积、Y 轴位置等信息。

(7) 计算：标准品及样品的积分面积填入表 12-4 中，用外标两点法计算样品中待测物质的含量。

五、数据处理与分析

样品中 β-胡萝卜素和番茄红素测定结果见表 12-4。

表 12-4　样品中β-胡萝卜素和番茄红素测定结果

样品编号	展开剂 a 前沿距离	展开剂 b 前沿距离	斑点移动距离	R_f	含量/%
β-胡萝卜素标准品					
番茄红素标准品					
β-胡萝卜素样品					
番茄红素样品					

胡萝卜中β-胡萝卜素含量为

$$w/\% = \frac{\overline{c}_{胡} \times 2 \times 10^{-3} \times 0.3}{0.5000} \times 100$$

胡萝卜中番茄红素含量为

$$w/\% = \frac{\overline{c}_{番} \times 2 \times 10^{-3} \times 0.3}{0.5000} \times 100$$

六、思考题

(1) 高效薄层色谱法的特点与普通薄层色谱法相比有哪些区别?

(2) 根据本实验结果,试提出从植物材料中提取分离脂溶性色素和水溶性色素的一般流程。

(3) 说明β-胡萝卜素和番茄红素极性的大小。

第 13 章　气相色谱-质谱法

13.1　气相色谱-质谱法的特点及应用范围

气相色谱-质谱法(GC-MS)将毛细管气相色谱高效分离能力与质谱法准确定性特点相结合，已成为当今对易挥发、对热稳定的有机混合物进行定性、定量分析的主要手段。毛细管气相色谱固定相种类全、柱管规格多、固定相涂渍工艺成熟，一次进样分析就可实现几百种成分的良好分离，为有机物的分离开辟了广阔的前景。常规检测器虽然检测灵敏度高、易于操作与维护，但是对未知物定性比较困难。质谱是一种与光谱并列的谱学方法，是通过制备、分离、检测气相离子来鉴定化合物组成和结构的一种专门技术,在一次分析中可提供丰富的结构信息,已广泛应用于各个学科领域中。将分离技术与质谱技术相结合是分离科学方法中的一项突破性进展。目前气相色谱与质谱联用发展历史最长、技术最成熟，广泛应用于石油化工、药物分析、环境分析、缉毒、刑侦、农业、食品等众多行业的分析工作中，国家已经颁布的很多标准检测方法都要求采用气相色谱-质谱法。

气相色谱-质谱法主要特点如下：

(1)适用于多组分混合物中未知组分的定性分析。

(2)可以判断化合物的分子结构。

(3)可以准确测定未知物的相对分子质量。

(4)可利用选择离子检测技术,即质谱仪只对准少数几个离子特征质量数自动地进行反复多次扫描记录，从而提高了色谱-质谱分析法的灵敏度。

(5)可以鉴别出部分分离或未分离的色谱峰。

(6)可用计算机对复杂多组分样品的大量质谱数据进行收集、存储、处理和解释，提高工作效率和准确性。

13.2　气相色谱-质谱法的基本原理

质谱法是将被分析物转变成运动的气态离子，再按照质荷比进行分离并记录，从而确定被分析物分子组成和结构的方法。质谱仪一般由进样系统、离子源、质量分析器、检测器、数据处理系统等部分组成。进样系统负责将样品气化并导入离子源，离子源将样品分子离子化并在电场中加速送入质量分析器，质量分析器将样品碎片离子按照质荷比进行分离，分离后的信息由检测器识别，最后由数据处理系统直观地反映成质谱图。由于不同分子结构的分子离子化规律基于该物质的分子结构，因此质谱分析所得到的谱图信息就成为确定该被分析物分子组成和结构的重要依据。目前仪器制造商可以提供相当数量化合物标准质谱图库，分析工作者使用计算机将获得的未知物谱图进行谱库检索，就有可能获得被分析物的定性信息。

气相色谱-质谱法将气相色谱仪作为质谱仪的进样系统，将纯物质或混合物经分离后以气态引入作为检测器的质谱仪，首先实现对被分析物组成的定性分析，再以标准物质进行定量分析，从而提高定性分析的准确性。图 13-1 为气相色谱-质谱分析流程。

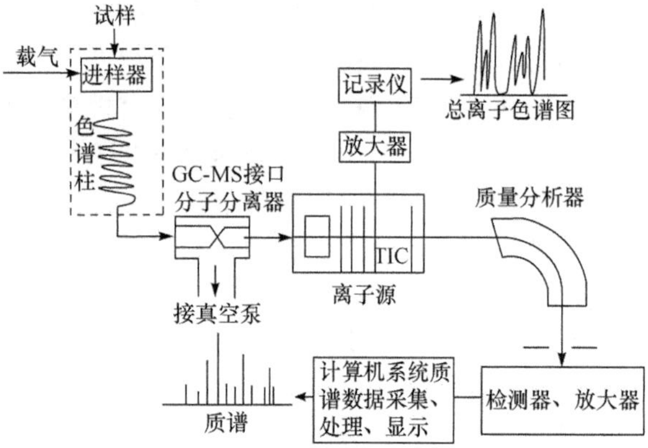

图 13-1　气相色谱-质谱分析流程

有机质谱仪常用的离子源有电子轰击电离源、化学电离源、电喷雾电离源、大气压化学电离源及基质辅助激光解吸电离源。其中电子轰击电离源和化学电离源经常作为气相色谱-质谱分析的电离源，这两种电离源均要求被分析物为对热稳定、易挥发的物质，而这一要求恰好与气相色谱分析对样品的要求相吻合。质谱仪中常见的质量分析器有磁质量分析器、四极杆质量分析器、飞行时间质量分析器、离子阱质量分析器和离子回旋共振质量分析器，这些质量分析器都可以作为气相色谱-质谱分析的质量分析器。这些质量分析器可以单独使用，也可以将四极杆质量分析器与四极杆质量分析器、飞行时间质量分析器、离子回旋共振质量分析器分别串联使用。

13.3　气相色谱-质谱法的建立和实验技术

13.3.1　气相色谱-质谱法的建立

气相色谱-质谱法包括两方面的内容。第一方面是气相色谱部分，这一部分很大程度上可以借鉴第 8 章的相关内容，如样品准备、待测物提取与净化、色谱分离条件的建立、定量计算方式的选择等，在此不再介绍。需要说明的是，气相色谱-质谱法中，固定液选择除了考虑分离效果外，还要特别注意固定液流失。因为大量流失的固定液一旦进入质谱仪，就会造成过高的质谱本底，严重干扰样品质谱峰的识别。另一个重要参数是载气的选择。气相色谱-质谱分析对载气的要求是化学惰性好、不影响质谱数据、容易与被测组分分离、不影响质谱总离子流检测。目前气相色谱法采用的几种常用的载气类型中，只有氦气能满足以上要求，因此多采用氦气为此分析方法的载气。

第二方面是质谱分析部分。质谱仪作为气相色谱仪的检测器，除了具有普通检测器的定量功能外，更重要的是它具有普通检测器所不具备的定性功能。目前与气相色谱联用的质谱仪离子源基本上采用电子轰击电离源，所有仪器供应商提供的标准谱库谱图都是基于该种类型离子源。质量分析器较多采用四极杆质量分析器(单级或串联)。单四极杆质量分析器质谱仪采集数据有两种模式：全扫描模式和选择离子检测模式。前者适用于样品组分定性分析，两种模式都可用于定量分析，而后者用于定量分析时，检测选择性和灵敏度要比前者优越很多。串联四极杆质量分析器除了具备单四极杆质量分析器的功能外，还具备母离子追踪、母离子扫描、子离子扫描、中性丢失扫描、二级质谱自动优化等功能，这些功能使串联质谱技术比单级质谱技术无论在定性准确性、定量选择性及灵敏度方面都具有明显的优势。

通常来讲，与气相色谱联用的四极杆质量分析器质谱分析全扫描模式参数包括为延长离子源灯丝寿命而设计的采集数据起始时间、电离源温度、针对分析物相对分子质量的质量扫描范围、扫描分辨率、电子倍增器检测电压等参数。选择离子检测模式参数除采集起始时间、扫描分辨率、电子倍增器检测电压等参数外，还包括每种待测成分采集时间和定性定量离子(这一参数数据可来源于文献资料和全扫描数据)设定。因此，选择离子检测参数应来源于预先进行的全扫描采集定性分析结果。

13.3.2　气相色谱-质谱法实验技术

气相色谱-质谱法实验技术首先应用于定性分析。只要是对热稳定、易挥发有机物的定性分析，就可以采用该方法。分析工作者只需选择一种合适的溶剂将被分析物溶解，根据样品具体信息，设置适宜的分离条件进样分析。对于分子结构在标准谱库存在的成分，将得到的样品混合物中每种成分的质谱信息通过计算机检索，就可以确定各种成分可能的分子结构。否则，可根据所得质谱信息推测被分析物分子元素组成、环加双键值和可能的分子结构。

气相色谱-质谱法的另一应用是定量分析，具体步骤如下：

(1)确定适宜的气相色谱分离条件。

(2)根据拟采用的定量计算方法，配制待测成分标准溶液。

(3)计算相对校正因子，绘制标准曲线。

(4)制备样品溶液，进样分析。

(5)计算定量分析结果。

13.4 气相色谱-质谱仪操作规程

以 6890 GC-5973 MSD 为例介绍气相色谱-质谱仪操作规程。

13.4.1 开机

(1)打开气源(按相应的所需气体)。

(2)打开计算机，进入 Windows XP 画面。

(3)打开 6890 GC 电源和 5973MSD 电源。

(4)双击桌面的“仪器 1 联机”图标(或点击屏幕左下角“开始”，选择“程序”，选择“安捷伦化学工作站”，选择“仪器 1 联机”，则化学工作站自动与 6890A 通信，通信成功后，6890A 的遥控灯亮)。

(5)从打开窗口的“视图”菜单中选择“方法和运行控制”画面，点击“化学工作站状态”，使其命令前有“√”标志。点击“全部菜单”，使其显示为“短菜单”来调用所需界面。

13.4.2 6890 GC 配置编辑

6890 GC 配置编辑见 8.5 节相关内容。

13.4.3 数据采集方法编辑

1. 编辑完整方法

从“方法”菜单中选择“编辑完整方法…”项，选中除“数据分析”外的三项，点击“确定”进入下一画面。

2. 方法信息

在“方法注释”中输入方法的信息(如 this is for test!)，点击“确定”进入下一画面。

3. 进样器设置

如果未使用自动液体进样器 7683B，则在“选择进样源/位置”画面中选择“手动”，并选择所用进样口的物理位置(前或后或两个)。如果使用自动液体进样器，则选择“GC 进样器”。点击“确定”进入下一画面。

4. 柱模式设定

在“方法编辑”画面中，点击“色谱柱”图标，选择控制模式(“流速”或“压力”)。例如，压力，25 psi；或流速，6.5 mL/min。

5. 分流/不分流进样口参数设定

在“方法编辑”画面中，点击“进样口”图标，进入进样口设定画面。点击“SSL-前”或“SSL-后”进入毛细柱进样口设定画面。

点击“模式”右方的下拉箭头，选择进样方式为“不分流”(分流方式，分流)。

在空白框内输入进样口的温度(如 250 ℃)，然后选中左边的所有方框。

选择“隔垫吹扫流量模式”为“标准”，并输入隔垫吹扫流量，如 3 mL/min。对于特殊应用也可选择“关闭”，进行关闭。

在“分流出口吹扫流量”下边空白框内输入吹扫流量(如 0.5 min 后 40 mL/min)。

选择分流方式，则要输入分流比或分流流量。

6. 柱温箱温度参数设定

在“方法编辑”画面中，点击“柱温”图标，进入柱温参数设定画面。在空白表框内输入温度，选中“柱温箱温度为开”左边的方框；℃/min 为升温速率；输入柱子的平衡时间，如 1 min。

7. 质谱采集参数设定

设定接口温度；质谱数据采集模式，如扫描模式或选择离子检测模式；溶剂延迟时间、扫描范围及时间程序；质谱数据采集调谐文件。

13.4.4　数据采集

数据采集见 8.5 节相关内容。

13.4.5　数据分析

(1)点击计算机桌面的“数据分析”图标，进入数据处理系统。

(2)采样结束后在“GCMS”数据分析界面，从“文件”菜单选调用数据文件命令，在对话框中找到对应文件号，调入数据文件。采样期间也可在“GCMS”数据分析界面，从文件菜单点击抓屏调入当前所采集的数据。

(3)调入数据后，上部显示 TIC 图，在组分峰处双击鼠标右键，下部显示 MS 采集的组分质谱图。在平坦基线处双击鼠标右键，则下部显示本底，从谱图菜单点击相减，下部显示扣除本底后的组分质谱图。

(4)在组分质谱图内双击鼠标右键，系统进行谱库检索，显示最相似的化合物及标准谱图。

(5)系统配备有 NIST05a 标准谱库，检索时需指定。方法如下：从谱图菜单选择谱库，在弹出的对话框中，点击浏览，选中 NIST05a 数据库。

13.4.6 关机

(1)在“GCMS”界面，从方法菜单调用关机方法，等辅助通道与前进样口温度降到 100 ℃以下。

(2)从“视图”菜单选“调谐和真空控制”进入调谐界面，点击“真空”菜单下的“放空”，仪器进入进一步的降温过程，同时启动放空。

(3)待涡轮泵转速降至0,同时离子源和四极杆温度降至100 ℃以下(大约40 min)，则 MS 工作站将提示放空与降温结束。

(4)关闭 MS 数据分析界面，并依次关闭 GC、MSD 电源，最后关闭载气，关闭计算机。

实验四十三　气相色谱-质谱法分析食用油脂肪酸组成

一、实验目的

(1)了解气相色谱-质谱仪的构造及其工作的基本原理。

(2)了解食用油脂肪酸组成分析的一般过程。

(3)熟悉脂肪酸甘油酯甲酯化的方法。

二、实验原理

色谱作为进样和分离系统，质谱作为色谱仪的检测器，做定性、结构分析。

脂肪酸甘油酯经甲酯化后变成易挥发混合物，由毛细管气相色谱柱分离成单一成分，再经质谱仪确定每一成分的结构，面积归一化法计算各成分相对含量。

三、仪器与试剂

1. 仪器

6890 GC-5973 MSD；色谱柱 DB-5MS，30 m×0.25 mm×0.25 μm。

2. 试剂

0.5 mol/L KOH/CH_3OH；甲醇(G.R.)；三氟化硼乙醚溶液(A.R.)；饱和氯化钠水溶液；正已烷(A.R.)；无水硫酸钠；市售食用油样品。

四、实验步骤

(1)按照 13.4 节所述仪器启动程序开启色谱仪，并按照下列参考条件设置分析参数。柱温：150 ℃(4 min)→4 ℃/min→250 ℃(10 min)；气化室温度：250 ℃；接口温度：280 ℃；离子源温度：230 ℃；质量分析器温度：150 ℃；载气：He，1 mL/min；分流进样(分流比为 20∶1)约 0.5 μL。

(2)脂肪酸甲酯的制备：取食用油样品 50～80 mg 于 25 mL 磨口平底烧瓶中，加入 0.5 mol/L KOH/CH_3OH 和甲醇各 5 mL，放入搅拌子后连接回流冷凝管，置于加热式磁力搅拌器上回流搅拌约 15 min 至油珠溶解。停止加热降温后由冷凝管上方加入 2 mL 三氟化硼乙醚溶液，加热回流 5 min，放冷后加入约 5 mL 正己烷继续搅拌 1 min，取下烧瓶加入饱和氯化钠水溶液至有机相低于瓶口约 1 cm 处，稍搅拌后取上层有机相，经无水硫酸钠干燥后供组成分析。

(3)脂肪酸组成分析。将制得的每种食用油脂肪酸甲酯混合物在前述分析条件下分析测定，得到每种食用油样品甲酯化产物总离子色谱图后进行定性检索，确定每个样品中脂肪酸甲酯的结构组成和相对含量。

五、实验注意事项

(1)样品分析前应确认气相色谱-质谱系统真空度已经达到分析要求。

(2)脂肪酸甲酯制备必须在通风橱内进行。

六、思考题

(1)本实验中，为什么可以采用面积百分比法计算每个样品中不同脂肪酸的相对含量?

(2)在所确定的不饱和脂肪酸结构中，能否通过质谱信息确定该烯烃的顺反结构?

实验四十四　气相色谱-质谱法测定白酒中邻苯二甲酸酯类增塑剂

一、实验目的

(1)了解质谱仪的构造和工作原理。

(2)了解选择离子检测模式质谱分析原理。

(3)学习选择离子检测质谱法在增塑剂检测中的应用。

二、实验原理

白酒样品中邻苯二甲酸酯类增塑剂经液-液萃取法提取，气相色谱-质谱法选择离子检测定量分析，内标法定量。

三、仪器与试剂

1. 仪器

6890 GC-5973 MSD；Chemstation 化学工作站软件；色谱柱：DB-5MS 石英毛细管色谱柱，30 m×0.25 mm×0.25 μm。

2. 试剂

正己烷(液相色谱纯)；无水硫酸钠(A.R.)和氯化钠(G.R.)，使用前600 ℃灼烧4 h，冷却后置于干燥器中备用；邻苯二甲酸酯类增塑剂标准物质和内标物。邻苯二甲酸二甲酯(DMP)、邻苯二甲酸二乙酯(DEP)、邻苯二甲酸二异丁酯(DIBP)、邻苯二甲酸二丁酯(DBP)、邻苯二甲酸二(2-甲氧基)乙酯(DMEP)、邻苯二甲酸二(4-甲基-2-戊基)酯(BMPP)、邻苯二甲酸二(2-乙氧基)乙酯(DEEP)、邻苯二甲酸二戊酯(DPP)、邻苯二甲酸二己酯(DHXP)、邻苯二甲酸丁基苄基酯(BBP)、邻苯二甲酸己酯-2-乙基己酯(HEP)、邻苯二甲酸二(2-丁氧基)乙酯(DBEP)、邻苯二甲酸二环己酯(DCHP)、邻苯二甲酸二(2-乙基)己酯(DEHP)、邻苯二甲酸二壬酯(DNP)、邻苯二甲酸二正辛酯(DOP)16种增塑剂混合标准溶液的浓度均为1000 μg/mL，内标物D4-邻苯二甲酸二(2-乙基)己酯的浓度为100 μg/mL。

四、实验步骤

(1)按照13.4节所述仪器启动程序开启色谱仪，并按照下列参考条件设置分析参数。色谱柱箱温度：40 ℃保持1 min，以20 ℃/min升至220 ℃，再以5 ℃/min升至270 ℃保持5 min；气化室温度：260 ℃；传输线温度：280 ℃；质谱电离源为电子轰击电离源，电子能量为70 eV，离子源温度为230 ℃，四极杆温度为150 ℃，扫描模式为选择离子检测模式，16种目标化合物和内标物的定性离子和定量离子设置信息见表13-1；载气(高纯氦气)：1.0 mL/min；0.5 min不分流进样后30 mL/min分流分析；进样量：1 μL。

表13-1 16种邻苯二甲酸酯及内标化合物监测离子

化合物	定性离子	定量离子	化合物	定性离子	定量离子
DMP	163，135，194	163	DHXP	149，251，233	149
DEP	149，177，121	149	BBP	149，238，206	149
DIBP	149，223，205	149	HEP	149，167，251	149
DBP	149，223，205	149	DBEP	149，193，176	149
DMEP	59，149，104	149	DCHP	149，167，249	149
BMPP	149，251，167	149	DEHP	149，167，279	149
DEEP	149，104，193	149	DOP	149，279，167	149
DPP	149，237，219	149	DNP	149，293，167	149
			D4-DEHP	153，171，283	153

(2)标准溶液的配制：将16种增塑剂混合标准溶液用正己烷稀释至10 μg/mL，D4-邻苯二甲酸二(2-乙基)己酯稀释至10 μg/mL。

(3)定量校正因子的测定：分别取以上两种标准溶液等量混合至每种化合物浓度为 5 μg/mL，在上述色谱条件下，以全扫描模式采集质谱数据，确定所有目标化合物和内标物的保留时间，再根据表 13-1 数据设定选择离子检测参数，重新进样分析，计算每种目标化合物相对于内标物的校正因子。

(4)样品溶液的制备：称取 2.0 g 白酒试样于 15 mL 玻璃离心管中，加入内标物溶液(10 μg/mL) 1 mL，加入 0.6 g NaCl，旋涡混合器上振摇 1 min，加入 4 mL 纯净水，用 2 mL 正己烷提取，旋涡混合器上振摇 5 min，静置 5～10 min，吸取上层有机相后，用 2 mL 正己烷再提取一次，合并上层有机相到另一 10 mL 离心管中，加 0.5 g 无水硫酸钠，旋涡混合器上振摇 1 min，将有机相在另一离心管中在 40 ℃用小气流 N_2 吹至小于等于 2 mL(也可以采用减压浓缩方法)，用正己烷定容到 2.0 mL，待测。

五、数据处理与分析

1. 计算相对校正因子

将标准溶液采集的数据整理后按式(13-1)计算出每种目标化合物相对于内标物的校正因子。

$$f_{i/\mathrm{s}} = \frac{f_i'}{f_\mathrm{s}'} = \frac{m_i / A_i}{m_\mathrm{s} / A_\mathrm{s}} = \frac{m_i A_\mathrm{s}}{m_\mathrm{s} A_i} \tag{13-1}$$

式中：f_i' 、m_i 和 A_i 分别为标准溶液中目标化合物的绝对校正因子、物质质量(浓度)和色谱信号峰面积值；f_s' 、m_s 和 A_s 分别为标准溶液中内标物的绝对校正因子、物质质量(浓度)和色谱信号峰面积值；$f_{i/\mathrm{s}}$ 为目标化合物 i 相对于内标物的相对校正因子。

2. 计算定量结果

样品中 16 种目标化合物的含量用式(13-2)计算。

$$X_i = \frac{A_i \times m_\mathrm{s} \times f_{i/\mathrm{s}}}{A_\mathrm{s} \times m} \tag{13-2}$$

式中：X_i 为样品溶液中目标化合物 i 的含量，μg/g；$f_{i/\mathrm{s}}$ 为目标化合物 i 相对于内标物的相对校正因子；m_s 和 A_s 分别为样品溶液中内标物的质量(μg)和色谱信号峰面积值；A_i 为样品标准溶液中目标化合物的色谱信号峰面积值；m 为样品质量，g。

六、实验注意事项

(1)设定选择离子检测参数前如果没有目标化合物保留时间数据，必须先进行全扫描分析，以确定每种成分的保留时间信息，否则将引起采集数据错误。

(2)求算校正因子必须将目标化合物与内标物配制成混合标准溶液，而不是分别在不同的溶液进样后求得各自的绝对校正因子再做比值求得。

七、思考题

(1)本实验中各种目标化合物的选择离子检测参数是如何设定的?

(2)影响本实验测定结果准确性的误差因素有哪些?如何减少这些误差因素的影响?

(3)本实验样品溶液制备环节中加入氯化钠的作用是什么?

实验四十五　气相色谱-质谱法测定未知化合物元素组成

一、实验目的

(1)了解气相色谱-质谱仪的构造和工作原理。

(2)学习气相色谱-质谱定性分析操作步骤。

(3)学习质谱法测定未知化合物元素组成。

二、实验原理

在适宜分析条件下，将对热稳定、易挥发未知有机化合物通过气相色谱-质谱法获得质谱数据信息，推断被分析物元素组成和分子结构。

三、仪器与试剂

1. 仪器

6890 GC-5973 MSD；色谱柱：DB-5MS，30 m×0.25 mm×0.25 μm；实验室常用仪器设备。

2. 试剂

苯甲酸(A.R.)；对甲氧基苯甲酸甲酯(A.R.)；甲醇(G.R.)。

四、实验步骤

(1)开机。按照 13.4 节所述仪器启动程序开启色谱仪，并按照下列参考条件设置分析参数。柱温：100 ℃(4 min)→20 ℃/min→250 ℃(5 min)；气化室温度：250 ℃；接口温度:280 ℃;离子源温度:230 ℃;质量分析器温度:150 ℃;载气:He,1 mL/min;分流进样(分流比为 20∶1)约 0.5 μL。

(2)将苯甲酸和对甲氧基苯甲酸甲酯用甲醇配制成浓度小于 1.0%的溶液，待仪器真空度达到要求后，分别进样分析，测得被分析物质谱信息。根据下述内容推断化合物元素组成。

五、数据处理与分析

在获得的质谱图中找到质荷比最大的一组质谱峰，求得 $M^{+\cdot}$、$M+1^{+\cdot}$、$M+2^{+\cdot}$质谱信号，从以下几方面推测化合物的元素组成和环加双键值。

(1)氮规则。若一个化合物分子含有偶数个氮原子，则其分子质量数和其分子离子的质荷比将是偶数，反之就是奇数。根据此规则可以确定被分析物分子中氮原子数量信息。

(2)常见元素天然同位素丰度值见表 13-2。

表 13-2　常见元素天然同位素丰度值

元素	A		A+1		A+2		元素类型
	相对原子质量	丰度/%	相对原子质量	丰度/%	相对原子质量	丰度/%	
H	1	100	2	0.015			A
C	12	100	13	1.1*			A+1
N	14	100	15	0.37			A+1
O	16	100	17	0.04	18	0.20	A+2
F	19	100					A
Si	28	100		5.1	30	3.4	A+2
P	31	100	29				A
S	32	100		0.8	34	4.4	A+2
Cl	35	100	33		37	32.5	A+2
Br	79	100			81	98	A+2
I	127	100					A

* 1.1±0.02，取决于来源。

表 13-2 有助于推测被分析物分子中 A+2 元素原子信息。

(3)二项式展开通式：

$$(a+b)^n=\sum_{k=0}^{n}C_n^k a^{n-k}\cdot b^k \tag{13-3}$$

$$T_{k+1}=\frac{n!}{k!(n-k)!}a^{n-k}b^k \tag{13-4}$$

式中：n 为被分析物分子中某元素原子个数；k 为该元素 A+1 或 A+2 同位素原子个数；a 为该元素同位素 A 最高丰度值；b 为该元素 A+1 或 A+2 同位素丰度值。

根据以上通式可以计算出某一碎片离子同位素峰信号值之比，反过来也可以根据某一碎片离子同位素峰信号值计算出该碎片离子可能的元素组成情况。由此公式及 $M^{+\cdot}$、$M+1^{+\cdot}$丰度值可计算出被分析物分子中可能的碳原子数，再进一步确定 A+2 元素原子数量。最后根据相对分子质量信息推断一价元素原子数量。汇总这些信息给出可能的元素组成，再根据此组成信息计算分子环加双键值。

(4) 环加双键值。在分子式为 $C_xH_yN_zO_m$ 的分子中，按其所含元素价键，环加双键值的总数等于 $x-\frac{1}{2}y+\frac{1}{2}z+1$。其中，$x$ 为四价元素(如 C、Si 等)原子数；y 为一价元素(如 H、F、I 等)原子数；z 为三价元素(如 N 等)原子数；二价元素(如 O、S 等)原子数 m 不参与计算。

将推测的元素组成和分子结构信息与计算机检索结果相比较。

六、实验注意事项

本实验介绍推测化合物元素组成的方法适用于只含有 C、H、O、N 四种元素的化合物。

七、思考题

(1) 只从一个化合物的质谱信息能否完全确定该化合物的分子结构？

(2) 如果一个化合物分子中含有 2 个以上碳原子，如何计算碳元素同位素 ^{13}C 对 A+2 元素原子数量推测的影响？

第 14 章　液相色谱-质谱联用分析法

14.1　液相色谱-质谱联用分析法的特点及应用范围

液相色谱-质谱联用(LC-MS)是20世纪80年代后期开始活跃于分析化学界的一种通用、有效的技术手段。LC-MS 结合了液相色谱仪出色的分离能力和质谱仪强大的分析能力，能够对复杂的混合物样品进行定量和定性分析。其中液相色谱部分能够有效地对待测样品中的有机物成分进行分离，而质谱部分能够对分开的有机物逐个分析，得到有机物的相对分子质量、结构等信息。LC-MS 分离分析速度快、所需样品量少、灵敏度高，并可分析多个化合物，甚至可以跨越化合物的种类高精确度且高分辨率鉴定和量化目标分析物等。

LC-MS 已广泛应用于化学化工、食品/药品质量安全监督及水、空气和土壤等环境样品中污染物种类以及污染的程度分析等多个领域。

14.2　液相色谱-质谱联用分析法的基本原理

LC-MS 是将液相色谱与质谱相结合的分析手段，如何通过适当的接口装置将这两种分别具有强大的分离和鉴定功能的仪器相连形成一种在线的优势，是色谱-质谱联用分析的关键。下面简要介绍几种常用的离子源及质量分析器的工作原理。

14.2.1　电喷雾离子源

电喷雾离子源(electrospray ionization，ESI)是目前应用十分广泛的软电离接口技术，其利用电场产生带电液滴，经去溶剂化过程最终产生被测物离子，进入质谱分析。此过程包括带电液滴的形成、液滴收缩及气相离子产生 3 个阶段。电喷雾离子源结构如图 14-1 所示，主要由喷雾针、电离室和离子传输毛细管组成。喷雾针由双层同心套管构成，其上加 2～5 kV 高压电，该电压为液体表面电荷分离提供电场梯度。喷雾针外层通入与样品流向相同的氮气作为喷雾气体，经 HPLC 分离的样品溶液通过内层管路进入电离室。由于喷雾气体和电场的共同作用，液体从喷雾针尖端流出时，会在尖端形成泰勒锥(图 14-2)。

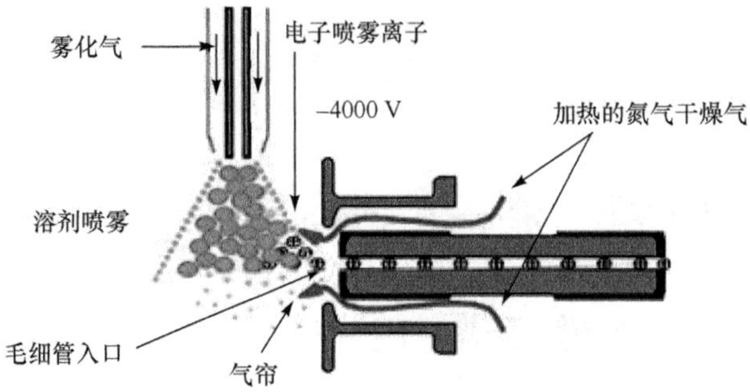

图 14-1　ESI 结构示意图

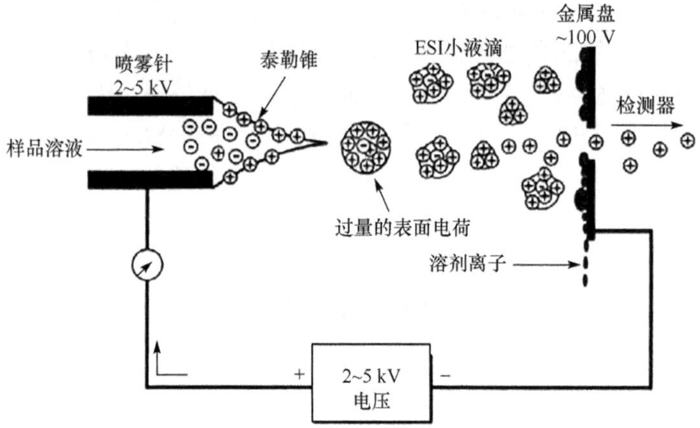

图 14-2　泰勒锥及离子形成示意图

当泰勒锥尖端的溶液到达瑞利极限，即表面电荷的库仑斥力与溶液表面张力相当的临界点时，锥尖产生含有大量电荷的液滴，形成喷雾，这些带电荷的液滴沿着电场方向移动。与此同时，在离子传输毛细管外层通有与液滴运动方向相反的高温氮气流，称为干燥气流，其作用是促使液滴中的溶剂蒸发，即“去溶剂化”过程，如图 14-3 所示。随着溶剂的蒸发，小液滴逐渐收缩，液滴内单位表面积的电荷密度越来越大，电荷之间的排斥力逐渐增大，当到达并超越瑞利极限时，液滴发生库仑爆炸，除去液滴

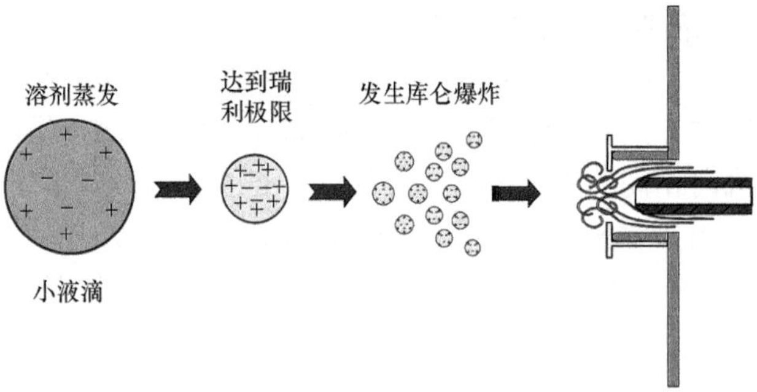

图 14-3　去溶剂作用/库仑爆炸过程示意图

表面的过量电荷，生成更小的带电小液滴。生成的带电小液滴进一步发生去溶剂化过程及新一轮库仑爆炸，往复循环，最终得到气相离子。

电喷雾离子化技术的用途十分广泛，在有机合成化学中间体的分析鉴定、药物及其在体内代谢成分的分析检测、大分子多肽化合物的相对分子质量检测、氨基酸测序及结构研究以及分子生物学等许多重要的研究和生产领域都发挥了重要的作用。电喷雾离子源具有如下特点：

(1)离子化效率高，尤其对蛋白质而言，其离子化效率接近 100%。

(2)可以带有多个电荷，使质谱的检测范围达到几十万甚至上百万。

(3)可以根据化合物的性质选择不同的离子化模式，如 ESI(+)、ESI(–)。

(4)软电离方式，适合热不稳定性化合物的分析检测。

14.2.2　大气压化学离子源

如图 14-4 所示，大气压化学离子源(atmospheric pressure chemical ionization，APCI)的结构与 ESI 大致相同，不同之处在于 APCI 喷嘴的下游放置了一个针状放电电极。放电电极高压放电，可使空气中某些中性分子电离，产生 H_3O^+、N_2^+、O_2^+和 O^+等离子，溶剂分子也被电离，这些离子与分析物分子进行离子-分子反应，使分析物分子离子化。大气压化学离子化与电喷雾离子化一样，都属于大气压离子化，因此都是适用于液相色谱的接口装置。相对于 ESI，APCI 适合极性较弱或中性化合物的分析，对极性较弱的小分子化合物具有良好的灵敏度，同时对溶液的化学特性要求较低，产生的钠离子和钾离子的加合物较少，对非挥发性的缓冲液具有一定的容忍度。但是 APCI 要求化合物有较好的热稳定性，并且有一定的挥发性。

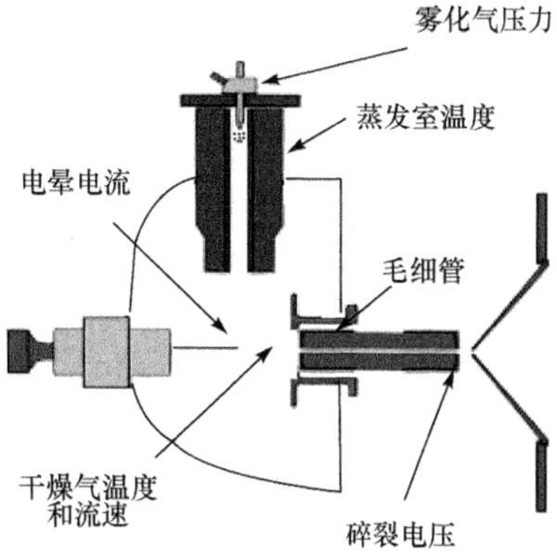

图 14-4　APCI 结构示意图

14.2.3　飞行时间质量分析器

质量分析器是质谱仪的核心部件，其作用是采用不同的方式(电场、磁场、漂移管等)将样品离子按质荷比(*m/z*)分开，并允许足够数量的离子通过(聚焦狭缝)，产生可以被快速测量的离子束。其主要类型包括：单、双聚焦质量分析器，四极杆质量分析器，离子阱质量分析器，飞行时间质量分析器等。

飞行时间(time-of-flight，TOF)质量分析器的构造如图 14-5 所示，通常由调制区、加速区、无场飞行空间组成。它的核心是一个离子漂移管，即无场飞行空间。从离子源出来的离子束进入调制区被调制成一个个离子包送到加速区，在加速区受到均匀电场的作用获得相同的能量，具有相同能量的离子由于质荷比不同而具有不同的速度，这些离子进入无场区后经过一定的飞行长度，以不同的飞行时间到达检测器，根据这些离子飞行时间的差别可以判断离子的质量。下面是飞行时间质量分析器的原理公式：

$$zU = \frac{1}{2}mv^2 \rightarrow v = \sqrt{\frac{2zU}{m}}$$

$$L = tv \rightarrow L = t\sqrt{\frac{2zU}{m}} \rightarrow t = L\sqrt{\frac{m}{2zU}}$$

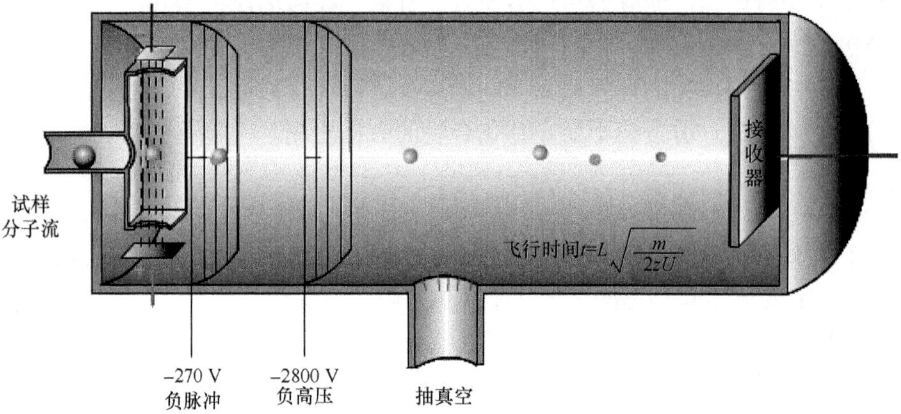

图 14-5　飞行时间质量分析器内部示意图

根据公式可以看出，飞行时间与质荷比的 1/2 次方成正比，即 *m*/*z* 最小的离子具有最快的速度，首先到达检测器，耗时最短，*m*/*z* 最大的离子最后到达检测器，耗时最长。

14.3　液相色谱-质谱分析方法的建立和实验技术

液相色谱-质谱分析方法的建立包括两部分，即高效液相色谱法和质谱法。HPLC 分析方法在第 9 章中已经介绍，本章不再重复叙述。需要提到的是，根据液相色谱-质谱联用的特点，通常液相色谱部分采用反相色谱的方式进行样品的分离。

14.3.1　溶剂/流动相及添加剂的选择

ESI 接口导入样品通常有两种方式，一种是通过蠕动泵将溶有样品的溶液直接送入 ESI，即直接进样；另一种是通过 HPLC 的流动相导入样品，即 HPLC-MS 联用。用于 ESI 的溶剂一般应符合以下要求：

(1)被分析物在该溶剂中有良好的溶解性。

(2)沸点较低，易挥发。

(3)具有一定的极性，使溶质极化，或者赋予可电离的样品解离条件。

(4)避免选用易与分析物发生溶剂化效应的溶剂，否则会导致谱图复杂化。

(5)有一定的介电常数，以避免探头出口处发生放电。

HPLC-MS 使用的流动相通常为色谱纯试剂，如超纯水、乙腈、甲醇、异丙醇等。实验时可以使用单一流动相，也可根据样品实际情况选择两种流动相以一定比例混合，从而实现更好的分离。某些溶剂，如四氢呋喃、二氯甲烷、无机酸碱及盐类物质、三氟乙酸等，应根据离子源类型谨慎使用。

14.3.2　HPLC 流速的设置

HPLC-MS 联用系统中对于流动相的流速也有特殊要求，其最佳数值与接口类型或接口的具体结构有关。流速对大气压离子化的影响如图 14-6 所示，过大的流速会抑制 ESI 的电离效率，因此如果 HPLC 部分使用常规内径(如 4.6 mm)的色谱柱，则与其联用的质谱所能适应的流动相流速为 1～300 μL/min，经 HPLC 分离后流出的样品溶液需要通过三通分流使约 2/3 的样品进入质谱。此外，为了简化装置，避免分流，还可以采用微径柱(简称微柱)，即内径为 0.5～0.2 mm 的色谱柱，相应地改变柱长及填充颗粒的直径等参数，实现在柱效基本不变或者更高柱效的情况下，减少样品用量及避免大量流动相溶剂的消耗。而 APCI 所能适应的流动相流速为 0.2～1 mL/min，并且不需要分流。

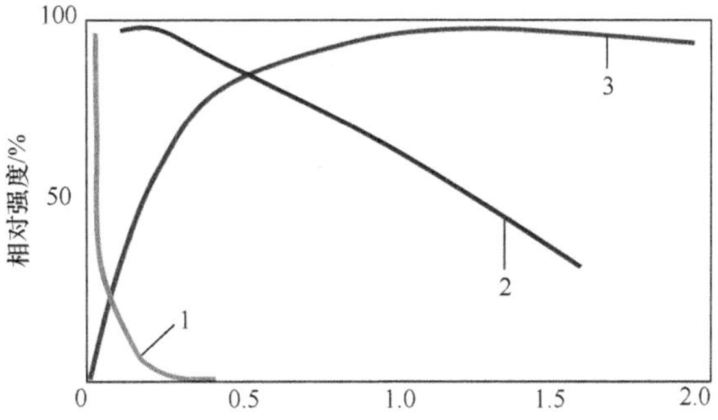

图 14-6　流速对 APCI 的影响

1. ESI；2. 气动辅助 ESI；3. APCI

HPLC 流速一般根据所使用的色谱柱和电离方式来确定。不同内径色谱柱所采用的流速见表 14-1。

表 14-1　不同内径色谱柱建议流速

流速	色谱柱内径/mm
0.5～2 mL/min	3.9～4.6
0.1～0.3 mL/min	2.1
40～50 μL/min	1
<10 μL/min	毛细管柱

值得注意的是，当进样量相同时，一般情况下，内径小的色谱柱比内径大的色谱柱有更高的响应。电离方式用 ESI 时，一般建议用 2.1 mm 内径的色谱柱；用 APCI 时，用 3.9 mm 内径的色谱柱。

14.3.3 柱温的影响

色谱柱的温度对 HPLC-MS 分析结果的影响也是至关重要的，特别是当希望得到良好的实验重现性时，应当更加注意。随着室温的波动，即使是同一样品的色谱峰，保留时间也会发生变化。因此，使用有温控功能的柱温箱就变得十分必要，一般将温度设置在 25 ℃。在分析实际样品时，会发现某些样品在更高的温度下能获得更尖锐的色谱峰及更短的保留时间，因此可以相应调高柱温箱的温度，但是尽量不要超过 40 ℃，因为这是室温变化的极端温度，维持在这一温度可以确保获得重复的保留时间。但是色谱柱长时间处于高于 40 ℃的工作环境下，柱的寿命会大大缩短。

14.3.4 MS 正/负离子模式的选择

由于 ESI 中对离子的检测有正离子/负离子两种模式，正离子模式用于分析碱性化合物，如含有氨基(—NH_2)的化合物较易在酸性环境下加和质子，以正离子的形式存在，可以向流动相中添加甲酸、乙酸等增加酸性。负离子模式用于分析含有羧基、磺酰基等基团，容易在碱性条件下失去质子以负离子形式存在的化合物，可以向流动相中添加三乙胺、氨水等增加碱性。在进行 LC-MS 测试前，最好能对样品分子的结构、性质有一定的了解，以便于选择离子检测模式，如图 14-7 所示，利谷隆分子中含有氨基(—NH—)基团，容易带正电荷，选用正离子模式检测；布洛芬分子中含有羟基(—OH)基团，容易带负电荷，选用负离子模式检测。对于完全未知的样品，则应分别尝试正/负离子模式。

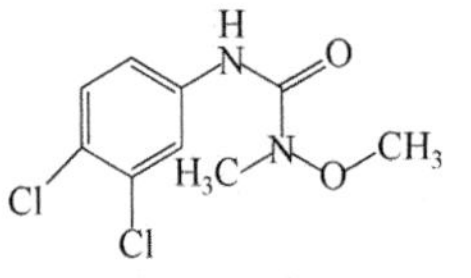

利谷隆 正离子

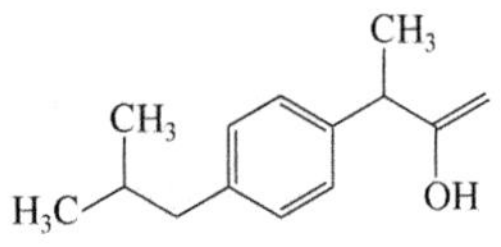

布洛芬 负离子

图 14-7　适用于正/负离子模式的样品分子举例

14.3.5 样品预处理及色谱柱的使用

在进行 HPLC-MS 分析前，要对样品进行预处理。预处理方法包括萃取(或提取、吸附)、净化及浓缩。同时，为了满足 HPLC-MS 的分析要求，某些特殊样品还需要进行包括化学衍生化在内的试样制备。

14.4　液相色谱-电喷雾飞行时间质谱联用仪

液相色谱-高分辨质谱联用仪的液相色谱部分为高效液相色谱仪，包括在线脱气系统、高压四元梯度泵、自动进样器、柱温箱及单通道波长可调节紫外检测器。质谱部分为电喷雾-飞行时间高分辨质谱仪。气体系统采用 170 L 液氮罐存储液氮，为仪器提供所需的雾化气及干燥气，为防止突然断电对仪器造成伤害，还配备了不间断电源箱。

14.4.1　仪器装置流程示意图

HPLC-MS 联用仪分析流程如图 14-8 所示。混合物样品溶液在高效液相色谱仪中通过一定的色谱分离条件(包括流动相组成和比例、色谱柱的选择、流速的设定等)得到分离，并由适当的接口引入质谱的离子源中。样品溶液在离子源中电离成带电荷的气相离子，经过传输进入质量分析器及离子检测器中，所形成的信号通过数据采集系统转化为质谱图。结合液相色谱得到的色谱图及质谱图的信息可以对所测样品的成分进行分析。

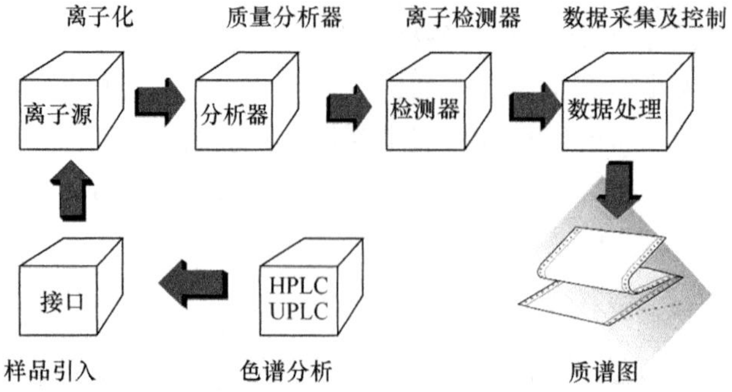

图 14-8　HPLC-MS 联用仪分析流程示意图

14.4.2　仪器组成及功能

HPLC-MS 联用仪中，高效液相色谱仪的各部分组成及功能在第 9 章有所介绍，这里不再赘述。质谱仪的基本组成主要包括进样系统、离子源或电离室、质量分析器、离子检测系统和数据采集系统等部分。下面分别进行介绍。

1. 进样系统

进样系统的作用是在不降低仪器真空度的情况下，高效重复地将试样引入离子源。常用的进样系统有如下两种。

(1) 直接探针进样：适用于高沸点的液体和固体，用微量进样器(又称蠕动泵)直接将微克级以下的样品送入离子源。

(2) 色谱和毛细管电泳进样：将质谱仪与色谱柱或毛细管电泳柱联用，通过分子传

送带进样，使其具有色谱法的优良分离功能和质谱法强有力的鉴定功能。与色谱联用的进样方式是目前最重要、最常用的进样方法。

2. 离子源

质谱的离子源是指将被分析物的分子转化为离子的装置，它的作用是提供电离能量给由进样系统引入的试样分子或原子，将其电离成不同质荷比(m/z)的离子，并形成离子束。由于离子化所需要的能量随着分子的不同差异很大，因此对于不同的分子应选择不同的电离方法。通常能给试样较大能量的电离方法称为硬电离方法；而给试样较小能量的电离方法称为软电离方法。后一种方法适用于易断裂或热不稳定的试样分子。ESI 属于软电离源，通常只能得到加和质子或失去质子的准分子离子峰，有时还会得到加 Na^+、K^+、NH_4^+、Cl^-的准分子离子峰。

3. 质量分析器

样品分子在离子源中电离成带有电荷的离子后，经过离子传输与聚焦，最后到达质量分析器，此时的离子流中包含了多种不同质荷比的离子。作为有机质谱分析，最终目的就是要获得该化合物所产生的不同质荷比的离子，以及确定这些离子的相对强度等信息。质量分析器的作用就是将各种不同质荷比的离子按照空间或时间进行分离，并且按照质荷比的大小对离子进行排列，以供后续的离子检测系统收集与检测。目前市售的商品质谱仪所配备的质量分析器主要包括扇形磁场、四极杆、离子阱、飞行时间、轨道阱及离子回旋共振等类型。通常高分辨质谱的质量分析器多为飞行时间质量分析器，其工作原理见 14.2.3 小节。

4. 离子检测系统

在 HPLC-MS 联用仪中，可以将质谱仪看作色谱仪的检测系统，为了避免混淆，把质谱仪本身的检测系统称为离子检测系统。离子检测系统是质谱仪中离子最后到达的地方，其作用是将从质量分析器中出来的只有 10^{-12}～10^{-9} A 的微小离子流加以接收、放大，以便记录。该系统包括离子的收集和信号的放大与输出等。评价检测器的主要性能指标包括：增益、动态范围、响应时间、噪声值等。液相色谱-质谱联用仪能实现高灵敏度的检测，与所使用的检测器分不开。

5. 数据采集系统

数据采集系统是指仪器配备的电子计算机，又称工作站。其作用包括数据的获得、处理和输出。在 HPLC-MS 联用分析时，仪器测试结束后所获得的数据可以利用归一化、本底扣除、谱图相减、去卷积等软件功能进行加工处理。随着 HPLC-MS 技术的发展，工作站可以通过软件实现更多的功能，包括仪器硬件设备的全面控制和仪器校正及故障诊断。

14.4.3 HPLC-MS 联用仪操作规程

1. MicrOTOF Ⅱ质谱仪开机、关机基本操作

1) 操作前准备

检查氮气管道是否完好，如果漏气，换上新管道。前级泵泵油检查，观察前级泵泵油的水平线是否在窗口的 1/2～2/3 处，若不在 1/2～2/3 处，则更换泵油；仔细观察前级泵中的泵油是否浑浊，若浑浊，则更换泵油。检查连接 MicrOTOF-QⅡ、液相色谱仪、计算机的电源是否正常。

2) 开机程序

(1) 打开氮气。在开启氮气钢瓶高压前，首先检查低压阀的调节杆应处于释放状态，然后开启氮气钢瓶主阀，缓缓调节低压阀的调节杆，调节压力至 (0.7±0.02) MPa，若压力达不到 (0.7±0.02) MPa，打开增压阀增压，增压表的压力应调在 8～15 bar (1 bar = 10^5 Pa)。

(2) 打开计算机。

(3) 打开 MS 主机。主机开关位置位于仪器右侧最下方。

(4) 打开工作站。

(5) 计算机开机后，双击桌面 MicrOTOF Control 图标。

仪器开始自检，自检完成后进入质谱操作界面。在质谱界面下的菜单中选择 Options-Vacuum System，查看两个泵的真空度。待高压 (high) 低于 2.00×10^{-6} 以后，点击 Standby。

质谱操作界面如图 14-9 所示，最上方为工具栏区域，包括文件 (File)、运行 (Acquisition)、方法 (Method)、视图 (View) 等，常用功能以图标形式显示在下一行；最左侧上半部分为仪器状态区域，包括操作 (Operate)、待机 (Standby)、关机 (Shutdown) 三个按钮，以及液相色谱 (LC)、工作站 (PC)、质谱 (MS) 状态栏，绿色为正常状态，黄色为待机状态，红色为报警状态，当某一部分对应的长方块为红色时，单击该方块，会显示报错原因对话框。下半部分显示的是仪器运行时间及雾化气 (Nebulizer)、干燥气 (Dry Gas)、电压 (HV) 开关。界面右侧上半部分分别为线型质谱图、峰型质谱图、离子流信号图，这几个视窗的位置及设置均可以在工具栏中进行更改。下半部分为仪器参数设置编辑区域，包括多个选项卡，主要用到的有离子源 (Source) 选项卡中对雾化气流速、干燥气流速及干燥气温度的设定；样品信息 (Sample Info) 选项卡中对样品名、数据储存路径的编辑；校正 (Calibrate) 选项卡中校正列表的选择及校正。开始操作时点击软件左侧 Operate，使仪器处于操作状态。液-质联机操作雾化气 (Nebulizer) 压力设定为 0.8 bar，干燥气 (Dry Gas) 流速设定为 8 L/min，干燥气温度 (Dry Temp) 设定为 180 ℃。直接进样操作雾化气 (Nebulizer) 压力设定为 0.4 bar，干燥气 (Dry Gas) 流速设为 3 L/min，干燥气温度 (Dry Temp) 设定为 180 ℃。仪器在操作状态下稳定 20～30 min 后即可开始仪器质量准确度校正。

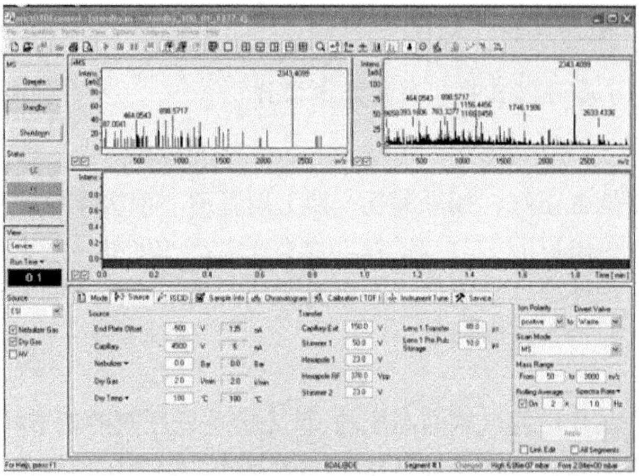

图 14-9　质谱操作界面

3) 关机程序

在 MicrOTOF 操作系统界面下，点击 Shut Down，打开 Shut Down Options 界面，选择 Shutdown，点击 OK，再次点击 Shut Down，打开 Shut Down Options 界面，选择 Vent Vacuum，点击 OK，打开 MicrOTOF Control 界面，点击 Yes。

仪器进入排空状态，等仪器排空结束后，关闭 MTQ 主机开关，最后关闭氮气钢瓶主阀。

2. MicrOTOF Ⅱ LC-MS 操作流程

1) 仪器质量准确度校正

仪器真空度达标并稳定运行一段时间后，需要对仪器进行质量精度校正。首先在质谱操作界面下方选项卡中点击 Sample Info，显示样品信息编辑页面。在 Analysis Name 项对应的空白处输入校正名称，在 Subdiectrory 项对应的空白处输入文件保存目录名称，在 Sample Name 项对应的空白处输入校正样品名称。

编辑完样品信息后，点击 Calibrate，显示校正界面。在 Reference list 中选择所需的校正列表及所需校正模式。药物和酶解多肽样品选用甲酸钠溶液作为校正标准液。覆盖质量范围 m/z=90～1200；校正模式选用 Enhanced Quadratic。蛋白质类样品选用三氟乙酸钠溶液作为校正标准液。覆盖质量范围 m/z=200～2000；校正模式选用 Quadratic。

吸取校正液，用蠕动泵(Syringe Pump)直接进样，待总离子流基线平稳后，点击 Calibration 进行仪器校正，以甲酸钠为例，当校正列表中所有点的实测值均在允许误差范围内(<5 ppm)时，点击接受(Accept)，每隔 5 min 校正一次，直到 Stand Deviation< 5 ppm。

2) 编辑色谱-质谱方法

分别开启液相色谱各模块电源。双击桌面上的 Hystar 图标或者在质谱操作界面点击 Hystar,启动液-质联机软件。在 hardware setup 命令中选择 Agilent 1200_UV_MS.hss，点击 Open，分别对液相色谱各个模块进行激活后，点击 Close，弹出询问是否关闭的对话框，点击 Yes。

如需进行色谱-质谱方法编辑，点击 Method。在打开的文件夹中选择一个已有的方法，点击 Open，出现色谱-质谱方法编辑页面。如果需要对打开的方法进行重新编辑，点击 Edit，弹出方法编辑对话框。

首先在 General 选项卡中，Author 项对应的空白处输入操作者姓名，Description 项对应的空白处输入具体描述(描述可以省略)。

然后打开 LC Parameters 选项卡，这里包含泵参数设定(LC-Pump)、自动进样器参数设定(Autosampler)、柱温箱参数设定(Column/Oven)、检测器参数设定(UV/DAD Detector)等选项。具体设置如下：

(1)泵参数设定(LC-Pump)：设定流动相(Solvent)初始比例，通常为 95%乙腈+5%水；根据色谱柱内径大小设定流速(Flow Rate)；最后设定运行时间(Total Runtime)。

(2)自动进样器参数设定(Autosampler)：点击 Parameters，在弹出的选项卡中设定进样针与样品瓶底部距离(Draw Position Offset)为 5 mm，这一设置是为了防止进样针碰触样品瓶底部造成损坏;放置洗针瓶的位置(Washing),设置好后,每进完一针样品，自动对进样针和管路进行清洗。

(3)柱温箱参数设定(Column/Oven)：根据色谱柱类型设定合适的温度，设定区间为 25～40 ℃，一般设定为 25 ℃。

(4)检测器参数设定(UV/DAD Detector)：根据样品性质设定合适的检测波长。

再打开 LC Timetable 选项卡，在 Timetable 中添加相应时间段的流动相比例，注意此处的总时间要与前面设定的运行时间一致，以初始比例起，初始比例止。根据样品组分多少及极性特点进行梯度或等度淋洗。

接下来打开 Signals 1～8 选项卡，添加检测器(包括紫外波长、质谱扫描范围等)。

最后点击左下角的 Save As，输入要保存的文件名称，点击 Save 保存。

方法编辑完成后，点击 Sample Table，选择一个样品表，点击 Open。在样品表中对样品序列进行编辑，包括：General 选项卡中的样品名称(sample identifier)、样品位置(vial position)；Methods 选项卡中的方法调用。然后选中要进行测试的样品所在行，点击 Acquisition，进入色谱运行界面。

待色谱柱平衡后，点击 Start，选择运行序列或运行单个样品。

3)质谱参数设定

在 MicrOTOF Control 软件中的 Source 界面可以对仪器各项参数进行调整。适当调节参数,以得到适宜的质谱图(如果有已经建立好的方法,可以导入方法后直接测定，不需调节参数)。

实验四十六　萘、联苯混合物的高效液相色谱-高分辨质谱分析

一、实验目的

(1) 了解高效液相色谱-质谱联用仪的基本组成、各部件的主要功能及其工作原理。

(2) 熟悉几种可用于液-质联用的离子源类型，并对电喷雾离子源的离子化过程有一定了解。

(3) 掌握高效液相色谱-高分辨飞行时间质谱联用仪的基本操作。

二、实验原理

在高效液相色谱中，当色谱柱采用非极性固定相(如十八烷基键合相)，流动相采用极性溶剂(如水、甲醇、乙腈等)时，混合样品中极性较大的样品先流出，称为反相色谱法。这种方式特别适合分离同系物，如苯同系物等。当混合样品在流动相的带动下流经色谱柱时，萘、联苯分别与 ODS 柱上的固定相产生大小不等的作用力，导致它们在固定相与流动相中的分配比 k'值不等，其被流动相洗脱的速率也就不同，因此两个组分先后流出柱子。理论上联苯的极性比萘大，因此最先流出，也就是说在色谱图中保留时间短的吸收峰为联苯的紫外吸收峰。

样品经高效液相色谱分离后相继流入质谱的离子源中，经过离子化及离子传输、检测过程得到相应的质谱图。通过对某一保留时间对应的质谱数据的分析可进一步对定性鉴别加以确证，因此液-质联机方法不需要标准品的比对即可对混合物各组分进行定性分析。

本书中涉及的高效液相色谱-高分辨质谱联用仪相关实验均采用配备电喷雾离子源的飞行时间质谱。

三、仪器与试剂

1. 仪器

HPLC 部分：1200 系列高效液相色谱仪。

检测器：VWD 单通道紫外检测器，波长设定为 254 nm；色谱柱：Zorbax SB-C_{18} (4.6 mm i.d.×50 mm，5 μm)，柱温 25 ℃，进样量 10 μL；流动相：88%甲醇+12%水等度洗脱；流速：0.3 mL/min。

MS 部分：MicrOTOF Ⅱ 电喷雾-飞行时间高分辨质谱仪；雾化气压力 1.5 bar；干燥气流速 8 L/min；干燥气温度 180 ℃。

2. 试剂

甲醇(色谱纯)；去离子水(自制)；萘、联苯均为分析纯。

四、实验步骤

(1)标准溶液配制：准确称取萘 0.08 g、联苯 0.02 g，用色谱纯甲醇溶解，并转移至 50 mL 容量瓶中，用甲醇稀释至刻度，用移液枪吸取 1.5 mL 装入样品瓶中待用。

(2)打开质谱控制软件(MicrOTOF Control)，在 Source 页面设置雾化气压力、干燥气流速、干燥气温度，并保存为 LC-MS 方法备用。

(3)将 1.5 mL 样品瓶放入自动进样器样品盘中，记住所放位置编号。在液-质联机软件(HyStar 3.2)中打开样品表(Sample Table)，按照 14.4.3 小节中流程对样品表及进样方法进行编辑。

(4)将上述液相方法与质谱方法保存为 LC-MS 联机方法并在样品表中调用该方法，设置好后点击 Acquisition，进入液相操作界面。

(5)待紫外检测器基线平稳后，点击 Start，选择 Start Sequence 进行液-质联机测试。

(6)实验结束后关闭色谱仪中的泵、紫外灯；质谱状态选择 Standby，雾化气压力为 0 bar，干燥气流速为 2 L/min，干燥气温度为 100 ℃。

五、数据处理与分析

(1)在 Data Analysis 中点击 Open，在文件夹中找到样品文件，双击打开。

(2)在离子流信号窗口添加紫外吸收信号，选择不同保留时间下各紫外吸收峰所对应的质谱图。

(3)根据质谱图中的质荷比确定各组分的出峰次序。

六、实验注意事项

(1)液相色谱与离子源之间的管路要连接紧密，防止漏液的情况发生。

(2)开始液-质联机测试前要等待干燥气温度升至 180 ℃，并维持稳定。

(3)本实验柱温为 25 ℃。

七、思考题

(1)影响色谱峰峰形的因素有哪些？

(2)样品中杂质过多会对质谱数据造成什么影响？

(3)实验结束后为什么要将干燥气流速减为 2 L/min 而非完全关掉？

实验四十七　苦荞麦浸提液中两种苦荞黄酮的液相色谱-高分辨质谱分析

一、实验目的

(1)掌握热水浴浸提、离心、过滤等简单样品预处理方法。

(2)初步了解 LC-MS 在食品成分分析领域的应用。

二、实验原理

利用高效液相色谱出色的分离功能得到样品中苦荞黄酮的紫外吸收色谱图，通过后续的高分辨质谱分别测得苦荞黄酮的相对分子质量，同时得到元素分析数据，进而对样品苦荞麦中所含有的苦荞黄酮种类进行确证。

三、仪器与试剂

1. 仪器

HPLC 部分：1200 系列高效液相色谱仪。

检测器：VWD 单通道紫外检测器，波长设定为 254 nm；色谱柱：Zorbax SB-C18 (4.6 mm i.d.×50 mm，5 μm)，柱温 25 ℃，进样量 10 μL；流动相：甲醇(A)、1%甲酸溶液(B)；梯度洗脱程序：0～33 min：10%A+90%B～40%A+60%B；33～60 min：40%A+60%B～60%A+40%B；流速：1.0 mL/min。

MS 部分：MicrOTOF Ⅱ 电喷雾-飞行时间高分辨质谱仪；雾化气压力 1.5 bar；干燥气流速 8 L/min；干燥气温度 180 ℃。

2. 试剂

甲醇(色谱纯)；乙酸(色谱纯)；去离子水(自制)。

四、实验步骤

(1)样品预处理：将苦荞麦籽粉碎过筛，用 80%甲醇水浴(85 ℃)浸提 6 h，离心后，取上清液经微孔滤膜过滤，取过滤后的液体 1 mL 装入 1.5 mL 样品瓶中待用。

(2)打开质谱控制软件(MicrOTOF Control)，在 Source 页面设置雾化气压力、干燥气流速及干燥气温度，点击 Save As，将该方法命名并保存。

(3)将 1.5 mL 样品瓶放入自动进样器样品盘中，记住所放位置编号。在液-质联机软件(HyStar 3.2)中打开样品表(Sample Table)，按照 14.4.3 小节中流程对样品表及进样方法进行编辑。

(4)将上述液相方法与质谱方法保存为 LC-MS 联机方法并在样品表中调用该方法，设置好后点击 Acquisition，进入液相操作界面。

(5)待紫外检测器基线平稳后，点击 Start，选择 Start Sequence 进行液-质联机测试，对样品分别进行正离子、负离子模式检测各一次。

(6)实验结束后关闭色谱仪中的泵、紫外灯；质谱状态选择 Standby，雾化气压力为 0 bar，干燥气流速为 2 L/min，干燥气温度为 100 ℃。

五、数据处理与分析

(1) 在 Data Analysis 中点击 Open，在文件夹中找到样品文件，双击打开。

(2) 在质谱离子流途中添加色谱图信号，观察并记录色谱峰的数目及各峰相应的保留时间。

(3) 分别在正、负离子模式的质谱离子流图中找出与色谱峰保留时间对应的质谱峰，将得到的质荷比信息分别与下列苦荞黄酮类物质的相对分子质量进行比对，确定该样品中所含有的苦荞黄酮类化合物的种类。

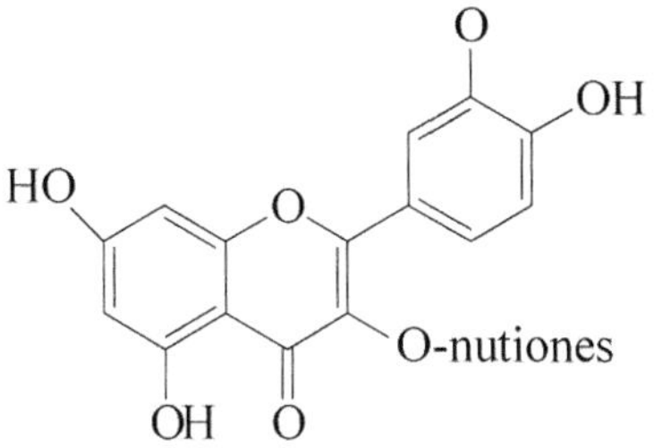

D-槲皮素-3-芸香苷(芦丁)

$[M+H]^+$=611.1606

$[M-H]^+$=609.1450

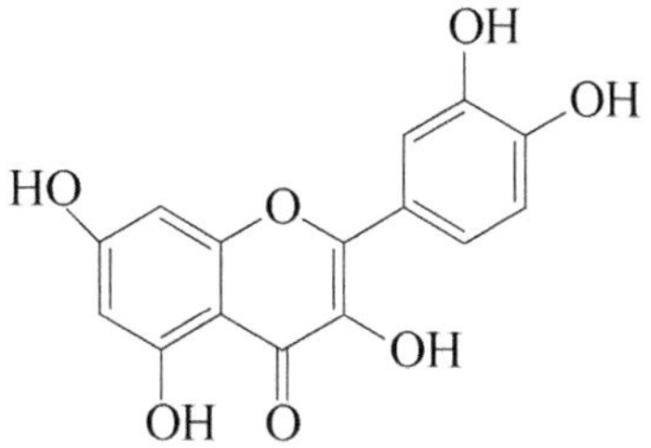

D-槲皮素

$[M+H]^+$=303.0499

$[M-H]^+$=301.0353

六、实验注意事项

(1) 样品预处理后要保证溶液澄清，没有不溶物。

(2) 质谱采集范围为 50～2000。

七、思考题

(1) 本实验流动相采用梯度洗脱，为什么？

(2) 在处理食品、药材等样品时，预处理的方法还有哪些？

(3) 观察比较正、负离子模式下样品的质谱图哪个信号更强，试说明原因。

实验四十八　洗涤剂中两种荧光增白剂的高效液相色谱-高分辨质谱分析

一、实验目的

(1) 熟悉超声、离心机等预处理相关仪器的操作。

(2) 熟悉标准溶液配制过程。

(3) 了解 LC-MS 在日用品添加剂分析领域的应用。

二、实验原理

利用高效液相色谱法对样品、标准品进行分离，通过比较相同实验条件下的色谱峰保留时间，初步判断样品中是否含有荧光增白剂；利用标准物质的液相色谱图绘制标准曲线，并计算线性回归方程。同时可以利用得到的质谱数据与已知荧光增白剂的理论相对分子质量进行比对，从而进一步确认样品中是否含有荧光物质，若有，根据标准曲线法进行定量分析，确定荧光增白剂的含量。

三、仪器与试剂

1. 仪器

HPLC 部分：1200 系列高效液相色谱仪。

检测器：VWD 单通道紫外检测器，波长设定为 359 nm；色谱柱：Zorbax SB-C_{18} (4.6 mm i.d.×250 mm，5 μm)，柱温 25 ℃，进样量 10 μL；流动相：水(A)、甲醇(B)；梯度洗脱程序：0～12.5 min，96%B+4%A；12.5～13 min，96%B+4%A～100%B；13～19 min，100%B；19～20 min，100%B～96%B+4%A；流速：0.4 mL/min。

MS 部分：MicrOTOF Ⅱ电喷雾-飞行时间高分辨质谱仪；雾化气压力 1.5 bar，干燥气流速 8 L/min，干燥气温度 180 ℃。

2. 试剂

荧光增白剂 KCB 和荧光增白剂 CBS-127；甲醇、乙腈均为色谱纯；其他试剂为分析纯。

四、实验步骤

(1)标准溶液配制。称取荧光增白剂 KCB 和荧光增白剂 CBS-127 各 10 mg(精确至 0.1 mg)，分别置于 100 mL 容量瓶中，用色谱纯乙腈溶解并定容，摇匀，配制成浓度分别为 100 mg/L 的标准储备液。将标准储备液配制成混合标准储备液后，再将其稀释成浓度分别为 0.025 mg/L、0.05 mg/L、0.5 mg/L、1.0 mg/L、2.5 mg/L、10 mg/L 的混合标准系列溶液，并分别取 1 mL 标准溶液装入 1.5 mL 样品瓶中，编号 1～6 待用。

(2)样品预处理。称取 1 g(精确至 0.001 g)试样于 50 mL 具塞锥形瓶中，加入 10 mL 色谱纯乙腈，混合后超声提取 20 min。取部分溶液转移至 10 mL 具塞塑料离心管中，10000 r/min 离心 10 min，上清液经 0.45 μm 微孔滤膜过滤，移取 1 mL 样品装入 1.5 mL 样品瓶中，编号 7 待测。

(3)打开质谱控制软件(MicrOTOF Control)，在 Source 页面按照仪器配置部分的参数设置雾化气压力、干燥气流速及干燥气温度。

(4)将样品瓶 1～7 号按照顺序分别放入自动进样器样品盘中所对应的 1～7 号位置。

在液-质联机软件(HyStar 3.2)中打开样品表(Sample Table)，按照 14.4.3 小节中流程对样品表及进样方法进行编辑。

(5)将上述液相方法与质谱方法保存为 LC-MS 联机方法并在样品表中调用该方法，设置好后点击 Acquisition，进入液相操作界面。

(6)待紫外检测器基线平稳后，点击 Start，选择 Start Sequence 进行液-质联机测试。

(7)实验结束后关闭色谱仪中的泵、紫外灯；质谱状态选择 Standby：雾化气压力为 0 bar，干燥气流速为 2 L/min，干燥气温度为 100 ℃。

五、数据处理与分析

(1)在 Data Analysis 中点击 Open，在文件夹中找到样品文件，双击打开。

(2)在离子流信号窗口添加紫外吸收信号，选择不同保留时间下各紫外吸收峰所对应的质谱图；将混合标准储备液逐级稀释得到浓度分别为 0.025 mg/L、0.05 mg/L、0.5 mg/L、1.0 mg/L、2.5 mg/L、5 mg/L、10 mg/L 的混合标准系列溶液，按测定条件浓度由低到高依次进样分析，以各荧光增白剂的峰面积对相应的浓度绘制标准曲线，计算线性回归方程。

阳性样品采用液相色谱-串联质谱进行测试，经计算可知两种荧光增白剂的相对分子质量分别为 M_r(KCB)=362.3802；M_r(CBS-127)=418.5262。如果试样色谱峰的保留时间与标准溶液中对应的保留时间一致(变化范围为±2.5%)，并且在对应的质谱中可以找到质荷比为$[M+H]^+$=363.1128 或$[M+Na]^+$=385.0947、$[M+H]^+$=419.2005 或$[M+Na]^+$=441.1825 两组数据或其中一组，则可判断样品中存在两种荧光增白剂中的一种或两种都含有。

如果样品中含有这两种荧光增白剂，则可以根据标准曲线计算其含量。

六、实验注意事项

(1)配制标准储备液时应注意尽量减小称量误差。

(2)质谱扫描范围为 50～1000。

七、思考题

(1)还可以利用什么方法检测洗涤用品中是否含有荧光物质？

(2)ESI 中除形成质子化的准分子离子峰$[M+H]^+$外，还会有加钠峰$[M+Na]^+$、加钾峰$[M+K]^+$等，为什么？

实验四十九　金线莲中 3-吡啶甲醇的 HPLC-MS 分析

一、实验目的

(1)了解固相萃取技术在样品预处理过程中的应用。

(2)了解 HPLC-MS 技术在中药材有效成分分析领域的应用。

二、实验原理

利用高效液相色谱法将金线莲提取液与标准品溶液进行分离，通过比较相同实验条件下的样品色谱峰保留时间与标准品色谱峰的保留时间是否一致，初步判断样品中是否含有 3-吡啶甲醇类物质；同时可以利用得到的质谱数据与 3-吡啶甲醇的理论相对分子质量进行比对，从而达到鉴别的目的。

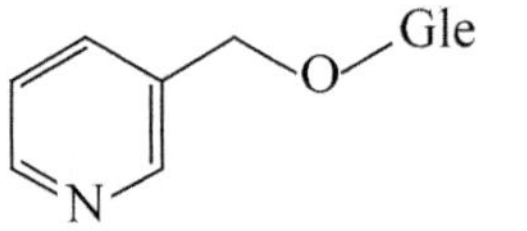

3-吡啶甲醇苷

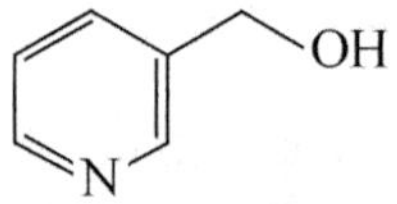

3-吡啶甲醇

三、仪器与试剂

1. 仪器

1200 系列高效液相色谱仪，配 VWD 单通道紫外检测器，波长 260 nm；色谱柱：Zorbax SB-C_{18}(4.6 mm i.d.×150 mm，5 μm)，柱温 30 ℃，进样量 20 μL；流动相：甲醇(A)，0.02 mol/L 乙酸铵水溶液(B)，等度洗脱，V_A : V_B=5 : 95；流速：1 mL/min(HPLC 流出管路与 MS 离子源间接三通分流，连接方法见 14.3.2 小节)。

MS 部分：MicrOTOF Ⅱ电喷雾-飞行时间高分辨质谱仪；正离子检测；雾化气压力 1.5 bar；干燥气流速 7 L/min；干燥气温度 350 ℃；毛细管电压 3500 V。

固相萃取柱：丙磺酸(PRS)固相萃取小柱。

2. 试剂

3-吡啶甲醇；甲醇、乙腈均为色谱纯；其他试剂为分析纯。

四、实验步骤

(1)样品预处理。将金线莲粉末过筛后，准确称取 10.0 g 置于 100 mL 锥形瓶中，加入 5 倍体积的乙腈-乙酸铵(2 : 3，体积比)溶液，加热超声提取 30 min，减压旋转蒸发得到浸膏，加入 1%盐酸 20 mL 调 pH 为 2，静置，过滤，滤液中加入 10 mL 乙醚，萃取 3 次，弃去乙醚层，水层用氨水调 pH 为 10，旋转蒸发得浸膏，用 6 mL 乙腈溶解作为待净化液。PRS 固相萃取小柱先用 6 mL 乙腈活化，将待净化液以 1 滴/s 的流速过柱，用 6 mL 乙腈淋洗小柱，低真空抽干，再用 3 mL 乙腈-0.1 mol/L pH 为 10 的乙酸铵溶液(1 : 1，体积比)洗脱，洗脱液作为待测样品。

(2)标准品溶液配制。准确称取标准品 3-吡啶甲醇 0.0100 g，用甲醇定容至 10 mL 容量瓶中，制得浓度为 10 μg/mL 的标准品溶液。

(3)将样品溶液和标准品溶液分别取 1 mL 装入 HPLC 样品瓶中，按照上述色谱、质谱条件分别进行测试。

(4)实验结束后关闭色谱仪中的泵、紫外灯；质谱状态选择 Standby，雾化气压力为 0 bar，干燥气流速为 2 L/min，干燥气温度为 100 ℃。

五、数据处理与分析

(1)在 Data Analysis 中点击 Open，在文件夹中找到样品文件与标准品文件，分别双击打开。

(2)首先看标准品，在离子流信号窗口添加紫外吸收信号，观察 3-吡啶甲醇的色谱峰保留时间；再打开样品数据，添加紫外吸收信号后，观察所得到的紫外吸收峰中是否有与样品保留时间相同的，如果有，再看该峰所对应的质谱图中是否有质荷比为 110.2($[M+H]^+$)的峰，如果也有，则说明该样品中含有 3-吡啶甲醇。

六、实验注意事项

(1)金线莲样品粉末需过筛后再超声提取，提取温度为 50 ℃。

(2)质谱扫描范围为 100～500。

七、思考题

(1)在样品预处理中应用固相萃取柱有哪些优点?

(2)质谱图中若出现质荷比为 93.1 的峰，应如何解释?

(3)接质谱前为什么要分流?

第 15 章　电化学分析法

15.1　电化学分析法的特点及应用范围

电化学分析法(electrochemical analysis)是根据物质在溶液中的电化学性质的变化而构建的一类仪器分析方法。将试样溶液与电极组成化学电池的一部分，根据被测组分的电化学性质，通过测量某种电参数(包括电极电势、电流、电阻、电导、电容及电量等)的变化，对待测物质进行定量与定性分析。

15.1.1　电化学分析法的分类

电化学分析法通常有以下几种分类方法。

(1)根据 IUPAC 倡议，电化学分析法分为三大类：①既不涉及双电层，也不涉及电极反应，包括电导分析法等；②涉及双电层，但不涉及电极反应，包括通过测量表面张力或非法拉第阻抗而测定浓度的分析方法；③涉及电极反应，包括电位分析法、电解分析法、库仑分析法、极谱法和伏安法等。

(2)根据不同的分析原理，将电化学分析法分为三大类：①通过测定试液的浓度在特定实验条件下与化学电池某种电参数之间的关系求得分析结果的方法，主要包括电导分析法、库仑分析法、电位法、伏安法和极谱分析法等；②利用电参数的变化指示滴定分析终点的方法，这类方法仍然以滴定分析为基础，根据所用标准溶液的浓度和消耗的体积求出分析结果，如电导滴定法、电位滴定法和电流滴定法；③电重量法或称电解分析法，这类方法将直流电流通过试液，使被测组分在电极上还原沉积析出，与共存组分分离，然后对电极上的析出物进行重量分析以求出被测组分的含量。

(3)根据不同的测量方法进行分类：电导分析法、电位分析法、电解分析法、库仑分析法、极谱法和伏安法等。

15.1.2　电化学分析法的特点

与其他分析方法相比，电化学分析法所需仪器简单，价格低廉，有很高的灵敏度和准确度，测定范围宽，分析速度快，特别是测定过程的电信号易与计算机联用，可实现自动化或连续分析，还可以用于活体检测。目前，电化学分析法已成为生产和科研中广泛应用的分析手段。其分析对象包括：金属离子、无机离子与生物小分子等。但是电化学分析法的选择性一般较差。

15.2 电化学分析法的基本原理

电化学过程需要通过电池来完成。常见的电池可以分为原电池和电解池。

在原电池中，当两类活泼性不同的电极插入溶液中时，电子导电相和溶液相接触，产生电势差，且在相界面上有电子转移，产生电流。从能量转化角度看，原电池是将化学能转化为电能的装置。从化学反应角度看，原电池的原理是氧化还原反应中的还原剂失去的电子经外接导线传递给氧化剂，使氧化还原反应分别在两个电极上进行。

电解池是将电流通过电解质溶液或熔融态电解质，在阴极和阳极上引起氧化还原反应的过程。

电化学分析法中常用的电极有：金属电极、氧化还原电极、气体电极、难溶盐电极、膜电极、化学修饰电极。根据不同用途电极可分为：工作电极、参比电极、辅助电极(又称对电极)。工作电极、参比电极与辅助电极可以构成三电极体系(图 15-1)。三电极体系含两个回路，一个回路由工作电极和参比电极组成，用来测试工作电极的电化学反应过程；另一个回路由工作电极和辅助电极组成，起传输电子形成回路的作用。三电极体系的优点是精确地测定工作电极的电位及回路中的电流变化。

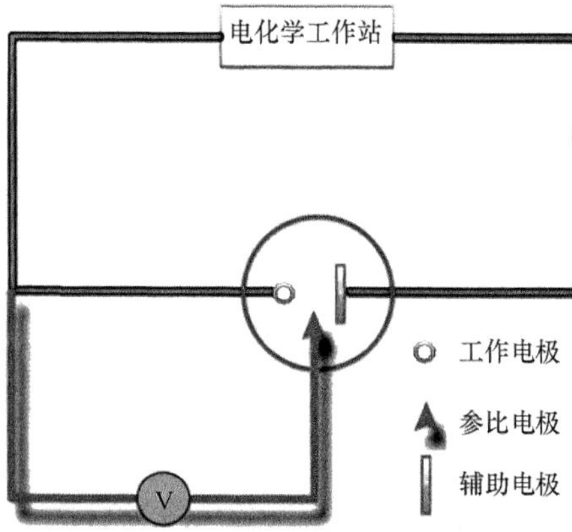

图 15-1 三电极体系示意图

15.3 电化学分析法的建立和实验技术

15.3.1 循环伏安法

循环伏安法是进行电化学和电分析化学研究最基本和最常用的方法。随着固体电极、修饰电极的广泛使用和电子技术的发展，循环伏安法的测试范围和测试技术、数据采集和处理等得到显著改善和提高，从而使电化学分析法更普遍地应用于化学化工、生命科学、材料科学及环境和能源等领域。

循环伏安法的基本原理是:根据研究体系的性质,选择电位扫描范围和扫描速度,从选定的起始电位开始扫描后，研究电极的电位按指定的方向和速率随时间的线性变化，完成所确定的电位扫描范围到达终止电位后，自动以同样的扫描速度返回起始电位。在进行电位扫描的同时，同步测量研究电极的电流响应，所获得的电流-电位曲线称为循环伏安曲线或循环伏安扫描图。通过对循环伏安扫描图进行定性和定量分析，可以确定电极上进行的电极过程的热力学可逆程度、得失电子数、是否伴随偶合化学反应及电极过程动力学参数，从而拟定或推断电极上所进行的电化学过程的机理。

循环伏安测定方法是：选定电位扫描范围 E_1～E_2 和扫描速度 υ，从起始电位 E_1 开始扫描，电位按选定的扫描速度呈线性变化从 E_1 到达 E_2，然后连续反方向再扫描，从 E_2 回到 E_1，如图 15-2(a)所示，电位随时间的变化呈现等腰三角波信号。在扫描电位范围内，若在某一电位值时出现电流峰，说明在此电位时发生了电极反应。若在正向扫描时电极反应的产物足够稳定，且能在电极表面发生电极反应，则在返回扫描时将出现与正向电流峰相对应的逆向电流峰。典型的循环伏安曲线如图 15-2(b)所示。

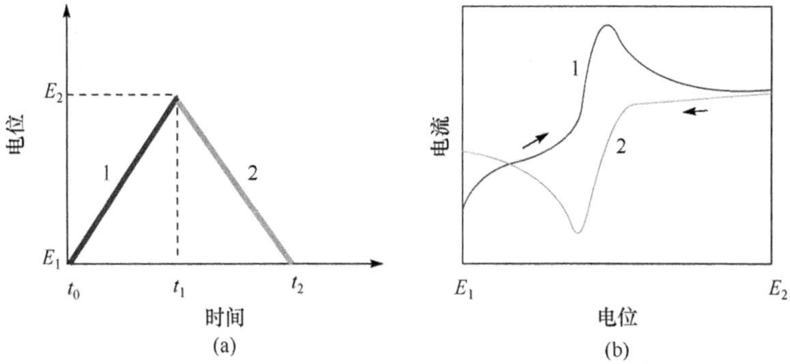

图 15-2　循环伏安施加电位方法(a)及循环伏安曲线(b)

15.3.2　微分脉冲伏安法

微分脉冲伏安法是目前伏安方法中灵敏度最高的方法之一，能检测 10^{-6} mol/L 的物质。在直流线性扫描电压上叠加 2～100 mV 的脉冲电压。脉冲电压的持续时间为 4～80 ms。在脉冲后期测量电解电流，使干扰的电容电流和其他噪声电流充分衰减，从而极大地提高了实验的灵敏度，并降低了检测限。

微分脉冲伏安法具有以下优点：

(1)灵敏度高。由于背景电流得以充分衰减,可以将衰减的法拉第电流 I_f 充分放大,因此能达到很高的灵敏度。

(2)分辨能力高，可同时进行多元素、多物质检测。可大大降低空白值。由于脉冲持续时间长，在保证 I_c 和充分衰减的前提下，可以允许 R 增大 10 倍或更大，这样只需使用 0.01～0.1 mol/L 的支持电解质即可。

(3)仪器价格低廉，检测物用量少。

15.3.3 纳米材料修饰电极

为了提高工作电极的分析性能，可在电极表面进行分子设计，将具有优良化学性质的分子、离子、聚合物固定在电极表面，使电极具有某种特定的化学和电化学性质。自 20 世纪 80 年代以来，纳米材料修饰电极在电化学分析及电催化领域得到了广泛应用。纳米修饰电极的制备可采用蘸涂法和滴涂法、氧化还原电化学沉积、碳糊电极等。

15.4 电化学工作站操作规程

以 CHI 660C 为例介绍电化学工作站操作规程。

(1)开启电化学系统及计算机电源，启动 CHI 660C 操作程序。

(2)正确连接电极线，绿色线连接在工作电极上，白色线连接在参比电极上，红色线连接在辅助电极上。

(3)在 Setup 下拉菜单(或快捷方式)中选择 Technique，然后在 Technique 菜单下选择 Cyclic Voltammetry，点击 OK 返回主菜单。

(4)在 Parameters 菜单下选择参数。

(5)点击 Run，仪器运行完成，并自动显示峰电位和峰电流数据。

实验五十 循环伏安法判断可逆物质及不可逆物质电化学过程

一、实验目的

(1)掌握循环伏安法的原理及可逆物质电化学过程的判断。

(2)掌握电化学分析实验电极系统组成及实验过程。

(3)学会使用电化学工作站及数据的处理。

二、实验原理

循环伏安法是在电极上施加线性扫描电位，从 E_0 到达某一电位 E_t，然后又回到 E_0。整个过程中，电位为 $E_0 \rightarrow E_t \rightarrow E_0$，完成一个循环，记录电路中的电流，得到电流-电位关系曲线，称为循环伏安曲线。以 $K_3[Fe(CN)_6]/K_4[Fe(CN)_6]$为例，电位施加方式和循环伏安曲线如图 15-2 所示，在此循环电位扫描过程中溶液中的电化学活性物质发生如下电极反应：

从−0.2 V 到+0.8 V：$[Fe(CN)_6]^{4-} - e^- \Longrightarrow [Fe(CN)_6]^{3-}$

从+0.8 V 到−0.2 V：$[Fe(CN)_6]^{3-} + e^- \Longrightarrow [Fe(CN)_6]^{4-}$

25 ℃时峰电流可表示为

$$I_p = 2.69\times10^5 AD^{1/2}n^{3/2}\upsilon^{1/2}c \quad (15\text{-}1)$$

式中：I_p为峰电流；A 为电极面积，cm^2；n 为电子转移数；D 为扩散系数，cm^2/s；υ 为扫描速度，V/s；c 为浓度，mol/L。可见峰电流 I_p 与电极面积、电子转移数、扫描速度及被测物质浓度等因素有关，在其他参数不变的条件下，I_p与$\upsilon^{1/2}$和c呈线性关系。从实验可测定氧化峰电流I_{pa}和还原峰电流I_{pc}、氧化峰电位E_{pa}和还原峰电位E_{pc}的值。

对于可逆体系，氧化峰电流 I_{pa} 和还原峰电流 I_{pc} 比值

$$\frac{I_{pa}}{I_{pc}} = 1 \quad (15\text{-}2)$$

氧化峰电位 E_{pa} 和还原峰电位 E_{pc} 之差

$$\Delta E_p = E_{pc} - E_{pc} = \frac{59}{n}(\text{mV}) \quad (15\text{-}3)$$

这两个公式是判断电极过程可逆性的重要依据。

三、仪器与试剂

1. 仪器

CHI 660C 电化学工作站；玻碳电极；Ag/AgCl 参比电极；铂丝电极。

2. 试剂

纯氮气(99.9%)；1.0 μm、0.3 μm、0.05 μm Al_2O_3 粉；电化学活性物质：0.1 mol/L 氯化钾溶液，含 0.0025 mol/L $K_3Fe(CN)_6$/0.0025 mol/L $K_4Fe(CN)_6$ 溶液；1.0 mol/L 抗坏血酸溶液；0.1 mol/L 磷酸盐缓冲溶液(pH=7.0)。

四、实验步骤

1. 玻碳电极预处理

本实验中，玻碳电极为工作电极，其电极表面好坏是实验成功与否的关键之一。将玻碳电极分别用 1.0 μm、0.3 μm、0.05 μm Al_2O_3 粉进行电极表面抛光，分别用稀硝酸、乙醇、去离子水超声清洗干净，电极彻底洗净后用氮气吹干，待用。

2. 测定循环伏安曲线

将玻碳电极、Ag/AgCl 参比电极及铂丝电极插入 5 mL 电化学活性溶液中，连接三电极体系。将电化学系统的操作界面选定在循环伏安测定，选择电位扫描区间为 −0.2～0.8 V，扫描速度为 0.05 V/s，点击“运行”即开始扫描，得到循环伏安曲线。

3. 可逆物质循环伏安曲线分析

由 $K_3Fe(CN)_6$/$K_4Fe(CN)_6$ 溶液的循环伏安曲线测定 I_{pa}、I_{pc}、E_{pa}、E_{pc} 值，判断电

极过程是否可逆。

若ΔE_p在 100 mV 以内，可以认为电极基本上处理干净。

4. 不可逆物质循环伏安曲线分析

在 0.001 mol/L 抗坏血酸的磷酸盐缓冲溶液中，选择电位扫描区间为–0.2～0.8 V，扫描速度为 0.05 V/s，点击“运行”即开始扫描，得到循环伏安曲线。比较 $K_3Fe(CN)_6$/$K_4Fe(CN)_6$ 与抗坏血酸循环伏安曲线的差异。

5. 绘制扫描速度与峰电流关系曲线

在电极检测符合条件的情况下，绘制扫描速度分别为 0.025 V/s、0.050 V/s、0.075 V/s、0.100 V/s、0.150 V/s 与 0.200 V/s 的循环伏安曲线，分别记录不同扫描速度下的氧化电流和还原电流。以扫描速度的平方根为横坐标，分别以 I_{pa} 和 I_{pc} 为纵坐标作出两条直线，分别进行拟合分析。

6. 线性扫描伏安法

将处理干净的电极放置在 $K_3Fe(CN)_6$/$K_4Fe(CN)_6$ 溶液中，选择电位扫描区间为–0.2～0.8 V，扫描速度为 0.05 V/s，点击“运行”即开始扫描，得到线性扫描伏安曲线，比较线性扫描伏安曲线与循环伏安曲线的差别。

7. 电化学系统具体操作步骤

(1)先打开计算机，再开启化学工作站主机电源(工作站背后)。

(2)将检测池的工作电极(绿色)、参比电极(白色)和辅助电极(红色)与电化学工作站连线准确连接。双击桌面上电化学工作站 CHI 660C 软件界面，使其运行最大化。

(3)先进行硬件检测：执行 Setup 菜单中的 Hardware Test 命令，硬件检测正常后可以进行实验。

(4)设置所使用的电化学技术：点击 Setup 菜单和 Technique 进行选择。

(5)设置该实验技术参数：点击 Setup 菜单和 Parameters，参数设置好后点击 OK 确定。

(6)软件部分参数设置完毕后，准备进行样品测试工作。

(7)数据处理，采用 Origin 软件作图。

实验结束后，先关闭电化学工作站主机电源，再关闭计算机。

五、数据处理与分析

(1)检测电极过程是否可逆：

$$\Delta E_p = E_{pa} - E_{pc} = \frac{59}{n}(mV)$$

(2)分别记录不同扫描速度下的氧化电流和还原电流。以扫描速度的平方根为横坐标，分别以 I_{pa} 和 I_{pc} 为纵坐标作出两条直线。

六、实验注意事项

(1)玻碳电极的表面必须处理平整，否则无法得到正确的循环伏安曲线。

(2)电化学系统操作注意事项：①使用前，仔细阅读使用说明书；②开关机步骤严格按照顺序进行，三电极体系需连接正确；③使用过程中，不要把电极连接线弄湿；④如果实验过程中发现电流溢出(Overflow，表现为电流突然成为一水平直线或得到警告)，可停止实验，在参数设定命令中重设灵敏度。如果溢出，应将灵敏度调低(数值调大)。

七、思考题

(1)如何判断一个物质是否可逆?

(2)如何判断玻碳电极是否打磨清洗干净?

实验五十一　微分脉冲伏安法测定维生素 C

一、实验目的

(1)了解微分脉冲伏安法的原理，掌握其实验技术，并能用该方法测定市售抗坏血酸片剂中抗坏血酸的含量。

(2)能正确运用标准曲线法进行定量分析。

(3)了解 CHI 660C 电化学工作站的操作方法。

二、实验原理

微分脉冲伏安法是一种灵敏度较高的伏安分析技术。它是对施加在工作电极上线性变化的电位叠加一个等振幅(ΔE=10～100 mV)、持续时间为 5～100 ms 的矩形脉冲电压，测量脉冲加入前 20 ms 和终止前 20 ms 的电流之差ΔI[图 15-3(a)]。在直流极谱波的 $E_{1/2}$ 处ΔI 值最大，因此微分脉冲伏安法的循环伏安曲线呈对称的峰状，峰电位相当于直流极谱波的半波电位[图 15-3(b)]。由于采用了两次电流取样的方法，因而能很好地扣除直流电压引起的背景电流。微分脉冲伏安法峰电流 I_p 的大小与振幅的大小成正比，但振幅大，分辨率不好。峰电流不受残余电流的影响。

维生素 C 又称抗坏血酸，是生命不可缺少的物质。它在玻璃碳电极上能直接发生氧化反应[图 15-3(c)]。本实验用微分脉冲伏安法测定片剂中抗坏血酸的含量。

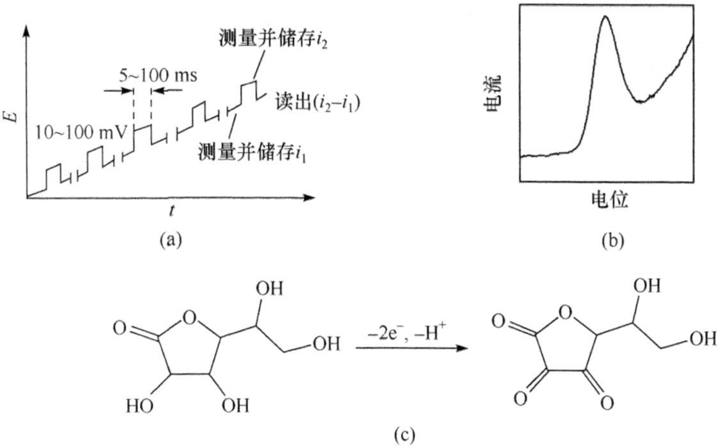

图 15-3　微分脉冲伏安法施加电位方法(a)、循环伏安曲线(b)和抗坏血酸氧化机理(c)

三、仪器与试剂

1. 仪器

CHI 660C 电化学工作站，工作电极为玻碳电极，参比电极为 Ag/AgCl 电极，辅助电极为铂丝电极。

2. 试剂

0.1 mol/L 抗坏血酸标准储备液；0.1 mol/L 磷酸盐缓冲溶液(pH=7.4)；市售维生素 C 片剂；去离子水。

四、实验步骤

1. 电化学实验操作

选择微分脉冲伏安法，设置参数(图 15-4)，取 5 mL 除氧的磷酸盐缓冲溶液置于电解池中，正确连接电极线，测试微分脉冲曲线。然后分别测试 0.0 μmol/L、5.0 μmol/L、10.0 μmol/L、15.0 μmol/L、20.0 μmol/L、25.0 μmol/L 维生素 C 的微分脉冲伏安曲线。

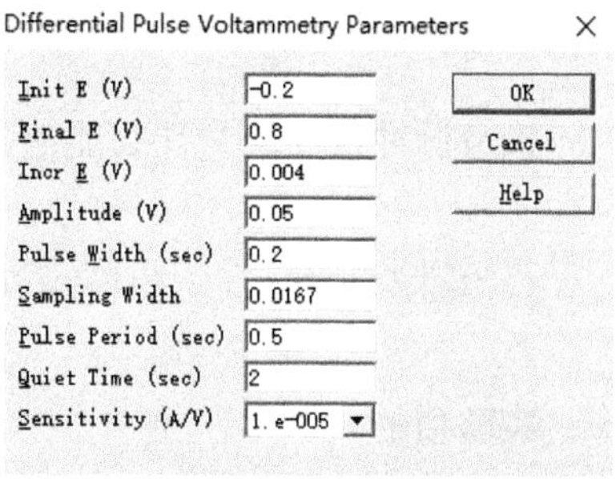

图 15-4　微分脉冲伏安法参数设置界面

2. 标准曲线的绘制

读取不同浓度下的电流，填入表 15-1，用 Origin 软件绘制标准曲线。

表 15-1　不同浓度维生素 C 溶液的微分脉冲伏安法测试结果

浓度/(μmol/L)	电流/μA
0	
5	
10	
15	
20	
25	

3. 实际样品的检测

在 50 mL 小烧杯中加入市售维生素 C 片剂一片，加入适量水搅拌溶解后转移至 100 mL 容量瓶中定容。在 50 mL 容量瓶中加入 47 mL 磷酸盐缓冲溶液，再加入上述溶液 3.0 mL，用水定容。取 5 mL 上述混合溶液，微分脉冲伏安法测试，参数与之前参数相同。根据样品溶液测得的峰电流值，从标准曲线上查得浓度，计算片剂中维生素 C 的含量，与标准值对比。

五、数据处理与分析

1. 标准曲线的绘制

记录不同浓度下微分脉冲伏安法测试的电流，绘制标准曲线。从标准曲线计算检测维生素 C 的灵敏度。

2. 试剂样品的测定

通过标准曲线法计算片剂中维生素 C 的含量。

六、实验注意事项

在实际药片检测中，需要将药品充分研磨溶解，才能得到更好的检测效果。

七、思考题

微分脉冲伏安法为什么能达到较高的灵敏度?

实验五十二　石墨烯电极的制备及其电催化多巴胺的应用

一、实验目的

(1) 了解修饰电极的制备方法及其电催化原理。
(2) 学会分析标准曲线法，并能正确进行定量分析。
(3) 了解纳米材料在修饰电极中的应用。

二、实验原理

石墨烯是一种二维晶体。人们常见的石墨由一层层呈蜂窝状有序排列的平面碳原子堆叠形成，石墨的层间作用力较弱，很容易互相剥离，形成薄薄的石墨片。当把石墨片剥成单层之后，这种只有一个碳原子厚度的单层就是石墨烯。石墨烯具有许多优异而独特的物理、化学和机械性能，在微纳电子器件、光电子器件、新型复合材料及传感材料等方面有着广泛的应用前景，基于石墨烯的相关研究也成为目前电化学领域的研究热点之一。由于石墨烯的单层结构，石墨烯的棱面与石墨烯基面上的缺陷可以加速待测物质在电极表面的电子转移速度，因而可以提高其电催化性能。

多巴胺是人体内一种重要的神经递质，在神经系统、心血管系统，以及调节肾脏功能、激素的分泌等方面有重要作用。此外，人体内多巴胺浓度的失衡会导致一些疾病，如癫痫、精神分裂症、帕金森病等。因此，建立一种准确且能快速检测人体内多巴胺的方法是十分必要的。

三、仪器与试剂

1. 仪器

CHI 660C 电化学工作站，工作电极为石墨烯修饰的玻碳电极，参比电极为 Ag/AgCl 电极，辅助电极为铂丝电极。

2. 试剂

盐酸多巴胺；0.1 mol/L 磷酸盐缓冲溶液(pH=7.4)；去离子水。

石墨烯的制备中使用的为商业购买的还原石墨烯氧化物。将石墨烯分散于 *N*, *N*-二甲基甲酰胺中制备浓度为 1 mg/mL 的分散液，超声 2 h 后使用。

四、实验步骤

(1) 修饰电极的制备：用微量进样器取 5 μL 石墨烯的分散液，滴涂在电极表面，然后在红外灯下烤干。

(2) 电化学实验操作：选择循环伏安法，设置参数(图 15-5)，取 5 mL 除氧的磷酸盐缓冲溶液置于电解池中，然后加入多巴胺。正确连接电极线，分别测试石墨烯修饰电极与裸电极的循环伏安曲线。

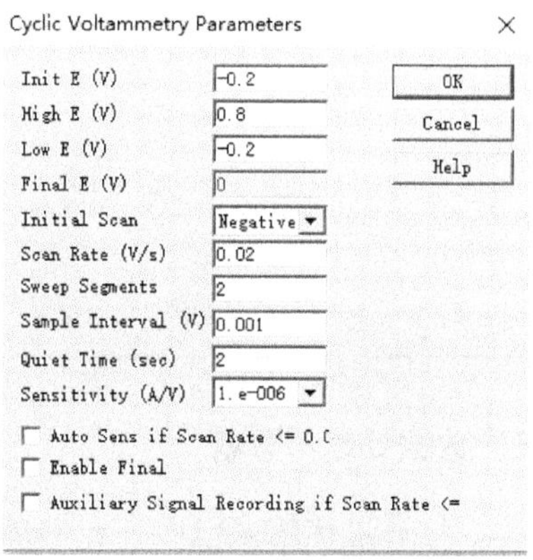

图 15-5　石墨烯修饰电极氧化多巴胺循环伏安参数设置

(3) 电流与扫描速度的关系。设置扫描速度分别为 0.01 V/s、0.02 V/s、0.03 V/s、

0.04 V/s、0.05 V/s、0.06 V/s、0.07 V/s、0.08 V/s、0.09 V/s 与 0.10 V/s。以石墨烯修饰电极为工作电极，测试每个扫描速度下的循环伏安曲线，并记录每个扫描速度下的电流，填入表 15-2。

表 15-2 不同扫描速度下循环伏安曲线的电流

扫描速度/(V/s)	电流/μA
0.01	
0.02	
0.03	
0.04	
0.05	
0.06	
0.07	
0.08	
0.09	
0.10	

(4)在扫描速度 0.05 V/s 下，以石墨烯修饰电极为工作电极，分别向溶液中加入不同浓度的多巴胺，并记录不同浓度下电流值的大小(表 15-3)。

表 15-3 不同浓度多巴胺下循环伏安曲线的电流

浓度/(mol/L)	电流/μA

五、数据处理与分析

(1)通过比较多巴胺在石墨烯修饰电极与裸电极上电流的大小及过电位的高低，判断石墨烯修饰剂对多巴胺的电催化作用。

(2)通过电流与扫描速度的关系，判断多巴胺氧化的电极过程是扩散控制还是表面控制。

(3)通过浓度与电流的关系，可以实现多巴胺的定量分析。

六、实验注意事项

由于具有很强的π-π作用力，石墨烯很容易发生团聚，使用前需要充分超声分散。

七、思考题

(1) 为什么修饰电极能够提高工作电极的催化性能？

(2) 查阅文献，检索哪些材料可以用作修饰电极材料，这些材料具有什么特性。

第 16 章　核磁共振波谱法

16.1　核磁共振波谱法的特点及应用范围

核磁共振现象源于自旋核和磁场的相互作用，将自旋核放入磁场后，用适宜频率的电磁波照射，它们会吸收能量，发生原子核能级跃迁，同时产生核磁共振信号，得到核磁共振谱。以此现象为基础建立的分析方法称为核磁共振波谱法(nuclear magnetic resonance spectroscopy)。核磁共振波谱主要用于分子(如有机分子、生物大分子等)组成和结构分析、生物组织与活体组织分析、医疗诊断、产品无损检测等方面，还可观测一些动态过程(如化学反应、生化过程等)的变化。

核磁共振波谱分析的优点是，检测样品简便、快捷；能够在天然状态下对样品进行探测，不损害样品原有组成，便于活体、原位动态监测；能够提供原子分辨率上的结构及动力学信息；具有良好的客观性和重现性。但是该方法灵敏度低，样品需要量大，仪器昂贵，需要定期添加液氦和液氮，维护费用高。

16.2　核磁共振波谱法的基本原理

16.2.1　自旋量子数 *I* 不等于零的原子核

具有自旋现象的原子核，其磁矩 μ 与角动量 P 成正比。

$$\mu = \gamma \cdot P \tag{16-1}$$

式中：γ 为磁旋比。不同的原子核具有不同的磁旋比。

P 的数值与自旋量子数 I 的关系如下：

$$P = \sqrt{I(I+1)} \cdot \frac{h}{2\pi} \tag{16-2}$$

I 的值可以取零、整数或半整数，如 0，1/2，1，3/2，2，5/2，…由式(16-2)可知，当 I=0 时，P=0，即原子核没有自旋现象。只有当 I>0 时，原子核才有自旋角动量和自旋现象，才能发生核磁共振。原子核的自旋量子数 I 是核的固有性质。当自旋量子数 I=1/2 时，核电荷呈球形分布于核表面，它们的核磁共振现象较为简单，是目前研究的主要对象。属于这一类的原子核主要有 ${}^{1}_{1}H$、${}^{13}_{6}C$、${}^{15}_{7}N$、${}^{19}_{9}F$、${}^{31}_{15}P$。其中研究最多、应用最广的是 ${}^{1}H$ 和 ${}^{13}C$ 核磁共振谱。

16.2.2　自旋核的磁共振现象

若将自旋核放入场强为 B_0 的磁场中，由于磁矩与磁场相互作用，核磁矩相对外加磁场有不同的取向。按照量子力学原理，核自旋角动量在外磁场方向上的投影是量子化的，只能取一些不连续的数值，可用磁量子数 m 来描述。通常约定外磁场方向为 z 方向，自旋角动量在 z 方向的投影值为

$$P_z = m \times \hbar \qquad (m=I,\ I-1,\ I-2,\ \cdots,\ -I) \tag{16-3}$$

m 可以取 $2I+1$ 个值中的某一值，在外磁场作用下，原来简并的能级，现在按不同的 m 值发生能级裂分，通常称为塞曼(Zeeman)分裂。例如，$^{1}_{1}H$，$^{13}_{6}C$ 等 $I=1/2$ 的核只有两种取向，即 $m=+1/2$ 代表磁矩 μ 顺着磁场 B 方向，是一较低能态，$m=-1/2$ 代表磁矩 μ 逆着磁场 B 方向，是一较高能态。而 $^{2}_{1}H$、$^{14}_{7}N$ $(I=1)$ 则有 3 种取向，代表三种能级：$m=1$，0，-1；$^{50}_{23}V$ $(I=6)$ 则有 13 种取向与能级，依此类推。

在外磁场 B_0 中，只考虑核自旋与 B_0 相互作用的情况，对于具有自旋量子数 I 和磁量子数 m 的核，第 i 个能级的能量值可用式(16-4)确定：

$$E_i = -\hbar\gamma B_0 m_i \tag{16-4}$$

式中：B_0 为以特斯拉(Tesla)为单位的外加磁场强度；$\hbar$ 为狄拉克常量，即普朗克常量 h 除以 2π；γ 为磁旋比。

^{1}H 原子核在外加磁场中只有 $m=+1/2$ 及 $m=-1/2$ 取向，这两种状态的能量分别为：

当 $m=+1/2$，$$E_{+\frac{1}{2}} = -\hbar\gamma B_0 \frac{1}{2} = -\frac{1}{2}\hbar\gamma B_0 \tag{16-5}$$

当 $m=-1/2$，$$E_{-\frac{1}{2}} = -\hbar\gamma B_0 \left(-\frac{1}{2}\right) = +\frac{1}{2}\hbar\gamma B_0 \tag{16-6}$$

对于低能级($m=+1/2$)，核磁矩方向与外磁场同向；对于高能级($m=-1/2$)，核磁矩方向与外磁场方向相反，其高、低能级的能量差由式(16-7)确定：

$$\Delta E = E_{-1/2} - E_{+1/2} = \hbar\gamma B_0 \tag{16-7}$$

在无外磁场时，核自旋的空间取向是杂乱无章的，它们的宏观磁化矢量总和等于零。将 $I \neq 0$ 原子核置于静磁场 B_0 中，各个原子核除绕核轴自旋外，还会绕磁场 B_0 中的 z 轴做自旋进动，类似于在重力场中正在自旋的陀螺旋进。这种既自旋又围绕外磁场方向发生的进动称为拉莫尔(Larmor)进动。此时，核自旋由无序的空间取向过渡到有序的空间取向，核自旋的空间取向与塞曼能级相对应。当热平衡时，核自旋在能级上的布居数服从玻耳兹曼(Boltzmann)分布。自旋核在磁场中的拉莫尔进动频率为 ν_0，进动频率的大小与磁场强度 B_0 和核本身的性质磁旋比 γ 有关，满足式(16-8)：

$$\nu_0 = \frac{\gamma}{2\pi} B_0 \tag{16-8}$$

式中：ν_0 为进动频率，又称核的拉莫尔频率；γ 为核的磁旋比，是核的磁矩与角动量

的比值，$\gamma = \mu/P$，μ和 P 都是矢量，它们的方向可以不同，所以不同的核γ有正有负。

如果以射频照射处于外磁场 B_0 中的核，且射频频率 ν_1 恰好满足下列关系：

$$h\nu_1 = \Delta E \quad 或 \quad \nu_1 = \frac{\gamma}{2\pi} B_0 \tag{16-9}$$

处于低能级的核将吸收射频能量而跃迁至高能级。这种现象称为核磁共振现象，即当 $\nu_1 = \nu_0$，射频场频率与拉莫尔频率一致，可以发生核磁共振。因此，核磁共振的条件是：$I \neq 0$ 的原子核，在稳定磁场 B_0 中，受到与它的拉莫尔频率相同的射频场的照射，自旋核吸收射频场的能量，从低能级跃迁到高能级，发生核磁共振。

16.3　核磁共振波谱仪

现代的核磁共振(NMR)波谱仪由超导磁体，包含射频发生、功率放大、脉冲形成及控制、信号检测等各种功能电子器件的主机，以及用于设置和控制实验的计算机系统组成。核磁共振波谱仪的工作方式有两种：连续波(CW)工作方式和脉冲傅里叶变换(PFT)工作方式。CW 方式是指用连续变化频率的射频(固定磁场)或连续变化强度的磁场(固定射频频率)激发自旋系统。前者称为扫频，后者称为扫场，都可以获得 NMR 信号。

16.3.1　核磁共振波谱仪装置

核磁共振波谱仪装置示意图如图 16-1 和图 16-2 所示。

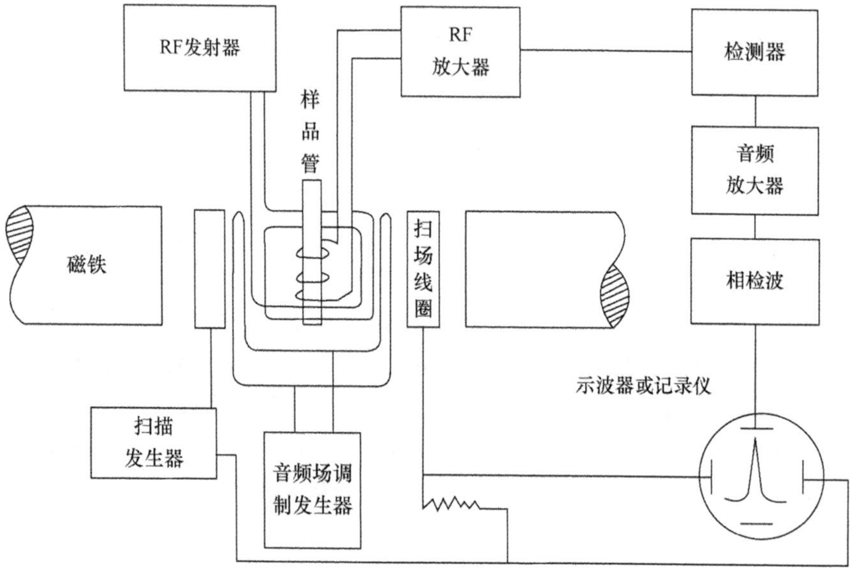

图 16-1　连续波核磁共振波谱仪

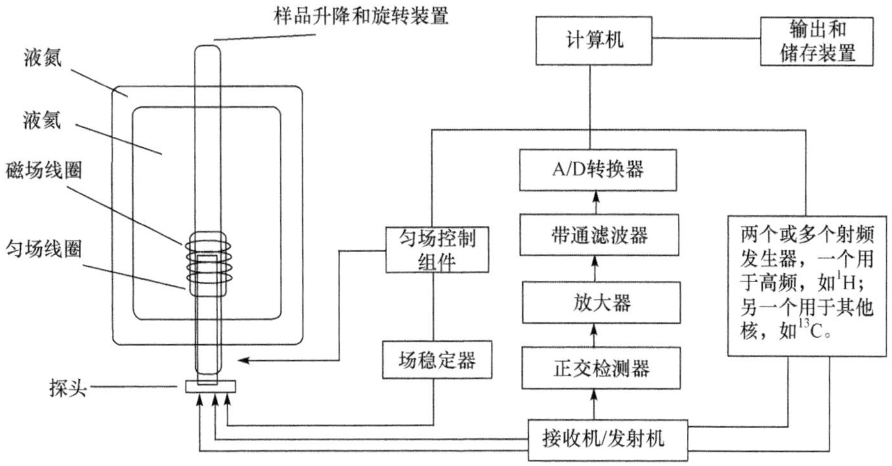

图 16-2　脉冲傅里叶变换核磁共振波谱仪

16.3.2　核磁共振波谱仪的组成及功能

核磁共振波谱仪包括 5 个主要部分：磁场系统、射频发射系统、探头、信号接收系统和信号处理与控制系统。

1. 磁铁

磁铁是核磁共振波谱仪的最基本组成部件，共有两类，一类是永久磁铁和电磁铁，提供 60～100 MHz 场强；另一类是 100 MHz 以上的超导磁体，超导磁体的场强可达 1000 MHz 以上。超导磁体就是把超导材料制成的线圈放到液氦杜瓦中，使其处于超导状态，再给它加上大的电流，在线圈中间就能产生一个很强的磁场。由于在接近 0 K 时，超导线圈内阻几乎为零，成为超导体，强电流会持续不断地在线圈中循环流动，从而形成稳定、均匀的永久磁场。超导磁体需要用足够的液氦和液氮来降低温度，维持其正常工作。磁体内同时含有多组匀场线圈，通过调节其电流使它在空间构成相互正交的梯度磁场来补偿主磁体的磁场不均匀性。目前已经广泛使用的有 400～800 MHz 超导磁体，800～1000 MHz 超导磁体也已经大为普及，成为目前广泛使用的核磁共振波谱仪。

2. 谱仪机柜

大部分执行命令的电路板被整合在机柜内，负责工作站的指令接收、转化并传输给磁体；并把磁体产生的信号转换后传回工作站。其包括射频发射、信号接收、匀场系统等。它相当于一支执行特种任务的“部队”，里面有执行不同命令的中央处理器(CPU)，只有能被接受的指令才能执行。错误指令或重复指令会显示出错信息，干扰命令的正常执行。

3. 射频发射系统

射频发射系统是将一个稳定的、已知频率的石英振荡器产生的电磁波，经频率综合器精确地合成出欲观测核(如 ^{1}H、^{13}C、^{19}F、^{31}P 等)、被辐照核(如照射 ^{1}H 以消除其对观测核的耦合作用)和锁定核(如 ^{2}D、^{7}Li，用于稳定仪器的磁场强度)的 3 个通道所需频率的射频源。射频源发射的射频脉冲通过探头上的发射线圈照射到样品上。

4. 探头

探头是整个仪器的心脏，固定在磁极间隙中间。它包括样品管支架、发射线圈、接收线圈等，样品管在探头中可以以一定速率旋转，以消除管内的磁场不均匀性。探头分为多种，如超低温探头、正向探头、反相探头、微量探头、固体探头等。

5. 信号接收系统

信号接收系统和射频发射系统实际上用的是同一组线圈。当射频脉冲发射并施加到样品上后，发射门关闭，接收门打开，自由感应衰减(free induction decay, FID)信号被信号接收系统接收。信号经前置放大器放大、检波、滤波等处理，再经模/数转换转化为数字信号，最后通过计算机快速采样，FID 信号被记录下来。

6. 信号处理与控制系统

信号处理与控制系统负责控制和协调各系统有条不紊地工作，并对接收的 FID 信号进行累加、傅里叶变换处理等。

7. 其他附件系统

其他附件系统包括空压机、空调、不间断电源和除湿机等。

16.3.3 核磁共振波谱仪的操作规程及数据采集

1. 核磁共振波谱仪的操作规程

以 INOVA-500 型 PFT-NMR 波谱仪为例介绍核磁共振波谱仪的操作规程。

(1)打开空压系统，观察压力表示数是否正常。

(2)扳上谱仪电源总开关→开控制电路开关→开数据工作站电源→待登录窗口出现。

(3)登录，输入用户名和密码，进入 VNMR 操作界面。

(4)在采集状态窗口中检查谱仪与计算机的联机状态，键入 su，建立谱仪与计算机的联系。

(5)将溶液摇匀，用脱脂棉纱布擦拭干净 NMR 样品管，将样品插入转子，用深度规量好样品深度。

(6)进样：点击 Acqi，点击 eject，打开进样通道，听到气流声，气流将磁体中已有的样品托出，小心取出样品，并放入新的样品；点击 insert，关闭进样通道。将 Lock 置于 Off 状态，调节溶剂氘代氯仿的 Z0 值，使 Lock level 曲线值达到最大，然后将 Lock 置于 On 状态，调整 Lock power 和 Lock gain 的值，一般使锁信号 Lock level 保持在 25～70。

(7)样品旋转：点击 Acqi，选择 spin on，关闭 Acqi 窗口。

(8)匀场：键入宏命令 gm5，机器会自动转换到匀场界面，点击 Gradient Autoshim on Z，等待机器自动匀场，时间为 1～2 min。

(9)选择实验参数：点击 Setup EXP 界面，用鼠标下拉菜单选定要做的实验，选择测试核和溶剂种类，调出标准实验。更改谱宽 sw、采样次数 nt、弛豫时间 d1 等实验参数。或者直接进入步骤(10)。

(10)选择实验区，开始实验(管理员设置好的常用实验区)：

键入 jexp1，进入 ^{1}H/CDCl3 测试区。

键入 jexp2，进入 ^{1}H/DMSO 测试区。

键入 jexp3，进入 ^{13}C/CDCl3 测试区。

键入 jexp4，进入 ^{13}C/DMSO 测试区。

(11)采样：设采样次数 nt=1、延迟时间 d1=5，键入命令 ga，进行采样。采样结束后，查看δ0 位置 TMS 参考峰应为尖的单峰，此时样品所在磁场环境均匀度较好，否则需要重新调节 Z1～Z5、XY、XZ、YZ 等的匀场值。如果样品浓度低或基线粗，应增加采样次数，以增加信噪比。键入 nt=8 或 16，采样次数通常设置为 2^n 倍，键入 ga 进行采样。采样结束后，键入 aph 或宏命令 www 自动调节相位。

(12)采样完成后，保存数据：键入命令 svf，输入文件名。

(13)采集碳谱时，点击 Setup EXP，选择溶剂和实验，调取碳的实验参数，d1=1，采样次数 nt=2048，spin= ‘n’，键入 go，等待采样。仪器设置每采集 64 次自动保存一次，因此出现‘BS 1 completed’时，可以键入 wft 进行傅里叶变换并查看碳谱情况。采集到信号较强，基线噪声较低时，可以输入 aa 或点击 Abort Acquisition 停止采样，键入 svf，输入文件名，保存实验数据。

2. 数据处理及谱图输出

(1)数据处理：调出保存的文件 rt(‘file name’)，键入 wft 进行傅里叶变换，键入 aph 进行相位校正，点 dscale 显示刻度。

(2)光标靠近 TMS 或溶剂峰(氯仿，δ7.26，单峰；DMSO，δ2.50，五重峰)，键入 nl，点击 Ref，输入 0 或溶剂的化学位移。

(3)积分：点 Part Integral，键入 cz，用鼠标左、右键选取需要积分的谱峰，点 Expand 扩展放大局部谱图，点 Resets，用鼠标左键选取出峰的范围(用右键撤销选择)，即选取每组峰左边峰起的位置到右边峰结束的位置，进行积分，完成后点 Box、Full，左、右键用光标选其他未积分段，点 Expand、Resets，对其他谱峰分别进行积分；直到除溶剂外的其他谱峰积分结束。

(4)定积分：选取一组峰，将光标放在该峰上，键入 nl，点 Set Int，输入积分参考值，dpir 显示积分，所有积分面积都显示近似整数值。

(5)用中键调整谱峰高度，点 Th，用鼠标选取阈值，键入 dpf，Th 线以上的谱峰均会标记出来，键入 ds。

(6)点 Full、Box，用光标选取谱图区域，点 Expand，调整谱图范围。

(7)键入宏命令 plh，打印氢谱。

(8)出碳谱：rt(‘file name’)，wft，将光标靠近溶剂峰(氯仿，三重峰，定中心峰δ77.0；DMSO，七重峰，定中心峰δ40.0)键入 nl，点击 Ref，输入溶剂的化学位移，点 Th，用鼠标选取阈值，键入 dpf，Th 线以上的谱峰均会标记出来，键入 ds，键入宏命令 plca，出 ^{13}C 谱。

(9)实验结束，取出样品，键入 exit，退出 VNMR 操作界面，点击 OK 确认退出。

实验五十三　乙基苯的 ^{1}H NMR 谱图测试及结构分析

一、实验目的

(1)了解 Inova-500 型 PFT-NMR 波谱仪的基本操作技术。

(2)掌握 ^{1}H NMR 的谱图特征和测试方法。

二、实验原理

核磁共振氢谱：静磁场中的氢原子核受到射频脉冲的激发后，从低能级跃迁到高能级，从而发生氢原子核的磁共振现象。这种共振现象可以通过核磁共振波谱仪记录下来并用于分析化合物的结构。由于化合物官能团中处于不同化学环境的原子核所感受到的电子云屏蔽作用不同，这些原子核在磁场中的共振频率不同，在核磁共振谱图中表现为在不同频率位置出峰,因此可以根据不同的出峰位置判断不同官能团的存在。另外，核磁共振氢谱信号强度与氢原子在分子中存在的数量有关，即氢谱谱峰积分面积与氢原子个数成正比。

对于结构较简单的有机化合物，利用其氢谱、碳谱，再结合其分子式便可推导出结构。

三、仪器与试剂

1. 仪器

Inova-500 型 PFT-NMR 波谱仪，Vnmr 61C 操作软件，Solaris 9.0 操作系统，Sun Blade 150 工作站；5 mm 石英玻璃核磁管；一般实验室常用设备。

2. 试剂

乙基苯；氘代氯仿。

四、实验步骤

1. 配制样品

要求样品纯度一般应大于 95%，无铁屑、灰尘、滤纸毛等杂质。

(1)取样品放入 5 mm 核磁管中，^{1}H NMR 谱需样品 5～15 mg，^{13}C NMR 及氢碳相关二维谱 20～50 mg。用 0.5～0.6 mL 氘代氯仿溶剂溶解(本仪器配置仅适合做液体样品。要求样品在某种氘代溶剂中有良好的溶解性能，常用氘代溶剂有：$CDCl_3$、D_2O、DMSO-d6、氘代丙酮、C_6D_6、CD_3CN、CD_3OD、THF-d8 等)。

核磁管要求直径 5 mm，长度至少 16 cm，要求管内外壁干净，管壁无划痕破损(严禁样品管在仪器探头内发生断裂，一旦断裂将造成重大仪器故障，需支付高昂的维修费用)。为保证仪器正常运转，请使用优质的氘代溶剂和核磁管。

(2)将样品轻轻摇匀，使样品充分溶解，制得均一、透明的溶液，如有不溶物可超声助溶，并过滤后装入核磁管，悬浊液和乳浊液不能测试，或测试谱图分辨不好。

2. 上机测试

配制 0.5 mL 氘代氯仿溶解的乙基苯溶液进行上机测试。

记录氢谱是单脉冲实验，即在一个脉冲作用之后开始采样。为使所得谱图有好的信噪比，检测时需进行累加，即重复上述过程。氢核的纵向弛豫时间一般较短，重复脉冲的时间间隔不用太长。

对于一些化合物，要设置足够的谱宽。羧酸、有缔合的酚、烯醇等的化学位移范围均可超过 10 ppm($1\ ppm=10^{-6}$)。若设置的谱宽不够大，—OH、—COOH 的峰会折叠进来，给出错误的δ值。在完成记录氢谱谱图的操作后，随即对每组峰进行积分，最后所得的谱图含有各组峰的积分值，因而可计算各类氢核数目之比。若怀疑样品中有活泼氢(杂原子上连的氢)时，可在做完氢谱后滴加两滴重水，振荡，然后记谱，若原活泼氢的谱峰消失或减弱，就确切地证明了活泼氢的存在。当谱线重叠较严重时，可滴加少量磁各向异性溶剂(如氘代苯)，重叠的谱峰有可能分开。也可以考虑用同核去耦实验来简化谱图。

五、数据处理与分析

根据核磁共振波谱仪上获得的乙基苯的 ^{1}H NMR 谱，说明一张核磁共振氢谱所包含的信息。

(1)吸收峰的组数，说明分子中化学环境不同的质子有几组。

(2)质子吸收峰的化学位移，说明分子中的基团所处的化学环境。

(3) 峰的分裂个数及耦合常数，说明基团间的连接关系。

(4) 阶梯式积分曲线高度/积分面积，说明各基团的质子比。

六、实验注意事项

(1) 测试人员在进入实验室操作前，应对随身携带物品进行检查，可磁化物如机械手表、手机、镊子、磁卡、银行卡、钥匙、硬币、铁具等不得带入或靠近磁体，应放在远离磁场 5 高斯线圈外的地方。

(2) 核磁共振波谱仪的强磁场会影响包括协助人体重要生理功能的电子设备，如心脏起搏器等。严禁心脏起搏器和金属假肢佩戴者进入核磁共振实验室。

(3) 实验前请注意是否有他人的实验在进行之中(底栏条目中不是显示绿色底黑字 Idle，而是显示正在进行实验)，不要随意关闭核磁共振仪计算机上已经打开的任何窗口，严禁修改和删除任何文件。

(4) 仅允许使用合格的核磁共振样品管。核磁管内溶液应澄清透明，无悬浮物，管内液面高度为 3.5 cm。仔细检查自带样品管是否有严重的破损现象，建议用干净无破损的好管。

(5) 实验前需查看空压机是否已开。

(6) 确认谱仪内是否有核磁管。仪器室内只有两个核磁转子，如果发现只有一个，或仪器正在进行采样，说明仪器内已有核磁管。杜绝在波谱仪内放两支样品管的情况发生。

(7) 把样品管放入磁体样品室前，应听见很强的气流声，并感觉到样品和转子已经被气流托住后再松手；禁止在没有气流声时将核磁管放入磁体腔管道内，否则核磁管会直接落入磁体管道，将打碎核磁管及损坏探头。

(8) 每天最后一位实验者，关闭空压系统，放去冷凝水。

(9) 认真填写实验记录，离开实验室。

七、思考题

(1) 试述 NMR 的条件及过程。

(2) 化学位移是否随外加磁场强度而改变？为什么？

(3) 耦合常数是否随外加磁场而改变？

实验五十四 乙基苯的 ^{13}C NMR 谱图测试及结构分析

一、实验目的

掌握 ^{13}C NMR 的谱图特征和测试方法。

二、实验原理

碳有两种稳定的同位素，^{12}C 和 ^{13}C。^{12}C 核的天然丰度为 98.93%，但 ^{12}C 不是磁性核，不能作为核磁共振的研究对象。^{13}C 核和 ^{1}H 核一样，是自旋量子数为 1/2 的原子核，可利用其核磁共振波谱研究化合物中的碳骨架结构。然而，^{13}C 原子核的天然丰度只有 1.1%，并且 ^{13}C 的磁旋比 γ 值小，^{13}C 的整个灵敏度仅是 ^{1}H 原子核的约 1/5700。因此，在获得 ^{13}C NMR 谱图时，要求样品浓度远大于氢谱的浓度，0.5 mL 氘代试剂需溶解 20 mg 以上的样品才能在较短时间内获得信噪比较好的谱图。否则，需要几小时甚至几十小时长时间累加信号，才能获得有用的谱图。普通定性 ^{13}C NMR 谱图不能像 ^{1}H NMR 谱峰一样进行积分定量分析。^{13}C NMR 谱的化学位移范围较宽，δ 为−20～240 ppm，而且看不到 ^{1}H-^{13}C 之间的耦合，一种化学环境的碳原子出一条谱峰。

三、仪器与试剂

1. 仪器

Inova-500 型 PFT-NMR 波谱仪，Vnmr 61C 操作软件，Solaris 9.0 操作系统，Sun Blade 150 工作站；5 mm 石英玻璃核磁管；一般实验室常用设备。

2. 试剂

乙基苯；氘代氯仿。

四、实验步骤

参考实验五十三中的样品配制方法，以及碳谱测试步骤。

五、数据处理与分析

参考实验五十三处理步骤。

六、实验注意事项

样品浓度要大于氢谱浓度，样品量在 20 mg 以上，其他参考实验五十三的实验注意事项。

七、思考题

(1) 核磁共振碳谱中，为什么氘代氯仿的溶剂峰是三重峰?

(2) 如果使用溶剂为氘代二甲基亚砜，核磁共振碳谱中的氘代溶剂峰应该是几重峰?

实验五十五　化合物 $C_{10}H_{12}O_2$ 的 ^1H NMR、^{13}C NMR 谱图测试及结构分析

一、实验目的

掌握将化合物 $C_{10}H_{12}O_2$ 的 ^1H NMR 谱和 ^{13}C NMR 谱相结合解析其结构的方法。

二、实验原理

参考实验五十三和实验五十四的实验原理。

三、仪器与试剂

1. 仪器

Inova-500 型 PFT-NMR 波谱仪，Vnmr 61C 操作软件，Solaris 9.0 操作系统，Sun Blade 150 工作站；5 mm 石英玻璃核磁管；一般实验室常用设备。

2. 试剂

化合物 $C_{10}H_{12}O_2$；氘代氯仿。

四、实验步骤

参考实验五十三中的样品配制方法，两种谱图一起测试，可以将样品一次性配制成碳谱的浓度(固体样品 20 mg 以上，液体样品用滴管蘸一小滴在核磁管内壁上，用 0.5 mL 氘代溶剂冲洗下去)。其他请参考氢谱、碳谱测试步骤。

五、数据处理与分析

参考实验五十三和实验五十四的处理步骤。

通过 500 MHz NMR 谱仪测试，获得化学式为 $C_{10}H_{12}O_2$ 的氢谱和碳谱，推导该未知化合物的结构。

六、实验注意事项

参考实验五十三和实验五十四的实验注意事项。

实验五十六　化合物 $C_7H_{12}O_3$ 的 ^1H NMR、^{13}C NMR 谱图测试及结构分析

一、实验目的

掌握将化合物 $C_7H_{12}O_3$ 的 ^1H NMR 谱和 ^{13}C NMR 谱相结合解析其结构的方法。

二、实验原理

参考实验五十三和实验五十四的实验原理。

三、仪器与试剂

1. 仪器

Inova-500 型 PFT-NMR 波谱仪，Vnmr 61C 操作软件，Solaris 9.0 操作系统，Sun Blade 150 工作站；5 mm 石英玻璃核磁管；一般实验室常用设备。

2. 试剂

化合物 $C_7H_{12}O_3$；氘代氯仿。

四、实验步骤

参考实验五十三中的样品配制方法，两种谱图一起测试，可以将样品一次性配制成碳谱的浓度(固体样品 20 mg 以上，液体样品用滴管蘸一小滴在核磁管内壁上，用 0.5 mL 氘代溶剂冲洗下去)。其他请参考氢谱、碳谱测试步骤。

五、数据处理与分析

通过 500 MHz NMR 谱仪测试，获得化学式为 $C_7H_{12}O_3$ 的氢谱和碳谱，推导该未知化合物的结构。

六、实验注意事项

参考实验五十三和实验五十四的实验注意事项。

七、思考题

通过 500 MHz NMR 谱仪测试，获得化学式为 $C_9H_{10}O$ 的氢谱、碳谱分别如图 16-3、图 16-4 所示，推导该化合物的结构。

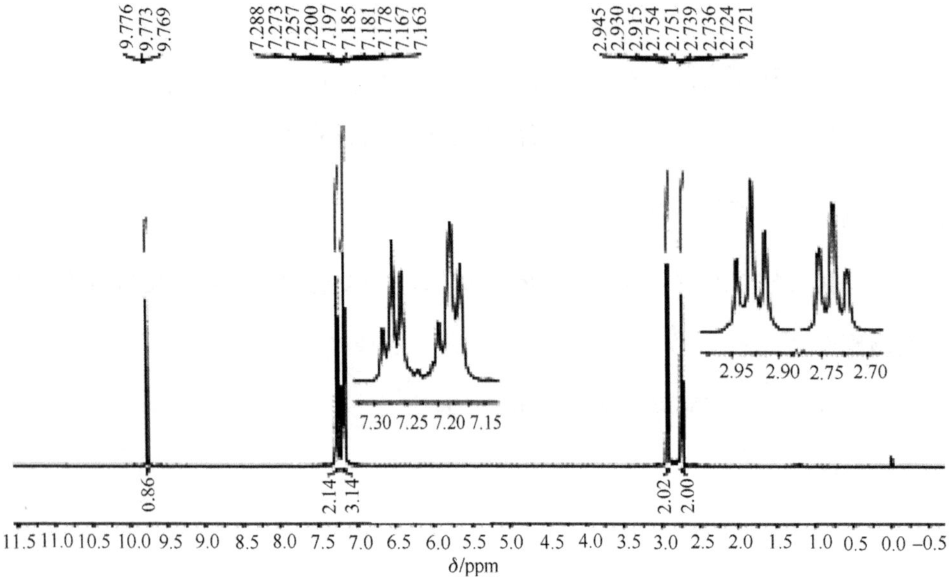

图 16-3　化合物 $C_9H_{10}O$ 的 500 MHz ^1H NMR 谱

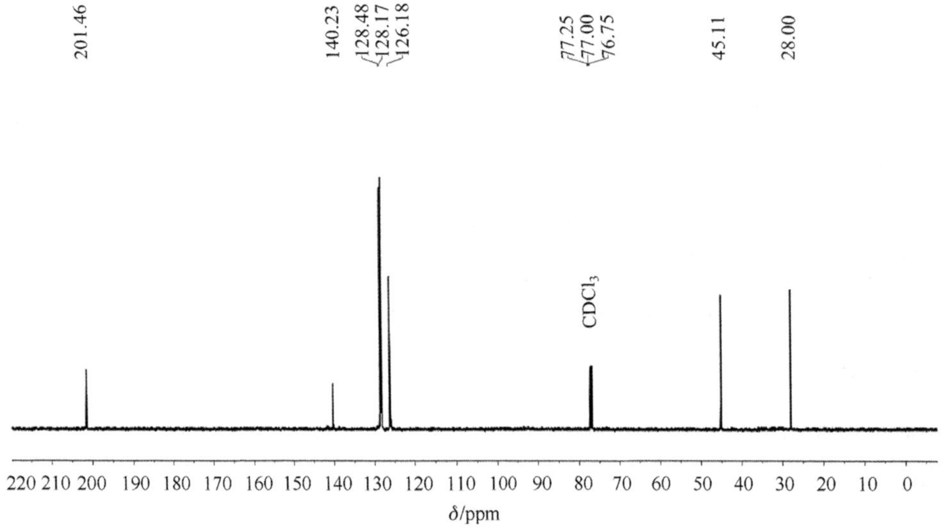

图 16-4　化合物 $C_9H_{10}O$ 的 500 MHz ^{13}C NMR 谱

第 17 章　X 射线粉末衍射法

17.1　X 射线衍射法的分类及应用范围

X 射线衍射法分为单晶 X 射线衍射法(SXRD)和多晶粉末 X 射线衍射法(PXRD)。单晶 X 射线衍射法的检测对象是一颗晶体,粉末 X 射线衍射法的检测对象是众多随机取向的微小颗粒，它们可以是晶体或非晶体等固体样品。根据检测要求、检测对象和检测结果的不同可选择相应方法。

粉末 X 射线衍射法用于样品的定性和定量分析、结晶度定性分析、多晶形种类和晶形纯度分析、宏观和微观应力分析。

17.2　X 射线衍射法的基本原理

X 射线衍射的基本原理：当一束 X 射线通过滤波镜以单色光(特定波长)照射到样品(单晶体或粉末微晶样品)时即发生衍射现象，衍射条件遵循布拉格(Bragg)方程：

$$2d_{hkl}\sin\theta = n\lambda \tag{17-1}$$

式中：d_{hkl}为面间距(hkl为晶面指数)；n为衍射级数；λ为 X 射线波长；θ为掠射角。

每种化学物质，当其化学成分和固体晶形固定时，就有其独立的特征 X 射线衍射谱图和数据，包括衍射峰位置(2θ值或 d 值)、衍射峰数量、衍射峰的绝对强度和相对强度及不同衍射峰之间的比例。

晶态物质的粉末 X 射线衍射谱图由数十个乃至上百个锐峰(窄峰)组成，而非晶态物质的粉末 X 射线衍射谱图中峰的个数相对较少，且峰较宽，峰形呈馒头状。在定量测定中，两者在相同位置的衍射峰的绝对强度值存在较大差异。

同一化学物质可能有两种或两种以上的不同晶体结构,即有多种晶形或同质异形,也就是多晶现象。这种多晶形现象可能由物质的分子构型、分子构象、分子排列形式和分子作用力的变化引起，也可能是水分子或溶剂分子的加入导致的，每种晶形都有各自的特征粉末X射线衍射谱图。当化学物质结构相同,而衍射谱图中的衍射峰数量、相对强度、位置和峰形存在差异时，表明这个化合物存在多晶形现象。

17.3　X 射线粉末衍射仪的基本构造

X 射线粉末衍射仪又称多晶 X 射线衍射仪，测试对象通常为粉末、多晶体金属或高聚物等固体材料，主要由 X 射线发生器、狭缝系统、滤光系统、样品台、测角仪、X 射线探测器和仪器系统控制装置组成，如图 17-1 所示。

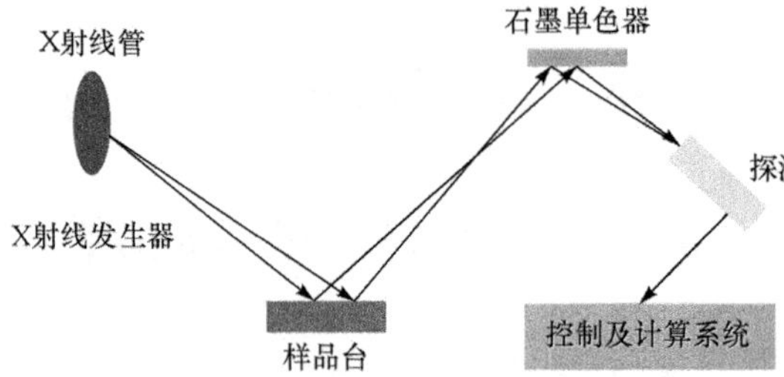

图 17-1　X 射线粉末衍射仪示意图

17.3.1　X 射线发生器

X 射线发生器由 X 射线管、高压电源、管压和管流稳定电路等部分组成。X 射线管属于热电子二极管，有密封式和转靶式两种。密封 X 射线管的最大功率一般小于 2.5 kW，转靶 X 射线管的功率一般在 10 kW 以上。

X 射线管实质上是一个真空二极管，其工作原理如图 17-2 所示，通过施加一定的电流加热阴极时就会释放出热辐射电子。在数万伏特高压的电场作用下，这些电子被加速并轰击阳极。阳极又称靶，当高速电子撞击它时，电子被减速，同时靶产生 X 射线。常用的阳极材料有 Cu、Mo、Fe、Cr、Ni、Co、Ag 和 W 等，现在最常用的靶材是 Cu。表 17-1 是常用靶材的 X 射线波长。

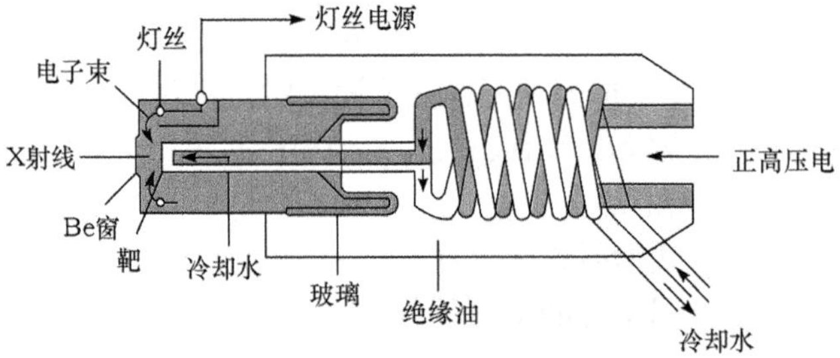

图 17-2　X 射线管的内部结构

表 17-1　常用靶材的 X 射线波长

靶材料元素		Cr	Fe	Ni	Cu	Mo	W
序数		24	26	28	29	42	74
特征 X 射线波长/Å	K_α	2.2907	1.9373	1.6592	1.5418	0.7107	0.2106
	K_β	2.0849	1.7566	1.5001	1.3922	0.6323	0.1844

为了获得较小的 X 射线焦点和较强的 X 射线强度，在从射线出射窗口中心射出的 X 射线与靶面成 3°～6°的掠射角位置处接收 X 射线，这样就可以得到表观面积为

1 mm×1 mm 的点光源和 0.1 mm×10 mm 的线光源。

X 射线管工作时消耗的功率只有很少一部分转化为 X 射线的功率，绝大部分都转化成热，因此 X 射线管工作时必须用水冷却靶的背面以免靶面熔化损坏。所有 X 射线衍射仪都配有水冷系统并具有停水报警功能。

17.3.2　狭缝系统

在 X 射线粉末衍射仪中，从光源到 X 射线探测器之间都有一套狭缝系统。衍射仪的狭缝系统通常由普通狭缝和索拉(Soller)狭缝组成。

图 17-3 是 X 射线衍射仪的狭缝系统示意图，从 F 发出的 X 射线首先进入索拉狭缝 S_1，然后进入发散狭缝 DS 到达样品 S，衍射出的 X 射线经过防散射狭缝 SS 后进入索拉狭缝 S_2，最后进入接收狭缝 RS 后到达探测器 D。

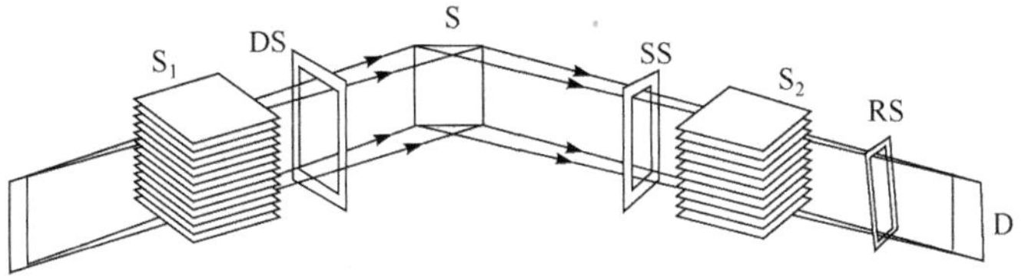

图 17-3　X 射线衍射仪的狭缝系统示意图

17.3.3　样品台

样品台是放置样品架的一套装置，有普通样品台、旋转样品台和变温样品台等种类。普通样品台中，样品架在测量过程中有转动和固定不动两种，样品架转动指样品架的平面在测量过程中与入射光的夹角在变化，这样的样品台要求在制样过程中把粉末压实在样品槽内，否则在样品架转动过程中样品会脱落。旋转样品台是指样品台在平面上旋转，也就是带动样品架在平面上旋转，这样可以消除样品中晶格取向的影响。变温样品台可以测定在不同温度下的样品 X 射线粉末衍射谱图，考察样品晶形受温度变化的影响。

17.3.4　滤光系统

X 射线管发射出来的光是含有多种波长的复合光，主要包括连续光谱、K_α和 K_β特征谱，其中 K_α和 K_β谱带的强度远远大于连续谱带部分，如图 17-4 所示。任何波长的 X 射线照射到样品上时，都有可能激发样品本身的特征射线(X 射线荧光)和衍射光谱，而在测定 X 射线衍射峰时希望得到单一波长照射引起的衍射峰。通常在样品和接收狭缝之间插入滤波片或者加装单色器去掉 K_β光和荧光辐射。滤波片主要吸收 K_β光

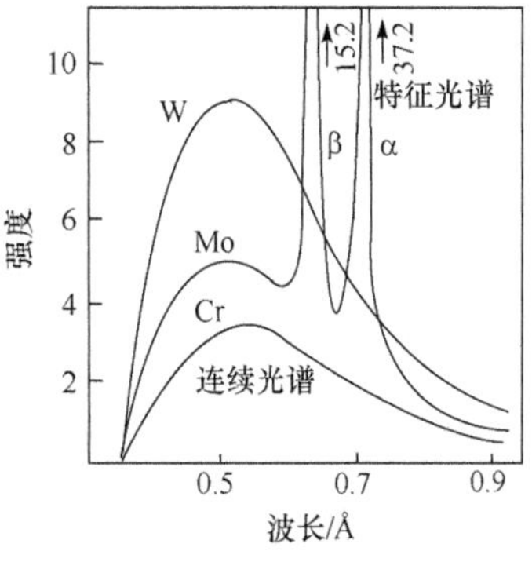

图 17-4　金属铬、钼和钨的 X 射线光谱

而让 K_α光通过，这样得到的衍射峰只是 K_α波长的衍射峰。单色器滤除 K_β光的效果比滤光片好，不仅能消除 K_β辐射，也能消除由连续 X 射线和荧光 X 射线产生的背景。

17.3.5　测角仪

测角仪是衍射仪中最精密、最核心的机械部件，用来精确测量衍射角，其原理如图 17-5 所示。样品台位于整个测角仪的中心，其中心轴 cN 与测角仪的中心轴 c 垂直(测角仪的中心轴与纸平面垂直)。样品台可以绕测角仪中心轴转动，也可以绕自身的中心轴转动。样品架在样品台上装好后，要求样品表面严格地与测角仪中心轴重合。入射 X 射线经过索拉狭缝 S_1 和发散狭缝 DS 后照射到样品表面产生衍射，衍射线经过防散射狭缝 SS、索拉狭缝 S_2 和接收狭缝 RS 进入 X 射线探测器 D。射线管的光焦点 F 和接收狭缝光阑位于同一圆周上，这个圆称为测角仪的圆，该圆所在的平面称为测角仪平面。测量过程中，步进马达驱动样品台和探测器沿两个同轴转动。样品绕测角仪中心轴转动，不断地改变入射线与样品平面的夹角 θ，探测器沿测角仪圆周移动，接收各个 2θ 衍射角所对应的衍射强度。θ 和 2θ 角可以单独驱动，也可以自动匹配，保持 θ 和 2θ 角以 1∶2 的角速度联合移动。测角仪的扫描范围，正向可以达到 165°，负向可以达到−100°。测量角的绝对精度可以达到 0.01°，重复精度可达 0.0001°。

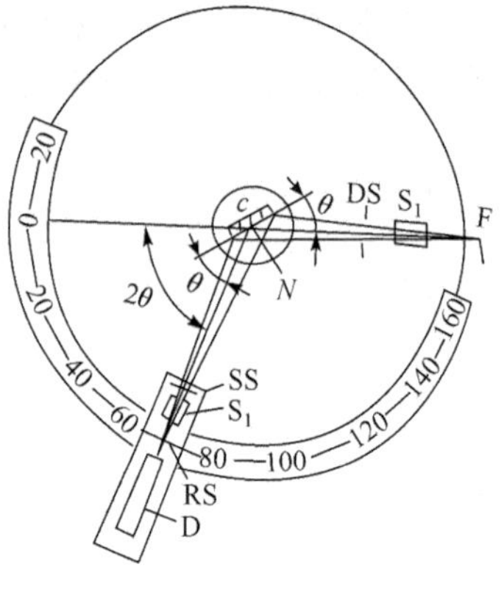

图 17-5　测角仪示意图

17.3.6　X 射线衍射强度测量和记录系统

X 射线衍射强度的检测由 X 射线检测部件完成，主要有计数器和探测器两种。计数器主要有正比计数器和闪烁计数器，探测器有位敏正比探测器和阵列探测器，它们的功能是把 X 射线的光子能量转换成电脉冲信号。

X 射线衍射的强度通过电子元件转换成数据记录在控制程序中，通常得到的是 raw 文件，在专用的软件中既可以进行数据处理和分析，也可通过软件转化成 txt 文件，这样就可以用 Origin 或 Excel 软件作图和相互比较。

17.4　X 射线粉末衍射法的试样制备和定量分析

17.4.1　试样制备

粉末晶体颗粒过大或晶体呈现片或针状样品容易引起择优取向，为排除择优取向对实验结果的干扰，需要在玛瑙研钵中对样品进行研磨。研磨的目的是让样品分布均匀，保证每个面都有机会发生衍射。一般是在研钵或球磨中把样品研磨至小于 360 目的粉末。样品粒径过小(如达到纳米级)会使衍射峰宽化，粒径过大会使样品表面不平整而影响衍射角的准确性。

17.4.2　定量分析

当利用 X 射线粉末衍射法进行定量分析时，需要对研磨后过筛样品进行准确定量称取，试样在样品架上的铺板高度应与样品架板面平行。一般收集 1°～80°的衍射数据。

定量分析方法：一般采用标准曲线法，包括外标法、内标法与标准加入法。外标法应建立标准物质不同质量与衍射强度之间的线性关系；内标物的特征衍射峰与样品的特征衍射峰不发生重叠，同时两者对 X 射线的衍射能力应当接近，建立内标物与衍射强度之间的线性关系。

17.5　X 射线粉末衍射数据的 PDF 卡片库及物相检索

17.5.1　PDF 卡片

从 X 射线粉末衍射仪测试得到的数据是对应于测试样品的一系列 2θ 角度位置的 X 射线衍射峰和衍射强度，通过对衍射数据的分析可以得到被测物质的结构信息。物相是指具有某种晶体结构的物质。一般来说，物相包括以下 4 种不同的物质组成方式：单质、化合物、固溶体、金属间化合物。不同的物相其晶胞大小、质点种类及其在晶胞中的排列方式不同，X 射线衍射谱图不同，因而根据晶体 X 射线的衍射特征——衍射线的方向及强度来鉴定结晶物质的物相的方法就是 X 射线物相分析法。通过 X 射线粉末衍射法对单一物相进行测量可得到这一物相的标准衍射数据，含有主要的衍射峰位和相对强度及晶格数据，把衍射谱图做成卡片的形式(标准 PDF 卡片)，将已知物的 PDF 卡片收集在一起即制成卡片库，将被测未知样品的衍射数据和标准卡片对比就能够确定该物质的物相。目前用得最多的是 ICDD-PDF X 射线粉晶数据卡片库，它收集了几乎所有已知物相的衍射数据，且每年都在增加。

17.5.2　PDF 卡片的检索与匹配

利用样品的 X 射线粉末衍射数据从 PDF 卡片库中检索出物相的过程称为检索与匹配。根据样品情况，设定不同的检索条件，从 PDF 数据库中检索出与衍射数据相匹配的 PDF 卡片并显示出来，然后由检索者根据衍射峰位置和相对强度确定样品中含有何种卡片对应的物相。

17.6　X 射线粉末衍射仪操作规程

以 Smartlab(3 KW)为例介绍 X 射线粉末衍射仪操作规程。

1. 开机(仪器和水冷)

(1)开启冷却水墙壁电源。

(2)开启冷却水电源(注意查看冷却水水位、压力和温度，温度为设定值的±0.5 ℃)。

(3)开启衍射仪的变压器开关，然后开启衍射仪后面左下方电源。开启衍射仪前面右中部仪器开关 POWER 绿色按钮。当 OPERATE 灯常亮并伴有警告音响时，按下 DOOR LOCK 按钮(舱门处于关闭状态)。

2. 开启射线源、进行光管老化(水冷机此时打开即可)

(1)打开衍射仪控制 PC，双击桌面上 Smartlab Guidance 快捷图标，在弹出的登录界面中，于 Login name：处输入 Administrator，并点击 OK 进入程序主界面。稍等 20 s 左右，软件与仪器获得正常通信并进行测角仪等的初始化。

(2)在 Smartlab Guidance 菜单中找到 Control→XG Control 项。然后点击 ON，开启 X 射线。点击 Aging，打开老化编辑界面，设定好老化条件后，执行老化。

3. 样品测试

X 射线管老化结束后即可进行样品测试。

(1)在 Guidance 菜单中找到 Package Measurement 部分。

(2)按照 BB 光路调整、样品调整和设定测量条件顺序调整仪器和设置参数。

(3)在测量主界面设置文件名及保存路径并点击 Save 保存，输入测试条件并点击 OK 保存。

(4)点击蓝色框内的 Execute，开始测样。

4. 关机

待测量完毕后，把电压、电流放至最小，点击 Set，待功率条显示最小值时，点击 OFF，关闭 X 射线，等待约 30 min，可关闭水冷机。关闭仪器，关闭电源(与开机相反)。

实验五十七　物相定性相分析

一、实验目的

(1)掌握 X 射线粉末衍射仪的基本操作方法。
(2)熟练掌握根据衍射数据做出物相鉴定的方法。
(3)鉴定一个单相矿物和一个混合物，了解定性相分析的原理和方法。

二、实验原理

X 射线粉末衍射仪带有一套比较完整的衍射数据处理分析系统，可进行数据处理和样品物相的查卡鉴定。或者利用 MDI jade 软件和 PDF 卡片进行物相鉴定分析。

三、仪器与试剂

1. 仪器

X 射线粉末衍射仪(Cu 靶)；玛瑙研钵；样品架。

2. 试剂

Ca/Na/Ba 无机盐的纯物质或混合物。

四、实验步骤

(1)研磨样品。用玛瑙研钵将试样研细至手感无颗粒感觉。
(2)制样品板。将样品架置于一干净的平板玻璃上，把研细的样品填入样品架的内框中，然后用一平面玻璃用力压实，样品的表面要均匀平整，作为衍射面。
(3)将装好样品的样品架小心放置到样品台上。
(4)开启 X 射线粉末衍射仪，设定工作仪器参数和扫描条件。
(5)进行衍射实验和数据采集，采集完后将数据存盘。
(6)处理数据，并进行计算机检索。

五、实验注意事项

由 X 射线粉末衍射仪得到的数据往往与标准卡片上的数据不完全一致，可能基本吻合或相对符合。尽管测试样品和卡片上的物质确实属于同一种物相，也可能出现这样的情况，因此在分析对比数据时应注意以下几点，有助于得出正确的结论。

(1) d 值数据比 I/I_0 值更重要，实验数据与标准数据两者的 d 值必须接近或相等，其相间误差在 1%以内，而 I/I_0 值允许有较大误差。这是因为面间距 d 是由晶体结构决定的，它不因实验条件的变化而变化，而 I/I_0 的值会随实验条件的不同而产生较大的变化，如随不同靶材、不同衍射方法或不同的衍射条件等而变化。

(2)低角度线的数据比高角度线的数据重要。对于不同晶体来说，低角度线的 d 值相互重叠的机会很少，而高角度线不同晶体相互重叠的机会增多。当使用波长较长的 X 射线时，一些 d 值较小的线将不再出现，但低角度线总是存在，样品过细或结晶不良会导致高角度的线缺失。因此，在进行物相分析比对衍射数据时，应较多注意低角度线即 d 值大的线。

(3)强线比弱线重要，要特别重视 d 值大的线，这是因为强线稳定也易于精确测试。弱线强度低不易觉察，也难以判断准确位置，有时还测试不出来。

(4)应重视晶体的特征线。每种晶体都有各自的特征线，即不与其他物相重叠的固有衍射线。在衍射图谱中，某种特征线的出现标志着混合物中存在这一物相。

六、思考题

(1)试讨论制样过程中样品颗粒过大对实验结果有什么影响。

(2)沥青和玻璃丝会产生衍射谱图吗？为什么？

实验五十八　X 射线粉末衍射法测定晶胞常数

一、实验目的

(1)了解 X 射线衍射仪的基本原理、简单结构和操作方法。

(2)掌握 X 射线粉末衍射法的原理，测定 NaCl 或 NH_4Cl 的晶体点阵形式和晶胞参数。

二、实验原理

晶体是由具有一定结构的原子、原子团(或离子团)按一定的周期在三维空间重复排列而成的。晶体具有周期性结构，凡是结晶物质，都具有其特有的晶体结构类型，它的晶胞大小和晶胞中所含原子、离子或分子的数目以及它们在晶胞中所处的位置也各具特征，所以在 X 射线照射下呈现出具有衍射特征的物相图，像人的指纹一样。例如，金刚石和石墨的化学成分相同，但由于其碳原子间的结构不同，因此两者物相图上的衍射数据是不同的，用一般的化学分析方法无法区别金刚石和石墨。反映整个晶体结构的最小平行六面体单元称为晶胞。晶胞的形状及大小可通过夹角 α 、β 、γ 的三个边长 a、b、c 来描述，因此 α 、β 、γ 和 a、b、c 称为晶胞常数。

在单色 X 射线照射多晶体时，满足布拉格方程的晶面簇不止一个，而是有多个衍射圆锥对应于不同面间距 d 的晶面簇和不同的 θ 角。当 X 射线衍射仪的计数管绕样品中心轴转动时，就可以把满足布拉格方程的所有衍射线记录下来。衍射峰位置 2θ 与晶面间距(晶胞大小与形状)有关，而衍射线的强度(峰高)与该晶胞内原子(离子、分子)的种类、数目以及它们在晶胞中的位置有关。由于任何两种晶体在晶胞形状、大小和内含物方面存在差异，因此 2θ 和相对强度可作为物相分析的依据。对于绝大多数物质，其 2θ 角大于 10°，通常称为广角 X 射线粉末衍射。

晶胞大小的测定：以晶胞常数 $\alpha=\beta=\gamma=90°$，$a \neq b \neq c$ 的正交系为例，由几何结晶学可推出

$$\frac{1}{d}=\sqrt{\frac{h^{*2}}{a^2}+\frac{k^{*2}}{b^2}+\frac{l^{*2}}{c^2}} \tag{17-2}$$

式中：h^*、k^*、l^* 为米勒指数(晶面符号)。对于四方晶系，因 $a=b\neq c$，$\alpha=\beta=\gamma=90°$，式(17-2)可简化为

$$\frac{1}{d}=\sqrt{\frac{h^{*2}+k^{*2}}{a^2}+\frac{l^{*2}}{c^2}} \tag{17-3}$$

对于立方晶系，因 $a=b=c$，$\alpha=\beta=\gamma=90°$，式(17-3)可简化为

$$\frac{1}{d}=\sqrt{\frac{h^{*2}+k^{*2}+l^{*2}}{a^2}} \tag{17-4}$$

至于六方晶系、三方晶系、单斜晶系和三斜晶系的晶胞常数、面间距与米勒指数的关系可参阅相关 X 射线衍射结构分析的书籍。

从衍射谱中各衍射峰所对应的 2θ 角，通过布拉格方程求得的只是相对应的各 $\frac{n}{d}\left(\frac{n}{d}=\frac{2\sin\theta}{\lambda}\right)$ 值。由于不知道某一衍射是第几级衍射，故将式(17-2)、式(17-3)、式(17-4)的等式两边各乘以 n。

对于正交晶系：

$$\frac{n}{d}=\sqrt{\frac{n^2h^{*2}}{a^2}+\frac{n^2k^{*2}}{b^2}+\frac{n^2l^{*2}}{c^2}}=\sqrt{\frac{h^2}{a^2}+\frac{k^2}{b^2}+\frac{l^2}{c^2}} \tag{17-5}$$

对于四方晶系：

$$\frac{n}{d}=\sqrt{\frac{n^2h^{*2}+n^2k^{*2}}{a^2}+\frac{n^2l^{*2}}{c^2}}=\sqrt{\frac{h^2+k^2}{a^2}+\frac{l^2}{c^2}} \tag{17-6}$$

对于立方晶系：

$$\frac{n}{d}=\sqrt{\frac{n^2h^{*2}+n^2k^{*2}+n^2l^{*2}}{a^2}}=\sqrt{\frac{h^2+k^2+l^2}{a^2}} \tag{17-7}$$

式(17-5)、式(17-6)和式(17-7)中 h、k、l 为衍射指数，它与米勒指数的关系为

$$h=nh^* \qquad k=nk^* \qquad l=nl^*$$

这两者的差异是米勒指数不带有公约数。

因此，若已知入射 X 射线的波长 λ，从衍射谱中直接读出各衍射峰的 θ 值，通过布拉格方程可求得所对应的各 $\frac{n}{d}$ 值，或者直接从 *Tables for Conversion of X-ray Diffraction Angles to Interplaner Spacing* 的表中查到。如果又知道各衍射峰所对应的衍

射指数，则立方(或四方或正交)晶胞的晶胞常数就可得出。这一寻找对应各衍射峰指数的步骤称为指标化。

对于立方晶系，指标化最简单，由于 h、k、l 为整数，因此各衍射峰的 $\left(\frac{n}{d}\right)^2$（或 $\sin^2\theta$）以其中最小的 $\left(\frac{n}{d}\right)^2$ 值除之，所得 $\frac{\left(\frac{n}{d}\right)_1^2}{\left(\frac{n}{d}\right)_1^2}:\frac{\left(\frac{n}{d}\right)_2^2}{\left(\frac{n}{d}\right)_1^2}:\frac{\left(\frac{n}{d}\right)_3^2}{\left(\frac{n}{d}\right)_1^2}:\frac{\left(\frac{n}{d}\right)_4^2}{\left(\frac{n}{d}\right)_1^2}:\frac{\left(\frac{n}{d}\right)_5^2}{\left(\frac{n}{d}\right)_1^2}:\cdots$ 的数列应为一整数列，如 1 : 2 : 3 : 4 : …，则按 θ 角增大的顺序标出各衍射线的衍射指数(h，k，l)为 100，110，200，…

在立方晶系中，有素晶胞(P)、体心晶胞(I)和面心晶胞(F)三种形式。在素晶胞中衍射指数无系统消光。但在体心晶胞中，只有 $h+k+l$ 的和为偶数的粉末衍射线，而在面心晶胞中只有 h、k、l 全为偶数或全为奇数的粉末衍射线，其他衍射线因散射线的相互干扰而消失(称为系统消光)。

对于立方晶系所能出现的($h^2+k^2+l^2$)值(表 17-2)：素晶胞，1 : 2 : 3 : 4 : 5 : 6 : 8 : …(缺 7、15、23 等)；体心晶胞，2 : 4 : 6 : 8 : 10 : 12 : 14 : 16 : 18 : …=1 : 2 : 3 : 4 : 5 : 6 : 7 : 8 : 9 : …；面心晶胞，3 : 4 : 8 : 11 : 12 : 16 : 19 : … 因此，可由衍射谱的各衍射峰的 $\left(\frac{n}{d}\right)^2$（或 $\sin^2\theta$）确定所测物质所属的晶系、晶胞的点阵形式和晶胞常数。

表 17-2　立方点阵衍射指标规律

$h^2+k^2+l^2$	P	I	F	$h^2+k^2+l^2$	P	I	F
1	100			14	321	321	
2	100	100		15			
3	111		111	16	400	400	400
4	200	200	200	17	410，322		
5	210			18	410，330	411	
6	211	211		19	331		331
7				20	420	420	420
8	220	220	220	21	421		
9	300，221			22	332	332	
10	310	310		23			
11	311		311	24	422	422	422
12	222	222	222	25	500，430		
13	320						

若不符合上述任何一个数值，则说明该晶体不属立方晶系，需要用对称性较低的四方晶系、六方晶系等由高到低的晶系逐一分析尝试决定。

知道了晶胞常数，就知道晶胞体积，在立方晶系中，每个晶胞中的内含物(原子、离子或者分子)的个数 n 可按式(17-8)求得：

$$n = \frac{\rho a^3}{M / N_0} \tag{17-8}$$

式中：M 为待测样品的摩尔质量；N_0 为阿伏伽德罗常量；ρ 为该样品的晶体密度。

三、仪器与试剂

1. 仪器

X 射线衍射仪(Cu 靶)；玛瑙研钵；样品架。

2. 试剂

NaCl(C.P.)；NH_4Cl(C.P.)。

四、实验步骤

测试步骤参见 17.6 节。

(1)用水和乙醇将研钵洗净后，将 NaCl 置于研钵内研磨几分钟至粉末状，研细至样品手感无颗粒感觉，然后将样品小心倒入玻璃样品架上的凹槽中，被测样品平面比凹槽周围玻璃平面稍高，最后将被测样品用玻璃片抹压，将样品压实，要求样品表面与玻璃表面保持在同一平面上。

(2)将装好样品的样品架插入样品台上。

(3)按照操作规程开启 X 射线衍射仪进行实验。通过计算机仪器控制程序中的测试页面设置测试参数，然后进行测试。

测试条件选择：角度范围 10°～90°，扫描速度 20°/min。狭缝设置：索拉狭缝 5.0 mm，发散狭缝 2.0 mm。

(4)复制数据。

五、数据记录与分析

(1)将实验测得 NaCl 晶体粉末衍射线的各 $\sin^2\theta$ 值用整数连比起来，与上述规律对照，即可确定该晶体的点阵形式，从而可按表 17-2 将各粉末衍射线顺次指标化。

(2)利用每对粉末衍射线的 $\sin^2\theta$ 值和衍射指标，即可根据下列公式：

$$a = \frac{\lambda}{2}\sqrt{\frac{h^2+k^2+l^2}{\sin^2\theta}}$$

计算晶胞常数 a。在实际的精确测定中，应选取衍射角大的粉末衍射线数据进行计算，或用最小二乘法求各粉末衍射线所得 a 值的最佳平均值。

(3) NaCl 的摩尔质量为 58.5 g/mol，NaCl 晶体的密度为 2.164 g/cm^3，则每个正当晶胞中 NaCl 的“分子”数为 $n=\dfrac{\rho V N_0}{M}$。

第 18 章　碳氢氮硫元素分析法

18.1　碳氢氮硫元素分析法的特点及应用范围

有机元素通常是指在有机化合物中分布较广和较为常见的元素，如碳(C)、氢(H)、氧(O)、氮(N)、硫(S)等元素。通过测定有机化合物中各有机元素的含量，可确定化合物中各元素的组成比例，进而得到该化合物的实验式。

碳氢氮硫(CHNS)元素分析法可同时对有机物的固体、高挥发性和敏感性物质中碳、氢、氮和硫元素的含量进行定量分析测定，在研究有机材料及有机化合物的元素组成等方面具有重要作用，可广泛应用于化学和药物学产品，如精细化工产品、药物、肥料、石油化工产品中碳、氢、氮、硫元素含量的测定。

18.2　元素分析法的基本原理

元素分析法通常采用色谱分离原理，在氧气存在的环境下样品经高温燃烧分解后生成 NO_x、CO_2、H_2O 及 SO_2。燃烧反应后生成的各种气态形式的产物以氦气(He)为载体先经过还原管，除去未反应的 O_2 和干扰物质(如卤素等)。从还原管流出的气体除氦气外，还有 CO_2、H_2O 和 N_2，这些气体进入特殊吸附柱和热导池检测器(TCD)中，可连续测定 H_2O、CO_2 和 N_2 的含量，在实验过程中，氦气作为载气，推动各种组分的气体流经色谱柱。氦气还作为 TCD 的参比气体。部分经热导池的参比气体经回流使用，作为吹扫气吹扫样品。

$$\text{CHNS} \xrightarrow{\text{催化剂、}O_2} CO_2 + H_2O + N_2 + SO_2 \tag{18-1}$$

元素分析法定量分析是先由标准物质计算校正因子

$$f_i = \frac{t_i W_s}{A_{si} - A_0} \tag{18-2}$$

式中：t_i 为标准物质中 i 元素的含量；W_s 为标准物质的质量，mg；A_{si} 为标准物质中 i 元素的色谱峰面积；A_0 为 i 元素空白实验的峰面积。

根据以上方法计算的校正因子计算有机元素样品中 C、N、H 和 S 元素的含量

$$c_i = \frac{f_i \times (A_i - A_0)}{W_{\text{样品}}} \times 100\% \tag{18-3}$$

式中：$W_{\text{样品}}$ 为样品的质量，mg；A_i 为样品中 i 元素的色谱峰面积。

18.3　碳氢氮硫元素分析仪

碳氢氮硫元素分析仪以 EA3000 元素分析仪为例进行介绍。

18.3.1　碳氢氮硫元素分析仪的结构

元素分析仪结构如图 18-1 所示。元素分析仪包括元素分析主机、控制仪器的计算机及打印机。元素分析仪的工作过程包括进样、样品燃烧、催化样品转换、检测样品、采集数据与处理数据等。

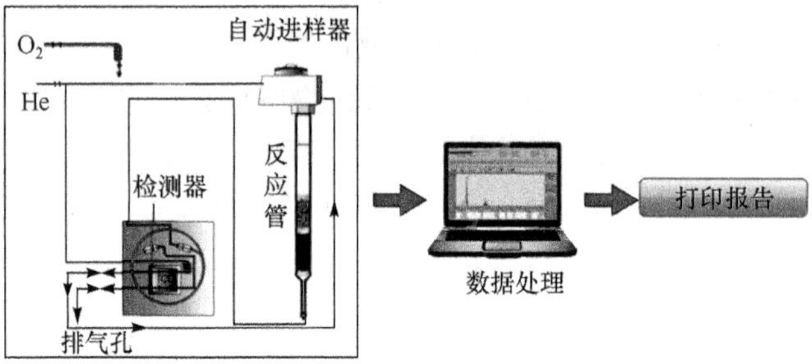

图 18-1　元素分析仪结构示意图

18.3.2　元素分析仪的组成及功能

元素分析仪的外观如图 18-2(a)所示。图 18-2(b)是元素分析样品盘，用于放置待测样品。图 18-2(c)是自动进样器，实验室常用的元素分析仪都已经具备自动进样分析功能，将样品称量后放入样品盘，可以实现自动进样测试。

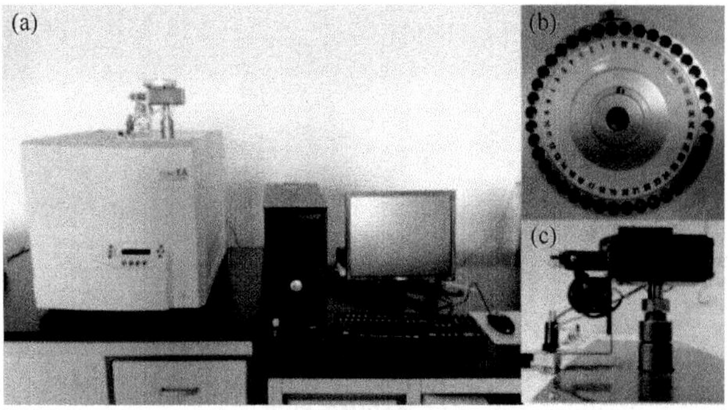

图 18-2　元素分析仪外观图

样品测试时需要将样品包在锡囊内，如图 18-3(a)所示。锡囊作为载体，样品在锡囊内燃烧转换成气体，然后经催化剂催化后伴随载气流经色谱柱分析。元素分析反应管中催化剂含有还原性铜，从图 18-3(b)可以发现使用前后催化剂颜色发生明显变化。

元素分析仪的内部结构如图 18-4 所示。待测样品在反应管中[图 18-4(b)]，在氧气的存在下被氧化产生气体，再经催化剂将气体产物还原。在载气(氦气)的推动下，产生的混合气体流入色谱炉[GC 炉，图 18-4(a)]。在反应管中充分燃烧后的气体经色谱柱[图 18-4(c)]进行分离，然后经热导池检测器进行定量分析[图 18-4(c)]。

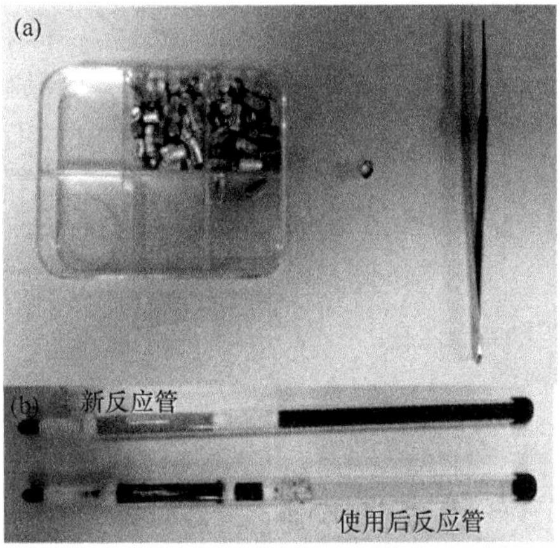

图 18-3 元素分析仪使用耗材

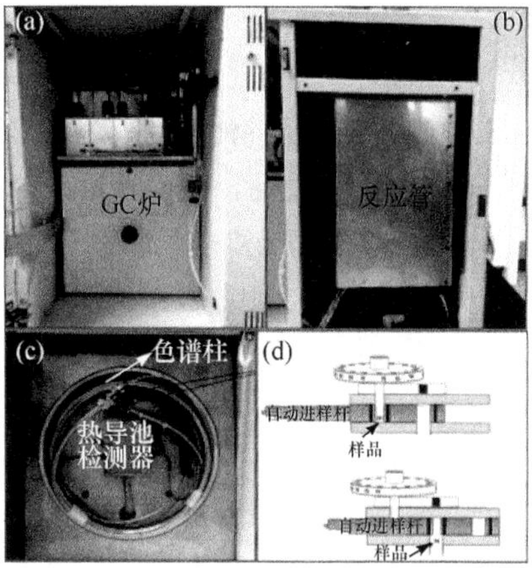

图 18-4 元素分析仪内部结构

元素分析仪的自动进样过程如图 18-4(d)所示，当自动进样杆往外推出时，样品盘内的样品掉入样品槽内，进入待分析状态。上一个样品分析完毕后，随着自动进样杆的进入，样品被推入反应管，实现自动分析。

18.3.3 元素分析仪操作规程

以 EA3000 元素分析仪为例介绍元素分析仪操作规程。

1. 开机及前期准备工作

(1)检查仪器状态，进行仪器漏气测试并确认气体流量及温度的稳定情况。
(2)进入分析模式 Auto Run 文件，检查所有仪器参数及设置准确无误。

2. 分析测试

(1)检查天平及其附带工具的清洁情况，减少实验误差。不要用手接触锡囊、标准物质、样品，防止样品污染。称量完毕，将装载样品的锡囊折叠成团(要控制好团的大小，保证能顺利通过样品盘的小孔)，按顺序放入专门的容器中，并及时记录样品的质量。
(2)将样品按顺序放入自动进样器样品盘，然后将样品盘摆放到自动进样器上。
(3)在样品列表页面，点击 Start 开始自动测量，使用软件 Auto Run 自动测量。

3. 数据处理

(1)测试完成后，点击元素含量 Element%观察样品中每种元素的分析结果，同时可显示出每一曲线的截距、斜率及校正系数等。

(2) 可点击图像浏览按钮 chromatograms 观察每一元素的积分情况，如有需要，可通过改变数据处理参数，进行必要的修改调整。

(3) 打印报告。

4. 待机或关机

(1) 测试完成后，将仪器设置为待机状态和自动唤醒状态(Standby and Autoready)。

(2) 如果需要关机，在 Callidus 软件中选择仪器的 Gas off 关闭气体，等待载气压力降低至 10 kPa。依次关闭仪器后部的主电源、钢瓶主阀、计算机。

实验五十九　测定未知粉末样品中碳、氢、氮元素的含量

一、实验目的

(1) 掌握元素分析仪的原理及使用方法。

(2) 了解元素分析的定量分析方法。

(3) 能正确操作元素分析仪。

二、实验原理

元素分析仪采用色谱分离原理，以氧气作助燃剂，样品经高温燃烧分解后生成 NO_x、CO_2、H_2O 及 SO_2。燃烧反应后生成的各气态形式的产物先经过还原管，除去未反应的 O_2 和其他干扰物质(如卤素等)。从还原管流出的气体除氦气外只有 CO_2、H_2O 和 N_2，经色谱柱分离并定量。

三、仪器与试剂

1. 仪器

EA3000 元素分析仪；高纯度氦气；高纯度氧气；天平；锡囊；镊子。

2. 试剂

L-胱氨酸；白色粉末样品。

四、实验步骤

(1) 打开氦气瓶，设置测量参数，检查仪器状态，并确认气体流量及温度的稳定性。

(2) 保持天平及其附带工具清洁。不要用手接触锡囊、标准物质、样品。称量完毕后，将装载样品的锡囊折叠成团，并在仪器操作界面录入质量。按顺序将样品摆放至自动进样器样品盘内，将样品盘摆放到自动进样器上。

(3)在样品列表页面，点击 Start 开始自动测量，使用软件 Auto Run 自动测量。

五、数据处理与分析

(1)测试完成后，仪器自动输出数据，点击元素含量 Element%，观察样品中每一元素的分析结果，同时可显示出校正曲线的截距、斜率及校正系数等。

(2)可点击图像浏览按钮 chromatograms 观察每一元素的积分情况，如果需要，可通过改变数据处理参数，进行必要的修改调整。

(3)打印报告。

六、实验注意事项

(1)样品一定要均匀并具有代表性。称量前应将样品研磨为细微粉末状。样品的干燥性要有保证，否则影响实验结果。

(2)确保样品的质量都落在标准曲线范围之内。

(3)在进行未知样品分析时，工作条件的选择至关重要，必要时应对仪器的参数进行相应的优化选择。

(4)每次分析完成后，建议在样品列表后面再插入三个重复标准物质，标记为未知样品进行测量分析,用以验证样品在测量过程中是否有较大偏差,数据结果是否可靠。

(5)当选择好使用的标准物质后，操作人员可以采用线性回归校准模式，称量 5～6 个标准物质，质量为 0.3～2 mg(不一定非常精确，称取量可多可少)。测试并确认校准曲线，观察曲线的校准质量，数据是否准确。

(6)微量天平室应注意防震，避免阳光直射，尽可能保持恒定的温度与湿度。

七、思考题

(1)如果样品中含有金属离子,对元素分析的测定结果是否有影响？如何提高元素分析的重现性？

(2)氧气的纯度会影响测量结果，如何判断氧气的纯度？

实验六十　测定植物叶子中碳、氮、硫元素的含量

一、实验目的

(1)掌握元素分析仪的原理及使用方法。

(2)了解元素分析的定量分析方法。

(3)能正确操作元素分析仪。

二、实验原理

实验原理同实验五十九。

三、仪器与试剂

1. 仪器

EA3000 元素分析仪；高纯度氦气；高纯度氧气；天平；锡囊；镊子。

2. 试剂

L-胱氨酸；植物叶子。

四、实验步骤

实验步骤同实验五十九。

五、数据处理与分析

数据处理与分析同实验五十九。

六、实验注意事项

(1)土壤或植物样品含碳量较低，可以适当降低氧气的流量和氧气的压力差，保证样品充分氧化。

(2)植物样品的叶子与根茎的元素含量差别很大，取样时要保证样品的均一性。此外，样品要充分研磨，确保样品的均一性。

(3)土壤或植物样品燃烧后残留大量粉末在反应管或反应管的底座中，需要定期清理底座或除去反应管中的残留样品。

七、思考题

(1)载气的压力和吹扫气对色谱图有什么影响？

(2)如何判断反应管中的还原铜是否耗尽？

主要参考文献

阿伦·J. 巴德，阿里·R. 福克纳. 2005. 电化学方法原理和应用. 2 版. 邵元华，朱果逸，董献堆，等译. 北京：化学工业出版社.

蔡艳荣. 2010. 仪器分析实验教程. 北京：中国环境科学出版社.

陈春杨，卡不勒江·卡旦，陈翠杰，等. 2011. 爆炸残留物的毛细管电泳检测. 分析化学，39(8)：1293-1294.

陈国珍，黄贤智，刘文元，等. 1987. 紫外-可见光分光光度法(上册). 北京：原子能出版社.

陈天豹，邓文汉，卢莞华，等. 2001. 毛细管电泳法检测蜂蜜中残留的抗生素. 色谱，19(1)：91-93.

陈义. 2006. 毛细管电泳技术及应用. 2 版. 北京：化学工业出版社.

邓勃. 2004. 原子吸收光谱分析. 北京：化学工业出版社.

邓勃. 2007. 应用原子吸收与原子荧光光谱分析. 2 版. 北京：化学工业出版社.

董绍俊，车广礼，谢远武. 2003. 化学修饰电极. 北京：科学出版社.

冯玉红. 2008. 现代仪器分析实用教程. 北京：北京大学出版社.

高汉宾，张振芳. 2008. 核磁共振原理与实验方法. 武汉：武汉大学出版社.

国家药典委员会. 2005.中华人民共和国药典(一部). 北京：化学工业出版社.

韩彩芹，刘莹，赵文艳，等. 2000. 三聚氰胺溶液的荧光光谱实验研究. 光学学报，29(11)：3163-3167.

何丽一. 2000. 薄层色谱方法及应用. 北京：化学工业出版社.

何丽一. 2005. 平面色谱方法及应用. 北京：化学工业出版社.

华中师范大学，等. 2012. 分析化学(下册). 4 版. 北京：高等教育出版社.

黄继武，李周. 2012. 多晶材料 X 射线衍射. 北京：冶金工业出版社.

黄少鹏，徐金瑞，王琼. 1999. 薄层色谱法同时测定邻苯二酚、间苯二酚和对苯二酚异构体. 分析化学，27(3)：331.

贾铮，戴长松，陈玲. 2006. 电化学测量方法. 北京：化学工业出版社.

李嘉霖，高宗华. 2012. 维生素 B_2 片中维生素 B_2 的测定及稳定性. 分析试验室，297(47)：2576-2578.

马晓年，邵娅婷，李菲，等. 2014. 毛细管电泳分离检测茶叶中五种多酚类化合物. 食品科学，35(8):129-132.

裘祖文，裴奉奎. 1989. 核磁共振波谱. 北京：科学出版社.

阮伯龙. 1991. 薄层色谱法快速同时测定饮料中甜蜜素、糖精钠和苯甲酸. 中国卫生检验, 2: 109-110.

时亮，朱晓兰，刘百战，等. 1999. 高效薄层色谱扫描法测定烟草中β-胡萝卜素. 色谱，17(6)：606.

宋桂兰. 2015. 仪器分析实验. 2 版. 北京：科学出版社.

苏永恒，蒋惠然，李发生. 2004. 番茄红素测定方法的研究进展. 中国卫生检验, 10(6)：708.

孙传经. 1988. 毛细管气相色谱法. 北京：化学工业出版社.

孙东平，李羽让，纪明中，等. 2015. 现代仪器分析实验技术(上册). 北京：科学出版社.

孙东平，王田禾，纪明中，等. 2015. 现代仪器分析实验技术(下册). 北京：科学出版社.

孙尔康，张剑荣，陈国松，等. 2014. 仪器分析实验. 2 版. 南京：南京大学出版社.

孙毓庆. 1990. 薄层扫描法及其在药物分析中的应用. 北京：人民出版社.

汪聪慧. 2011. 有机质谱技术与方法. 北京：中国轻工业出版社.

王惠英，魏永臣. 2003. 奎宁的荧光光谱研究. 广西师范大学学报(自然科学版)，21(1)：88-91.

王立，汪正范. 2008. 色谱分析样品处理. 2 版. 北京：化学工业出版社.
王世平. 2015. 现代仪器分析实验技术. 北京：科学出版社.
王淑美. 2013. 仪器分析实验. 北京：中国中医药出版社.
王约伯，高敏. 2013. 有机元素微量定量分析. 北京：化学工业出版社.
文欣欣，刘丹华，余陈欢，等. 2008. 薄层色谱-荧光分光光度法测定黄连及香连丸中盐酸小檗碱的含量. 中国中医信息，15(10): 53.
吴卫平. 2011. 定量化学分析与仪器分析实验. 郑州：郑州大学出版社.
吴运军，宗清文，吴勇勇. 2000. 薄层色谱法快速鉴定饮料中的几种添加剂. 中国公共卫生，16(4):20.
谢碧海，周则彬，祝云翠，等. 1997. 样品中沙蚕毒素类农药杀虫双的测定. 理化检验：化学分册，33(2):76.
徐烨，顾鑫荣，张秀娟，等. 2008. 同步荧光法测定功能饮料中维生素 B_2 和 B_6 的研究. 分析试验室，27(7): 85-87.
闫吉昌，徐书绅，张兰英. 2002. 环境分析. 北京：化学工业出版社.
于世林. 2000. 高效液相色谱方法及应用. 北京：化学工业出版社.
郁桂云. 2015. 仪器分析实验教程. 2 版. 上海：华东理工大学出版社.
张寒琦，孙书菊，金钦汉. 1995. 光谱分析.长春：吉林大学出版社.
张剑荣，余晓冬，屠一锋，等. 2009. 仪器分析实验. 2 版. 北京：科学出版社.
张兰天，王红，王利军. 2014. 高效薄层色谱法同时快速检测饮料中 26 种人工色素的研究. 食品工业，8: 238-242.
张秀尧. 1996. 聚酰胺薄层色谱层析快速检测食品中糖精、苯甲酸和山梨酸. 中国卫生检验，4: 246-248.
张扬祖. 2007. 原子吸收光谱分析应用基础. 上海：华东理工大学出版社.
张英，李建章，徐斌. 2013. 仪器分析实验. 成都：西南交通大学出版社.
赵新华. 2013. 化学基础实验. 北京：高等教育出版社.
郑国经. 2011. 电感耦合等离子体原子发射光谱分析技术. 北京：中国标准出版社.
周西林，李启华，胡德声. 2012. 实用等离子体发射光谱分析技术. 北京：国防工业出版社.
朱岩. 2002. 离子色谱原理及其应用. 杭州：浙江大学出版社.
Cech N B, Enke C G. 2001. Practical implications of some recent studies in electrospray ionization fundamentals. Mass Spectrom Rev, 20: 362-387.
Cole R B. 2000. Some tenets pertaining to electrospray ionization mass spectrometry. J Mass Spectrom, 35: 763-772.
Taflin D C. Ward T L, Davis E J. 1989. Electrified droplet fission and the rayleigh limit. Langmuir, 5: 376-384.